# La chute de l'empire soviétique

*Leçons pour la Russie d'aujourd'hui*

Éditions d'Organisation
Groupe Eyrolles
61, bd Saint-Germain
75240 Paris Cedex 05

www.editions-organisation.com
www.editions-eyrolles.com

La présente édition a été réalisée grâce au soutien financier de la Fondation
du premier président de la Fédération de Russie Fondation Boris Eltsine.

Avec la collaboration de Eve Sorin

Traduit de : Гибель империи: уроки для современной России
© ROSSPEN, 2006
© Egor Gaïdar
© Groupe Eyrolles, 2010
ISBN : 978-2-212-54347-6

Egor GAÏDAR

# La chute de l'empire soviétique

## Leçons pour la Russie d'aujourd'hui

Traduit du russe par Françoise Dehove-Wilkowski,
Andronick Kholian, Dimitri de Kochko et Christine Mestre

# SOMMAIRE

## Chapitre 5
## LES CONSÉQUENCES DES CHOCS EXTÉRIEURS SUR L'ÉCONOMIE ..... 127



## Chapitre 6
## ÉVOLUTION DE LA CRISE DU SYSTÈME ÉCONOMIQUE
## ET POLITIQUE SOCIALISTE........................................................ 175



## Chapitre 7
## EN ROUTE POUR LA FAILLITE DE L'ÉTAT ................................... 217

# INTRODUCTION



La nostalgie post-impériale taraude actuellement la conscience des Russes. Ils ne sont pas les premiers à éprouver ce sentiment, loin de là ! De telles situations se sont produites plus d'une fois.

Et l'Union soviétique n'est pas le premier empire qui se soit effondré au XXe siècle. Parmi les États qui se considéraient comme des empires au début du siècle, il n'en restait plus un seul à la fin. Notre pays ne ressemblait d'ailleurs pas aux empires traditionnels ayant des colonies outre-mer. De nombreux débats sur son appartenance au « club » ont cours. Quantité d'ouvrages démontrent que la spécificité de la Russie réside dans le fait que les courants d'échanges entre la métropole et les colonisés, aussi bien sous les tsars que sous les communistes, étaient favorables aux colonisés. Les mêmes ouvrages donnent souvent en exemple les personnalités publiques de premier plan d'origine non russe, depuis le prince Bagration jusqu'à Iossif Djougachvili (Staline). Il se peut que ce soit précisément cette spécificité qui permit à l'empire de se conserver, lui assurant sa pérennité par rapport aux autres, qui s'effondrèrent des décennies avant lui.

Pourtant, l'élite de la période tsariste considérait son pays comme un empire et l'appelait ainsi. Les dirigeants de l'Empire soviétique, eux, se gardaient bien d'une telle appellation, tout en étendant, de fait, sa portée loin des limites officielles de leur pays, l'URSS[1].

Aujourd'hui, les partisans de la restauration de l'empire se réfèrent à l'héritage de la Russie des tsars et à la période soviétique pour arriver jusqu'à nos jours. Les exemples d'appels à la nostalgie post-impériale dans la Russie actuelle sont innombrables. En voici quelques-uns.

De l'avis du politologue proche du Kremlin S. Belkovski, « les années 2004-2008 verront la pose des fondements de la nation russe. Notre nation n'a qu'un seul destin : un destin impérial[2] ». Et l'écrivain Alexandre Prokhanov de lui faire écho : « Et voilà pourquoi les grands empires des temps passés sont au-dessus des grandes républiques. C'est parce que, dans leur essence même, ils incarnaient le désir d'une humanité unifiée, qui seule est capable d'entendre et d'incarner le dessein de Dieu. Aussi, la Russie moderne libérale est dégoûtante, et elle est pire que la "grande Union soviétique", qui était néanmoins un empire et que nous avons imprudemment perdue[3]. » Selon le géopoliticien A. Douguine, « l'État soviétique était considéré par la population comme le bâtisseur du "nouvel empire", comme le "royaume de la Lumière", comme le "refuge de l'esprit", et non comme la création d'un mécanisme des plus rationnels d'administration des masses humaines[4] ». L'idée de la faillite de l'Union soviétique comme de celle du dernier empire du XXe siècle est très répandue dans la littérature consacrée à cette période[5]. Le président russe Vladimir Poutine, dans son message à l'Assemblée fédérale en 2005, a qualifié la dissolution de l'Union soviétique de « très grande catastrophe géopolitique du siècle[6] ».

L'époque des empires est bien révolue, mais il est de bon ton de les étudier aujourd'hui. On a déjà connu cela dans l'histoire. Souvent, cela est dû à la tension des conflits interethniques et à leur éclatement dans les périodes qui suivent la chute des empires[7]. Les ouvrages sur la chute des empires sont innombrables.

Il suffit de se rappeler l'ouvrage de Montesquieu *Considérations sur les causes de la grandeur des Romains et de leur décadence*, ou bien les six tomes d'E. Gibbon dédiés à la décadence et à la chute de l'Empire romain, pour comprendre que la fin des empires et le syndrome post-impérial ne sont pas un sujet neuf. Le plus grand ouvrage à avoir mis en évidence les traces de la nostalgie post-impériale est paru en Espagne au début du XVIIe siècle : c'est *Don Quichotte*, de Cervantès.

Mais, comme on le sait, c'est une bien maigre consolation que d'autres aient souffert du même mal que nous avant nous. C'étaient les autres et c'était bien longtemps avant nous. Nous, c'est ici et maintenant !

Lorsque Pierre Ier prit le titre d'empereur de toutes les Russies, il ne fit que déclarer à la face du monde que la Russie était une grande puissance européenne. À cette époque, grandeur et empire étaient synonymes. Si l'on tient compte de la fréquence d'emploi du mot « empire » dans nos discussions politiques aujourd'hui, il est difficile de concevoir que ce mot n'a pas de définition admise par tous pour qualifier un phénomène du monde actuel. Par exemple, le dictionnaire encyclopédique de la langue russe de Dahl définit l'empire comme un État dont le souverain porte le titre d'empereur, dignité supérieure du dirigeant. Selon le dictionnaire de la langue russe d'Ojegov, l'empire est un État monarchique, avec un empereur à sa tête, ou bien un gros État impérialiste colonial. Il est facile de remarquer que toutes ces définitions ont peu de chose en commun avec le sens que le mot « empire » revêt aujourd'hui en Russie. L'acception du terme a évolué avec le temps. Je me permets d'avancer ma définition propre de cette notion, assez proche du contexte actuel. Dans cet ouvrage, nous entendons par le terme « empire » un État pluriethnique puissant, dont les compétences et pleins pouvoirs sont concentrés dans la métropole, tandis que les institutions démocratiques (quand elles existent, ou tout au moins le droit électoral) se trouvent confinées dans une partie seulement du territoire.

Au XXe siècle, les différents types d'empires, ceux disposant de territoires outre-mer, comme la Grande-Bretagne, les Pays-Bas, le Portugal ou la France, et ceux d'un seul tenant, comme l'Autriche-Hongrie ou la Russie, ont été confrontés à des problèmes distincts. Dans les seconds, les ethnies de la métropole et celles des territoires vassaux vivent ensemble, s'interpénètrent plus ou moins et en tout cas coopèrent étroitement entre elles.

L'histoire et, plus près de nous, l'expérience de la deuxième moitié du XXe siècle montrent que les empires s'effondrent. L'identification à la grandeur de l'État et à la majesté impériale rend improbable, et en tout cas difficile, pour la conscience nationale de l'ancienne métropole, l'adaptation à la perte du statut de grande puissance. L'exploitation du syndrome post-impérial qui en résulte est un moyen efficace pour obtenir un appui politique. Cette conception de l'empire comme État puissant, dominant les autres peuples, est un produit facile à « vendre », quasiment comme du Coca-Cola ou des couches-culottes. Pas besoin de déployer des trésors d'intelligence pour un marketing efficace.

Le traumatisme d'un pays qui se heurte au syndrome post-impérial est tel qu'il est aisé d'exciter les passions nostalgiques sur l'empire perdu par des appels à sa restauration. Mais, dans les faits, c'est pratiquement irréalisable. Réanimer l'empire perdu est impossible.

Une exception toutefois : la quasi-restauration de l'Empire russe mais sous une autre forme, presque méconnaissable, par les communistes, dans les années 1917-1921. Tout est dans ces mots : « sous une autre forme ». D'ailleurs un investigateur rigoureux mettrait aussi en exergue le mot « restauration ». L'URSS naquit comme le résultat d'une guerre civile fratricide et d'une terreur jamais vue dans l'histoire, qui causa la mort de millions de gens. Dans la grande majorité des cas, la restauration des empires, compte tenu des tendances du développement socio-économique, est impossible.

Cette contradiction est source de beaucoup d'erreurs des anciennes métropoles envers les territoires sous leur contrôle. La décision de l'Angleterre et de la France de faire irruption en Égypte en 1956 pour rétablir leur contrôle sur le canal de Suez ressemble étrangement à ce qu'ont tenté de faire les autorités russes en Ukraine en 2004.

La formation même des empires est le produit de changements fondamentaux dans la vie d'une société. Ils surgissent et s'effondrent sous l'influence de circonstances historiques. Rêver de revenir à une époque révolue est illusoire. Et tenter de le faire amène à la défaite. L'expérience des échecs russes en 2003-2004 en Géorgie, en Adjarie, en Abkhazie, en Ukraine, en Moldavie est le résultat d'une chaîne d'erreurs déjà commises depuis longtemps par d'autres. Mais c'est précisément ce qu'une conscience post-impériale a des difficultés à appréhender. Pour elle, il est plus facile de penser que ce ne sont pas les Géorgiens ou les Ukrainiens qui ont triomphé de nous, mais que la victoire de forces qui nous sont hostiles est le résultat d'un complot international qui les a manipulées. Et, si l'on s'arrête à une telle grille d'analyse pour prendre des décisions, on risque d'en vouloir à la terre entière et d'accumuler les erreurs.

La nostalgie pour les empires intégrés territorialement est plus forte, plus profonde que pour les empires d'outre-mer. Pour les quelque 3 millions d'Allemands des Sudètes (nationalité dominante de l'Autriche-Hongrie), il n'était guère facile de s'adapter à une situation de minorité ethnique dans l'État tchécoslovaque nouvellement créé. La rhétorique liée à leur situation est un des moments clés de la propagande hitlérienne qui a préparé l'occupation de la Tchécoslovaquie. Lors du démembrement des empires intégrés territorialement (tels que l'Autriche-Hongrie, l'Allemagne, la Russie, la Turquie, l'URSS), des problèmes comparables à ceux des Allemands des Sudètes devinrent légion. Si l'on n'en a pas conscience, il est par exemple difficile de comprendre les origines de la guerre entre les Serbes et les Croates ou la tragédie bosniaque.

Le crépuscule des empires est un processus lent, qui traîne pendant des années, jusqu'à ce que les élites et la société comprennent le caractère désespéré et absurde des tentatives de le sauvegarder. Les sociétés des métropoles acceptent mieux un processus lent qu'un effondrement soudain ressenti comme inopiné[8].

Un exemple : la fin de l'Empire allemand. Les autorités allemandes persuadaient le peuple, jusqu'au début de l'automne 1918, que la victoire était toute proche. Et, lorsqu'en octobre-novembre, l'effondrement de la machine militaire allemande devint évident et la capitulation inévitable, la société n'y était pas préparée. Cela explique la facilité avec laquelle est né le mythe de « l'Allemagne qui n'a jamais été battue sur le champ de bataille » et des « ennemis qui nous ont asséné un coup de couteau dans le dos ». Par « ennemis », on entendait, implicitement ou explicitement, les socialistes. On imputait la chute de l'empire aux révolutionnaires et félons juifs, payés par Moscou, qui organisaient des grèves en Allemagne à la fin de la guerre. Ce sont eux, selon les auteurs de cette version, qui contraignirent le kaiser à abdiquer[9]. Vers le milieu des années 1920, cette phraséologie fut employée par les ex-dirigeants de l'armée allemande, ceux-là mêmes qui, aux mois de septembre et d'octobre 1918, rapportaient aux autorités civiles qu'il était impossible de continuer la guerre et qu'il fallait conclure la paix à tout prix.

Nombreux furent les Allemands qui oublièrent la haine qu'ils vouaient à la monarchie à la fin de la guerre, les sentiments qu'ils éprouvaient au mois d'octobre 1918, quand il fut évident que le kaiser et le commandement suprême trompaient la population.

Ils ne savaient pas que c'est justement le général Erich Ludendorff, qui, au mois d'octobre 1918, exigeait du nouveau chancelier de l'Allemagne, le prince Max de Bade, que l'armistice soit conclue, afin de conjurer la catastrophe militaire sur le front occidental. La monarchie des Hohenzollern ne se serait pas effondrée aussi vite, au mois de novembre 1918, si la société allemande n'avait pas été persuadée de la débâcle de l'ancien régime.

Mais c'est le genre de choses qui s'efface vite de la mémoire historique. La société répugne à s'en souvenir. Qui donc s'intéresserait à ce qui s'était réellement passé ? L'opinion publique de l'époque mortifiée par la défaite ? Il est plus aisé de lui mettre du baume mythique au cœur. Hitler affirmait, par exemple, que les défaites d'août 1918 n'étaient que des jeux d'enfants par rapport aux victoires remportées auparavant par l'armée allemande, et que ce ne sont pas ces défaites qui ont été la cause réelle de la capitulation. Selon lui, la capitulation a été le fait de tous ceux qui œuvraient pendant des décennies à la destruction des principes politiques et moraux fondamentaux de la nation allemande[10].

Ces lignes de Pouchkine me viennent à l'esprit : « Ah, me duper est chose facile. Je suis le premier à être content d'être leurré. » Les chercheurs spécialisés sur l'histoire de la république de Weimar estiment que ses dirigeants n'étaient pas prêts à rendre publics les documents touchant à la responsabilité des dirigeants allemands dans le déclenchement de la Première Guerre mondiale. Ce refus est sans doute l'un des facteurs essentiels qui ont amené au fiasco de la république[11]. Le mythe de l'Allemagne innocente, invaincue, fidèle, humiliée représentait l'arme que les dirigeants du pouvoir républicain mirent dans les mains de ceux qui ne croyaient nullement aux valeurs démocratiques.

L'effet de surprise, la rapidité avec laquelle se sont effondrés des empires qui paraissaient inébranlables donnent une sensation d'irréalité à ce qui se passe.

L'irréel ouvre presque inéluctablement la voie à l'irrationnel, qui à son tour implique la possibilité de miracles. On peut convaincre une société qu'un État qui s'est effondré d'une manière aussi rapide et inattendue pourrait être rétabli au même rythme. C'est une illusion, et une illusion dangereuse. De telles illusions ont déjà coûté l'effusion de flots de sang au cours de la Seconde Guerre mondiale[12].

L'Union soviétique représentait un empire territorialement intégré, une des superpuissances mondiales. Presque personne ne croyait à ce qui aurait pu lui arriver en 1988-1991, quelques années avant son effondrement. Après la chute de l'URSS, plus de 20 millions de Russes se sont retrouvés hors des frontières de la Russie. Les dirigeants de la plupart des pays, dont ils se firent citoyens, n'étaient ni assez délicats ni assez raisonnables pour résoudre les problèmes de ces gens devenus minoritaires dans un pays qui auparavant était le leur. Cela accentua le syndrome post-impérial dans la métropole, et cela est devenu un des problèmes aigus de la Russie actuelle[13].

C'est une vraie maladie. Et la Russie en traverse actuellement une phase dangereuse. Sans céder à la magie des chiffres ou aux rapprochements faciles, on ne peut s'empêcher de se rappeler qu'une quinzaine d'années ont séparé l'effondrement de l'empire des Hohenzollern de l'arrivée de Hitler au pouvoir et que c'est à peu près la même durée qui sépare la Russie d'aujourd'hui du krach de l'URSS !

I. Iakovenko relève avec pertinence que « la désagrégation de la conscience impériale ne trouvait aucun reflet dans la conscience sociale, et l'opinion n'y était aucunement préparée. Il ne s'est pas trouvé une seule force politique suffisamment responsable en Russie qui aurait risqué de dire que, du point de vue de la sauvegarde et de la pérennisation du peuple russe, la désagrégation de l'URSS a été le plus grand succès du demi-siècle écoulé ».

Des forces politiques influentes sont apparues qui se sont mises à jouer sur les humeurs nostalgiques avec des intentions politiques. Mais ces jeux politiques sont vite apparus comme des manipulations, car les gens qui les utilisent ont un sens politique suffisant pour se rendre compte de l'impossibilité et du caractère catastrophique d'une quelconque « restauration »[14].

En médecine, on sait qu'une personne amputée d'un membre continue à y ressentir de la douleur bien après en avoir été privé. Il en est de même avec la conscience post-impériale. La perte de l'URSS est une réalité. Et, en même temps, une douleur sociale, due au problème des familles divisées, aux tribulations des compatriotes à l'étranger, aux souvenirs nostalgiques de la grandeur révolue, à la géographie de la patrie réduite, ayant perdu les contours familiers. Il n'est pas difficile d'exploiter politiquement cette douleur.

Il suffit de proférer quelques phrases sur le thème du « coup de couteau dans le dos » ou sur les « étrangers coupables d'avoir dilapidé nos richesses », et « c'est maintenant notre tour de récupérer les richesses et nous recommencerons à vivre correctement », et l'affaire est dans le sac. Nul besoin d'inventer ces formules : il suffit de feuilleter un manuel de propagande nazie. Succès assuré !

En politique, c'est une arme nucléaire. On l'utilise rarement. Et ceux qui le font connaissent généralement une fin tragique. De tels dirigeants amènent leur pays à la catastrophe. Hélas, en Russie, cette boîte de Pandore, ces dernières années, a été ouverte. Les recours à la nostalgie post-impériale, au nationalisme, à la xénophobie, à l'anti-américanisme coutumier et, parfois, à un nouvel « anti-européisme » sont en vogue et risquent sous peu de devenir une norme. Il importe de comprendre à quel point cela peut être dangereux pour le pays et pour le monde.

La nostalgie post-impériale est une maladie curable. L'expérience de la France, pour laquelle la perte de l'empire n'a pas été chose facile, nous le montre : il a suffi de quelques années de croissance économique dynamique pour que l'hystérie dangereuse pour le pays, qui a failli faire sauter le régime démocratique, se transforme en nostalgie molle et romantique de la grandeur perdue. Mais il a fallu lutter pendant ces années pour préserver la démocratie. Dans l'histoire, il y a des moments où le rôle subjectif d'une personnalité est déterminant.

Ce qu'a fait Charles de Gaulle au début des années 1960 pour empêcher l'arrivée au pouvoir de nationalistes radicaux est fondamental. En Allemagne, en 1920-1930, les événements prirent une tout autre tournure.

E. Gibbon, l'un des historiens chercheurs les plus perspicaces sur la chute de l'Empire romain, qui a pourtant eu la possibilité d'analyser les choses avec toute la perspective et la durée souhaitables, n'a pu se prononcer sur les causes de cette chute sans ambiguïtés ni nuances. Lorsque la distance historique est moindre, le faire est encore plus difficile. Néanmoins, les problèmes liés à l'effondrement de l'Empire soviétique et au syndrome post-impérial sont beaucoup trop importants pour la Russie d'aujourd'hui et pour le monde, pour qu'on puisse laisser leur analyse aux historiens des siècles à venir.

Ma vie a pris une tournure telle que j'ai maintenant certains avantages par rapport aux autres chercheurs qui se penchent sur la débâcle des empires. J'ai été un acteur direct d'événements maintenant historiques, comme les accords de Bielovej*, dont j'ai été un des auteurs et qui ont pris acte de la faillite du dernier empire du XX$^e$ siècle : l'Union soviétique. Ceci n'est pas un livre de mémoires mais plutôt un essai d'analyse des faits liés à la désintégration des empires et des problèmes qui en découlent. La portée des

---

* Localité de Biélorussie où furent signés en décembre 1991 entre la Russie, l'Ukraine et la Biélorussie les accords mettant fin à l'existence de l'URSS. *(N.d.T.)*

accords de Bielovej ne doit pas être surestimée. Ils ont légalisé le divorce advenu. Les États qui ne contrôlent pas leurs frontières, leurs systèmes budgétaire, fiscal et judiciaire ne peuvent pas empêcher les conflits inter-ethniques ni aucun autre conflit, et n'ont de fait aucune existence. Or, c'est justement l'état dans lequel se trouvait l'Union soviétique après les événements du mois d'août 1991.

Comme le montre l'exemple yougoslave, le processus de divorce peut être sanglant. Les accords de Bielovej de décembre 1991 n'ont pas allégé la douleur due à l'effondrement d'un empire au territoire intégré, mais permirent d'éviter une grande saignée et une catastrophe nucléaire. Et comme résultat de ces accords, vers mai 1992 déjà, la plus grande partie de l'armement nucléaire tactique, le plus dangereux, compte tenu des modalités de la prise des décisions sur son emploi, et qui se trouvait auparavant sur le territoire des autres républiques, fut concentrée sur le territoire de la Russie[15].

Je me répète : je sais mieux que beaucoup d'autres comment s'effondrent les empires et quels sont les problèmes auxquels se trouvent confrontées les autorités des métropoles. Néanmoins, je ne me serai pas chargé du présent ouvrage si je n'étais pas assuré du danger que représentait l'exploitation du syndrome post-impérial dans la politique russe, si je ne voyais pas ostensiblement les analogies entre la rhétorique des gens qui exploitent la nostalgie post-impériale dans notre pays et les standards propagandistes nazis au cours des dernières années d'existence de l'Allemagne de Weimar. On tire souvent des parallèles entre la Russie et la république de Weimar. J'appartiens moi-même aux gens qui tiraient ces analogies lors des discussions politiques du début des années 1990. Peu nombreux sont ceux qui comprennent leur importance, peu nombreux ceux qui comprennent le sens du rétablissement des symboles de l'État en Allemagne en 1926, huit ans après la chute de l'empire[16], et neuf ans après, en Russie en l'an 2000. Encore moins nombreux sont ceux qui se rappellent que le principal slogan économique des nazis était la promesse de restitution des dépôts perdus par la classe moyenne allemande lors de l'hyperinflation en 1922-1923[17].

Le rôle de la démagogie des nazis, lors de leur prise du pouvoir en 1933, n'est pas à négliger. L'antisémitisme, le nationalisme radical, la xéno-phobie étaient de tout temps des éléments de la mentalité des leaders de la NSDAP (parti nazi) en Allemagne. Mais ils étaient prudents pour l'utilisation de ces slogans avant 1937[18]. L'appel aux sentiments des épargnants allemands qui avaient perdu leurs économies était une arme politique efficace. Aujourd'hui, ceux qui promettent, en Russie, de reconstituer les dépôts des épargnants soviétiques, totalement dépréciés lors de la catastrophe financière de l'Union soviétique, répètent mot à mot la rhétorique de Goebbels du début des années 1930.

Arrivés au pouvoir, les nazis n'ont pas restitué les dépôts des épargnants. Ils entraînèrent le pays à la guerre et vers une autre catastrophe financière, à laquelle fut contraint de réagir ensuite le père de la réforme économique allemande, le ministre des Finances de la RFA, L. Erhardt, en dégelant notamment les prix en 1948. Mais cela arriva plus tard !

Dans les conditions russes, le moment de l'essor du syndrome post-impérial et du nationalisme radical pétri sur cette base, malgré ce qu'attendait l'auteur de ces lignes, advint non au cours de la période qui suivit directement la chute de l'URSS, mais un peu plus tard. Mes collègues et moi, qui commencions à mettre en œuvre les réformes en Russie, nous comprenions bien que le passage au marché, l'adaptation de la Russie à la nouvelle situation dans le monde, à l'existence de nouveaux États indépendants ne se feraient pas tout seuls. Mais nous présumions qu'une fois la récession due aux transformations passée et un début de croissance économique assuré, l'augmentation des revenus réels de la population permettrait de substituer aux rêveries chimériques de restitution de l'empire les soucis terre à terre et prosaïques de son propre bien-être. Nous nous trompions !

Comme le démontra l'expérience, ce n'est pas au plus profond de la crise économique, quand on ne sait pas si on aura assez d'argent pour boucler le mois et nourrir la famille ni même si le salaire sera payé ou l'emploi préservé, que la majorité des gens se préoccupe de la grandeur de l'empire. En revanche, dès que ça va mieux, lorsqu'une sécurité de l'emploi (en dehors des régions en crise) et une croissance des revenus sont assurées bon an mal an, qu'une certaine stabilité est de retour et que la vie a changé, on peut se permettre en rentrant le soir du travail de s'asseoir devant la télévision pour regarder un bon vieux film soviétique dans lequel nos espions sont meilleurs que les « leurs » et où nous gagnons toujours. La vie montrée à l'écran est sans nuages et on peut se permettre de délibérer sur la façon dont les ennemis ont ruiné la grande puissance impériale. Mais qu'ils ne perdent rien pour attendre, on leur montrera qui est le plus fort[19] !

L'appel aux symboles de la grandeur impériale représente un puissant instrument de gestion du processus politique. Plus la propagande officielle russe tend à représenter la Grande Guerre patriotique* comme un enchaînement d'événements préétablis et organisés par le chef pour conduire à la victoire, plus vite s'oublient les répressions staliniennes, et le fait que Staline lui-même avait sanctionné le pacte Molotov-Ribbentrop, ce qui n'a pas été sans conséquences sur le déclenchement de la guerre.

De 1998 à 2003, les opinions favorables à Staline se sont accrues dans l'opinion russe, passant de 19 à 53 %. À la question : « En supposant que Staline soit encore en vie et soit candidat aux élections présidentielles,

---

* La Seconde Guerre mondiale (*N.d.T.*).

voteriez-vous pour lui ? », 27 % des personnes interrogées, habitants de la Russie, ont répondu « oui »[20] !

Il ne faut tout de même pas oublier qu'il s'agit d'un individu qui a causé la mort de plus de Russes qu'il n'en a été massacré dans n'importe quelle autre période de l'histoire pourtant complexe de la Russie. Je crois que ce fait à lui seul permet d'entrevoir l'échelle des dangers liés au syndrome post-impérial dans notre pays.

Tenter de refaire de la Russie un empire reviendrait à remettre en question son existence même. Le risque d'un mouvement dans ce sens est considérable. Aussi, il est important de comprendre ce que représentaient les empires créés au cours des derniers siècles et les causes de leur désagrégation.

Dans les premiers chapitres de ce livre, l'analyse s'attaque à l'expérience mondiale. Dans les chapitres suivants, on étudiera le mécanisme de désagrégation du dernier empire du XXe siècle : l'Union soviétique.

La désagrégation des empires avait ses spécificités, qui combinaient des causes politiques et économiques dans la métropole et dans les ex-colonies. En Union soviétique, la crise s'est déployée sur fond d'érosion de la légitimité du régime totalitaire et de chute des prix du pétrole sur le marché mondial. Au début des années 1980, le budget de l'État en dépendait complètement et, compte tenu de l'organisation de l'économie soviétique, cela entraînait aussi le marché des biens de consommation et la balance des paiements.

Les chapitres traitant des causes de l'instabilité des régimes autoritaires et totalitaires, des problèmes auxquels se trouvent confrontés les pays dont l'économie dépend essentiellement de la conjoncture du marché des matières premières sont à mon avis importants pour la compréhension de ce qui eut lieu en URSS au début des années 1980 et au milieu des années 1990.

Le fait que l'URSS était un État pluriethnique, où les Russes ne représentaient que la moitié de la population, a joué un rôle sur l'évolution des événements qui ont précédé et suivi l'implosion. Mais, plus important encore, c'était une société où l'*imperium*, le pouvoir, dominait toute l'organisation de la vie quotidienne. Qui plus est, les autorités et la société étaient absolument persuadées que l'État pouvait faire usage d'une violence illimitée pour écraser tout mécontentement. Une telle organisation de l'État, qu'un observateur superficiel pouvait croire solide, était en réalité fragile, justement parce qu'elle ne comportait pas de mécanismes souples d'adaptation, qui auraient permis de s'adapter aux réalités mouvantes du monde moderne. L'un des objectifs de ce livre est justement de montrer les risques d'une telle société en partant de l'exemple du sort de l'URSS.

Pour poursuivre les parallèles historiques, le fait que les autorités de la république de Weimar n'étaient pas disposées à dire la vérité sur les débuts de la Première Guerre mondiale fut l'un des facteurs qui favorisèrent sa chute. De même, rien n'a été dit de manière systématique sur les causes et les mécanismes de l'effondrement de l'URSS. Ces derniers temps, l'accès aux archives, qui pourraient jeter davantage de lumière sur le déroulement de la crise de l'économie soviétique, se trouve à nouveau limité. Néanmoins, les documents déclassifiés au début des années 1990 permettent de comprendre ce qui s'est réellement passé en URSS avant sa désagrégation. La légende de la puissance florissante, ruinée par les ennemis allogènes, est un mythe dangereux pour l'avenir du pays. Dans cet ouvrage, j'essaierai de montrer la réalité et la distance qui sépare cette réalité de la vision généralement répandue dans une grande partie de l'opinion en Russie sur la façon dont a péri l'Empire soviétique. Je n'ai aucune envie de répéter les erreurs commises par les sociaux-démocrates allemands dans les années 1920. Le prix de tels errements dans un monde qui dispose de l'arme nucléaire serait excessif.

Dans l'esprit public russe, l'image du monde actuel se présente ainsi :

1. Il y a vingt ans existait un pays stable et puissant qui se développait harmonieusement : l'Union soviétique.

2. Des gens bizarres (peut-être des agents des services secrets étrangers) y organisèrent des réformes économiques et politiques.

3. Les résultats de ces réformes furent catastrophiques.

4. Dans les années 1999-2000, ceux qui se soucient des intérêts de l'État sont arrivés au pouvoir.

5. Après cela, la vie a recommencé à s'arranger.

Ce mythe est aussi éloigné de la vérité que la légende de l'Allemagne invincible et trahie répandue dans la société allemande à la fin des années 1920-1930.

Ce livre vise à montrer que cette image du monde ne correspond nullement à la vérité. Il serait dangereux pour le pays et pour le monde que les gens continuent à y croire. Malheureusement, ici, le mythe semble fondé sur le bon sens. Expliquer à un Européen du XV$^e$ siècle que la Terre tourne autour du Soleil et non l'inverse était une besogne difficile. Il pouvait s'assurer du contraire chaque matin en sortant de chez lui ! Pour mettre en doute une telle « évidence », il faut des arguments de poids.

Lorsqu'on s'efforce de contester ce qui semble une évidence de simple bon sens, on ne peut lésiner sur les arguments rapportés. Dans ce livre, je veux démontrer que le système politico-économique soviétique était, par sa nature même, totalement instable. Et que, en fait, la seule véritable question était : « Quand et comment allait-il s'écrouler ? » Cette thèse, dont l'auteur est convaincu, reste difficile à appréhender. Et c'est pourquoi il est indispensable de recourir à un très grand nombre de matériaux d'archives qui mettent en évidence l'évolution de l'Union soviétique dans les années 1985-1991. Des lecteurs pourraient estimer superflu le nombre d'exemples et de citations tirés des correspondances officielles interministérielles. Je suis bien obligé, quant à moi, de considérer que l'abondance des témoignages documentaires est en l'occurrence un péché moins grave que leur insuffisance. Pour une lecture plus rapide, on peut omettre les citations de documents.

Je voudrais remercier N. Bajov, Iou. Bobylev, L. Gozman, N. Glavatskaïa, E. Vorobiev, V. Voïnovitch, V. Koudrov, L. Lopatnikov, V. Maou, A. Maximov, A. Moldavski, B. Sarnov, S. Sinelnikov, E. Serova, V. Tsymbal, V. Iarochenko, E. Iasine, pour avoir pris la peine de relire et de commenter le manuscrit ou certains des chapitres, et pour leurs précieux conseils. Je remercie de même O. Lougovoï, V. Dachkeev, I. Mazaev, pour leur aide inestimable de collecte et d'analyse des statistiques historiques. Je remercie E. Mozgovaïa, I. Zaïtseva, T. Lebedeva, L. Mozgovaïa, E. Bondareva, M. Krissan et A. Kolesnikova, pour leur concours dans le travail technique sur le présent ouvrage. Ce livre, ainsi que mes précédents ouvrages, n'aurait pas vu le jour sans l'aide de mon épouse bien-aimée Maria Strougatskaïa.

Il est bien entendu que la responsabilité des inexactitudes et erreurs éventuelles incombe totalement à l'auteur.

## CHAPITRE 1

# GRANDEUR ET DÉCADENCE DES EMPIRES

*« On peut s'appuyer sur une baïonnette mais pas s'asseoir dessus. »*
Talleyrand

Au 1ᵉʳ siècle avant Jésus-Christ, la dégradation du système de service militaire obligatoire des paysans libres, la formation des armées professionnelles ruinèrent les institutions républicaines de la Rome antique et frayèrent la voie à un régime sous lequel celui que l'armée était prête à accepter devenait le seigneur. L'organisation de l'État ainsi formé fut appelée « empire ». Le pouvoir de Rome s'étendant à l'époque sur la plus grande partie du monde connu, ce terme prit encore une autre acception : en Europe, le mot « empire » se mit à désigner un État multiethnique créé par la conquête militaire. Après la chute de l'Empire romain d'Occident, les lois et les traditions qui en ont été héritées exerçaient leur influence sur la vie de tous les territoires qui faisaient partie de l'empire et étaient proches de la métropole. C'est l'une des caractéristiques de l'histoire européenne ultérieure.

## 1. La croissance économique contemporaine et l'époque des empires

L'idée de l'empire comme un puissant État multiethnique autoritaire, réunissant un grand nombre de peuples, tout comme l'Église chrétienne, fait partie de l'héritage reçu de l'Antiquité par l'Europe médiévale. James Brice, un des spécialistes réputés de l'histoire du Saint Empire romain germanique écrivait : « L'antiquité agonisante légua aux siècles suivants deux idées : celle de monarchie universelle et celle de religion universelle[21]. »

Les expressions sous forme d'aphorismes simplifient généralement les choses. C'est le cas ici. L'influence de l'héritage des institutions antiques et du droit romain a été plus significative pour le développement européen que l'idée de la monarchie universelle. Néanmoins, le lien entre l'idéal impérial en tant que tel avec la tradition romaine est évident.

Plusieurs dirigeants ont tenté de s'attribuer le titre d'empereur durant les siècles qui suivirent la chute de l'Empire romain. Mais seule Byzance était reconnue par les autres États européens comme l'héritière de la tradition impériale romaine[22]. Cela concernait tant la partie orientale que la partie occidentale de l'Empire romain. Les dirigeants de Byzance considéraient avoir perdu seulement temporairement le contrôle d'une partie du territoire impérial. Quand Charlemagne fut couronné empereur du Saint Empire romain en l'an 800, il se trouva confronté à un sérieux problème : celui de sa reconnaissance par les autorités byzantines[23].

L'affaiblissement graduel de Byzance rendait les prétentions au titre impérial sur l'ensemble de l'espace post-romain de moins en moins convaincantes. Après la prise de Constantinople par les Turcs, la question retrouve une certaine actualité. C'est ce qui explique les prétentions des pouvoirs russes au rôle de Moscou « Troisième Rome », héritière des traditions des empires romain et byzantin. Ce qui était dans l'esprit du temps à la fin du XV<sup>e</sup> et au début du XVI<sup>e</sup> siècle. Mais la Russie était trop loin des centres de décision et de développement européens pour que ses prétentions soient prises au sérieux par l'Europe.

À la fin du XV<sup>e</sup> siècle, le Saint Empire romain germanique, bien que largement éphémère et ayant subi des transformations substantielles entre les IX<sup>e</sup> et XIV<sup>e</sup> siècles, était considéré par les cours européennes comme le seul État pouvant se réclamer de ce titre. Il n'en reste pas moins que l'idée d'empire, en tant que telle, est demeurée vivace et a continué à exercer son influence sur les événements en Europe.

Philippe II se nommait parfois empereur de l'Inde. Dans la polémique politique de la fin du XVI<sup>e</sup> siècle, on perçoit des idées de prédestination impériale de l'Espagne, de sa mission sacrée de gouverner l'Europe. L'élite castillane, depuis la fin du XV<sup>e</sup> siècle, considère l'Empire romain comme un exemple à suivre et soi-même comme l'héritière des Romains. Elle croit volontiers faire partie des élus à qui incombe la mission divine de recréer l'empire universel[24].

Si l'on fait abstraction de ce contexte, il est difficile de comprendre quel besoin avaient les rois d'Espagne à jeter tant de ressources humaines et financières dans les guerres des XVI<sup>e</sup> et XVII<sup>e</sup> siècles pour tenter d'imposer leur suprématie au monde.

Au cours des XV<sup>e</sup> et XVI<sup>e</sup> siècles, l'essor économique et militaire de l'Europe, sa suprématie sur les pays limitrophes deviennent manifestes. Commence alors l'expansion des États européens sur les autres continents. L'une des motivations essentielles de ces conquêtes est l'espoir de se constituer ou de reconstituer des réserves de métaux précieux qui permettraient le financement des guerres. L'Amérique ne prend de la valeur aux yeux des Espagnols que lorsqu'elle s'avère une réserve de métaux précieux.

C'est alors que se forment les empires européens. C'est le début du mercantilisme. Les États européens limitent les importations de produits transformés et stimulent l'exportation des productions de leur industrie nationale.

La possession des colonies élargit la zone contrôlée par les douanes. Les pays conquis n'ont pour leur part pas la possibilité de réguler l'accès des marchandises exportées depuis la métropole. Par rapport aux colonies, la métropole se donne le droit de mener une politique commerciale limitative. L'extension des territoires coloniaux se double d'une lutte acharnée entre les empires, de conquêtes et reconquêtes sur les uns et les autres. Les compagnies commerciales faisant des affaires dans les colonies se livrent à une concurrence acharnée.

Au milieu du XIXᵉ siècle, la Chine, le Japon, l'Empire ottoman (la Grande Porte) ne font pas partie des colonies européennes. Cependant, après le traité entre la Grande-Bretagne et la Turquie du 5 janvier 1809, après les guerres de l'opium de 1840-1842 en Chine et enfin après l'arrivée de l'escadre du commandeur Perry au Japon en 1853, ces pays se virent aussi contraints à leur tour de lever leurs protections douanières[25].

Même ceux qui, aujourd'hui, font l'apologie des empires reconnaissent que le recours à la contrainte administrative des peuples conquis à cette époque était un choix politique, visant au progrès industriel de la seule métropole. En 1813, l'Inde pouvait vendre avec profit sur le marché britannique les produits de son industrie textile et ses soieries à des prix de 50 à 60 % inférieurs à ceux de la production textile anglaise. Mais la métropole avait établi de tels droits de douane (70 à 80 % du prix) ou avait purement et simplement interdit l'importation des produits textiles indiens. Si l'Inde était restée indépendante, elle aurait répondu à ces mesures par des taxes restrictives sur les marchandises anglaises. L'Inde était le berceau de l'industrie textile, qui y existait depuis 6 000 ans. Des millions de personnes y étaient employées. À cause de la colonisation, des centaines de milliers de personnes travaillant dans le textile depuis des générations furent privées de moyens de subsistance. Des villes comme Dacca et Mushirabad, naguère centres de l'industrie textile, furent ruinées. À cette époque, les administrateurs britanniques ont rapporté au Parlement que la population de Dacca était passée de 150 000 habitants à quelque 30 ou 40 000. L'exportation du textile britannique vers l'Inde de 1814 à 1835 avait augmenté dans des proportions inimaginables, passant de 1 à 51 millions de yards par an. En même temps, l'exportation du textile indien vers l'Angleterre était divisée par quatre et, vers 1844, le volume exporté fut encore divisé par cinq[26].

Le début de la croissance économique moderne, à la charnière des XVIIIe et XIXe siècles, creusa la différence entre la puissance économique, financière et militaire de l'Europe et celle du reste du monde (sauf les colonies des émigrés européens des États-Unis, du Canada, de l'Australie, etc.). La défaite de la Russie, à l'époque puissance agraire importante et proche de l'Europe, dans la guerre de Crimée au milieu du XIXe siècle, a démontré l'avance technologique occidentale d'une façon évidente.

Le monde du milieu du XIXe siècle est rude, il ne laisse pas de place aux sentiments : *Vae victis* (« malheur aux vaincus »). L'attitude des puissances coloniales envers les peuples soumis, pour ne rien dire de plus, n'est pas tendre. Il n'est que de se souvenir de la diminution catastrophique de la population de l'Amérique après la conquête espagnole ou l'extermination des Indiens de l'Amérique du Nord. On pourrait se rappeler les lois du très libéral Empire britannique interdisant aux gens d'ethnies indiennes d'occuper un poste dans l'administration.

L'histoire de la création et de la décadence des empires européens est liée à l'accélération sans précédent de la croissance économique et des changements socio-économiques qui s'engagèrent dans l'Europe du Nord-Ouest au tournant des XVIIIe et XIXe siècles. D'un côté, les métropoles se sont ouvert les voies de l'expansion territoriale, financière et militaire mais, de l'autre, les risques de voir telle ou telle puissance traditionnelle affaiblie par les changements qui se produisaient dans le monde était bien réels.

Au milieu du XIXe siècle, les principaux pays européens, Grande-Bretagne en tête, étaient en mesure d'intervenir militairement à des milliers de kilomètres de leurs propres frontières. C'est la base même de la politique impériale. Le Premier ministre britannique, leader du Parti libéral, W.E. Gladstone écrivait : « Le sentiment impérial est inné en chaque Anglais. C'est une partie de notre héritage, qui arrive au monde avec nous, et ne meurt qu'après notre décès[27]. »

En 1914, l'Angleterre contrôlait un territoire habité par près du quart de la population mondiale de l'époque[28]. Son empire, fondé sur une longue histoire et de solides traditions, semblait indestructible à la plupart des contemporains. Pourtant, les mutations économiques et le développement de nouveaux acteurs étaient déjà à l'œuvre et annonçaient les désagrégations d'empires plus ou moins lentes mais inévitables qui ont commencé dès la fin du XIXe siècle.

Les pays qui ont abordé un processus de croissance économique après l'Angleterre ont pu profiter de ce qu'A. Gerschenkron appelle les « avantages du développement de rattrapage[29] ».

Ils bénéficiaient souvent d'un avantage démographique par rapport aux pays qui avaient commencé leur développement industriel plus tôt. Au fur et à mesure de leur industrialisation, ils se sont retrouvés en mesure de mobiliser des ressources financières et humaines qui leur permirent de créer des forces armées puissantes. La meilleure illustration est la croissance de l'Allemagne et du Japon à la fin du XIXe et au début du XXe siècle.

Dans son ouvrage *Le Temps long*[30], l'auteur de ces lignes estimait à un demi-siècle, c'est-à-dire deux générations, le retard de la Russie sur les pays leaders de la croissance économique parmi les pays les plus développés du monde. En discutant des problèmes actuels de la Russie, on constate que l'éclatement des grands empires coloniaux remonte précisément à une cinquantaine d'années.

Tous les pays qui s'appelaient empires au début du XXe siècle se sont délestés de gré ou de force de leurs colonies en leur accordant l'indépendance. On ne peut l'expliquer en invoquant seulement un concours de circonstances fortuites. Mais, pour la Russie, la leçon est importante. Si elle est retenue, cela nous permettra de ne pas répéter les fautes qui ont conduit à de cuisantes défaites politiques.

Au début du XXe siècle, les contradictions entre la structure rigide de contrôle des territoires, établie à l'époque de l'hégémonie financière et militaro-navale britannique, et les puissances militaire et économique croissantes des pays qui n'ont pas eu leur part du gâteau lors du partage du monde devint un facteur important de la politique internationale. Régler ce problème pacifiquement s'est révélé trop difficile et c'est la voie d'une suite de guerres sanglantes qui s'imposa[31].

## 2. Crise et désintégration des empires d'outre-mer

Les empires des XIXe et XXe siècles ont été des produits de l'essor de l'Europe, de la croissance économique moderne qui lui a permis de profiter durant des décennies de l'asymétrie des forces financières, économiques et militaires dans le monde. Mais ces formations impériales étaient fragiles car trop rigides et incapables de s'adapter aisément aux réalités changeantes, aux autres conceptions d'organisation politique de la cité, à un autre système de recrutement des forces armées, aux formes nouvelles de contrainte.

Au cours du XXe siècle, le monde devint autre. L'idéologie dominante liée à la « domination de l'homme blanc », que l'on considérait comme un fait établi, céda la place à une image du monde qui n'admettait plus la division des peuples en maîtres et esclaves. Les relations entre les métropoles et les colonies, qui formaient un tout et étaient admises au XIXe siècle, devinrent impossibles au milieu du XXe siècle. Dans l'atmosphère intellectuelle des années 1940-1960, expliquer pourquoi la Grande-Bretagne devait gouverner l'Inde, ainsi que ses autres colonies, est devenu impossible.

Avec le temps, la notion de ce que pouvait se permettre la métropole pour conserver sa suprématie s'est transformée. Le monde du début du XIXe siècle n'avait même pas l'idée de ménager les faibles. Les réalités sociopolitiques, qui se transforment au XXe siècle, dictent de nouvelles règles de conduite. Lorsque les Anglais, au début des années 1950, employaient en Malaisie des mesures de répression drastiques contre les insurgés – ils prenaient des otages, détruisaient les semences dans les villages récalcitrants –, le Parlement a désapprouvé cette pratique, taxée de crime contre l'humanité. Ce qui était admis au début du XIXe siècle devint inadmissible pour la société du milieu du XXe siècle.

Parmi les empires d'un seul tenant, seule la Russie survécut après la Première Guerre mondiale, bien que sous une forme très modifiée. Après la Seconde Guerre mondiale, on assiste au démembrement des empires possédant des territoires d'outre-mer : les empires britannique, français, néerlandais, belge, portugais. Il a fallu attendre le début des années 1990 pour assister à l'effondrement du dernier des empires d'un seul tenant : l'Union soviétique, et par la même occasion de la Yougoslavie, qui, à proprement parler, n'était pas un empire, mais qui s'est heurtée à des problèmes très semblables à ceux qu'engendre l'écroulement des empires territorialement intégrés.

La crise des années 1914-1945 modifia le monde de façon radicale. Le mythe de l'invincibilité des Européens, qui régnait largement dans les consciences à la fin du XIXe siècle et encore au début du XXe siècle, fut affaibli par l'issue de la guerre russo-japonaise de 1904-1905[32], et discrédité pour de bon par la faillite des empires coloniaux européens en Asie du Sud-Est pendant la Seconde Guerre mondiale. Les Européens ne pouvaient plus espérer que les peuples soumis restent persuadés du droit divin des conquérants à les gouverner[33].

Dès la fin des années 1940 et le début des années 1950, les mots « empire » et « impérialisme » commencent à se démoder ou prennent un autre sens. En 1947, le Premier ministre britannique, Clement Richard Attlee, disait : « Si la notion d'impérialisme, que je définis comme la sujétion de certains peuples à la domination politique et économique d'autres, existe encore, je suis sûr qu'un tel impérialisme n'a aucune existence au sein du Commonwealth britannique[34]. »

Le trait caractéristique des empires est l'abcence de suffrage universel pour les sujets[35]. L'économiste Adam Smith a pris très tôt position pour le droit de vote des habitants des colonies nord-américaines. Mais cela ne devint pas un sujet de discussion sérieuse pour le hommes politiques britanniques. Que le slogan « Pas d'impôts sans représentation » ait été un des maîtres mots de la révolution américaine est un fait notoire.

Dans la partie hongroise de l'Autriche-Hongrie, sur presque 11 millions de personnes ayant atteint l'âge de 21 ans, 1,2 million seulement avaient le droit de vote. La question du droit de vote des appelés non hongrois au front, mobilisés dans certaines parties du royaume pendant la Première Guerre mondiale, a fait l'objet de polémiques mais le gouvernement n'a pas su la résoudre. Le Premier ministre hongrois de l'époque, le comte Tissa, se refusait obstinément à accorder quoi que ce soit aux nationalités allogènes. Les tentatives de fédérer l'Autriche-Hongrie pour sauver la monarchie rencontrèrent une résistance acharnée de l'élite politique hongroise opposée à toute concession aux peuples slaves[36].

L'expérience mondiale atteste que l'empire et la liberté politique, au sens d'un droit de vote réel et libre pour tous les citoyens, sont incompatibles[37].

Au début des années 1950, la France refusait de reconnaître le principe d'égalité devant le droit de vote des populations européenne et autochtone en Algérie, pourtant considérée comme département français. Le principe de deux collèges électoraux signifiait que le vote d'un Européen était égal à huit votes de musulmans. Dans les années 1954-1958, la position des autorités françaises change. Elles commencent à comprendre que l'octroi du suffrage universel était inévitable si elles voulaient retenir l'Algérie. Mais alors, cela n'arrangeait plus les dirigeants du mouvement de libération, qui ne revendiquaient rien de moins que l'indépendance totale[38].

La limitation du droit de vote de la population des colonies répondait aux réalités des XVIe et XVIIe siècles, quand les empires européens commençaient à se former, et au monde des XVIIIe et XIXe siècles, lorsque se préparaient les prémices de la croissance économique moderne. Mais elle s'est trouvée en contradiction avec la notion d'État raisonnable, forgée dans la deuxième moitié du XXe siècle. La légitimité du pouvoir est devenue largement dépendante de l'existence d'un suffrage universel et d'une concurrence loyale des forces politiques. Et tant les métropoles, qui tentent de maintenir leurs colonies, que les élites de ces colonies s'en persuadent peu à peu. Il ne reste dès lors qu'un seul moyen de maintenir les colonies dans la dépendance, c'est la violence qui permettrait de contraindre les peuples qui vivent dans les colonies à l'accepter. Mais les empires sont confrontés au problème indiqué par l'un des frères d'armes de Napoléon, Talleyrand : « On peut s'appuyer sur une baïonnette, mais on ne peut pas s'asseoir dessus. »

Au cours de la deuxième moitié du XXe siècle, dans la rhétorique politique et les arguments de ceux qui optent pour le maintien des colonies, l'accent est porté de plus en plus non sur le fait que la préservation de l'empire est profitable à la métropole, mais surtout qu'elle est bénéfique aux colonies elles-mêmes, car la métropole les aide à établir un État de droit avec un système juridique et une infrastructure développée.

Le contexte financier du fonctionnement des empires change aussi. Jusqu'à la fin de la Première Guerre mondiale, il était généralement admis que les colonies devaient se suffire à elles-mêmes financièrement et qu'elles prenaient en charge le fonctionnement de l'administration coloniale. Sous l'influence de nouveaux courants de pensée dans les pays développés, dès les années 1920, la pratique commence à changer et surgit un modèle selon lequel les métropoles doivent attribuer des ressources financières aux colonies pour y accélérer le développement économique[39].

Les autorités qui aspirent à démontrer que l'empire est utile à leurs sujets sont obligées d'investir de plus en plus dans les projets de développement des infrastructures et dans des programmes sociaux dans les territoires qu'elles contrôlent[40].

Il est bien évident que cela ne peut se faire qu'aux dépens des contribuables de la métropole. Ces derniers éprouvent plus que du scepticisme à l'égard de telles pratiques. Il faut payer pour l'empire et plus ça dure, plus c'est cher ! La société commence à se convaincre qu'il y a beaucoup de problèmes irrésolus à l'intérieur du pays dont on remet la solution à plus tard sous prétexte d'aider les colonies. Dans la seconde moitié du XXe siècle, les élites des empires, ainsi que leurs opinions publiques respectives, arrivent à la conclusion que les empires sont décidément trop onéreux pour qu'on puisse se permettre de les garder.

À partir du moment où les élites politiques des colonies et les sociétés civiles des métropoles cessent de croire en l'inéluctabilité des situations établies, le sort des empires est réglé. La seule question qui reste est de savoir quand et comment on va en finir.

Après la Seconde Guerre mondiale, l'un des facteurs importants du démantèlement du système colonial a été l'opposition entre l'Union soviétique et ses satellites, d'une part, et l'OTAN, avec à sa tête les États-Unis, de l'autre. Étant elle-même une sorte d'empire, l'Union soviétique avait des raisons de soutenir par des moyens financiers, politiques et militaires les mouvements nationaux orientés contre les empires traditionnels des puissances européennes. De leur côté, les États-Unis, leaders de l'alliance militaire opposée à l'Union soviétique, se comportaient fréquemment envers les pays de l'Amérique latine comme le faisaient les puissances européennes vis-à-vis de leurs propres colonies, mais sans jamais toutefois se proclamer empire ni envoyer ouvertement leurs représentants diriger à titre permanent les pays qui dépendaient d'eux.

Les deux superpuissances se retrouvaient néanmoins pour des raisons très différentes, dans leur antipathie à l'égard des empires traditionnels. Le moins qu'on puisse dire, c'est qu'elles n'étaient pas prêtes à leur apporter un soutien. Souvent même, elles ont contribué à leur chute. Ce facteur à lui seul rendait bien improbable la survie des empires[41].

Lors de la crise de Suez de 1956, les autorités anglaises et françaises comptaient reprendre le contrôle du canal par leurs propres moyens en intervenant directement en Égypte sans demander l'avis ni des Américains ni de l'Union soviétique. Ce fut une erreur et elles ont dû battre en retraite en abandonnant le canal au contrôle des autorités égyptiennes.

Dans le monde d'après-guerre, on assiste à un phénomène maintes fois observé dans l'histoire : la diffusion rapide de matériel militaire des pays riches parmi ses voisins et ses ennemis potentiels. Dans la deuxième moitié du XX<sup>e</sup> siècle, un rôle clé a été joué par la généralisation des techniques et pratiques de guerres de guérilla. Les métropoles doivent recourir à des ressources humaines et financières immenses pour faire face à ce défi.

Au XVI<sup>e</sup> siècle, compte tenu de la suprématie évidente de l'Europe en matière militaire, il suffisait d'envoyer quelques centaines de conquistadores pour envahir les Amériques. Dans la deuxième moitié du XX<sup>e</sup> siècle, l'envoi de 400 000 militaires français en Algérie s'avéra insuffisant pour réprimer 20 000 insurgés qui s'appuyaient sur le soutien de la population.

La défense liée aux guerres coloniales représentait, en 1971, 43 % du budget du Portugal. Cela dépassait les moyens du pays. Dans les années 1961-1974, 110 000 jeunes Portugais émigrèrent pour se soustraire à l'armée. Par un décret de 1967, la durée du service militaire obligatoire a été portée à quatre ans. L'incapacité des établissements de formation militaire à préparer le nombre requis d'officiers obligea l'administration portugaise à recourir massivement à de jeunes officiers de réserve qui avaient reçu leur grade d'aspirant au cours des préparations militaires à l'université. Ce sont eux qui ont été le fer de lance du mouvement ayant renversé le régime autoritaire et fait cesser la guerre coloniale[42].

Le Vietnam n'avait jamais été une colonie des États-Unis. L'Amérique fut impliquée dans la guerre au Vietnam sur fond d'effondrement de l'empire colonial français et en raison de la guerre froide. Dès le début de l'implication des États-Unis dans la guerre du Vietnam, il devint évident que, pour assurer effectivement un contrôle du territoire face à la résistance des partisans, il fallait des forces qui leur seraient supérieures en nombre de près de dix fois. Le prix économique, social et politique à payer pour maintenir les colonies s'est avéré excessif.

Les sentiments nationaux sont un des instruments les plus efficaces de mobilisation politique dans les sociétés qui n'ont pas de traditions démocratiques. K. Leontiev comprenait bien que le sentiment de solidarité nationale représente une menace pour les empires : « L'idée de nationalités, [...] telle qu'on l'a connue au XIX<sup>e</sup> siècle, est une idée [...] qui porte en soi une grande force destructrice et n'a rien de créatif[43]. »

L'appel à opposer les « Blancs » dans le rôle de « maîtres exploiteurs » aux populations indigènes « opprimées et outragées » est une arme politique des plus efficaces. Lorsque le mythe de l'invincibilité des Européens s'est dissipé, les formes violentes de lutte contre les régimes coloniaux se généralisèrent. Ceux qui y prenaient part pouvaient compter sur l'appui financier et militaire du bloc soviétique. Les États indépendants qui apparaissaient devenaient des sanctuaires pour les mouvements de libération des pays qui demeuraient encore des colonies des puissances européennes.

Après la Seconde Guerre mondiale, l'imminence de la dissolution des empires coloniaux devint évidente. La seule question qui restait était la suivante : laquelle des métropoles comprendra cela plus vite que les autres et, partant, rendra le processus de décolonisation plus rapide et sans accroc ?

L'élite anglaise, à la différence de la française, n'eut pas à souffrir de la capitulation de 1940. Le pays, qui sortit de la guerre en tant qu'une des puissances victorieuses, était assez bien préparé à la crise liée à la dissolution de l'empire. En 1945, l'Angleterre se présentait comme une des trois puissances mondiales avec une armée forte de 4,5 millions de militaires, régnant sur des territoires d'outre-mer épars sur plusieurs continents, sur lesquels le soleil ne se couchait jamais. Vers la fin de 1961, il ne restait presque rien de cet empire. Et néanmoins, les dirigeants du pays, contrairement à ceux de la Russie, ne considéraient pas ce processus comme une catastrophe géopolitique. La plupart des ouvrages consacrés à la dissolution des empires coloniaux voient en l'Angleterre, qui avait réussi à comprendre l'organisation du monde de la fin du XXe siècle, un exemple digne d'imitation[44].

L'acte portant création d'un *Conseil des affaires de l'Inde*, adopté par le Parlement anglais en 1909, n'a pas apporté à ce moment là de changements radicaux à l'organisation de l'empire, mais il est considéré comme un pas important sur la voie d'une structure étatique indépendante de l'État indien[45].

La décision de l'indépendance de l'Inde fut adoptée pendant la Seconde Guerre mondiale. Et c'est précisément à partir de ce moment que s'acheva l'histoire de l'Empire britannique. Le développement ultérieur des événements n'est qu'un post-scriptum languissant.

Néanmoins, encore au début des années 1950, l'exploitation de la nostalgie de l'empire était une démarche politique payante, au moins parmi les membres du Parti conservateur, qui s'identifiaient à la grandeur impériale.

Les digressions sur les traditions du passé, sur l'importance de l'empire pour l'Angleterre, sur l'impossibilité d'y renoncer, sur la « politique perfide » des travaillistes, prêts à emprunter la voie de la dissolution de l'empire, a été une composante importante de la propagande politique des conservateurs à cette époque. La base idéologique de cette politique des conservateurs a été la déclaration de Churchill du 10 novembre 1942 : « Nous avons l'intention de garder ce qui nous appartient... Je ne suis pas devenu Premier ministre de Sa Majesté pour présider à la liquidation de l'Empire britannique[46]... » Il a continué sur cette lancée à maintes reprises après son retour au gouvernement en 1951.

La thématique liée à la sauvegarde de l'empire, aux agissements pernicieux de ceux qui sont prêts à s'engager sur la voie de son démantèlement, l'appel à la nostalgie post-impériale, à l'anti-américanisme sont très importants dans la ligne politique du Parti conservateur au début et au milieu des années 1950[47]. Plusieurs hommes politiques anglais de cette époque considèrent que les États-Unis, et non l'Union soviétique, sont le principal ennemi de leur pays. En 1951, il était impensable d'expliquer aux militants de base du Parti conservateur, qui venait justement de remporter la victoire aux élections, que les jours de l'empire étaient comptés[48].

Mais le temps remet tout à sa place. L'échec de l'expédition de Suez en 1956, les efforts qui se révélèrent indispensables pour assurer le contrôle de la situation à Chypre en 1958 démontrèrent à la société anglaise que les tentations de préserver l'empire n'étaient que des rêves, certes romantiques, mais irréalistes.

Et dès 1959, le gouvernement conservateur, qui jurait quelques années auparavant de sa fidélité à l'idéal impérial, s'attaque au démantèlement de l'empire à un rythme accéléré. Ian Macleod, qui dirigeait à cette époque le ministère des Affaires coloniales, a résumé la situation : « On dit que, dès ma nomination au secrétariat aux Affaires coloniales, le mouvement de décolonisation s'est accéléré avec détermination. Je suis d'accord. Et il me semble que toute autre politique aurait entraîné une terrible effusion de sang en Afrique[49]. »

Ayant dissous l'empire, la Grande-Bretagne se trouva confrontée à une guerre terroriste qui dura des décennies en Irlande du Nord. Les parallèles avec la Russie de 1991, qui renonça sans effusion de sang à un empire presque aussi important et se retrouva face à un problème aussi difficile à résoudre que celui de l'Irlande avec la Tchétchénie, s'imposent immédiatement à l'esprit. Personne n'a réussi à dissoudre un empire sans accroc.

Un démantèlement ordonné et systématique des empires, conformément aux plans stratégiques du gouvernement de la métropole, est une exception, pas une règle[50]. Il est plus fréquent que les métropoles, qui ne sont pas prêtes à envoyer leurs soldats défendre des possessions de l'empire, se retrouvent dans une crise politique et dans l'impossibilité d'élaborer une politique de réorientation pacifique des relations avec leurs anciennes colonies. L'exemple du Portugal est de ce point de vue caractéristique : après la révolution du 25 avril 1974, l'armée envoyée dans les colonies n'avait plus aucune envie de combattre. Les soldats et les jeunes officiers ne songeaient qu'à rentrer chez eux le plus vite possible. Dans de telles conditions, des pourparlers laborieux sur les procédures de transmission du pouvoir n'étaient même plus envisageables pour le gouvernement[51].

En France, en raison notamment du précédent pénible de la défaite de 1940, le processus d'adaptation de la société aux réalités nouvelles avançait plus lentement qu'en Angleterre. L'attachement à l'empire était plus prononcé. L'élite politique française était persuadée que seul l'empire permettrait au pays de conserver son statut de grande puissance et son influence dans le monde[52]. Le nombre de gens tués pour cela a été supérieur à celui des autres métropoles européennes. Et pourtant, ça n'a rien changé au démantèlement de l'empire.

Le phénomène de déclin des empires européens a entraîné une crise du système de conscription militaire[53]. De tous les empires, c'est la France qui, à la fin des années 1940 et au début des années 1950, a entrepris les plus grands efforts pour retenir les colonies : c'est elle qui a dépensé le plus d'argent à cet effet et a perdu le plus de vies humaines. En Indochine, de 1945 à 1954, périrent 92 000 soldats et officiers du corps expéditionnaire, 140 000 ont été blessés, 30 000 faits prisonniers. La guerre se solda par une défaite. Néanmoins, le gouvernement français ne put se résoudre à envoyer en Indochine un seul conscrit de France. C'était politiquement impossible. Les familles françaises étaient fermement opposées à envoyer leurs fils périr en Indochine.

Après la capitulation des forces françaises à Diên Biên Phu, quand 10 000 soldats et officiers se rendirent à l'ennemi, la plupart des dirigeants des forces armées françaises ont préféré tenir pour responsables de la défaite les politiciens civils qui n'étaient pas préparés à soutenir les efforts de l'armée et, partant, lui ont asséné un coup de poignard dans le dos. La défaite en Asie du Sud-Est, due, entre autres, au refus d'y envoyer des appelés, a été un facteur décisif de la mobilisation des partisans de l'indépendance dans d'autres colonies françaises, et tout d'abord en Algérie. Si la métropole n'était pas capable de maintenir sa mainmise sur ses territoires en Asie, qui pouvait garantir qu'elle serait capable de le faire en Afrique du Nord ?

Le fait que ce soit le même homme, Pierre Mendès France, qui, en tant que Premier ministre, a su mettre fin à la guerre d'Indochine en signant un accord avec Hô Chi Minh en 1954 et qui a dû commencer à accroître les forces françaises en Algérie, relève d'un de ces paradoxes dont l'histoire a le secret. Pendant les débats parlementaires du 12 novembre 1954, il disait : « Que personne n'attende de nous un compromis quelconque, nous ne transigeons pas quand il s'agit de la défense de la paix intérieure et de l'intégrité de la République. Les départements de l'Algérie sont une partie de la République, de la France, depuis longtemps. Entre l'Algérie et le reste du territoire français, aucun partage n'est possible. Jamais la

France, jamais aucun parlement ou un quelconque gouvernement ne renonceront à ce principe fondamental[54]. » Le ministre de l'Intérieur, devenu par la suite président de la République – François Mitterrand –, était tout aussi péremptoire avec sa célèbre formule : « L'Algérie, c'est la France[55]. »

Le nombre d'insurgés algériens était inférieur aux forces vietnamiennes. L'Algérie est géographiquement plus proche de la France. Plus d'un million de colons français y habitaient. Leur influence dans la métropole était forte. Le pays possédait d'importantes ressources de pétrole et de gaz.

Au mois de mai 1955, le gouvernement français entreprit une démarche que n'avaient pas osé entreprendre les ministres responsables de la conduite de la guerre d'Indochine. Il appela sous les drapeaux 8 000 réservistes et annonça son intention de prolonger la durée du service militaire de 100 000 appelés du contingent. Au mois d'août de la même année, les sursis au service militaire ont été réduits. En 1955, les effectifs de l'armée française en Algérie ont plus que doublé, passant de 75 000 hommes au mois de janvier à 180 000 en décembre. À l'automne 1956, un tiers de l'armée française était concentré en Afrique du Nord. À la fin de 1956, 400 000 militaires français s'y trouvaient.

La majorité des jeunes gens, appelés sous les drapeaux en vertu du décret du 22 août 1952, avaient plus de 23 ans, beaucoup d'entre eux étaient mariés, ils avaient des enfants et avaient souvent débuté leur vie professionnelle. En 1914, pendant la levée en masse en France des hommes d'âge moyen, tout se passa d'une manière organisée, sans opposition dans la société. L'opinion admettait que la patrie était en danger. Au milieu des années 1950, la guerre en Algérie était perçue par le monde et la société française comme une guerre coloniale plutôt injuste. Jamais encore une armée de conscrits n'avait été employée pour faire de telles guerres alors que la métropole était en paix. Au mois de septembre 1955, des troubles ont éclaté parmi les appelés envoyés en Algérie. D'importantes manifestations de protestation ont eu lieu à Vincennes, Nantes et Marseille.

En général, les appelés n'ont pas systématiquement pris part aux combats. C'est la Légion étrangère et les engagés professionnels qui s'en sont chargés. La mission principale des conscrits était de protéger les fermes des pieds-noirs. Toutefois, depuis que les appelés ont été envoyés en Algérie, l'opinion publique française envers la guerre changea. Les habitants d'un pays démocratique, même s'ils éprouvent de la nostalgie pour la grandeur passée, ne veulent pas envoyer leurs enfants faire la guerre pour le maintien d'un fantôme d'empire. Dans les années 1960-1961, selon les sondages de l'époque, les deux tiers des Français étaient pour l'autodétermination de l'Algérie. Au référendum du 8 janvier 1961, 75,2 % de la population du pays a voté pour donner carte blanche aux dirigeants du pays afin qu'ils négocient les formes d'octroi de l'indépendance[56].

En somme, ni la France des années 1960-1961 ni le Portugal des années 1973-1974, qui ont envoyé aux colonies d'importants contingents de conscrits pour sauvegarder l'empire, n'y ont risqué une défaite militaire directe. Rien de comparable à ce qui s'est passé à Diên Biên Phu en 1954. La décision de démanteler l'empire a eu d'autres causes. Des raisons de politique intérieure. L'opinion ne voulait plus supporter les conséquences d'une guerre longue et sanglante dont le but devenait de moins en moins évident. Dans la seconde moitié du XX$^e$ siècle, les empires sont passés de mode. La société actuelle ne juge plus nécessaire d'aller mourir ou d'envoyer ses enfants mourir à la guerre, pour sauvegarder les attributs de sa grandeur passée.

La décision de laisser s'effondrer l'empire, soutenue par plus des deux tiers des électeurs, même en France, avec ses traditions démocratiques et ses principes moraux, n'a pas été facile à accepter. Une minorité, composée en grande partie de pieds-noirs, d'anciens combattants, de soldats professionnels, qui avaient pris part aux guerres et qui considéraient que les pouvoirs civils les avaient trahis, a sérieusement menacé, en 1958-1962, la stabilité des institutions démocratiques françaises. Lorsqu'en 1958 les nationalistes radicaux établirent leur contrôle sur la Corse, répondant à la question de savoir si le pouvoir politique était prêt à rétablir l'ordre par la force, un des représentants du ministère de la Défense français répondit : « Quelle force ? » Il reconnaissait ainsi clairement que les pouvoirs civils n'avaient aucune force armée disponible pour mater la mutinerie[57].

Le fait que la France, ayant survécu à la débâcle de l'empire, réussit à conserver dans l'ancienne métropole des institutions démocratiques, est dû à plusieurs facteurs dont :

- le haut niveau de progrès, auprès duquel les régimes autoritaires, qui ignorent la volonté d'une grande partie de la population, ont l'air archaïques ;
- les processus d'intégration européenne, à la réalisation desquels la France prit une part active ;
- l'autorité et la volonté du général de Gaulle, qui fut capable de dissoudre l'empire et de maintenir le contrôle sur l'armée et la police.

Dans les années 1960-1962, au moment où la question de la fin de la guerre et de l'octroi de l'indépendance à l'Algérie se discutait âprement en France, de nombreux observateurs présumaient que la dissolution de l'empire amènerait une longue période d'instabilité politique et de troubles en France. Les pronostics ne se réalisèrent pas. La poursuite de la croissance dynamique de l'économie, l'intégration européenne réduisirent à néant le danger potentiel du syndrome post-impérial. En France, tout comme dans la Russie d'aujourd'hui, le pic du syndrome post-impérial coïncida avec des années de croissance du bien-être. Et son expérience montre qu'avec le temps cette maladie est curable.

## 3. Les problèmes du démantèlement des empires à territoires intégrés

Dans les États agraires, qui n'étaient pas forcément ethniquement homogènes, l'hétérogénéité ethnique n'avait pas de signification de principe. L'essentiel était la division entre la minorité privilégiée, qui détenait le monopole de la violence « légale » et la gestion de l'État et de la religion, et la grosse majorité paysanne. La monarchie des Habsbourg du milieu du XVIe siècle, comprenait, outre la Castille et l'Autriche, des territoires aussi différents que la Hongrie, la Bohême, la Slovénie, la Slovaquie, la Croatie, les Pays-Bas, la Bourgogne, sans parler des colonies espagnoles en Amérique.

Je ne commenterai pas la diversité ethnique de la Russie, qui s'est proclamée empire au début du XVIIIe siècle. Compte tenu de sa diversité linguistique, il est difficile de déterminer si la Grande Porte ottomane se désignait elle-même comme empire. En tout état de cause, les Européens contemporains la nommaient volontiers ainsi.

Il y avait des monarchies agraires, qui pratiquaient avec cohérence une politique d'unification nationale. À l'époque du haut Moyen Âge, la France et l'Angleterre étaient des pays ethniquement diversifiés. Il leur fallut quelques siècles pour se créer une identité nationale unifiée. Mais, si en Angleterre et en France cela a été possible, dans l'Empire austro-hongrois, où les sujets appartenaient à des groupes linguistiques très éloignés et différents, une telle stratégie à l'époque s'est avérée irréalisable[58].

Le début de la croissance économique moderne et les changements radicaux qui y sont liés transforment la vie de la société. La structure nouvelle de l'emploi, le niveau accru de la formation deviennent des faits établis. Commence l'érosion des bases de légitimation des régimes politiques traditionnels. Et, dans ce contexte, les empires pluriethniques intégrés territorialement sont confrontés à de nouveaux problèmes qui deviennent de plus en plus épineux.

L'esprit de la montée des consciences nationales au XIXe siècle a été bien décrit par J. Herder : « La providence a séparé les gens par les forêts et les montagnes, les mers et les déserts, les fleuves et les zones climatiques, mais elle les a tout d'abord divisés par les langues, les penchants, les caractères

[...]. La nature façonne les gens par familles et l'État le plus naturel est celui qui regroupe un seul peuple avec un seul caractère national qui lui est propre [...]. Ainsi, il semble que rien n'est plus contraire aux objectifs même de bonne gouvernance que la croissance naturelle de l'État, que le mélange chaotique de divers peuples et tribus sous un même sceptre [...]. De tels royaumes [...] sont pareils aux symboles de la monarchie, comme elle apparut au prophète : une tête de lion, une queue de dragon, des ailes d'aigle, des pattes d'ours[59]. » La montée de la conscience nationale, la demande de fédéralisation par nationalités ont particulièrement compliqué la situation des empires d'un seul tenant.

Un empire colonial formé à coups de canonnières peut être quitté. Il y a bien sûr les problèmes des colons qu'il faudrait rapatrier, mais cela ne touche qu'un groupe restreint de la population. L'un des précédents les plus sérieux lié à la liquidation des territoires d'outre-mer a été le destin du million de colons français en Algérie. Et il ne s'agissait que d'à peu près 2 % de la population de la France.

Lors de la liquidation de l'Empire portugais au milieu des années 1970, le nombre de rapatriés dans la population de la métropole a atteint un niveau maximum représentant près de 10 % de la population du pays[60]. Le problème ne devint pas explosif pour autant et la jeune démocratie portugaise a pu être stabilisée.

Dans les empires pluriethniques intégrés territorialement, les problèmes liés à la répartition des différentes ethnies qui surgissent au moment de la désintégration de l'empire se posent souvent d'une manière plus brûlante. Le meilleur exemple en est la situation dans les empires russe, allemand, austro-hongrois, ottoman qui se sont effondrés au lendemain de la Première Guerre mondiale.

Le fait que les gouvernements des empires aient eux-mêmes armé des millions de paysans, pas toujours loyaux aux autorités, pour les envoyer dans les tranchées, sans avoir jugé bon de leur expliquer le bien-fondé de la guerre à leurs yeux, rendait le maintien de l'empire assez hypothétique. La défaite, la débâcle de l'ordre ancien, la désintégration des territoires se sont retrouvées être des processus interdépendants.

Un bon tableau de l'anarchie résultant de l'effondrement d'un empire d'un seul tenant, intégré territorialement, est fourni par les nombreux livres et films consacrés à la guerre civile en Russie, qui a suivi la révolution de 1917. Mais ce n'est pas une spécialité exclusivement russe. Voici comment les réalités de l'époque, liées à l'échec de l'Empire austro-hongrois, ont été décrites par un des contemporains : « Les bandes vertes (bandes de déserteurs) se transformèrent en bandes de pillards. Les villages, les manoirs et les gares étaient pris d'assaut et pillés impitoyablement. Les voies ferrées étaient détruites. Les trains étaient arrêtés et tenus en attente, avant d'être pillés. La police et les forces armées se joignaient aux pillards ou étaient dans l'impossibilité de leur résister. La liberté acquise depuis peu se retrouvait dans la fumée des maisons et des villages brûlés[61]. »

Dans la déclaration du Conseil d'État de l'Autriche-Hongrie, le fait que l'armée était pluriethnique et que ses détachements, qui n'étaient ni autrichiens ni hongrois, n'étaient pas prêts à combattre pour l'empire était un argument essentiel en faveur de la capitulation.

L'expérience de la dissolution des empires après la Première Guerre mondiale est essentielle pour comprendre les problèmes qu'on retrouve dans le monde à la fin du XXe siècle. À la débâcle d'un régime autoritaire succède un vide politique et social. Le policier de l'ancien régime s'est éclipsé et le nouveau n'est pas encore arrivé. Ceux qui prétendent au pouvoir ne peuvent s'appuyer sur aucune tradition ni expérience de pouvoir qui assureraient une légitimité du régime. Aucune règle du jeu politique n'est encore fixée. Surgit alors une situation très caractéristique des grandes révolutions : un gouvernement faible, incapable de percevoir les impôts et encore moins de payer les salaires des fonctionnaires, y compris pour maintenir l'ordre et remplir les obligations contractuelles[62]. Dans ces conditions, exploiter les instincts sociaux élémentaires est une voie sûre vers le succès politique. Il suffit de parler de la grandeur nationale, de l'injustice à l'égard de sa propre ethnie tout au long de l'histoire, de rappeler les revendications territoriales envers ses voisins – et le succès politique est assuré[63].

Lorsque les traditions démocratiques et celles des partis politiques sont faibles, le nationalisme radical, l'appel à l'identité nationale, le rappel des offenses nationales, la recherche des ennemis ethniques, « qui sont coupables de tout », sont des armes sûres dans la lutte pour le pouvoir.

L'Autriche-Hongrie en 1918 est un exemple classique d'emploi politique de tels instruments par les dirigeants des élites ethniques de l'empire. Même à la veille de l'effondrement de l'empire, les éléments pangermaniques en Autriche s'opposaient fermement à sa transformation en fédération. Leurs points de vue étaient exprimés par le journal influent *Neue Freie Presse*, qui à quelques jours seulement de la désintégration du régime écrivait : « Les Allemands en Autriche ne permettront jamais que l'État soit effeuillé comme un artichaut[64]. »

Le poète polonais Adam Mickiewicz, cent ans avant l'effondrement de l'Empire austro-hongrois notait qu'il comportait 34 millions d'habitants au total, dont seulement 6 millions d'Allemands, qui tenaient les autres 28 millions dans un état de subordination. En 1830, l'écrivain autrichien F. Grillparzer remarquait que, si le monde avait à affronter des épreuves imprévues, seule l'Autriche n'y résisterait pas et se briserait en morceaux.

L'élite austro-hongroise comprenait la fragilité de l'empire et a cherché à le maintenir en excitant les divisions et contradictions entre les peuples sous son contrôle : les Hongrois haïssaient les Tchèques, les Tchèques haïssaient les Allemands, les Italiens, les uns et les autres. Quand le démembrement de l'empire s'avéra inévitable, l'animosité mutuelle rendit les problèmes entre nationalités aigus et difficiles à régler dans les pays héritiers[65].

Les tentatives de l'élite de la métropole à la fin du XIXe et du début du XXe siècle pour créer une identité nationale de l'empire pluriethnique afin d'assurer une base solide à l'État et à ses institutions ont eu pour résultat de pousser à une radicalisation des états d'esprit anti-impériaux des minorités ethniques. L'éminent démographe russe, le professeur A. Vichnevski écrivait : « Le séparatisme ukrainien, dans ses discussions avec le fédéralisme plutôt modéré, recevait le même renfort que les autres séparatismes russes, à savoir : le centralisme impérial. Sa position unitariste obstinée, dure et intransigeante, poussait régulièrement à l'âpreté réciproque des nationalistes ukrainiens. »

Le nationalisme ukrainien était objectivement stimulé par la sensation qu'éprouvaient les nouvelles élites ukrainiennes d'être traitées avec désinvolture. Sensation facilement transmise à toutes les couches de la population ukrainienne qui jouaient un rôle dans la vie économique et politique impériale. Et, lorsque les patriotes russes, qui considèrent les Ukrainiens comme une partie du peuple russe, ne voulaient rien entendre de la langue ukrainienne, ils renforçaient chez les nationalistes ukrainiens le sentiment d'humiliation et d'être des citoyens de seconde zone[66].

La propagande politique hongroise en 1918 insistait sur le thème de l'inadmissibilité de la perte du statut de nation privilégiée au sein de l'Autriche-Hongrie. Le thème central de l'agitation croate était la dénonciation de la domination hongroise et les prétentions territoriales de la Hongrie sur la Croatie. Pour les Allemands d'Autriche, le problème essentiel était le sort de la partie de la Tchécoslovaquie, peuplée par les Allemands des Sudètes, et pour la partie tchèque au contraire, c'était la préservation de l'intégrité du territoire.

Ces conflits sont difficiles à résoudre en se plaçant à un niveau purement rationnel. Du point de vue rationnel, il est impossible d'établir s'il est plus important de maintenir l'intégrité territoriale de la Bohême ou de donner la possibilité aux Allemands des Sudètes de se rattacher à l'Allemagne. Comment se comporter vis-à-vis des minorités hongroises en Yougoslavie et en Roumanie ? La question a été le plus souvent résolue d'une manière relativement pacifique grâce à l'occupation des plus importants des territoires contestés de l'ancien Empire austro-hongrois par les troupes de l'Entente. Et même cela n'a pas toujours pu éviter les conflits armés. Lors de la chute d'autres empires intégrés territorialement, les effusions de sang ont été plus nombreuses et plus cruelles.

Vers 1870, sur la plus vaste partie du futur État bulgare, les musulmans, les Turcs, les Pomaks bulgarophones, les Tatares de Crimée et les Circassiens, émigrés de Russie, n'étaient pas inférieurs numériquement aux Bulgares orthodoxes. Pendant le dernier quart du XIXe siècle et le premier quart du XXe siècle, des millions de Turcs de Bulgarie, de Macédoine, de Thrace émigrèrent vers l'Anatolie de l'Ouest. Vers 1888, la part des musulmans dans la population de la Bulgarie baissa jusqu'à près d'un quart, atteignant 14 % en 1920. Des processus identiques eurent lieu en 1912-1924 en Macédoine et en Thrace occidentale[67].

Le démantèlement définitif de l'Empire ottoman fut le résultat de sa défaite dans la Première Guerre mondiale. Les dirigeants, des nationalistes turcs, n'ont pas eu d'autre choix, en janvier 1920, que de reconnaître le droit à l'autodétermination des territoires de l'empire où la population arabe était majoritaire. Mais ils insistaient sur le maintien de l'intégrité de la métropole turque. Au lendemain de l'effondrement de l'Empire ottoman survint la guerre gréco-turque. À son origine, il y avait un litige sur les frontières des États qui se formaient dans l'espace post-impérial. La victoire turque a permis au nouvel État turc de se créer une légitimité nouvelle, qui l'aida à liquider presque sans accroc le califat musulman en 1924.

Mais, là aussi, dès les premières tentatives de démocratisation, à la fin des années 1920 et au début des années 1930, l'opposition légalisée a tout de suite commencé à exploiter les sentiments nostalgiques envers le califat, les valeurs musulmanes et l'empire perdu[68].

La mission impériale en Asie est un élément des plus importants d'identification de la Russie en Asie au XIXe siècle. Dostoïevski écrivait : « En Europe, nous étions des pique-assiettes et des esclaves, mais en Asie nous nous présenterons en maîtres. En Europe, nous étions des Tatars, et en Asie nous aussi nous sommes des Européens. Notre mission civilisatrice en Asie subornera notre esprit et nous emmènera là-bas, pourvu que débute le mouvement [...]. Et serait créée la Russie, qui régénérerait l'ancienne et la ressusciterait avec le temps en lui dévoilant sa propre voie[69]. »

Mais l'expansion territoriale, l'annexion à l'empire de territoires peuplés par des ethnies à traditions et langues totalement différentes créaient des risques potentiels dès que le régime impérial donnait des signes quelconques de crise.

La guerre civile en Russie ne portait pas un caractère purement national. Il y avait une forte composante idéologique et sociale. La question de la propriété foncière, du système d'approvisionnement des villes et des combattants aux dépens des campagnes y jouait un rôle aussi grand que le facteur national. Pourtant, il convient de ne pas sous-estimer la problématique nationale dans notre histoire des années 1917-1921[70].

Alain Besançon notait fort justement que, si l'on considère attentivement la situation de l'Empire russe d'avant la Première Guerre mondiale, on peut constater qu'elle avait de sérieuses chances de régulariser les contradictions sociales, les problèmes du développement économique, mais qu'elle ne pouvait résoudre la question nationale. Cette circonstance limitait sérieusement les possibilités d'évolution du régime[71].

La Russie est un État unique, qui put, dans les années 1918-1922, relever l'empire écroulé. Pour ce faire, il fallut employer la violence dans des proportions sans précédent. Mais il fallut aussi un autre facteur important à la réussite des bolcheviks. L'idéologie communiste messianique, qui permit de déplacer le centre du conflit politique de l'opposition des ethnies vers la lutte des classes sociales, de s'assurer le soutien d'une partie de la population des régions non russes, et de l'entraîner vers la lutte pour la victoire du nouvel ordre social, qui ouvrirait la voie à l'avenir radieux, joua un rôle important dans la formation de l'Union soviétique dans des frontières qui rappelaient celles qu'avait l'Empire russe. C'était un concours de circonstances unique. Au XXe siècle, personne ne put répéter ce tour de force.

Les socialistes autrichiens, obligés de s'adapter aux réalités de la concurrence politique dans les conditions d'un empire pluriethnique, apprécièrent le potentiel de la question nationale dans la déstabilisation du régime, comprirent que l'exploitation active des problèmes interethniques pouvait représenter une bombe utilisable contre les fondements mêmes du pouvoir établi[72].

Vladimir Lénine, avec sa thèse sur le droit des peuples à disposer d'eux-mêmes, y compris jusqu'à la sécession, radicalisa et poussa jusqu'au bout la logique des sociaux-démocrates autrichiens, qui estimaient que les mouvements nationaux étaient l'une des menaces les plus sérieuses contre le régime impérial mais qui espéraient qu'il serait possible de reconstruire un empire sur des bases fédératives plus saines.

À la fin de la Première Guerre mondiale, l'idée du droit des peuples et des nations à l'autodétermination était acceptée par l'establishment européen et a été placée dans les principes de base du traité de Versailles. Cela s'avéra un des moyens de démanteler les empires allemand, austro-hongrois et ottoman. Les auteurs du document n'ont certainement pas supposé quelles seraient les conséquences à long terme des idées proposées et de leur popularisation pour les autres empires européens.

Au mois d'octobre 1914, Lénine se produisit à Zurich devant un auditoire social-démocrate pour prononcer son allocution sur « la guerre et la sociale-démocratie », dans laquelle il opposait la situation des Ukrainiens en Russie et en Autriche-Hongrie. Il disait notamment : « L'Ukraine devint pour la Russie ce qu'était l'Irlande pour l'Angleterre, elle était exploitée impitoyablement, ne recevant rien en retour. » Lénine estimait que les intérêts du prolétariat russe et international requièrent l'indépendance de l'Ukraine[73].

Il ne renonce pas au principe d'autodétermination des nations, y compris au droit de sécession, même après la prise du pouvoir, quand beaucoup de choses qu'il prêchait avant la révolution (liberté de la parole, convocation de l'Assemblée constituante) étaient oubliées. La question de savoir pourquoi cette idée est restée dans le catéchisme politique de Lénine, contrairement aux autres, est encore discutée aujourd'hui, et sans doute ne le saura-t-on jamais vraiment. Probablement Lénine voyait-il le développement des événements en Russie dans le contexte de préparation de la révolution socialiste mondiale et il comprenait le rôle déstabilisateur du nationalisme radical pour les formations étatiques de son temps[74].

Nous avions déjà traité de la différence essentielle entre la chute des empires intégrés territorialement et la désintégration des empires d'outre-mer, d'où les colons pouvaient rentrer dans la métropole, et les problèmes politiques attenants être résolus de manière civilisée.

Dans les empires d'un seul tenant territorial, la situation est plus complexe. Il s'agit ici non de colons, arrivés et installés depuis une ou deux générations, mais de gens dont les pères et grands-pères vivaient là, côte à côte avec d'autres peuples depuis des siècles – des millions de gens qui se considéraient pour le moins comme des citoyens à part entière du pays, voire parfois comme des résidents privilégiés. Et quand l'empire s'effondre, les représentants de l'ancienne métropole se retrouvent en position d'ethnie minoritaire discriminée. Suite à la débâcle de l'Autriche-Hongrie, plus de 3 millions de Hongrois se retrouvèrent minoritaires dans les États voisins héritiers : 1,7 million en Transylvanie, qui fut rattachée à la Roumanie, près d'un million en Slovaquie et en Ukraine subcarpatique, qui devint une partie de la Tchécoslovaquie, près de 500 000 en Vojvodine, passée à la Yougoslavie. Près de 5 millions d'Allemands se transformèrent de représentants de l'ethnie dominante de la moitié autrichienne de la monarchie austro-hongroise et d'un certain nombre de régions orientales de l'Empire allemand, en minorités ethniques en Tchécoslovaquie, en Pologne et en Italie[75].

La question suivante se pose inévitablement : est-il possible de considérer les frontières arbitrairement établies entre simples régions de l'empire comme des frontières naturelles et intangibles des nouveaux États indépendants ? Peut-on prendre en considération la volonté d'ethnies minoritaires sur leur désir de vivre dans tel ou tel État surgi de la faillite de l'empire ? La conception du droit des nations à l'autodétermination ne répond pas à ces questions. Et cela est compréhensible. Ce concept a été élaboré non pour résoudre les problèmes touchant aux conséquences de l'effondrement des empires pluriethniques, mais plutôt comme une bombe à retardement qu'on pouvait déposer à leurs pieds. Ce qui s'ensuivrait n'intéressait que très moyennement les inventeurs du concept, essentiellement préoccupés à combattre les révolutions sociales. Pourtant, au moment de l'effondrement des régimes impériaux, ces questions deviennent terriblement concrètes, souvent sanglantes.

À la base de l'idéologie politique des mouvements dont le but est le recouvrement de l'indépendance nationale par la destruction de l'empire, on trouve fréquemment l'exploitation de sentiments dirigés contre l'ethnie anciennement dominante. Dans la nouvelle configuration politique, cela ne favorise pas une attitude correcte à l'égard des citoyens qui appartenaient la veille encore à la nationalité considérée comme privilégiée. En réaction, cela explique en grande partie pourquoi des idées nationalistes radicales rencontrent un écho parmi les nouvelles minorités nationales, issues de l'ancienne métropole, dans les pays devenus indépendants.

## 4. La tragédie yougoslave

À la fin du XXe siècle, la Yougoslavie est devenue un des États dont l'histoire illustre les problèmes liés au démembrement des empires territorialement intégrés[76].

Elle s'est désintégrée pratiquement en même temps que l'Union soviétique. Ce qui est arrivé à ce pays est important pour la compréhension du développement des événements en URSS, à la fin des années 1980 et au début des années 1990.

La Yougoslavie, naturellement, n'était pas une grande puissance ni un empire, au sens classique du terme. Mais certains traits dans la structure de l'État, dès sa création en 1918, la rendaient comparable à un empire. Tant pendant la dynastie des Karageorgevic que sous le gouvernement communiste, c'était un État autoritaire, composé de parties ethniquement hétérogènes, mais intégrées territorialement.

L'idée même de fonder la Yougoslavie comme une communauté de nations slaves du Sud a commencé à être délibérée au cours des années 1830-1840[77]. À la fin de la Première Guerre mondiale, tant les dirigeants nationaux des peuples slaves méridionaux, que les dirigeants des États de l'Entente en vinrent à la conclusion que, pour assurer la sauvegarde de la stabilité dans les Balkans et conjurer les guerres locales, il serait judicieux de fonder un État, à la base duquel se trouverait la monarchie serbe[78].

L'équilibre fragile des intérêts nationaux des ethnies peuplant la Yougoslavie fut rompu en 1929 par les changements politiques limitant les droits des ethnies non serbes, transformant le pays en micro-Empire serbe[79].

Après la fin de la Seconde Guerre mondiale, la Yougoslavie se rétablit. À sa tête se trouva un régime communiste relativement mou, d'une construction insolite. Les Serbes représentent la plus nombreuse ethnie dans le pays. La capitale du pays se trouve au même emplacement que celle de la Serbie. D'où la domination inévitable des Serbes dans les organismes du pouvoir et de l'armée. D'autre part, pendant des décennies, le chef de l'État est un Croate, qui comprend la nécessité de lutter contre le nationalisme serbe, afin de préserver la stabilité et la pluriethnie du pays. Il l'inclut dans la Constitution, comprenant que de la réalité de l'organisation fédérative dépend le maintien de l'unité de l'État.

La politique de Josip Broz Tito visait toujours à minimiser les risques liés aux tentatives de transformation de la Yougoslavie en Empire serbe. Pour qu'un édifice de ce genre reste stable, il fallait qu'il y eût l'ascendant et la volonté d'un dirigeant capable de s'opposer à Hitler dans les années 1941-1945 et à Staline dans les années 1948-1953. Après le décès de Tito, la Yougoslavie s'enfonça petit à petit dans la crise économique et politique.

Selon S. Woodward, chercheuse sur la crise yougoslave : « La société yougoslave tenait bon non grâce au charisme de Tito, à la dictature politique ou à la répression des sentiments nationaux, mais sur la base de l'équilibre complexe des intérêts internationaux et un système complexe de droits et de souverainetés croisés. L'identité nationale n'était non seulement l'objet d'aucune répression ou même limitation, mais elle était institutionnalisée dans les systèmes fédéraux, qui garantissaient aux républiques des droits proches de ceux d'États souverains, et aux individus de nombreux droits d'autodétermination nationale[80]. » C'est vrai, mais ce n'est pas assez. Un tel système était viable seulement dans les conditions d'un strict contrôle de toute manifestation de non-conformisme politique. La crise de légitimité du régime autoritaire rendait irréel le maintien de cette construction.

Sitôt disparu l'axe autour duquel tout tenait, c'est-à-dire un pouvoir central prêt à tout pour se maintenir et garantir l'intégrité territoriale du pays, la Yougoslavie devint incontrôlable. Les dispositions qui pouvaient en principe être appliquées sous un fort pouvoir autoritaire, y compris celles promulguées d'une manière purement formelle car jamais même envisagées sous Tito, notamment le droit de veto des républiques fédérées sur les décisions prises par le gouvernement fédéral, se sont avérées inviables avec un pouvoir affaibli.

De plus, aux problèmes intérieurs sont venues se superposer des considérations de géopolitique. Un des éléments du maintien de la stabilité de la Yougoslavie, telle qu'elle fut formée après 1945, était sa situation particulière par rapport au partage du monde décidé par les accords de Yalta : elle n'entrait ni dans la zone d'influence de l'Union soviétique ni dans celle de l'Ouest. Josip Tito utilisa adroitement les avantages liés à cette situation.

Après le rétablissement des relations entre Moscou et Belgrade, qui avaient été rompues à la suite du conflit de la fin des années 1940 et du début des années 1950 avec Staline, l'accès au marché soviétique et à ceux de l'Europe de l'Est, les accords de clearing avec les pays du CAEM (Comecon, Conseil d'assistance économique mutuelle) ont favorisé la croissance de l'économie yougoslave. La Yougoslavie a pu bénéficier à l'époque de conditions de crédit très favorables auprès des Occidentaux. Le pays avait accès aux prêts à taux préférentiels du Fonds monétaire international (FMI) et de la Banque mondiale. On pourrait définir d'une manière triviale la politique étrangère yougoslave de l'époque en disant qu'elle consistait à « manger à tous les râteliers ».

La défense nationale de la Yougoslavie de la fin des années 1940 repose sur la mise à profit de la confrontation entre les deux blocs politico-militaires en Europe afin d'assurer la sécurité du pays. Les dirigeants yougoslaves se rendaient compte qu'en cas d'attaque des forces de l'OTAN ou du bloc de Varsovie sur leur territoire, il ne serait pas possible de gagner la guerre. Il serait néanmoins possible, en organisant une base de résistance de partisans, de causer des problèmes à l'attaquant et de s'appuyer sur le soutien du bloc opposé. C'est pourquoi il a été choisi d'assurer une bonne formation militaire aux réservistes, de miser sur le « peuple en armes » pour assurer la défense du pays. Cela a joué un rôle substantiel dans le développement de la crise yougoslave des années 1990.

En 1989, la plupart des économistes considéraient la Yougoslavie comme le pays socialiste le plus apte à créer une réelle économie de marché. En 1949, les dirigeants yougoslaves entamèrent des consultations avec le FMI, avant d'entamer une série de réformes destinées à jeter les bases d'une « économie de marché socialiste ». En 1955, les frontières ont été ouvertes au libre passage des citoyens et à un commerce extérieur relativement libre. En 1965, la Yougoslavie pouvait entrer au GATT. Le pays avait un accord de coopération avec la Communauté économique européenne et la zone de libre-échange, avant même que les autres États socialistes aient commencé à débattre de la possibilité de conclure de telles conventions.

Même après la décennie complexe de 1979-1989, le niveau de vie satisfaisant, les possibilités de travail à l'étranger, le pluralisme culturel semblaient faire de la Yougoslavie, par rapport aux autres pays socialistes, le pays le plus à même de s'intégrer au club des pays riches de l'Europe.

L'effondrement de l'Empire soviétique en Europe de l'Est, qui a débuté en 1989, signifiait pour la Yougoslavie la fin de sa position d'élément unique d'un équilibre des forces dans les Balkans. Et ce, sur fond d'érosion de la force des idées communistes, comme base de légitimation du régime.

La politique de Mikhaïl Gorbatchev, la fin de la guerre froide, la désintégration du pacte de Varsovie et du CAEM à la fin des années 1980 ont complètement modifié les conditions d'existence de la Yougoslavie tant pour sa politique extérieure qu'économique. Elle perd les avantages d'une puissance située dans une région clé de l'Europe mais indépendante tant de l'Union soviétique que de l'OTAN. Du point de vue économique, la fin du commerce de compensation avec les États du Comecon, auquel la Yougoslavie était intégrée, lui porte un coup sérieux. Autre défi pour l'économie du pays : la perte du statut d'emprunteur privilégié sur les marchés financiers internationaux acquis pour des raisons politiques. Les problèmes économiques intérieurs qui découlent de tout cela provoquent le début de la crise yougoslave.

Dès la fin des années 1970, les problèmes économiques de la Yougoslavie se sont accentués. On assiste notamment à une accélération de l'inflation et à un net ralentissement de la croissance du PIB (tab. 1.1).

**Tab. 1.1** : Taux d'accroissement du PIB, de l'inflation et du chômage
en Yougoslavie de 1978 à 1990

| Année | Taux de croissance du PIB | Taux d'inflation, % | Part des chômeurs dans la part de la population active % |
|---|---|---|---|
| 1978 | 9,0 | 14,1 | 12,0 |
| 1979 | 4,9 | 20,5 | 11,9 |
| 1980 | 2,3 | 30,3 | 11,9 |
| 1981 | 1,4 | 40,6 | 11,9 |
| 1982 | 0,5 | 31,8 | 12,4 |
| 1983 | - 1,4 | 40,8 | 12,8 |
| 1984 | 1,5 | 53,3 | 13,3 |
| 1985 | 1,0 | 73,5 | 13,8 |
| 1986 | 4,1 | 89,1 | 14,1 |
| 1987 | 1,9 | 120,3 | 13,6 |
| 1988 | - 1,8 | 194,6 | 14,1 |
| 1989 | 1,5 | 1 258,4 | 14,9 |
| 1990 | | 580,6 | 16,4 |

Source : Services statistiques ONU. UN Statistics Division (http://unstats.un.org/unsd/cdb) ; Mitchell B.R, *International Historical Statistics, Europe 1750-1993*, Londres, Macmillan Reference LTD, 1998.

Il devenait évident que le modèle yougoslave du socialisme de marché, basé sur l'autogestion des collectivités ouvrières locales, fonctionnait mal dans les conditions de la société industrielle. Les arguments économiques développés précédemment contre sa viabilité ont reflété les problèmes auxquels s'est heurtée l'économie yougoslave[81].

Le décès de J. Tito paralysa le mécanisme de prise de décisions sur la fiscalité, le budget, le commerce extérieur. Se sont ajoutés à cela les problèmes accumulés et non résolus, comme le poids croissant de la dette extérieure. Cette situation supposait que les organismes fédéraux prennent des mesures pour s'adapter à l'aggravation de l'environnement économique extérieur et qu'ils partagent entre les différentes républiques la charge que cela représentait. Or, les dirigeants des républiques n'étaient pas du tout disposés à ce moment-là à s'entendre pour savoir qui devrait se serrer la ceinture et de combien de crans.

Le gouvernement très compétent d'A. Markovic a tenté en 1989 de prendre un train de mesures économiques en faveur d'une transformation institutionnelle de l'économie yougoslave et d'une stabilisation financière et monétaire. Ce programme visait à l'intégration du marché yougoslave au marché mondial et c'est pourquoi il comprenait notamment l'abolition des restrictions du droit de propriété des étrangers et du droit de rapatriement des bénéfices.

Le 19 janvier 1989, le président du Conseil soumit à l'examen du parlement fédéral un projet de loi qui liquidait le système de propriété hérité du socialisme. Les restrictions sur l'étendue des propriétés foncières et leur vente furent liquidées, les droits d'embauche et de licenciement des travailleurs par les dirigeants d'entreprise furent élargis, la prérogative de l'Union des communistes de Yougoslavie d'approuver ou de rejeter la nomination des dirigeants des entreprises fut annulée. Le taux d'inflation, qui atteignait au mois de décembre 1989 50 % par mois, tomba en mai à pratiquement zéro[82].

Pour que ce programme puisse être totalement appliqué, une concentration du pouvoir au niveau fédéral était une condition indispensable. Or, tout l'édifice fédéral, bâti par Tito en vue d'empêcher la transformation de la Yougoslavie en Empire serbe, interdisait de le réaliser. Le droit du pouvoir fédéral, tel qu'il était stipulé par la Constitution, d'imposer ses décisions aux gouvernements des républiques était minimal.

De ce fait, l'action du gouvernement d'A. Markovic, provoquée par la dureté de la situation économique et destinée à essayer de sauver l'économie du pays, a en fait déclenché le mécanisme de la crise politique qui amena la Yougoslavie à l'éclatement. Deux ans plus tard, le pays avait cessé d'exister.

Son territoire devint l'arène de conflits interethniques sanglants qui emportèrent la vie de dizaines de milliers de personnes et firent des millions de réfugiés. Lors du conflit entre la Serbie et la Croatie, 20 000 personnes périrent, 200 000 devinrent des réfugiés, 350 000 reçurent le statut de personnes déplacées. Lors de la guerre de Bosnie, 70 000 personnes périrent, 2 millions de personnes se retrouvèrent réfugiées ou déplacées[83].

L'histoire de la crise yougoslave des années 1990 est décrite en détail dans la littérature et n'est pas le sujet du présent ouvrage[84]. Ce qui nous importe, c'est qu'elle montre comment, dans les conditions d'une débâcle du régime autoritaire dans un pays pluriethnique, la thématique nationaliste devient dominante, aussi bien dans la métropole que dans les régions de la fédération qui se considéraient lésées.

Depuis les guerres balkaniques des années 1912-1913, la discussion des griefs mutuels des nationalités slaves méridionales constituait une sorte de tabou moral informel. Il n'a été violé que dans les années qui ont précédé la Seconde Guerre mondiale. À l'époque du régime autoritaire de Tito, cet interdit a parfois été renforcé par de fortes sanctions politiques[85].

La libéralisation du régime, les élections démocratiques de 1990 dans les parlements des républiques rendirent inévitable l'emploi de l'arme du nationalisme. Elle est trop efficace politiquement pour qu'on l'ignore lorsqu'on cherche à tout prix la faveur des électeurs. Entre autres protagonistes importants du processus politique qui exploitent l'idée du nationalisme, on trouvait les dirigeants de la Serbie. À cette époque, le Parti communiste serbe avait à sa tête un dirigeant doué, charismatique, instruit, ayant une expérience de travail dans les conditions de l'économie de marché, Slobodan Milosevic.

L'érosion évidente de l'attrait des idéaux communistes lui laissa une seule chance de conserver le contrôle de la situation politique en Serbie – l'exploitation du nationalisme serbe, de la discrimination contre les Serbes et des limitations à leurs droits imposées en Yougoslavie en héritage du régime de Tito, de la situation des minorités serbes au Kosovo, en Bosnie, en Croatie[86].

Il n'était pas trop difficile à l'époque de se faire un capital politique à Belgrade en invoquant le caractère artificiel des frontières tracées entre les républiques yougoslaves par le Croate Josip Tito, la nécessité d'unir les Serbes en un État unique, intégré territorialement.

L'Académie des sciences de Serbie avait rédigé un document de travail en 1986 qui relevait les différentes injustices et discriminations qu'avaient à subir les Serbes en Yougoslavie. Mais ce n'était qu'une déclaration de principes non achevée. Il est évident qu'un tel document ne pouvait pas ne pas être exploité par des politiciens dans un pays polyethnique en pleine crise de régime.

Des extraits de ce document, intitulé « La situation de la Serbie et du peuple serbe », ont paru dans le journal de Belgrade *Vechernije Novosti* (*Nouvelles du Soir*) en septembre 1986. Les auteurs de l'article, qui ont rédigé des commentaires sur ce document, s'étaient déjà rendu compte à l'époque que, s'il s'agissait de tirer les conclusions de ces constatations et d'appliquer les idées qui en découlaient, cela mènerait à une guerre fratricide et à de nouveaux flots de sang[87].

L'appel aux sentiments de grandeur nationale et la dénonciation d'une oppression nationale ont l'effet d'une bombe nucléaire dans le processus politique que traversent des pays où l'ancien régime autoritaire est en train de s'effondrer et où il n'existe ni institutions ni traditions politiques démocratiques[88].

Le problème des jeunes démocraties qui naissent dans des pays pluriethniques réside dans le fait que les slogans qui se vendent bien politiquement à un électorat inexpérimenté deviennent dangereux dès qu'il s'agit de les appliquer. Compte tenu de la situation, il était vain à Belgrade dans la seconde moitié des années 1980 de chercher à objecter contre les proclamations selon lesquelles « la Serbie doit être grande » et « nous ne permettrons plus qu'on batte des Serbes, où que ce soit ».

Vendre sur le marché politique l'idée que la Serbie était et restera grande, que les dirigeants de la république ne permettront jamais d'offenser les Serbes dans les autres républiques et régions autonomes est chose facile. Si le dirigeant serbe ne se soucie pas d'occuper ce créneau, il ne fait aucun doute qu'il se trouvera forcément un politicien qui saura l'employer dans ses propres intérêts. Au mois de mai 1989, le parlement serbe choisit Slobodan Milosevic pour président. Choix confirmé par référendum au mois de décembre de la même année, quand 86 % des électeurs se prononcèrent en sa faveur[89].

Il était facile de prévoir que les hommes politiques à Zagreb, Ljubljana et Sarajevo saisiraient au vol avec enthousiasme ces mots d'ordre, en substituant seulement au mot « Serbes » respectivement ceux de « Croates », « Slovènes », « musulmans bosniaques ». Dès que la direction de la Serbie décida d'adopter un programme fondé sur le nationalisme comme base politico-idéologique, le sort de la Yougoslavie était scellé. Ayant exprimé des revendications territoriales à ses voisins, les dirigeants de la Serbie ouvrirent la voie à la victoire des leaders nationalistes dans les autres républiques, en exploitant la peur devant la domination et les prétentions territoriales serbes. Les guerres en Croatie, en Bosnie et au Kosovo devinrent inévitables. Le mécanisme qui a mené à la perte de dizaines de milliers de vies et à la migration forcée de millions de gens était en marche.

La propagande politique, basée sur l'opposition de peuples qui précédemment vivaient ensemble, sur des territoires aux frontières purement conventionnelles, établies d'ailleurs arbitrairement par un régime antidémocratique, devint le prologue d'un conflit sanglant.

Un quart des Serbes de Yougoslavie vivaient hors des limites de la Serbie. Il n'est pas difficile de comprendre comment la rhétorique sur la Grande

Serbie a été accueillie dans les autres républiques où vivaient des minorités serbes et quelles ont été les conséquences sur les comportements à leur égard. En Croatie, des répressions ont été déclenchées contre les Serbes qui, traditionnellement, vivaient dans cette république. L'armée populaire yougoslave (dont la majorité des sous-officiers et officiers des premiers grades était serbe) est intervenue en défense de la minorité serbe. C'était la guerre !

Les processus politiques de désintégration du régime totalitaire se firent aussi sentir sur la qualité de la politique économique. Les élections démocratiques qui s'engagèrent dans les républiques en 1990 engendrèrent ce que R. Dornbusch et S. Edwards appellent le « populisme économique[90] ». Les partis politiques candidats rivalisent à qui promettra le plus aux électeurs. Le résultat est une érosion progressive du contrôle des institutions du pouvoir fédéral sur la politique budgétaire et monétaire. L'inflation, qui était pratiquement arrêtée à la fin du printemps de 1990, repartit de plus belle. Mais cet aspect des choses devient secondaire sur le fond du chaos politique et guerrier.

La désintégration des empires au XXe siècle fait partie des changements mondiaux qu'on appelle la « croissance économique moderne ». Cela ne soulage en rien les hommes, entraînés dans l'engrenage de l'histoire. L'appel à leurs sentiments est un outil très efficace dans la lutte politique. On pourrait citer ici l'appel de Staline à la population, au moment de l'invasion allemande de l'URSS lors de la Seconde Guerre mondiale, qui commençait par : « Mes chers frères et sœurs. » Dans la bouche d'un individu qui détruisit des millions de ses compatriotes, ces paroles sonnent comme un blasphème. Et néanmoins, ce fut un coup efficace du point de vue politique. Aujourd'hui, une semblable efficacité peut être atteinte en spéculant sur les problèmes des Russes qui se sont retrouvés hors du territoire de la Russie, ou bien en en appelant à la conscience postimpériale.

Les historiens et les gens de lettres qui attisent dans les États pluriethniques un nationalisme radical encouragent l'hostilité à l'égard des ethnies voisines, rappellent les offenses et rancunes historiques et doivent comprendre qu'ils ouvrent la voie aux épurations ethniques et aux souffrances de millions de gens.

Malheureusement, on tire rarement quelque enseignement de sa propre expérience. Inutile de parler de l'expérience d'autrui, qui ne profite guère. Mais, si nous ne tirons pas les leçons de ce qui est arrivé à notre pays et aux autres empires au XXe siècle, nous risquons de devenir une menace. Et c'est ce qui peut arriver de plus épouvantable à la Russie.

## CHAPITRE 2

# RÉGIMES AUTORITAIRES : LES CAUSES DE L'INSTABILITÉ

> *« Le plus fort n'est jamais assez fort pour être toujours le maître,*
> *s'il ne transforme sa force en droit et l'obéissance en devoir. »*
> J.-J. Rousseau, *Du contrat social*

Les régimes autoritaires sont des structures politiques qui ne s'appuient ni sur une légitimation traditionnelle ni sur une procédure de formation du gouvernement et du Parlement par des élections libres et concurrentielles mises sur pied par la société concernée. Leurs leaders, ayant supprimé les rivaux politiques, étouffé l'opposition et pris le contrôle des médias, croient souvent qu'ils sont là pour toujours. Ils croient généralement que l'arsenal de moyens de soumission dont ils disposent est suffisant pour garantir la stabilité du pouvoir. Ce n'est qu'une illusion, qui a parfois coûté cher à certains. En fait, ce type d'organisation du pouvoir est instable dans son essence même. Cette instabilité ne résulte pas d'événements ou de circonstances extérieures mais de leur nature même.

Les monarchies s'appuyant sur la tradition (la forme de régime qu'ont connue nos pères et nos grands-pères, qui dure encore et durera toujours) savent rester stables durant des siècles. La durée du cycle dynastique de la plus grande civilisation agraire, la Chine, est de 300-400 ans. Il existe des républiques et des monarchies constitutionnelles (elles aussi des sortes de démocratie[91]) qui ont démontré une capacité d'adaptation exceptionnelle aux défis liés à l'industrialisation, à l'urbanisation, aux changements démographiques, au passage de la « démocratie des contribuables » (le suffrage censitaire) à l'organisation étatique basée sur le suffrage universel. Elles aussi ont réussi à garder leur stabilité politique durant des siècles.

Les régimes autoritaires se maintenant pendant soixante-quinze ans (trois générations) sont rares dans l'histoire. De ce point de vue, la mère de la tradition impériale européenne, Rome, est une exception. Mais sa structure politique cumulait les caractéristiques d'un régime autoritaire et celles d'une monarchie agraire.

D'après leur structure politique, les États qui peuvent être considérés comme empires représentaient soit des monarchies, soit des démocraties, mais les droits et libertés étaient limités pour la population des colonies. Une métropole, même au régime démocratique, n'octroyait pas le droit de vote aux autochtones des territoires soumis, les privant de toute participation aux discussions et aux décisions concernant les problèmes de l'empire en général.

De ce point de vue, l'Union soviétique totalitaire et le Portugal autoritaire, dont les administrations ne s'appuyaient ni sur les traditions monarchiques ni sur une procédure démocratique, révèlent des traits communs. Malgré l'échelle différente des événements, il est naturel que, dans les deux cas, la chute du régime ait coïncidé dans le temps avec celle de l'empire. L'étude des raisons de l'instabilité intérieure des régimes autoritaires et totalitaires est une question de première importance pour comprendre ce qui s'est passé en Union soviétique à la fin des années 1980 et au début des années 1990.

L'objet de ce chapitre est l'instabilité des régimes autoritaires qui sont apparus en nombre assez important à une époque où la légitimation des monarchies traditionnelles se trouve remise en cause par les transformations sociales et que les fondements de la formation de nouvelles démocraties stables se font attendre.

## 1. Les défis des premières étapes de la croissance économique contemporaine et l'autoritarisme

Le trait caractéristique de la société agraire est la stabilité durable des moyens de production, de la répartition des populations et de l'emploi[92]. La fidélité aux traditions des ancêtres représente un élément fondamental de leur organisation. Des changements signifient pour eux des villages en feu, des semailles piétinées. Pour la société agraire, la monarchie, qui se base sur une tradition séculaire avec un ordre prédéfini de succession au trône, reste un modèle naturel de l'organisation politique.

Selon les écrits de M. Olson, dans le cas de la succession dynastique au pouvoir, l'espoir que le dauphin soit la personne la plus apte à remplir les fonctions royales reste bien faible. Mais le peuple croit à juste titre qu'il y gagnera si le monarque qui doit transmettre le pouvoir à ses héritiers se soucie du bien du pays à long terme. Et tout le monde a intérêt à éviter les discordes sur le nom du successeur[93]. Sous les monarchies stables, les guerres pour la succession après la mort du souverain, sanglantes et destructrices pour les paysans, sont rares. Elles représentent plutôt une exception qu'une règle. La stabilité de la dynastie amène le monarque à considérer le pays comme sa propriété à transmettre aux enfants et aux petits-enfants. D'où le devoir de se soucier du bien-être des sujets et de ne pas les épuiser par des impôts trop lourds. La stabilité de l'organisation politique contribue à la formulation de normes éthiques et de comportements du « bon monarque », protecteur des traditions et défenseur du bien-être du pays. Le confucianisme est un exemple brillant d'idéologie fondant ce genre d'organisation politique.

Les règles de transition du pouvoir dans les sociétés agraires ainsi que le rôle des organes représentatifs (Assemblée populaire, réunion des nobles) dans la définition de l'ordre de succession après la mort du monarque sont différents. Mais, dans la plupart des cas, c'est le fils aîné du monarque au pouvoir qui hérite.

Le système des institutions politiques et économiques fondées sur la démocratie des contribuables qui naissait d'abord dans les villes-États européennes, puis dans les formations politiques territorialement intégrées en dehors des villes, a ouvert le chemin à un essor économique sans précédent. Pour les monarchies traditionnelles, c'était le plus grand défi politique de toute l'histoire millénaire du monde agraire[94]. Les changements économiques et sociaux minent le fondement traditionnel de la stabilité politique de la monarchie héréditaire[95]. *De facto*, s'il reste une fonction au monarque, ce n'est plus que celle de représentation, et non d'administration de la cité.

Vers le début du XVIII^e siècle, ce sont les pays européens les plus développés – les Pays-Bas, l'Angleterre – qui donnent l'exemple à suivre : leurs parlements forts exercent le contrôle du pouvoir exécutif. C'est dans ces pays que Pierre le Grand se rend pour apprendre les nouvelles techniques. Il n'avait pas pour autant l'intention d'installer dans les conditions russes de l'époque les institutions anglaises ou néerlandaises ou de créer un parlement fort. Mais il savait où chercher pour apprendre les techniques les plus modernes, nécessaires à la production militaire.

Dans les pays de l'Europe occidentale et dans certaines colonies, l'expérience des États développés dotés d'un parlement fort fait douter de la raison d'être de l'organisation monarchique du système politique. L'écrivain et philosophe américain du XVIII^e siècle Thomas Paine trouvait ridicule l'idée que le fils aîné du roi fût le mieux placé pour gouverner un pays[96].

Aux XVII^e et XVIII^e siècles, l'Europe continentale voit monter une vague idéologique détruisant la foi dans le bien-fondé des monarchies absolues comme forme de l'organisation politique. La conscience publique européenne élabore peu à peu le modèle parlementaire électif, où un parlement élu devient un élément fondamental d'une organisation rationnelle du système politique. La conviction que ce sont précisément de tels parlements qui doivent déterminer les impôts, décider de l'emploi des finances publiques et former le pouvoir exécutif grandit.

D'autres formes d'organisation de la société ne sont plus reconnues comme souhaitables. Tout cela prépare des changements radicaux dans la vie politique, annonce la Révolution française et sensibilise toute l'Europe à ses idées. Même en Russie, assez éloignée des centres européens, on ressent la propagation, il est vrai plus lente, de ces idées sur l'organisation de la société. Les Décembristes* sont convaincus que le maintien de la monarchie absolue est incompatible avec un statut de pays moderne et développé.

L'effondrement des institutions, jusqu'à présent légitimes, de la monarchie traditionnelle ne garantit pas que les institutions démocratiques viendront immédiatement prendre leur place d'une manière stable et efficace[97]. Même là où des parlements existaient, parfois depuis très longtemps, ils ne remplissaient que des fonctions sélectives : c'étaient des organes convoqués régulièrement et décidant du montant des impôts, des dépenses de l'État. Dans ce rôle, ils étaient déjà reconnus comme institution traditionnelle et totalement fondée. C'est leur transformation en organe de pouvoir suprême qui a rompu avec la tradition. Et c'est cette rupture qui provoquait révoltes et désordres.

Dans la situation, où les traditions monarchiques ne sont plus légitimes et les traditions démocratiques pas encore instaurées, il y a une forte probabilité qu'un candidat au pouvoir puisse, à l'aide de la force éventuellement, imposer sa volonté à toute une société sans prendre en considération les opinions ou souhaits de la population quant à une organisation politique rationnelle et désirée. Cela a constitué la base politique des régimes autoritaires[98] en Europe, comme celui de Cromwell ou de Bonaparte. Cette menace plane longtemps dans les pays en voie de développement économique. L'Europe occidentale, malgré sa longue tradition parlementaire, n'a vu disparaître les derniers régimes autoritaires au profit de démocraties que vers le milieu des années 1970[99]. L'Europe orientale a pris pour sa part une bonne quinzaine d'années de retard.

Un des facteurs facilitant l'instauration d'un régime autoritaire est la désorganisation sociale liée aux premières étapes d'une croissance économique moderne. Les difficultés d'adaptation des premières générations des migrants ruraux à la vie citadine, la disparition des formes traditionnelles de l'aide sociale et l'absence des formes nouvelles de solidarités, propres aux conditions de vie de la société urbanisée, tout cela crée la base

---

* Jeunes officiers souvent issus de la noblesse qui ont ramené des guerres contre Napoléon des idées de réformes qu'ils ont exprimées en décembre 1825 lors de l'accession au trône de Nicolas Ier, lequel les a durement réprimés (*N.d.T.*).

d'une mobilisation politique des milieux les moins aisés. En général, les possédants, les contribuables aisés, habitués à jouer les premiers rôles dans la politique européenne, ne sont pas prêts à y faire face[100].

Certains pays ont su résoudre les problèmes surgissant sur la voie de la formation des institutions démocratiques. Le système politique anglais s'est montré souple et capable d'adaptation, ce qui a permis, pas à pas, sans crise sérieuse, d'élargir le nombre d'électeurs jusqu'à parvenir au suffrage universel. Mais ce n'était pas le cas partout et toujours. Dans la deuxième moitié du XIXe siècle et au début du XXe, la crainte de la mobilisation politique des ouvriers et des paysans et des risques d'expériences socialistes et de répartition de la propriété était une des raisons fondamentales du soutien aux régimes autoritaires des classes moyennes[101].

Hors d'Europe, en l'absence d'une tradition de parlements solidement établie et de la possibilité de puiser dans l'histoire antique, il devient encore plus compliqué de préserver une stabilité politique lors des premières étapes du développement économique moderne. Le contraste est frappant entre l'infériorité militaire des régimes traditionnels et la puissance de l'Occident, beaucoup plus performant : en témoignent les défaites militaires, les conventions imposées suite auxquelles les pays non européens sont colonisés ou semi-colonisés. Tout cela rend inéluctable l'effondrement des monarchies traditionnelles. Des élites intellectuelles prennent conscience que le fonctionnement sur le modèle européen avec ses moyens d'organisation politique devient un facteur incontournable du développement. Pourtant, leur société ne dispose ni de traditions ni d'institutions pouvant servir de base à cette transformation. On y manque des idées, héritées de l'Europe du Moyen Âge, de la notion de liberté de certains groupes de population, de leurs droits à l'autodéfense contre le bon vouloir et la toute-puissance du régnant ; on n'a pas de conviction ferme de la nécessité et de la légitimité de la résistance à l'arbitraire – tout ce qui a joué un rôle important dans l'établissement des bases modernes de la société libérale[102].

Ce sont là les causes de l'instabilité durable et de la crise des institutions. Lorsque les institutions traditionnelles périclitent et que les nouvelles n'ont pas encore acquis assez de force, la violence directe peut dicter sa loi et la victoire au cours d'une guerre civile ou un coup d'État ouvrent l'accès au pouvoir.

Au début des années 1960, lorsque la décolonisation a fait éclore des dizaines de nouveaux États, plusieurs historiens ont jugé indiscutable que des formes autoritaires de pouvoir étaient pour eux optimales. En 1959, Schweinitz écrit que pour assurer l'essor économique il convient de limiter la participation de la société à la vie politique[103].

Comme décrit plus haut, les régimes autoritaires prennent généralement le pouvoir à la suite d'un coup de force. Il y a des exceptions. Il y a des cas où les futurs autocrates arrivent au pouvoir grâce à une procédure démocratique mais l'utilisent plus tard pour limiter les droits et les libertés des citoyens. Ils se servent du potentiel des structures d'État ou encore recourent à la violence dans leur lutte contre l'opposition, sous l'œil indifférent des institutions étatiques censées protéger la Constitution démocratique. Hitler est un exemple de politicien ayant agi de deux manières à la fois.

Indépendamment de la voie de formation du régime autoritaire, la contrainte prédomine lors de son instauration. Les pouvoirs autocratiques peuvent jouir de la stabilité politique tant que l'administration de l'État, ses structures militaires, toute la société restent convaincues que les forces gouvernementales ont droit d'utiliser la violence contre leur propre population pour se garantir le pouvoir et pour soumettre l'opposition. Si les pouvoirs et la société y croient, les répressions gardent un caractère limité et sélectif. Dans le cas contraire, les autocrates s'estiment obligés de les déployer à grande échelle et de les rendre massives. Mais, même ces mesures-là ne leur permettent pas de conserver le pouvoir très longtemps.

## 2. L'instabilité des régimes autoritaires

Les régimes qui se sont installés et se maintiennent par la contrainte ne sont pas stables sur le long terme (nous parlons en termes de décennies). Depuis Thucydide[104], les philosophes discutent pour savoir si un pouvoir qui se maintient par la force peut être reconnu comme juste. Machiavel estimait évident qu'un pouvoir dont la seule base est la violence n'est pas un pouvoir stable[105]. Rousseau était du même avis[106].

C'est l'absence de légitimité, c'est-à-dire d'une explication claire et acceptée par la société des fondamentaux qui justifient et guident les dirigeants du régime autoritaire dans l'exercice de leur pouvoir, qui est la raison de cette instabilité. Le gouvernement ne s'appuie ni sur les traditions transmises d'une génération à l'autre ni sur une procédure de confirmation de la légitimité du pouvoir, claire et reconnue par tous. Cela résume les problèmes essentiels rencontrés par les leaders de pareilles formations politiques[107].

Un monarque a un héritier. Un président ou un Premier ministre de pays démocratique arrive au pouvoir dans le cadre de règles claires et reconnues par tous. L'établissement d'une règle du jeu précise de la transition du pouvoir est impensable pour la plupart des régimes autoritaires. Un héritier reconnu représente une menace pour l'autocrate. D'où les risques pour la stabilité du régime en cas de mort ou d'incapacité de son grand leader et/ou créateur.

L'histoire nous enseigne que la durée des régimes autoritaires n'est pas longue[108]. Cependant, la période d'instabilité politique due à l'effondrement des anciennes institutions et au manque de nouvelles structures, lorsque les monarchies traditionnelles laissent la place aux jeunes démocraties, remplacées à leur tour par des régimes autoritaires, peut s'éterniser pendant des siècles.

Les leaders des régimes autoritaires sont le plus souvent intimement convaincus qu'ils sont venus pour toujours. Pourtant, le sentiment de précarité et d'instabilité est très caractéristique de cette forme du pouvoir. Même dans les cas où de telles structures politiques se sont établies avec le soutien de la société, en raison de son désenchantement à cause de politiciens corrompus ou incompétents mais arrivés au pouvoir selon des procédures démocratiques, elles perdent aux yeux de la population leur légitimité avec le temps. C'est alors qu'on voit renaître les débats sur le rétablissement des institutions démocratiques[109]. Quand ces discussions s'intensifient, il est temps pour le leader du régime et son entourage proche d'élaborer une « stratégie de retrait », un ensemble d'actions pour garantir leur liberté, leur sécurité et leur aisance après leur retrait du pouvoir.

Ce problème est parfaitement illustré par l'exemple d'Augusto Pinochet, un des dictateurs les plus efficaces du $XX^e$ siècle, qui réalisait une politique économique raisonnable, ayant jeté les bases du « miracle économique » du Chili. La Constitution du pays, corrigée à son initiative, devait lui garantir la sécurité après la retraite. L'expérience a montré que cela n'a pas suffi[110].

Pinochet n'était pas le premier dictateur à tenter de résoudre ce problème. La prise de conscience de cette réalité favorise la corruption dans les milieux proches des sommets du régime autoritaire. La précarité de la situation et un pouvoir mal assuré poussent les élites en place à ne se soucier que de l'immédiat.

L'histoire ne donne pas d'exemple d'autocrates respectant les droits des propriétaires. On peut relever en revanche statistiquement un lien entre la stabilité d'un système démocratique et la fiabilité du respect des garanties des droits contractuels[111].

Les régimes autoritaires organisent l'administration de l'État d'une façon simple. Pourtant, et c'est encore E. Burke qui le remarque : « Les formes simples d'administration ont un vice intrinsèque – pour ne pas dire pire[112]. » L'absence de contrepoids et de brides, de débat public permettant de connaître la réaction de l'opinion aux décisions prises sous l'influence des différents intérêts corrompus provoque l'effondrement de la fragile confiance de la société, et du régime lui-même du reste, dans sa légitimité à gouverner le pays.

Une des réponses tentées aux défis posés par la précarité des régimes autoritaires, c'est la « démocratie fermée » ou dirigée. C'est un système politique sous lequel les institutions et procédures démocratiques restent présentes du point de vue formel, mais les élites administratives s'entendent sur les principes de la transmission du pouvoir, contrôlent les élections, décident de leurs résultats. J'ai décrit cette forme d'organisation politique dans mon livre précédent[113]. Pour ne pas me répéter, je voudrais seulement souligner que c'est une stratégie qui mène à l'impasse. Les pays ayant formé au XXe siècle des « démocraties fermées » se sont vus obligés d'y renoncer et ont commencé à former de véritables institutions démocratiques efficaces. Cela s'est passé en Italie, au Japon, au Mexique, connus comme modèles d'un tel système.

On trouve une autre réponse à la précarité propre à l'autoritarisme, c'est la formation de systèmes politiques totalitaires[114]. Dans son essence, un régime totalitaire n'est qu'un sous-ensemble du régime autoritaire. Il se forme aussi hors des bases traditionnelles de la succession héréditaire et, bien sûr, sans recours à la procédure démocratique d'élections libres et concurrentielles.

La caractéristique inhérente de ce type de pouvoir est de recourir à une violence illimitée qui joue un rôle déterminant au niveau de son instauration et ensuite de son fonctionnement. Ses traits spécifiques sont le contrôle plus étroit de la vie courante des gens par rapport à ce que les dirigeants des régimes autoritaires classiques estiment nécessaire et l'utilisation d'une idéologie messianique appelée à assurer la légitimité du régime. Les régimes autoritaires ne tolèrent pas que les citoyens subordonnés se mêlent de politique, participent aux manifestations, déposent des pétitions, s'adressent aux médias étrangers en dénonçant les crimes du pouvoir. Ce qui se murmure dans les cuisines n'a aucune importance. Sous un régime totalitaire, une personne ayant raconté chez elle une blague contre le grand chef du régime risque d'être incarcérée.

L'idéologie de type messianique est un autre trait caractéristique des régimes totalitaires. Le dictateur autoritaire explique le bien-fondé de son existence par des arguments banals : l'imperfection du pouvoir démocratique, l'importance d'un développement économique plus dynamique, la menace de l'extrémisme. Le totalitaire, pour sa part, s'appuie sur des symboles religieux ou pseudo-religieux : Reich millénaire, communisme universel, califat mondial.

L'inconvénient majeur de ces stratégies idéologiques est leur compatibilité difficile avec la réalité du monde contemporain. Compte tenu des leçons de l'histoire, leur efficacité semble très douteuse. L'idée du Reich millénaire a provoqué la guerre mondiale, la débâcle et la capitulation. L'intention de construire le communisme universel s'est soldée par un système économique peu efficace et instable. C'est le temps qui nous montrera le résultat des tentatives d'ériger le califat mondial et le nombre de victimes qu'elles auront provoquées.

Pour s'adapter aux évolutions rapides du monde, il faut accompagner, ou au moins ne pas empêcher, les transformations de l'économie mondiale et les changements socio-économiques qui les accompagnent : urbanisation, niveau élevé de l'enseignement, modifications de la structure de l'emploi. C'est précisément en invoquant la nécessité d'unir et de concentrer les efforts pour assurer l'essor économique et réduire le retard de développement par rapport aux pays avancés que l'on justifie idéologiquement l'existence des régimes autoritaires. Mais là aussi l'histoire nous enseigne que même les succès acquis dans ces domaines ne sauraient assurer une stabilité politique.

Le Mexique, au tournant du XIXe au XXe siècle, est un bon exemple de l'influence du dynamisme économique pour aboutir à une déstabilisation politique d'un régime autoritaire. Pendant les vingt ans qui ont précédé 1910, le PIB est monté en flèche. L'extraction de minerais, la production de sucre ont été multipliés par quatre, une industrie textile a été créée, l'extraction pétrolière s'est renforcée, des usines métallurgiques et des chemins de fer ont été construits. La monnaie nationale restait stable, les conditions d'accès aux crédits internationaux étaient favorables. Les volumes du commerce extérieur et des recettes fiscales se sont accrus pour devenir dix fois plus importants. Mais, malgré cela, la révolution a eu lieu[115].

Le développement économique nuit à la stabilité des régimes non démocratiques. Un régime autoritaire peut rester stable dans un pays de tradition agraire où le niveau d'alphabétisation et d'enseignement de la population est bas. La société civile d'un tel pays n'exige pas de liberté. Les gens s'y intéressant sont en minorité insignifiante et, de plus, ils se rendent compte que la liberté peut s'accompagner de revendications sociales des populations mal loties, qui risquent de déboucher sur une fièvre de répartition des biens dont ils sont susceptibles de devenir victimes eux-mêmes. Le régime au pouvoir s'appuie sur une armée recrutée parmi des paysans, indifférents aux idées des citadins intellectuels. La situation change avec l'essor industriel et l'amélioration du niveau de l'enseignement qui en découle.

Autre exemple d'un régime autoritaire s'étant heurté à une crise de légitimité, due à la transformation de la société grâce au développement et à la modernisation économique : Taïwan. Vers la fin des années 1970, Taïwan possédait une économie hautement industrialisée et exportait largement des produits techniques de qualité et des technologies informatiques. Dans un tel contexte, les méthodes traditionnelles de contrôle politique ne sont plus efficaces. Les actions répressives minent l'autorité du pouvoir et contribuent à la popularité des personnes persécutées. Le thème de la corruption revient à l'ordre du jour dans les débats publics. La saisie et la fermeture de publications considérées comme « non loyales » provoquent des manifestations, des confrontations entre manifestants et police. Les intellectuels sont gagnés par l'idée que le système politique est vicié et qu'il est temps de mettre sur pied des lois prévoyant une concurrence et une libre expression des partis politiques. Au sein des universités se forment les cadres de l'opposition. Les députés sans parti quittent les séances de travail du Parlement pour protester contre l'arbitraire du parti au pouvoir.

Dans la seconde moitié des années 1980, le gouvernement comprend l'impossibilité de maintenir un régime autoritaire. En 1987, le Kuomintang, au pouvoir depuis des décennies, était obligé de mettre fin à l'état d'urgence et d'accepter l'existence d'autres partis politiques[116].

Les dirigeants du régime autoritaire espagnol croyaient que l'essor économique des années 1960 permettrait de former une société conservatrice indifférente à la politique. En réalité, le régime a contribué contre son gré aux changements culturels, sociaux et politiques qui ont fini par mettre en cause sa stabilité[117].

Certains facteurs du bien-être et de la qualité de vie ne peuvent pas être mesurés en chiffres de PIB par habitant. Ce sont la liberté de déplacement, du choix du lieu de résidence, de la participation aux résolutions des problèmes du pays, de la possibilité de lire et d'écouter ce qu'on veut, la liberté de parole en général, qui représentent les acquis immatériels, impossibles à calculer en argent. Au fur et à mesure que le bien-être augmente dans le pays, la demande de ces biens incorporels et leur valeur au sein de la société montent considérablement.

Il est difficile de le faire comprendre aux habitants des pays à la démocratie stable. Ils ont appris l'existence de ces libertés dans les manuels, ils en ont beaucoup entendu parler. Mais ils jouissent des ces libertés aussi naturellement qu'ils respirent. Il n'est pas difficile de comprendre que c'est important, mais personne n'y pense chaque jour. J'ai rencontré plusieurs fois des intellectuels de gauche qui approuvaient la politique de Deng Xiaoping en Chine, lequel avait séparé les réformes économiques et politiques en commençant par l'introduction de l'économie de marché, efficace et progressive, sans penser aux défis de la libéralisation politique. Mais, lorsque je demandai à ces gens pour quel prix ils seraient prêts à vendre leur liberté de parole, ils ne répondaient pas et se vexaient. Ils semblaient penser qu'il leur était naturel d'avoir ces droits du seul fait de leur naissance dans un pays démocratique stable. Ceux qui ont vécu sous un régime autoritaire ou totalitaire sont plus sensibles à la valeur de ces libertés.

Dans les pays qui manquent de traditions démocratiques et qui sont tombés sous le pouvoir de dictateurs, l'exigence de ces libertés monte au fur et à mesure du niveau de développement. Seule la force, principale ressource de ces régimes, est capable de l'arrêter. Et le problème des pouvoirs dictatoriaux réside dans le fait que la possibilité d'utiliser la force se réduit de plus en plus dans une société en voie de modernisation.

Même dans la Chine agraire de 1989, l'utilisation de la troupe à Pékin s'est avérée moins évidente qu'il y paraissait au gouvernement du pays. Les casernes de Pékin ne leur semblaient pas assez fiables. Finalement, les soldats envoyés pour écraser les manifestants ont été retirés de la frontière soviétique[118].

La chute du régime autoritaire en Corée de Sud est un exemple des difficultés liées aux efforts de stabilisation de tels régimes. Elle s'est produite après des décennies de développement économique très rapide.

Les changements socio-économiques entraînent une sensibilisation politique de larges couches de population, surtout de la jeunesse. La possibilité pour les pouvoirs de recourir à la violence pour limiter cette activité politique se retrouve limitée faute de justifications[119]. Le progrès social et politique aide à former une société urbaine. Les gens cultivés voient bien que le régime est illégitime, non démocratique, corrompu. Dans cette situation, il est possible de rassembler une minorité active, prête à tout, même à perdre sa vie, pour le renverser. Il est en revanche difficile de trouver des gens disposés à risquer leur vie pour le sauver.

L'exemple typique, c'est Cuba dans les années 1950 sous F. Batista. Dans les années 1950, l'économie insulaire se développait à un rythme assez rapide pour le contexte latino-américain. Le produit intérieur brut par habitant s'est accru de 2,3 % de 1950 à 1957. En se trouvant confronté au défi du soulèvement armé, le régime a eu assez de volonté pour prendre des contre-mesures afin de se perpétuer. Une censure sévère des médias a été introduite, les services secrets ont encore été renforcés.

Sentant son pouvoir menacé, Batista a considérablement renforcé son armée. Les tortures et homicides des suspects hostiles au régime se sont multipliés. Les proches de Batista étaient à la tête de l'armée et de la police. Ils étaient intéressés à sauver le régime. Après le déclenchement de la révolte, Batista a agi d'une manière énergique : des patrouilles ont entouré les bâtiments officiels, des avions et des navires contrôlaient le littoral. Les régiments fidèles au gouvernement ont bombardé des villages dont la population soutenait les insurgés. Des milliers de personnes ont été emprisonnées. Les corps des gens soupçonnés d'être des sympathisants des révolutionnaires jonchaient les rues[120].

Mais ces mesures n'ont pas suffi à arrêter les révolutionnaires. Ils étaient 82 en décembre 1956, il en restait 12 après leur première tentative de prise du pouvoir. Au printemps 1957, les journalistes ne savaient pas avec précision s'ils étaient 50 ou 100. En automne, on parlait d'un millier d'hommes. Vers le milieu de 1958, il était question de 5 000 à 10 000 insurgés[121]. Le sort de la révolution à Cuba a été scellé non par le rapport de force entre le nombre de soldats du gouvernement et celui des insurgés mais par l'opinion publique sur le régime de Batista démasqué comme corrompu et injuste[122]. Les accusations de corruption ont été abondamment utilisées par la propagande de Fidel Castro[123].

Sans conteste, ni Cuba, ni Taïwan, ni la Corée de Sud n'ont jamais été des empires. Ce qui les faisait toutefois ressembler à des empires, c'est la loi du plus fort comme légitimation du pouvoir existant. Ces exemples prouvent à quel point de tels fondements sont précaires dans le monde actuel.

## 3. Les mécanismes du déclin de l'autoritarisme

Il est difficile de prédire avec précision le commencement de la chute d'un régime autoritaire. Parfois, il se fait attendre, mais, dès les premiers signes, le processus se développe très rapidement, plus rapidement qu'on ne s'y attend généralement. Assez souvent, les dirigeants d'un régime autoritaire ne se rendent pas compte de l'événement qui a déclenché le processus. Le dernier shah d'Iran, Mohammad Reza Pahlavi, étonné par les événements de 1978, demandait à l'ambassadeur américain en Iran, George Sullivan : « Ce qui m'inquiète, c'est que les événements dépassent les possibilités du KGB. Donc ce sont les services secrets britanniques ou bien la CIA. Pourquoi la CIA a-t-elle décidé d'agir contre moi[124] ? »

Il y a plusieurs facteurs de chute d'un régime autoritaire. Assez souvent, ils sont liés au sort du dictateur lui-même. La fiabilité de cette structure politique dépend de la vie et de l'état de santé de l'autocrate, figure centrale autour de laquelle se sont conglomérés ses thuriféraires. Après la mort du dictateur, c'est le plus souvent la discorde autour de la succession au pouvoir. Ainsi, le décès de Tchang Kaï-chek (1975) a ouvert les portes de la démocratie à Taïwan. L'assassinat du président de la Corée du Sud Park Chung-hee, en octobre 1979, a accéléré la démocratisation du pays.

Parfois, le mécanisme de l'aggravation de la crise est déclenché par une défaite militaire. L'exemple classique, c'est l'histoire de l'Argentine après la guerre des îles Falkland (Malouines).

La mondialisation informatique est encore un facteur important de l'instabilité d'un régime autoritaire. Au début du XX$^e$ siècle, la majorité de la population mondiale n'était pas au courant de ce qui se passait hors des frontières de son village, ne savait pas comment étaient organisées les structures sociales différentes. Le XXe siècle a intégré les hommes. Les informations sur les systèmes politiques des pays développés et leur fonctionnement sont à la portée de tous. Il est vain d'essayer d'expliquer aux gens, surtout aux jeunes gens cultivés, pourquoi leurs congénères des autres pays ont des libertés et peuvent participer à la vie politique de leur pays, alors qu'eux en sont privés chez eux. Leurs dirigeants, qui ont la force de leur côté, décident de tout en leur nom.

Une des raisons des crises qui déclenchent la chute d'un régime autoritaire sont les conflits interethniques. Cela explique pourquoi ces régimes sont moins stables dans les pays dont la composition ethnique et religieuse est hétérogène[125]. Il y a, bien sûr, des exceptions. La chute du régime du shah d'Iran n'a été causée ni par une défaite militaire, ni par la mort de l'autocrate, ni par un conflit interethnique violent. Elle est advenue malgré une conjoncture favorable sur le marché pétrolier et une prospérité croissante. Mais, le plus souvent, la destruction d'un régime autoritaire survient comme résultat d'une crise économique.

Le développement économique actuel est dynamique et difficilement prévisible. Aujourd'hui, par exemple, la science économique ne peut pas garantir la fiabilité des prévisions du prix des matières premières ou les cours de change des devises mondiales.

La vie propose toujours de nouveaux défis, auxquels il faut bien répondre. Ils sont souvent inattendus, ce qui ne permet pas de s'y préparer. L'histoire du XXe siècle est pleine de crises imprévues par les pouvoirs nationaux ou la communauté internationale. C'est une réalité à ne pas oublier et dont il faut bien tenir compte. La crise de 1994 au Mexique a surpris même la direction compétente du FMI et la trésorerie des États-Unis. Pour les spécialistes, la crise financière du Sud-Est asiatique en 1997-1998 était elle-même inattendue, elle s'est étendue ensuite aux territoires post-soviétiques et à l'Amérique latine[126].

Vers la fin des années 1990, on a vu l'apparition d'un ouvrage hautement professionnel, consacré aux problèmes des pays pétroliers frappés alors par une baisse du prix du pétrole sur le marché mondial dans les années 1980. L'Indonésie y est présentée comme un exemple de l'adaptation réussie aux changements des conditions du marché mondial[127]. Mais, avant même la sortie du livre, le régime indonésien s'est écroulé, suite aux événements au Sud-Est asiatique[128].

Pour faire face à une crise économique, les gouvernements sont obligés de limiter les dépenses budgétaires, d'augmenter les impôts, de dévaluer la monnaie nationale, de restreindre les importations, de diminuer les dotations. Ce sont des mesures pénibles, voire impopulaires. Pour les appliquer, un régime doit s'assurer qu'elles seront acceptées par la société ou, dans le cas contraire, être prêt et capable d'utiliser la force pour mettre fin aux désordres.

La faiblesse des régimes autoritaires face à une telle crise réside dans la quasi-impossibilité pour eux d'emprunter les deux voies mentionnées. Il n'est pas facile d'expliquer à la société, hostile au régime ressenti comme illégitime et corrompu, qu'il faut adopter des mesures destinées à « serrer la ceinture ». La corruption, vécue en période de croissance du bien-être comme quelque chose de désagréable mais d'inévitable, devient pendant une crise insupportable et renvoie à l'idée qu'on se fait d'une organisation plus équitable de la société.

La chute d'un régime autoritaire achève une période d'instabilité, où l'on voit disparaître les restes de légitimité qu'il pouvait encore avoir. *A posteriori*, une fois qu'on est en vision rétrospective, le début du phénomène est facile à distinguer. Par exemple, en Iran, le début de cette période de crise d'instabilité a eu lieu dans les années 1970-1978, quand le gouvernement du shah renforce le contrôle des services secrets sur la vie privée des gens et, en même temps, multiplie les répressions contre les dirigeants de l'opposition. En 1970, il n'y avait aucune explosion de bombes en Iran pour des motifs politiques. En 1972, on dénombre treize explosions pour cause politique. L'année 1974 a vu le début des désordres estudiantins, ainsi que des émeutes provoquées par des pénuries alimentaires à Téhéran. À partir du milieu des années 1970, le fondamentalisme islamique radical parvient à devenir de plus en plus attirant pour beaucoup d'Iraniens. En 1977-1978, les manifestations de masse accompagnées de répressions violentes deviennent inhérentes à la vie nationale[129].

Si l'autocrate garde le contrôle des forces de répression, il peut, à la rigueur, étouffer les protestations sociales par les procédés habituels, propres à un régime autoritaire, en démontrant qu'il est prêt et capable de faire couler autant de sang que nécessaire pour rester au pouvoir.

Mais en cas de crise, le doute sur la légitimité et la stabilité du régime s'étend aussi aux soldats et aux sous-officiers. Donc, au moment où le dictateur a le plus besoin des forces armées, elles ne répondent pas à son appel.

Les problèmes de précarité des régimes autoritaires ne disparaissent pas avec leur chute. En l'absence d'un processus politique légal et d'un parlement réellement influent sur la vie sociale, et donc appelé à être responsable, l'opposition se forme autour de slogans primitifs. Ils sont assez standardisés : « Mort au régime antidémocratique et corrompu » ; « Justice et répartition » (tout prendre et partager) ; « Non au régime de trahison des intérêts nationaux » (nationalisme radical). L'utilisation judicieuse de ces formules phares représente une arme puissante dans la lutte contre le régime. C'était un trait caractéristique du Mouvement du

26 juillet de Fidel Castro à Cuba à la fin des années 1950. Toutefois, les tentatives de mettre en application les promesses implicitement contenues dans ces appels ne garantissent guère l'établissement d'une véritable démocratie[130].

Un régime autoritaire, malgré son caractère illégitime, exerce un pouvoir réel. La police maintient l'ordre dans la rue ; dans les pays au niveau moyen de développement, les enfants sont scolarisés, les établissements médicaux portent secours à la population. Ceux qui n'ont jamais assisté à la chute d'un régime autoritaire ont des difficultés à comprendre que sa fin signifie, en même temps, l'effondrement des institutions qui assurent au moins un tant soit peu l'exécution des lois et un certain ordre[131].

Une illustration récente de cet état de fait est fournie par la décision des autorités américaines en Irak en été 2003 de procéder à la « débaassisation » du pays*. La police et l'armée du régime de Saddam ont été dissoutes. Mais ces mesures ont été prises sans avoir estimé leurs conséquences sur le maintien de l'ordre dans les rues, sur la sécurité de la distribution de l'électricité et de l'énergie, ni sur l'intégrité des biens des personnes et des institutions publiques.

L'aspiration du pouvoir à monopoliser le droit à la violence, comme l'élément le plus important de l'organisation étatique, a bien été définie par l'œuvre classique de M. Weber[132]. La chute d'un régime autoritaire limite, pour ne pas dire exclut, la possibilité pour les nouvelles autorités de recourir à la violence pour assurer l'ordre. Les forces armées et policières, même si elles n'ont pas été liquidées, perdent leur motivation. Elles se demandent si le nouveau pouvoir est assez stable, si l'ancien pouvoir ne peut revenir, si elles risquent une chasse aux sorcières pour leur collaboration avec les anciennes administrations. Pour elles, la stratégie la plus naturelle est de « voir venir » sans rien faire.

Les régimes politiques qui remplacent les dictatures manquent à leur tour de légitimité historique, de traditions assurant la stabilité du pouvoir. C'est le problème fondamental lié à la chute d'un régime autoritaire : il n'y a aucune garantie que les institutions qui viendront le remplacer seront démocratiques et stables[133].

L'expérience prouve que les facteurs extérieurs jouent un rôle important dans ce contexte. En Europe de l'Est, le facteur décisif de stabilisation relative de la démocratie après la disparition du contrôle soviétique a été influencé par l'Union européenne et la perspective d'adhérer à cet organisme de coopération entre des pays riches et hautement développés. En

---

* Le parti au pouvoir en Irak était le Baas, un parti laïque panarabe créé dans les années 1930 par un chrétien, Michel Aflak, pour privilégier l'idée nationale arabe par rapport à la religion. Saddam Hussein s'est réclamé du baasisme (*N.d.T.*).

Amérique latine, après la fin de la guerre froide, lorsque le principe de complaisance à l'égard des dictateurs appliqué par les États-Unis au nom du pragmatisme, et exprimé par « c'est peut-être un salaud, mais c'est notre salaud », est passé de mode, c'est l'influence des États-Unis qui a contribué à l'instauration de démocraties stables. Mais ces facteurs ne fonctionnent pas toujours de la même façon selon les régions du monde.

L'Espagne est un pays européen développé avec une longue tradition parlementaire et dont l'élite politique a réalisé une transition pacifique du régime autoritaire à la démocratie. Dans les années 1980, elle a adhéré à l'Union européenne. Pourtant au cours d'une bonne décennie après le retrait du *caudillo* Franco, le gouvernement du pays était confronté au problème du contrôle de l'armée par les pouvoirs civils. Le pays est passé plus d'une fois tout près d'un coup d'État militaire[134]. C'est un bon exemple pour démontrer que, même dans des conditions très favorables, la transition de la dictature à la démocratie est toujours un périple.

Les politologues qui se sont spécialisés dans la transition post-autocratique posent comme axiome que, pour garantir le succès, il faut séparer les transformations politiques et économiques et ne surtout pas les mélanger. Il est indispensable de convaincre la société que tenter de faire coïncider une modification radicale du système politique et de l'économie est quasi impossible[135].

Mais la particularité de la transition après des régimes socialistes est que, contrairement à d'autres régimes autoritaires, les structures politiques y étaient inséparables de l'organisation économique du pays au quotidien. L'instabilité politique de la transition est aggravée par le fait que le système économique des régimes socialistes ne peut fonctionner qu'avec un pouvoir politique totalitaire. Le système s'effondre dès que le contrôle étatique de toutes les branches de la vie sociale faiblit.

## CHAPITRE 3

# LA MALÉDICTION DU PÉTROLE

*« Mieux aurait valu trouver de l'eau ! »*
cheik Ahmed Zaki Yamani,
ex-ministre du Pétrole d'Arabie Saoudite

*« Dans dix ou vingt ans, le pétrole nous mènera à la catastrophe ».*
Juan Pablo Perez Alfonso,
ex-ministre de l'Industrie du pétrole du Venezuela

En 1985-1986, le prix mondial du pétrole a chuté à plusieurs reprises. Pourtant ce ne sont pas ces jeux à la baisse sur le marché pétrolier qui ont fait tomber l'URSS. Lors de son dernier concert à Paris, le 23 juin 1995, Boulat Okoudjava* l'avait bien exprimé : « L'expérience universelle nous enseigne que les royaumes périssent non parce que la vie est dure ou les tourments effroyables, mais parce que les gens ne respectent plus leur royaume. »

La crise de l'économie soviétique, à l'origine de la chute de l'URSS, ainsi que les formes et le temps que cela a pris ont été étroitement liés aux mouvements intervenus sur le marché du pétrole. Mais pourquoi tout cela s'est-il passé de cette manière ? Évidemment, dans un premier temps, on a avancé la théorie du complot. Mais, ayant moi-même constaté à quel point les autorités américaines étaient sidérées par la chute de l'Union soviétique, je ne crois pas à une telle explication.

La thèse du complot, si elle était vraie, serait encore plus triste, car cela voudrait dire que plusieurs générations d'hommes politiques soviétiques auraient manqué d'intelligence et de sens des responsabilités et auraient finalement trahi les intérêts nationaux, en faisant dépendre le sort de leur pays des décisions des États-Unis, pays considéré comme l'ennemi numéro un.

L'URSS n'est pas le premier pays riche en ressources naturelles à avoir connu une crise du fait de changements imprévisibles dans les prix des matières premières exportées. Pour comprendre ce qui s'est passé en l'URSS à la fin des années 1980 et au début des années 1990, il faut analyser les problèmes résultant des changements des prix des matières premières et leur influence sur l'économie des pays exportateurs. Il s'agit d'une assez longue histoire.

_______________

* Auteur-compositeur-interprète soviétique très populaire, mort en 1997 (*N.d.T.*).

## 1. Prologue à l'espagnole

Les événements survenus en Espagne aux XVIe et XVIIe siècles, après la découverte de l'Amérique, nous fournissent un exemple classique des conséquences de l'apparition de flux importants de ressources sur une économie nationale.

La mise en exploitation de gisements d'or et d'argent et l'utilisation de techniques efficaces par rapport aux standards de l'époque ont, d'une manière sans précédent dans l'histoire, accédé au marché européen en métaux précieux. Durant cent soixante ans, entre 1503 et 1660, 16 000 tonnes d'argent furent fournies à Séville. L'Europe triplait ses réserves d'argent. En ce qui concerne l'or, les réserves augmentaient de 20 %, suite à l'importation de 185 tonnes de métal pendant la même période[136] (fig. ci-dessous).

Fig. 3.1 : Volume total des importations de métaux précieux
en Espagne de 1503 à 1650

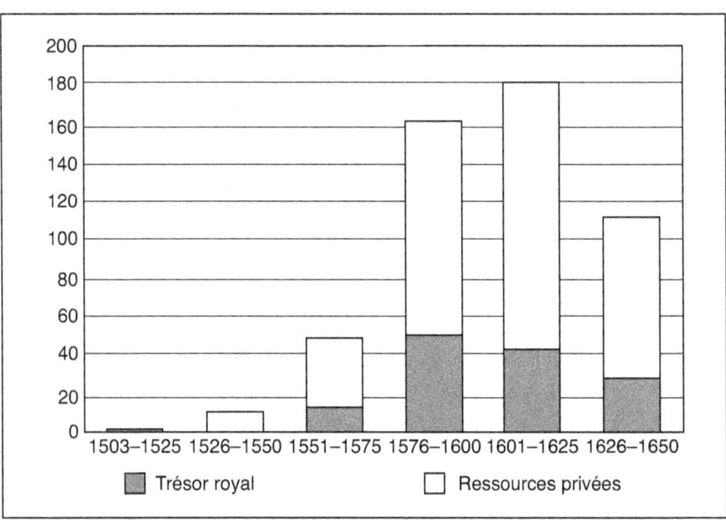


Note : à prix constants, année de référence : 1580.

Source : calculs d'après Hamilton E.J., *American Treasure and the Price Revolution in Spain, 1501-1650*, Cambridge, Harvard University Press, 1934, p. 34 ; Indice des prix d'après : Flynn D.O., « Fiscal crisis and the decline of Spain (Castile) », *The Journal of Economic History*, 1982, vol. 42, p. 142.

La hausse de la demande en or et en argent dans les conditions d'une économie sous-développée en Europe provoque – pour une population habituée à la stabilité des prix – une montée en flèche du coût des marchandises[137].

En Espagne, premier pays à recevoir des métaux précieux, le prix grimpe encore plus vite par rapport aux autres pays européens (fig. 3.2). Dans ces conditions, l'agriculture espagnole perd sa compétitivité. La Castille devient un gros importateur de produits alimentaires pour plusieurs décennies[138]. Autre conséquence des prix records établis suite aux importations de métaux précieux d'Amérique : la crise de l'industrie textile espagnole.

Fig. 3.2 : Évolution des prix en Espagne (Castille-León) de 1503 à 1650, par tranches de cinq ans

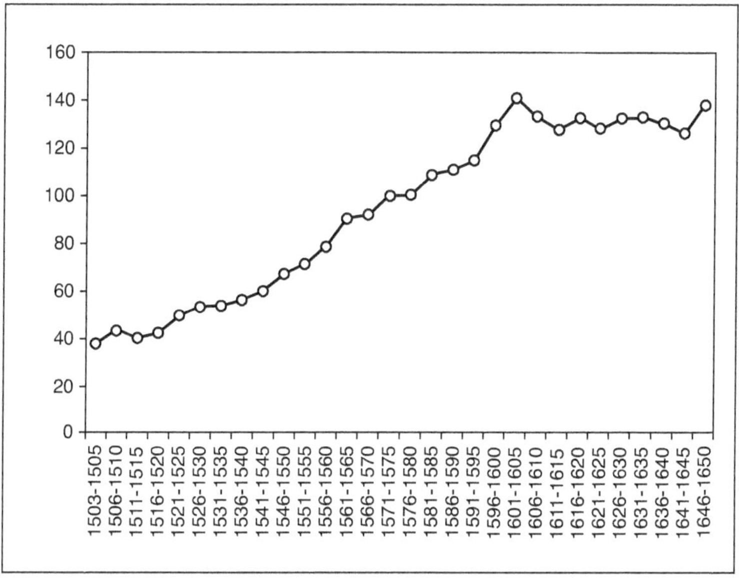

Note : prix de l'année 1580 = 100 %.

Source : Flynn D.O., « Fiscal crisis and the decline of Spain (Castile) », *The Journal of Economic History*, 1982, vol. 42, p. 142.

À la fin du XVIe siècle, la population se plaint de plus en plus du prix des marchandises. Les Cortès en débattent à plusieurs reprises. Des voix s'élèvent qui proposent même d'interdire complètement l'exportation de textile espagnol, y compris vers les colonies américaines. Le coût élevé des produits alimentaires et des textiles conduit à envisager des mesures destinées à limiter l'augmentation des prix. La libéralisation des importations alimentaires et des textiles en Espagne devient inévitable. Analysant les problèmes économiques de la Castille, Gonzales de Cellorigo souligne leur lien avec la découverte de l'Amérique. Il écrit en 1600 que le flux d'or et d'argent a paralysé les investissements ainsi que le développement de l'industrie, de l'agriculture et du commerce ; et il montre que la découverte de l'Amérique s'est avérée une catastrophe pour l'Espagne[139]. Le savant flamand Justus Lipsius écrit en 1603 à un ami espagnol : « Le nouveau monde que vous avez conquis vous a conquis à son tour, vous a affaibli et a épuisé votre vigilance d'antan[140]. »

Vers le milieu du XVIᵉ siècle, le taux, d'abord modeste, des revenus des placements dans le budget de la couronne d'Espagne s'est accru, en particulier après la découverte et la mise en exploitation des gisements d'argent à Potosi. Ces profits ne dépendent pas des Cortès. Ils élargissent la liberté d'action du gouvernement dans l'utilisation des ressources financières.

Selon les normes de l'époque, une bonne moitié des revenus budgétaires est affectée aux dépenses militaires. L'or et l'argent américains constituent le fondement de la politique extérieure afin de protéger le catholicisme et de consolider l'autorité de l'Espagne en Europe. Cela permet aussi de financer une série de guerres coûteuses.

À la fin du XVIᵉ siècle, le flux des métaux précieux en provenance d'Amérique se tarit. Vers 1600, les mines d'argent les plus riches sont épuisées[141]. La hausse des prix réduit en outre les recettes du budget espagnol. Dans le même temps, la couronne royale souscrit des emprunts. Cela provoque une série de faillites et l'État se déclare en banqueroute en 1557, 1575, 1598, 1607, 1636, 1647 et 1653[142].

Comme cela arrive souvent, le pouvoir a mal réagi lors de l'apparition des problèmes économiques résultant des variations des recettes : interdiction aux étudiants espagnols de faire leurs études à l'étranger, limitation de la liberté du commerce, augmentation des impôts à l'exportation de laine, taxes de douane perçues aux frontières intérieures séparant les différentes régions du royaume. Mais ces mesures ne réussirent pas à mobiliser les ressources suffisantes pour continuer à financer les campagnes militaires[143].

En 1609, face à des problèmes d'argent croissants, l'Espagne a été obligée de conclure la paix avec la Hollande. Dix ans après, on s'aperçut que cette initiative n'avait pas mis fin aux difficultés financières. Les opérations maritimes des Hollandais ainsi que leurs attaques contre les navires et les colonies espagnoles réclament la présence de forces militaires comme à l'époque de la guerre.

Le Premier ministre espagnol Olivares (1621-1643), contemporain et rival du cardinal de Richelieu, essaie de mener des réformes libérales (réforme du système fiscal, diminution des dépenses budgétaires et de l'appareil administratif), de limiter le pouvoir des oligarques ayant accès au trésor[144] et de restaurer la grandeur de l'empire. Il est compétent, intègre et travailleur. Mais cela ne suffit pas à régler la contradiction entre la faiblesse du système financier et la nécessité d'alimenter les actions militaires pour défendre l'empire. En 1631, ayant compris l'impossibilité de répondre à ces défis, Olivares a prononcé sa célèbre phrase : « Si les grandes conquêtes de cette monarchie l'ont menée à cet état déplorable, on peut dire en toute certitude que, sans le Nouveau Monde, elle aurait été beaucoup plus puissante[145]. » Vers 1640, la monarchie espagnole a perdu ses possessions européennes en dehors de la péninsule Ibérique. Elle est à la veille de perdre les Asturies, la Catalogne et l'Aragon. En septembre 1640, Olivares écrit : « Pour la monarchie, cette année est la plus malheureuse de toute son existence[146]. » Il ne faut pas oublier que, jusqu'en 1643, l'armée espagnole n'avait pas perdu une seule bataille terrestre.

L'histoire de l'Espagne des XVIe et XVIIe siècles est l'exemple d'un État qui, sans défaites militaires, s'est écroulé sous le poids d'ambitions démesurées, reposant sur des bases aussi peu sûres que les revenus de l'or et de l'argent américains. On sait ce qu'il est advenu au XXe siècle des États dont la puissance était fondée sur les revenus de l'extraction des minerais, de notre État notamment.

## 2. Richesse des ressources et développement économique

Les problèmes de l'Espagne des XVIe et XVIIe siècles étaient connus à la veille de l'essor économique de l'époque moderne. Néanmoins, on a cru longtemps que les richesses naturelles, les minerais qui alimentaient l'industrie ainsi que les terres agricoles représentaient un atout pour le développement. L'expérience du XXe siècle a montré malheureusement que ces atouts étaient plus complexes et plus dramatiques.

Entre 1965 et 1998, le PIB par personne dans les pays riches en ressources minières comme l'Iran et le Venezuela diminue de 1 % par an en moyenne, en Libye de 2 %, au Koweït de 3 %, au Qatar (1970-1995) de 6 % par an. En général, dans les pays membres de l'OPEP, le PIB par personne en 1965-1998 a diminué de 1,3 % par an, tandis que dans les pays aux revenus moyens et faibles cet indice a augmenté de 2,2 %[147].

De nombreuses recherches ont été consacrées ces dernières décennies à la corrélation entre les ressources naturelles et le développement économique. La définition même de ressources naturelles suscite des débats. Selon certains auteurs, c'est la part des matières premières dans les exportations du pays et dans le PIB. D'autres les définissent comme la relation entre les matières premières et le nombre d'habitants. Mais il est important que les résultats convergent malgré la diversité des définitions[148]. Ils illustrent la corrélation négative entre la vitesse du développement économique à long terme et la présence de ressources naturelles[149]. Autrement dit, la présence de ressources naturelles non seulement ne garantit pas la prospérité du pays, mais de plus elle rend cette perspective hasardeuse.

Le Nigeria constitue un exemple typique de cette triste réalité. D'importants gisements pétroliers y ont été mis en exploitation en 1965. Trente-cinq ans après, les revenus consolidés de l'extraction du pétrole ont totalisé quelque 350 milliards de dollars (au prix de 1995), paiements aux compagnies pétrolières internationales non compris. En 1965, le PIB par personne était de 245 dollars. En 2000, il restait au même niveau[150].

Les ressources naturelles ouvrent la possibilité de percevoir les revenus de la rente, ce qui permet aux autorités du pays d'augmenter les recettes budgétaires, sans se soucier de la hausse des impôts généraux[151].

Tab. 3.1 : Taux des profits pétroliers dans les recettes globales du budget du Venezuela, du Mexique et de l'Arabie Saoudite en 1971-1995 (chiffres moyens sur cinq ans, en %)

| Pays | 1971-1975 | 1976-1980 | 1981-1985 | 1986-1990 | 1991-1995 |
|---|---|---|---|---|---|
| Venezuela | 67,0 | 61,7 | 54,7 | 60,4 | … |
| Mexique | 14,9 | 19,0 | 42,7 | 32,6 | … |
| Arabie Saoudite | … | 89,1 | 74,4 | 61,0 | 74,5 |

Source : Calculs d'après les données d'Auly R.M. (dir.), *Resource Abundance and Economic Development*, Oxford, Oxford University Press, 2004 (Mexique, Arabie Saoudite) ; Salazar-Carrillo J., *Oil and Development in Venezuela During the Twentieth Century*, Praeger Publishers, Westport, CT, 1994 (Venezuela).

Cela signifie que les autorités ne ressentent pas le besoin d'entamer le dialogue à long terme avec la société, les contribuables et leurs représentants. Un dialogue historique se terminant par un compromis est la seule voie qui permette aux institutions de limiter l'arbitraire des pouvoirs et d'assurer les garanties des droits et des libertés des citoyens. Grâce à ce dialogue difficile, on élabore des règles du jeu permettant de mettre en marche un mécanisme de croissance économique moderne[152]. Or les chances qu'apparaisse un système de contrepoids (terme très utilisé à l'époque d'Eltsine et oublié aujourd'hui) et d'institutions respectables, dont le rôle est de limiter la corruption et l'arbitraire des autorités et des fonctionnaires, sont plus minces pour la population des pays riches en ressources naturelles que pour ceux qui n'en possèdent pas[153].

Ces pays vivent dans une autre ambiance, sous un climat différent. L'écrivain russe Saltykov-Chtchedrine (1826-1889) écrit : « Pendant qu'on se partageait les régions entre fonctionnaires, en commençant par les provinces occidentales pour finir au pays d'Oufa, nous fûmes témoins de faits étonnants, insolites, stupéfiants... Tu as pris une belle part du gâteau public, alors vas-y, disparais ! Mais non, rien de tout ça : c'est à ce moment même que commence, dans toute sa splendeur, le spectacle des querelles, des haines minables et des moqueries, le tout ciblé en fin de compte sur cette main munificente, cette corne d'abondance intarissable, qui organisa cette orgie de partages, afin que messieurs les fonctionnaires soient amadoués, embobinés, choyés, et pour que naisse la corporation des gens satisfaits[154]. »

Les critères d'évaluation des institutions nationales élaborés par les organismes internationaux sont subjectifs. Mais tous sont unanimes pour voir une interdépendance négative très prononcée entre l'existence de libertés politiques, de droits civils, d'un appareil bureaucratique compétent et d'une pratique de la légalité, d'une part, et les richesses naturelles, d'autre part[155].

La répartition des revenus perçus par l'économie nationale des pays riches en ressources minières dépend du pouvoir discrétionnaire des autorités[156]. Cela ne stimule pas la concurrence entre les producteurs, pour fabriquer à coût minimal, mais contribue, selon A. Krueger, à l'apparition de la corruption et sert de source à la rente administrative[157]. Plus encore, les richesses naturelles augmentent les risques d'instabilité politique dus à la lutte pour la répartition des revenus de la rente[158].

Même en Norvège, pays démocratique et hautement développé, le taux des exportations dans le PIB est resté au même niveau après la découverte du pétrole en mer du Nord, la croissance des exportations pétrolières par rapport au PIB étant compensée par la diminution de celles des autres produits. Parmi les pays membres de l'OCDE à cette période, on constate une situation semblable pour un pays riche en ressources naturelles, l'Islande, dont la morue représente la moitié des exportations[159].

Ce problème peut être résolu. Il existe des pays riches en ressources minières qui ont développé un système démocratique et dont la bureaucratie reste efficace et non corrompue. Les États-Unis, le Canada, l'Australie et la Norvège en donnent de beaux exemples. Leur système démocratique s'est formé durant des siècles et leurs institutions politiques ont été assez efficaces et stables dans un contexte de ressources abondantes[160]. D'autres pays ne possédant pas de traditions démocratiques anciennes ont appris à gérer leurs richesses naturelles (Botswana, Chili, Malaisie, île Maurice)[161]. Mais l'histoire montre qu'il est plus difficile de créer des institutions démocratiques dans les pays où le rôle de la rente naturelle est important.

Le problème des richesses naturelles réside en ce que les ressources de la rente freinent le développement des autres industries. Ce problème est souvent décrit et a reçu le nom de « maladie hollandaise[162] » en prenant pour exemple les réserves importantes de gaz découvertes dans les années 1960 en Hollande et leur influence sur les industries de transformation. À vrai dire, la Hollande s'en est mieux tirée que les autres pays riches en matières premières. Pourtant le problème existe toujours. En fait, on a constaté cette même maladie au Venezuela, au Nigéria, en Indonésie, en Zambie, au Zaïre (cuivre) et en Colombie (café). Ces dernières années, cette maladie est apparue en Russie, devenant une « maladie russe »[163]... Les secteurs dont la production et les services participent à la compétition internationale perdent leur compétitivité à l'intérieur et à l'extérieur du pays et sont obligés de réduire leurs activités[164]. Il en résulte une politique économique de plus en plus dépendante des fluctuations du prix des matières premières.

Un des traits caractéristiques des pays riches en ressources naturelles est leur manque d'intérêt pour l'enseignement. Les raisons n'en sont pas évidentes, mais de nombreux chercheurs le mettent en relation avec la structure spécifique du marché de l'emploi des entreprises d'extraction[165]. Il est fort possible que cela ait un rapport avec la psychologie particulière des élites nationales, dont parlait Saltykov-Chtchedrine : les puissants de ce monde ne pensent pas à l'avenir, alors que la formation est un investissement pour le futur.

Dans les années 1950-1960, on avançait assez souvent l'idée que les pays dont l'économie dépendait des exportations de matières premières avaient surtout des problèmes liés à la tendance à long terme de la chute des prix de ces ressources par rapport à ceux des produits élaborés. Ces idées, faisant écho à la crise internationale des années 1920-1930, étaient largement présentées dans les ouvrages de la Commission économique de l'ONU pour l'Amérique latine ainsi que dans les livres et les articles du célèbre économiste argentin M. Prebisch[166].

Les événements de la deuxième moitié du $XX^e$ siècle ont prouvé que les prix des matières premières par rapport à ceux des produits transformés sont en effet à la baisse, mais c'est un mouvement très lent. À longue échéance, les prix des matières premières diminuent de 1 % par an.

Problème plus sérieux, les prix des matières premières changent dans des limites très larges et difficilement prévisibles. Dans les périodes de croissance et de décroissance[167], ces prix deviennent une source de problèmes aussi bien pour les exportateurs que pour les importateurs.

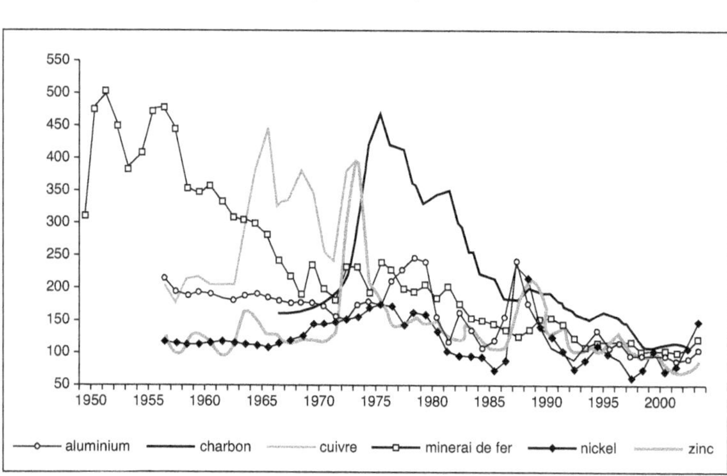


Fig. 3.3 : Évolution des prix mondiaux pour certaines matières premières (1950-2004)

Source : *International Financial Statistics 2005*, FMI.

Le célèbre économiste américain, prix Nobel en 1970, Paul Samuelson, écrit : « Un économiste est incapable de prévoir l'avenir dans tous les détails... Mais s'il se risque à le faire, il le fait dans n'importe quel domaine, sauf dans celui des prix[168]. » Ce jugement s'est particulièrement vérifié dans la deuxième moitié du XXᵉ siècle en ce qui concerne les prix des matières premières.

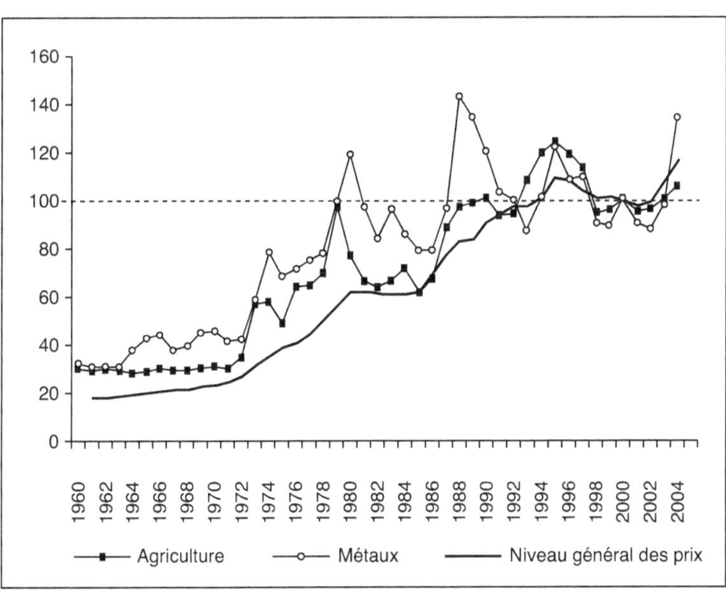


Fig 3.4 : Indices des prix internationaux en général et pour certaines matières premières (1960-2004)

Source : calcul d'après les données FMI, 2005 ; World Bank World Development Indicators (abrégé plus loin en WB WDI).

Les facteurs qui jouent sur les prix des matières premières sont connus : industrie d'extraction coûteuse, projets d'investissement longs à réaliser.

Les dépenses courantes sont négligeables au regard des investissements en capital. Il est difficile, sinon impossible, d'augmenter l'extraction à court terme, et la diminuer est également problématique pour des raisons techniques et sociales.

La diminution par quatre de l'extraction du pétrole décidée par l'Arabie Saoudite entre 1981 et 1985 a eu pour effet un déficit de gaz pour les besoins de la population, ce qui a été à l'origine d'une « guerre des prix » au milieu des années 1980. La diminution de l'extraction du pétrole a donc privé la population de gaz, pour les besoins de l'approvisionnement du réseau du pays[169].

À court terme, le volume de l'extraction est peu dépendant des prix internationaux. En revanche, la demande de matières premières est étroitement liée à la conjoncture économique mondiale. Elle est à la hausse pendant les périodes de croissance économique et à la baisse pendant son ralentissement[170]. Au vu de la difficulté d'augmenter ou de diminuer le volume d'extraction, le prix des matières premières est beaucoup moins stable que celui des produits industriels. Les données des figures 3.3 à 3.9 attestent la forte dépendance du prix des matières premières à un ralentissement même faible de la croissance économique mondiale.

Les changements climatiques, difficilement prévisibles, influent aussi sur le marché des matières premières[171].

À son tour, la situation sur ce marché réagit au développement global. Dès le début des années 1970, la fluctuation des prix du pétrole est beaucoup plus importante pour l'économie mondiale que celle des cours de change[172]. L'augmentation du prix des matières premières a plus d'importance pour l'économie mondiale que sa diminution[173]. D'ailleurs, les pays exportateurs de matières premières sont toujours en difficulté en cas de prix volatiles.

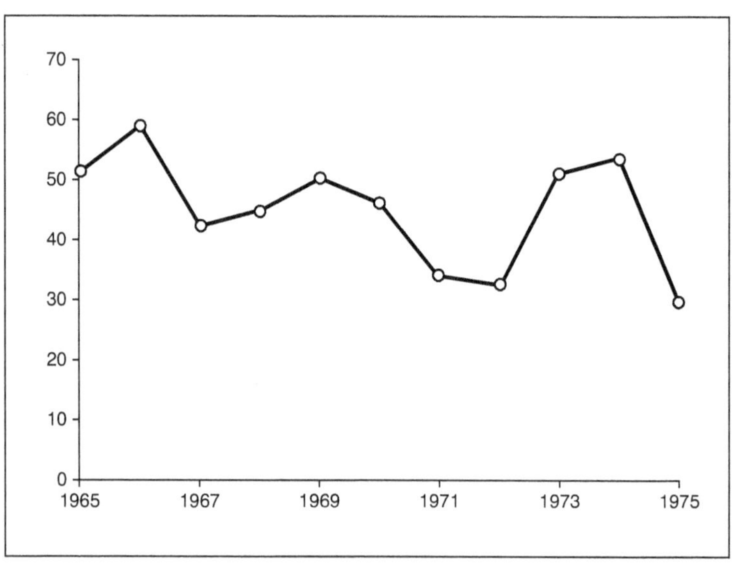

Fig. 3.5 : Évolution des prix moyens annuels du cuivre
à la Bourse de Londres en 1965-1975

Note : en dollars US, prix constants, 1957.

Source : Mikesell R.F., *The World Copper Industry. Structure and Economic Analisys*, Baltimore, Johns Hopkins University Press, 1979.

Fig. 3.6 : Évolution des prix courants des métaux non ferreux par mois sur le marché mondial de 1978 à 1984

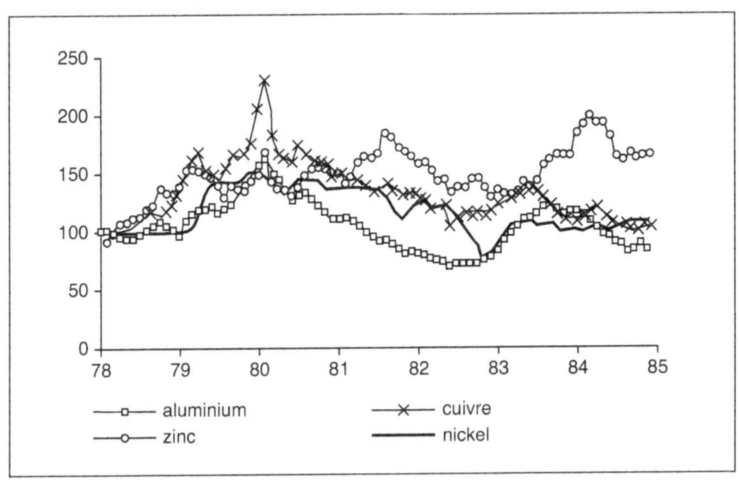



Source : *International Financial Statistics 2004*, FMI.

Fig. 3.7 : Taux de croissance de l'économie mondiale en 1978-1984

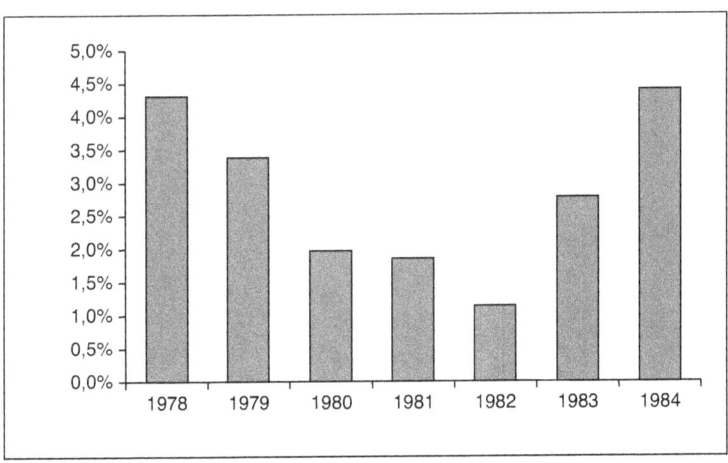



Source : Calcul d'après Maddison A., *The World Economy : Historical Statistics*, Paris, OCDE, 2004.

Fig. 3.8 : Évolution des prix courants des métaux non ferreux par mois sur le marché mondial de 1988 à 1995

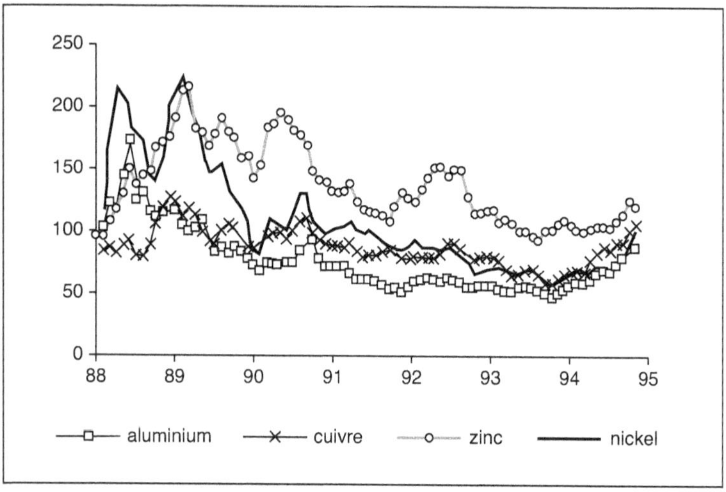

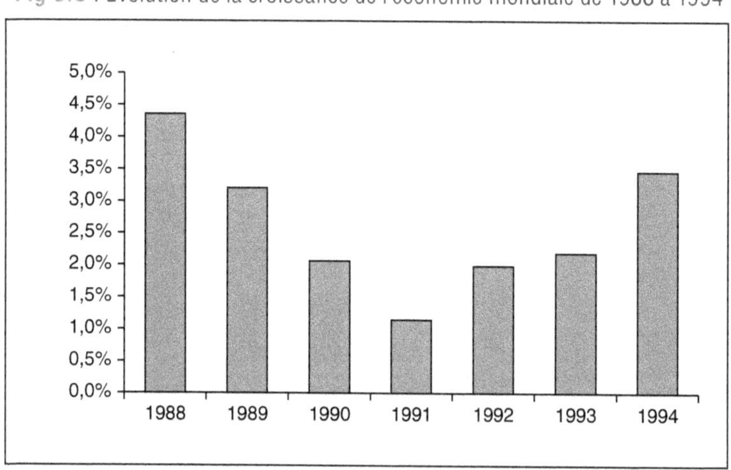


Source : *International Financial Statistics 2004*, FMI.

Fig 3.9 : Évolution de la croissance de l'économie mondiale de 1988 à 1994

Source : calcul d'après Maddison A., *The World Economy : Historical Statistics, op. cit.*

La fluctuation des prix due à la conjoncture mondiale s'ajoute aux problèmes des industries extractives. Les innovations techniques et la mise au point de nouveaux procédés de production modifient la demande. Citons l'apparition des matériaux remplaçant le cuivre dans la deuxième moitié du XXe siècle[174], ainsi que la demande croissante en palladium pour satisfaire les nouvelles exigences dues à la composition des gaz d'échappement dans l'industrie automobile.

La découverte et la mise en exploitation de nouveaux gisements de matières premières avec des conditions de production plus avantageuses par rapport aux mines anciennes sont difficiles à prévoir. Le début de leur exploitation représente un risque de diminution des prix. Mais si les années passent sans nouvelles découvertes, le déficit de ressources et la hausse durable des prix se feront sûrement sentir.

Les événements politiques sont un autre facteur d'instabilité pour les marchés. Ainsi pour le marché de cuivre à la fin des années 1940 et au début des années 1950. Avec le début de la guerre en Corée (1950-1953), le besoin accru de cuivre dans l'industrie militaire des États-Unis eut pour effet l'accroissement de la demande. Or il n'était pas possible d'augmenter rapidement l'extraction du cuivre, d'où la montée brutale des prix en 1950 et leur diminution à la fin de la guerre.

En 1973, lors de la guerre arabo-israélienne, le prix du pétrole a grimpé d'une manière exceptionnelle. Mais la guerre a plutôt joué le rôle de prétexte. Pendant les dix à vingt années précédentes, la situation de l'industrie pétrolière dans le monde avait radicalement changé. Les compagnies internationales avaient vu se restreindre leur contrôle sur la production et les droits réels des pays producteurs de pétrole avaient considérablement évolué. La crise de 1973 a joué le rôle de détonateur.

Quelques années après la guerre arabo-israélienne de 1973 et à la suite des désordres en Iran l'extraction du pétrole a baissé de 5,5 millions de barils par jour en octobre 1978 à 2,4 millions de barils par jour en décembre de la même année. En février 1979 après l'arrivée au pouvoir de l'ayatollah Khomeiny en Iran et la chute du régime du shah, l'extraction du pétrole est retombée à 500 000 barils par jour[175]. Après l'installation du nouveau pouvoir et le rétablissement de l'ordre, d'avril à juillet 1979, l'extraction s'est stabilisée à 3,9 millions de barils par jour, ce qui était beaucoup moins que sous le régime du shah (5,7 millions de barils par jour en 1977[176]). Le début de la guerre entre l'Iran et l'Irak en 1980 a obligé les deux pays à diminuer l'extraction de pétrole et le prix mondial est monté en flèche.

De nombreux observateurs estimaient que le prix avait atteint son niveau plafond et y resterait pour longtemps. Ce fut une erreur qui a coûté cher aux pays pétroliers, y compris l'URSS. Vers le milieu des années 1980, il est devenu clair que le prix des années 1979-1981 était étroitement lié à la conjoncture d'alors. En 1985-1986, le prix du baril a chuté brutalement. Il était difficile de le prévoir en 1980-1981.

Fig. 3.10 : Évolution mensuelle du prix moyen du pétrole brut
sur le marché mondial en 1979-1981

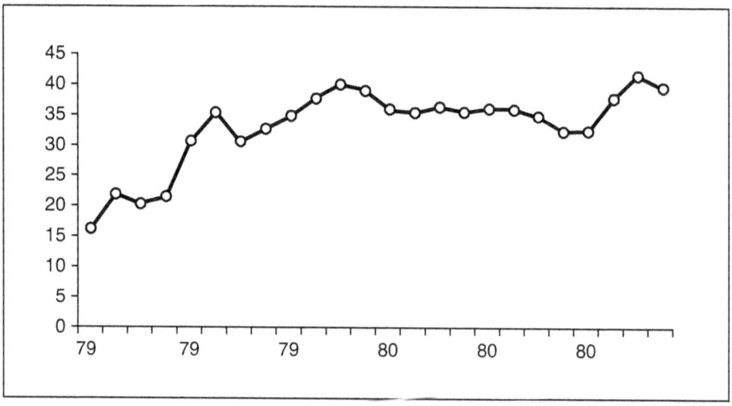

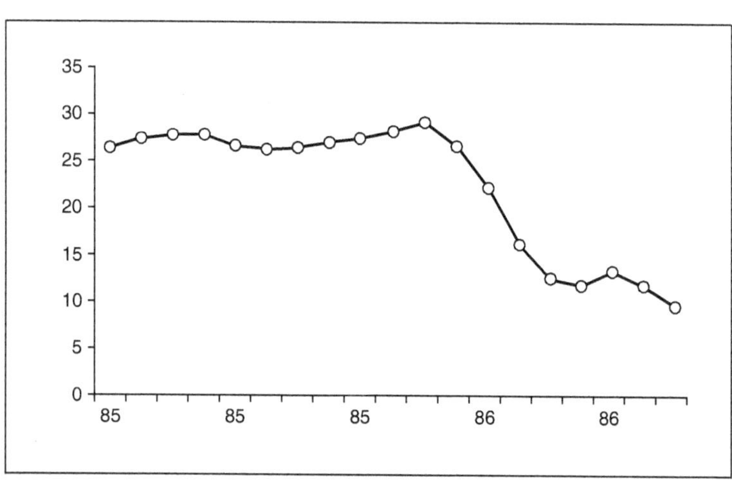

Source : *International Financial Statistics 2004*, FMI.

Fig. 3.11 : Évolution mensuelle du prix moyen du pétrole brut
sur le marché mondial en 1985-1986

Source : *International Financial Statistics 2004*, FMI.

Bon nombre d'États voient leur économie très dépendante de la situation
du marché des matières premières (tab. 3.2).

Tab. 3.2 : Pourcentage des exportations de pétrole
dans l'exportation globale des pays exportateurs de pétrole en 1971-1990
(chiffres moyens sur 5 ans, en %)

| Pays | 1971-1975 | 1976-1980 | 1981-1985 | 1986-1990 |
|---|---|---|---|---|
| Venezuela | 90,9 | 85,4 | 81,3 | 80,9 |
| Iran | 77,5 | 85,0 | 85,0 | 92,5 |
| Irak | 91,1 | 91,4 | 97,3 | 89,8 |
| Nigeria | 85,6 | 92,3 | 95,7 | 89,5 |
| Mexique | 3,7 | 21,9 | 55,7 | 20,5 |

Source : calculs d'après Salazar-Carrillo J., *Oil and Development in Venezuela During the Twentieth Century*, Praeger Publishers, Westport, CT, 1994 ; Mitchell B.R., *International Historical Statistics*, Londres, Macmillan Reference LTD, 1998 ; WB WDI.

Dans la situation de changement rapide et imprévisible du prix des matières premières, même l'indice principal de l'économie nationale qu'est le PIB par personne varie largement[177]. Il est bien connu que les recettes de l'État provenant du prix élevé du pétrole ne peuvent pas être considérées comme stables. La volatilité du prix du pétrole est bien connue, d'où l'objectif primordial des gouvernements des pays pétroliers de contrôler la situation. Rien de plus facile que de laisser croître les dépenses budgétaires quand la conjoncture est favorable, mais, si les prix de vente fléchissent, il devient difficile de limiter ses dépenses.

En cas de crise financière, les pays à économie de marché adoptent rarement des programmes de stabilisation prévoyant une réduction des dépenses du budget de plus de 10 %. La réalisation de pareils programmes exige courage et responsabilité, ce qui signifie un coût politique important. De plus, les pays producteurs et exportateurs de matières premières, en cas de chute de leurs revenus, voient apparaître des problèmes d'envergures différentes[178].

Si la conjoncture est favorable, l'accès au marché financier international est ouvert pour les pays producteurs de matières premières. Ils s'adressent à lui pour réaliser d'importants projets d'investissement. En cas de retournement de conjoncture, les crédits, si accessibles hier encore, deviennent terriblement chers ou disparaissent. Le refinancement d'anciens emprunts à l'aide des nouveaux n'est plus possible. Pour s'acquitter de leurs dettes, ces pays sont obligés de puiser dans le budget, déjà réduit par la chute des prix.

Ainsi, en cas de conjoncture défavorable, un pays riche en matières premières peut connaître une crise budgétaire, rencontrer des problèmes de balance des paiements et de restriction des crédits, d'impossibilité à rembourser l'emprunt extérieur. L'histoire économique est riche d'exemples.

Le plus difficile est de faire passer l'opinion publique de l'euphorie suscitée par les prix hauts des matières premières à la nécessité de « se serrer la ceinture ». Souvent on aboutit à un changement de régime. Les scénarios varient : libéralisation politique au Mexique, coup d'État militaire au Nigeria, guerre civile en Algérie, crise de la démocratie au Venezuela.

Le pétrole n'est pas le seul à provoquer ces crises. Par exemple, le cuivre est la matière première numéro deux pour le chiffre d'affaires et le minerai dont l'évolution des prix reste très importante pour le Chili, la Papouasie-Nouvelle-Guinée, le Zaïre et la Zambie.

Mais le rôle du pétrole reste primordial pour l'économie mondiale.

## 3. Spécificité du marché pétrolier

Le pétrole est un produit très spécifique. D'habitude, pour les autres matières premières, l'évolution des prix et des livraisons est dictée par les exportateurs dont les dépenses sont maximales. Ce sont eux qui décident d'augmenter la production quand le prix monte ou de la diminuer dans le cas contraire quand la production devient peu rentable. Ils dictent donc le prix et le volume de la production.

Le marché du pétrole est différent. Ici, ce sont les pays dont les dépenses sont minimales qui jouent le rôle d'opérateurs décidant de diminuer ou d'augmenter l'extraction selon la conjoncture[179].

L'auteur de cet ouvrage estime que les explications les plus raisonnables des mouvements du prix du pétrole ont été données par M$^{me}$ le professeur A. Krueger, qui se fonde sur son expérience et sur le bon sens. Selon elle, quand la majorité des acteurs du marché pensent qu'un prix élevé du pétrole ne durera qu'un temps, cela se réalise dans les faits. Par contre, quand tout le monde pense que les prix ont atteint un nouveau plafond et s'y maintiendront longtemps, ils vont chuter. La perspective de s'habituer pour longtemps à des prix élevés incite les acheteurs à baisser la consommation. Les producteurs en profitent pour augmenter les investissements et les volumes de production. Le scénario est différent quand les prix sont à la baisse.

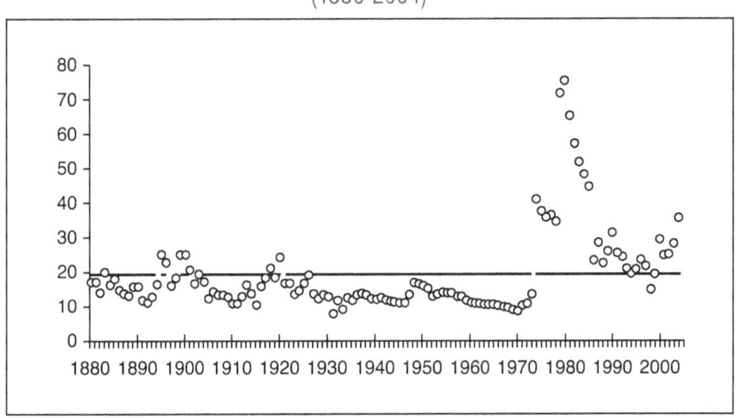

Fig. 3.12 : Évolution des prix du brut dans une perspective à long terme (1880-2004)



Note : prix constants 2000.

Source : *International Financial Statistics 2004*, FMI ; Energy Efficiency and Renewable Energy Website, US Department of Energy (http://www.eere.energy.gov).

## 4. La régulation du marché pétrolier au XXᵉ siècle

Au XXᵉ siècle, le marché du pétrole n'a jamais été ni complètement libre ni strictement contrôlé. L'accord conclu en 1927 dans la ville écossaise d'Achnacarry a partagé le marché entre les sept compagnies internationales les plus importantes (Standard Oil Company of New Jersey, Texaco, Shell, Mobil Oil, Gulf Oil, British Petroleum, Compagnie française des pétroles), intégrées verticalement, et aux activités de recherche, d'extraction, de raffinage et de commercialisation. Cet accord devait définir les règles du jeu pour plusieurs décennies.

À cette époque, c'est le droit du plus fort qui prédominait. La « diplomatie de la canonnière » assurait l'accès aux matières premières des pays émergents, militairement faibles, pour leur imposer des concessions au profit des compagnies internationales[180]. Peu importait aux sept compagnies à quelle étape on pouvait retirer du profit – extraction, raffinage ou commercialisation. Elles s'intéressaient à l'accroissement de leur part de marché et ne se souciaient guère des royalties perçues par les gouvernements des pays pétroliers.

Les obligations financières envers les pays pétroliers n'étaient pas liées au montant du profit reçu du traitement ou de la commercialisation du pétrole. Cette situation encourageait le maintien d'un prix bas pour le brut afin que le profit des compagnies fût plus grand. La formation des prix, bien connue grâce aux scandales des années 1990 et du début des années 2000 en Russie, n'a pas du tout été inventée par des directeurs rouges ou des oligarques. Cela existait depuis des décennies dans l'histoire de l'économie.

Dans les années 1950-1960, les grandes compagnies pétrolières se disputent le palmarès en abaissant les prix par rapport au niveau affiché et en présentant les conditions les plus favorables aux consommateurs. L'Union soviétique entre sur le marché. Elle s'attache à y augmenter sa part et pratique le dumping. Dans les années 1960, les contrats de l'Union soviétique en matière de livraison du pétrole en Europe occidentale, en particulier en Italie, fixaient des prix deux fois inférieurs aux prix mondiaux. Quant à ces contrats, il est difficile de savoir s'il s'agissait d'une politique de soutien du mouvement communiste ou de dumping proprement dit. Mais les compagnies pétrolières internationales ne s'intéressent point aux raisons, elles ne voient que le résultat : la baisse de prix du pétrole[181].

Après la fin de la Seconde Guerre mondiale, l'époque des empires, des puissances coloniales ou semi-coloniales et de la « diplomatie des canonnières » est reléguée dans le passé. Les pratiques du siècle dernier ne sont plus possibles dans ce monde qui change. Un des derniers vestiges de l'ancienne époque est la reprise du contrôle des ressources pétrolières de l'Iran par British Petroleum, qui, à son tour, est obligé de les partager avec les Américains. L'échec de l'opération franco-anglaise dans le canal de Suez en 1956 démontre que la menace de violence ne marche plus avec les pays producteurs de pétrole. Ceux-ci attendent l'augmentation de leur part de profits ou espèrent nationaliser leur industrie pétrolière. Au cours des quinze années suivantes, le rôle des gouvernements des pays pétroliers pour tout ce qui concerne cette branche de l'industrie est de plus en plus important. Dès les années 1950, ils ne cessent d'améliorer leurs conditions contractuelles avec les compagnies internationales.

L'événement le plus important est la décision de partager le profit à 50-50, prise conjointement par le gouvernement du Venezuela et les compagnies pétrolières. Avec le temps, ces conditions. rapportées de manière informelle aux autres pays pétroliers, deviennent universelles[182].

Les pays riches en pétrole ont besoin d'échanger leur expérience pour leur permettre d'évaluer la situation dans l'industrie et sur le marché et d'élaborer une position commune dans leur dialogue avec les compagnies internationales. Ce sont les prémices de la création de l'OPEP, organisation qui a permis d'entamer le dialogue, d'institutionnaliser la coopération et de coordonner les efforts. L'OPEP a été créée en septembre 1960 par les représentants de l'Iran, de l'Irak, du Koweït, de l'Arabie Saoudite et du Venezuela. Le Qatar l'a rejointe en 1961, l'Indonésie et la Libye en 1962, les Émirats arabes en 1967, l'Algérie en 1969, le Nigeria en 1971, l'Équateur en 1973, le Gabon en 1974. Les premières années, l'OPEP avait un statut consultatif. Elle ne menait pas de négociations avec les compagnies pétrolières en son nom propre.

Les conventions élaborées par les pays membres de l'OPEP et ciblées sur l'amélioration des conditions contractuelles prévoyaient des consultations avec les gouvernements des pays pétroliers sur le changement des prix, la croissance de l'extraction du pétrole et la création de compagnies nationales[183]. En 1968, l'OPEP a adopté des « principes généraux de la politique pétrolière ». L'OPEP a exigé que les États soient dans le capital des entreprises d'extraction, puissent effectuer la prospection et l'extraction et surveiller les prix affichés. Les mesures introduites en 1970-1973 ont été fondées sur ces principes et ont permis de répartir les forces dans ce domaine[184]. Vers la fin des années 1960, les pays de l'OPEP ont obtenu que les compagnies pétrolières ne baissent pas les prix par rapport aux prix affichés[185].

Le niveau des prix au début des années 1970 était bas et reflétait l'évolution des rapports de force[186]. Au début des années 1970, les réserves de pétrole des États-Unis ont diminué, tandis que la demande de pétrole importé des compagnies américaines s'est accrue. L'Amérique ne pouvait plus contrôler le marché international du pétrole. À partir de mars 1971, les États-Unis utilisaient 100 % des capacités industrielles de production de cette ressource[187]. Entre 1967 et 1973, le taux des importations dans le volume du pétrole consommé aux États-Unis a augmenté de 19 à 36 %[188]. En avril 1973, le gouvernement des États-Unis a annulé le quota des importations du pétrole[189]. Le fait que les États-Unis sont devenus importateurs de pétrole a renforcé la position des pays producteurs de cette ressource[190].

Dans les années 1960, les États-Unis ont dû faire face à d'importantes dépenses dans le domaine social, tout en continuant à financer la guerre du Vietnam. Cela a modifié la conjoncture mondiale. La croissance des prix des matières premières a commencé avant même l'augmentation des prix du pétrole en 1973[191].

Le 17 octobre 1973, les pays arabes exportateurs de pétrole ont décidé de diminuer la production et l'exportation. L'Arabie Saoudite, un des plus grands producteurs du monde arabe, a déclaré qu'elle abaissait la production de 10 % et mettait l'embargo sur les livraisons de pétrole aux États-Unis. Le 22 novembre 1973, ce pays a prévenu que, si les États-Unis continuaient à soutenir Israël, ils étaient prêts à abaisser la production de 80 % et à faire exploser les installations pétrolières dans le cas de menace militaire[192]. On a alors assisté à une montée en flèche des prix du pétrole par rapport au niveau anormalement bas des années 1960.

Entre 1970 et 1974, les profits des pays de l'OPEP provenant des exportations du pétrole ont augmenté de onze fois. Selon le ministre des

Finances d'un des pays de l'OPEP, les pays pétroliers ont reçu pendant cette période des sommes dépassant leurs rêves les plus fous. Les profits de l'Irak sont passés de 1 milliard de dollars en 1972 à 33 milliards par an le mois précédant la guerre entre l'Iran et l'Irak [193]. L'afflux des dollars pétroliers dans les pays exportateurs a fait naître des rêves de croissance durable et de bien-être ainsi que la foi en la réalisation de l'idéal de grandeur nationale. Les leaders des pays pétroliers affirmaient que, grâce aux profits pétroliers, ils pouvaient financer le développement des autres branches de l'industrie[194].

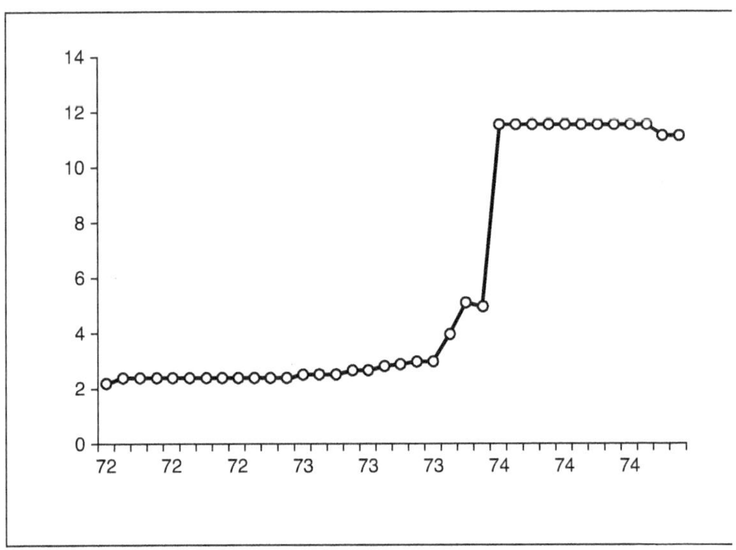

Fig. 3.13 : Évolution mensuelle du prix moyen du pétrole brut sur le marché mondial en 1972-1974

Note : en 1972, le prix du pétrole était de 8,8 dollars (en dollars 2000).

Source : *International Financial Statistics 2004*, FMI.

L'influence de l'OPEP est à son maximum dans les années 1973-1981. À cette époque, de nombreux analystes estimaient que ses capacités à réguler le volume de la production étaient sans limites et qu'une hausse du prix des hydrocarbures était inévitable[195]. Les pays consommateurs, face à l'augmentation des prix du pétrole allant de pair avec l'accélération de l'inflation et le ralentissement de la croissance, commencent à diminuer leur demande en énergie dans l'industrie et dans la vie courante (tab. 3.3).

Tab. 3.3 : Évolution de la consommation spécifique d'énergie du PIB
en France, en Allemagne, au Japon, en Grande-Bretagne et aux États-Unis,
de 1975 à 1985 (en % par rapport à l'année précédente)

| Année | France | Allemagne | Japon | Grande-Bretagne | États-Unis |
|-------|--------|-----------|-------|-----------------|------------|
| 1971 | 0,1 | ... | 0,1 | - 0,2 | - 1,1 |
| 1972 | 1,2 | - 0,4 | - 1,4 | - 2,7 | - 0,6 |
| 1973 | 2,1 | 1,2 | 3,9 | - 3,2 | - 2,0 |
| 1974 | - 6,1 | - 2,3 | 1,7 | - 2,5 | - 1,8 |
| 1975 | - 5,1 | - 3,5 | - 8,0 | - 4,4 | - 2,0 |
| 1976 | 2,2 | 2,7 | 2,1 | - 0,7 | 1,3 |
| 1977 | - 4,9 | - 2,7 | - 2,5 | - 0,3 | - 1,2 |
| 1978 | 1,8 | 0,4 | - 4,3 | - 3,6 | - 2,7 |
| 1979 | 0,8 | 0,3 | 0,2 | 2,3 | - 3,3 |
| 1980 | -1,8 | -3,7 | -5,0 | -6,6 | -3,5 |
| 1981 | - 3,4 | - 3,5 | - 5,3 | - 2,1 | - 5,2 |
| 1982 | - 4,9 | - 2,6 | - 2,5 | - 2,3 | - 2,2 |
| 1983 | 1,1 | - 1,5 | - 1,5 | - 3,6 | - 4,2 |
| 1984 | 1,9 | 1,0 | 4,3 | - 2,6 | - 2,7 |
| 1985 | 3,5 | 1,0 | - 4,7 | 2,1 | - 2,9 |

Source : calcul d'après les données de WB WDI.

La part de l'OPEP dans le commerce mondial du pétrole diminue. Les prix élevés stimulent la prospection des ressources minières difficilement accessibles. L'OPEP ne possède plus les mécanismes permettant d'appliquer les sanctions prévues envers ses pays membres qui dépassent les quotas d'extraction.

Le ralentissement de l'économie mondiale en 1981-1982 diminue la demande en pétrole (tab. 3.4). Le début de la guerre irano-irakienne ajoute à l'instabilité liée à la hausse spéculative du prix de cette ressource. Pour la première fois depuis 1973, l'OPEP se trouve devant un choix difficile. Si ses pays membres augmentent le volume de production, les prix s'écrouleront. Pour maintenir le niveau des prix, il est indispensable de diminuer la production. Cela signifie, cependant, la diminution de la part de l'OPEP sur le marché. Les pays hors OPEP en profiteront pour accroître leur part dans le commerce mondial du pétrole (tab. 3.5 et 3.6). Le 17 février 1983, la Compagnie nationale de pétrole de la Grande-Bretagne baisse de 3 dollars par baril le prix du brut extrait dans la mer du Nord. Le Nigeria, membre de l'OPEP dont le pétrole est en concurrence avec celui de l'Angleterre et de la Norvège, est obligé de la suivre. L'URSS rejoint aussi le cours à la baisse du prix du pétrole.

La fin de la guerre entre l'Iran et l'Irak et leur désir de rétablir leur part du marché sont à l'origine de la guerre des prix dans les années 1985-1986.

Tab. 3.4 : Consommation de pétrole par unité du PIB, en France,
en Allemagne, au Japon, en Grande-Bretagne et aux États-Unis, en 1970-1985
(en barils pour 1 000 dollars)

| Année | France | Allemagne | Japon | Grande-Bretagne | États-Unis |
|---|---|---|---|---|---|
| **1970** | 1,15 | ... | 0,77 | 1,06 | 1,44 |
| **1975** | 1,13 | 1,03 | 0,75 | 0,87 | 1,39 |
| **1980** | 0,97 | 0,91 | 0,65 | 0,72 | 1,21 |
| **1985** | 0,69 | 0,74 | 0,50 | 0,61 | 0,96 |

Source : US Energy Information Administration, http://www.eia.doe.gov/emeu/international/
petroleum.html (WB WDI).

Tab. 3.5 : Production du pétrole en Grande-Bretagne, en Norvège,
au Mexique, en 1973-1985 (en milliers de barils par jour)

| Année | Grande-Bretagne | Norvège | Mexique |
|---|---|---|---|
| **1973** | 2 | 32 | 465 |
| **1974** | 2 | 35 | 571 |
| **1975** | 12 | 189 | 705 |
| **1976** | 245 | 279 | 831 |
| **1977** | 768 | 280 | 981 |
| **1978** | 1082 | 356 | 1 209 |
| **1979** | 1568 | 403 | 1 461 |
| **1980** | 1622 | 528 | 1 936 |
| **1981** | 1 811 | 501 | 2 313 |
| **1982** | 2 065 | 520 | 2 748 |
| **1983** | 2 291 | 614 | 2 689 |
| **1984** | 2 480 | 697 | 2 780 |
| **1985** | 2 530 | 788 | 2 745 |

Source : US Energy Information Administration, http://www.eia.doe.gov/emeu/international/
petroleum.html

Tab. 3.6 : Part des pays membres de l'OPEP dans la production mondiale
et le commerce du pétrole, en 1973-1985

| Année | Part de l'OPEP dans la production mondiale du pétrole, en % | Part de l'OPEP dans l'exportation mondiale du pétrole, en % |
|---|---|---|
| **1973** | 55,4 | 86,1 |
| **1975** | 50,5 | 83,3 |
| **1980** | 44,4 | 75,6 |
| **1985** | 28,5 | 51,2 |

Source : *OPEC Annual Statistical Bulletin 2004*, OPEP, 2005, p. 22, 34.

L'Arabie Saoudite dispose des plus grandes réserves de pétrole et son prix de revient y est bas. Dans les années 1981-1985, ce pays devient l'acteur principal du marché : il est prêt à limiter la production pour maintenir les prix et compenser ainsi le dépassement des quotas par les autres pays membres de l'OPEP, ainsi que la baisse de la demande au niveau mondial et l'augmentation de l'extraction dans les pays extérieurs à l'OPEP.

Malgré cela, à partir du premier trimestre 1981, le prix du brut est à la baisse. Au début, le processus est lent. En 1982, le prix est de 31,76 dollars, en 1983, il est de 28,67 dollars. Vers 1984-1985, il est à 27 dollars (prix courant)[196]. Vers 1985, l'Arabie Saoudite réduit la production pétrolière jusqu'à 2,5 millions de barils par jour. C'est presque quatre fois moins qu'en 1981[197].

En mars 1983, l'OPEP décide de diminuer le prix affiché du brut de 34 à 29 dollars par baril. L'évaluation du prix réel du brut sur le marché se complique du fait des variations de change des principales monnaies mondiales. À partir de 1983, le prix du brut diminue en dollars mais garde sa stabilité en monnaies européennes[198]. À partir de 1985, la chute du prix du pétrole devient un facteur déterminant du développement de l'économie mondiale.

Le 13 septembre 1985, le ministre de l'Industrie pétrolière d'Arabie Saoudite, cheik Ahmed Zaki Yamani, déclare que son pays ne veut plus diminuer sa production de pétrole et que, bien au contraire, il va l'augmenter[199].

La production accrue du brut en Arabie Saoudite en 1985-1986 change radicalement la situation sur le marché. Les pays pétroliers s'empressent de diminuer leur prix pour se garantir leur part du marché (fig. 3.14).

Fig 3.14 : Évolution trimestrielle du prix moyen du pétrole brut en 1985-1986
par rapport au niveau moyen historique

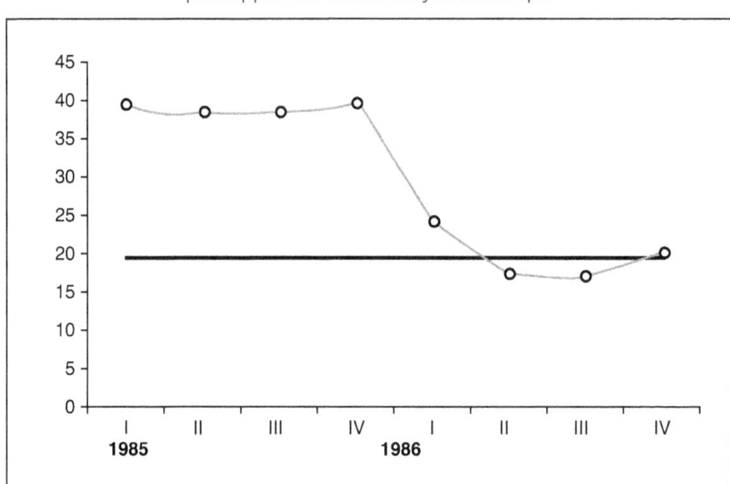

Note : prix constants au niveau de l'année 2000.

Source : *International Financial Statistics 2004.*

En 1986, par rapport à la décennie précédente, le prix atteint un plancher sans précédent : moins de 10 dollars par baril à prix constant[200]. Entre 1980 et 1986, le profit pétrolier du Venezuela (en prix réels) a diminué de 64,5 %, celui de l'Indonésie de 76,1 %. Les pays producteurs de pétrole se voient obligés de limiter considérablement leurs dépenses publiques[201].

Vers la fin 1986, les pays membres de l'OPEP se rendent compte de la nécessité d'une convention sur le prix et le volume de production de pétrole. Un certain ordre s'établit sur le marché. En décembre 1986, l'OPEP décide d'une baisse exceptionnelle de la production pétrolière afin de rétablir le niveau des prix. La production est réduite à 15,8 millions de barils par jour[202]. C'est le plancher absolu dans l'histoire de l'OPEP. À la fin des années 1980, le prix du pétrole se rapproche de son niveau moyen historique. Cependant, le pic de l'influence de l'OPEP, comme jadis celui des compagnies pétrolières internationales, appartient au passé. À cette date, il n'y a plus de structure capable de prévoir les événements sur le marché du pétrole. Les prix varient considérablement.

Tab. 3.7 : Évolution du prix mondial de pétrole en 1986-2005
(en dollars par baril)

| Année | Prix moyen | Année | Prix moyen |
|-------|-----------|-------|-----------|
| **1986** | 19,9 | **1996** | 21,7 |
| **1987** | 24,9 | **1997** | 20,2 |
| **1988** | 19,5 | **1998** | 13,6 |
| **1989** | 22,8 | **1999** | 18,4 |
| **1990** | 28,2 | **2000** | 28,2 |
| **1991** | 22,9 | **2001** | 23,8 |
| **1992** | 22,0 | **2002** | 24,0 |
| **1993** | 19,0 | **2003** | 27,3 |
| **1994** | 17,7 | **2004** | 34,6 |
| **1995** | 18,7 | **2005** | 47,6 |

Note : par rapport aux prix constants de 2000.
Source : *International Financial Statistics 2005*, FMI.

Jusqu'en 2000, les évolutions brusques des prix liées aux événements politiques (guerre du Golfe) et aux chocs financiers (crise en Asie du Sud-Est) n'entraînent que des variations insignifiantes.

Fig. 3.15 : Évolution trimestrielle du prix moyen de pétrole brut
en 1990-1991 par rapport au niveau moyen historique

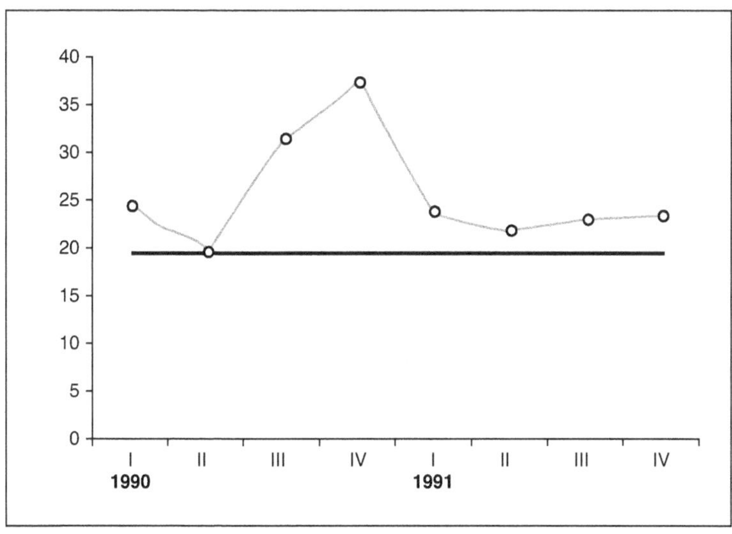


Note : par rapport aux prix constants de 2000.
Source : International Financial Statistics 2004.

Fig. 3.16 : Évolution trimestrielle du prix moyen du pétrole brut
dans les années 1997-1999 par rapport au niveau moyen historique

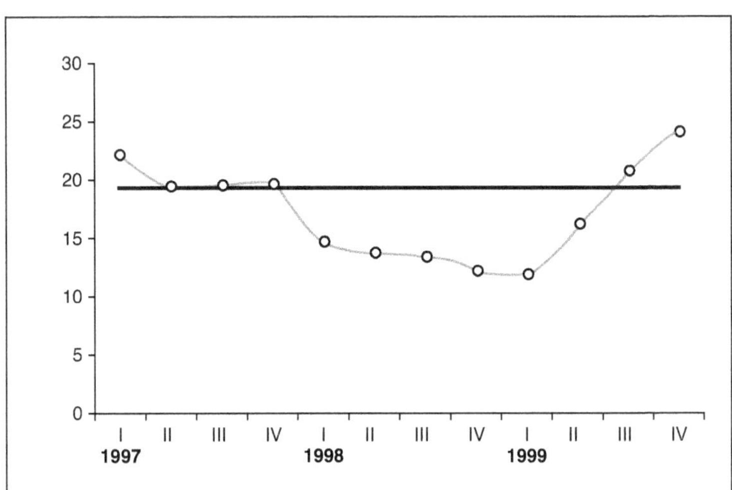


Note : prix constants 2000.

Source : International Financial Statistics 2004.

## 5. Des défis liés aux fluctuations du prix des ressources minières : le Mexique et le Venezuela

Les événements du début des années 1970 au Mexique et au Venezuela illustrent les problèmes des pays pétroliers dans les conditions de revenus fluctuants, provenant de l'extraction du brut. À cette époque, le Venezuela était un pays au PIB par habitant comparable à celui de l'URSS dans la même période, l'indice du Mexique était presque deux fois plus élevé (tab. 3.8).

Tab. 3.8 : PIB par habitant au Venezuela, au Mexique et en URSS, en 1970

| Pays | PIB par personne en dollars internationaux (aux prix de 1990) |
| --- | --- |
| Venezuela | 10 672 |
| Mexique | 4 320 |
| URSS | 5 575 |

Source : calcul d'après Maddison A., *The World Economy : Historical Statistics, op. cit.*

Pour l'économie mexicaine de 1970, le pétrole, élément important de la structure économique au début du $XX^e$ siècle, ne jouait pas un rôle clé. L'extraction du brut était d'environ 70 millions de barils par jour. L'essor économique des années 1950-1970 n'avait pas été lié au pétrole. Par contre, le Venezuela des années 1970 a été l'un des plus gros producteurs de brut du monde. Les revenus pétroliers sont fondamentaux dans sa balance financière et son budget. Mais les secteurs de l'économie non liés au pétrole se développent considérablement, eux aussi, durant les décennies précédant la montée des prix en 1973-1981.

Pendant des décennies, le Mexique avait vécu comme une société démocratique fermée. Le Venezuela, avant le début des années 1990, était l'une des rares démocraties stables en Amérique latine. Les ministères des Finances des deux pays bénéficiaient de la réputation d'institutions hautement professionnelles. Pendant plusieurs années, elles furent dirigées par des spécialistes qui comprenaient les risques liés au caractère imprévisible des prix des ressources minières.

La hausse des prix du pétrole en 1973-1974 a coïncidé avec la découverte de nouveaux gisements au Mexique[203]. À partir de la deuxième moitié des années 1970, le volume d'extraction ainsi que les recettes du budget qui y sont liées grimpent de façon spectaculaire (tab. 3.9). Vers 1970, l'industrie pétrolière représente 2,5 % du PIB mexicain et garantit au gouvernement fédéral 3,5 % de ses revenus. En 1983, la part de cette industrie dans le PIB a atteint 14 %[204]. En 1974, la part pétrolière dans les produits d'exportation du Mexique était de 0,5 %, en 1980, le pétrole et le gaz apportaient déjà 67,3 % aux produits d'exportation du pays. La part des industries de transformation a diminué pour atteindre 16,5 %[205].

Tab. 3.9 : Évolution de l'extraction du pétrole
et de sa part dans le revenu du Mexique en 1975-1985

| | 1975 | 1976 | 1977 | 1978 | 1979 | 1980 | 1981 | 1982 | 1983 | 1984 | 1985 |
|---|---|---|---|---|---|---|---|---|---|---|---|
| Volume moyen annuel de production de pétrole, en milliers de barils par jour | 705 | 831 | 981 | 1 209 | 1 461 | 1 936 | 2 313 | 2 748 | 2 689 | 2 780 | 2 745 |
| Part des bénéfices pétroliers dans les revenus globalisés du budget, en % | 14 | 14 | 15 | 17 | 21 | 27 | 31 | 40 | 51 | 48 | 44 |

Source : EIA International Petroleum Monthly (http://www.eia.doe.gov/emeu/ipsr/supply.html). Auty R.M. (dir.), *Resource Abundance and Economic Development*, Oxford, Oxford University Press, 2004.

Dans la première moitié des années 1970, les bénéfices croissants résultant des exportations pétrolières, d'une part, et de la crise d'un modèle d'industrialisation venant se substituer aux importations, d'autre part, sont à l'origine d'un ralentissement de l'économie au Mexique. Le président José López Portillo, arrivé au pouvoir en 1976, décide d'utiliser les finances mises à la disposition du gouvernement pour faire bouger l'économie nationale[206]. C'est le début de la mise en œuvre d'une série de grands projets d'investissement. Plusieurs n'iront pas à leur terme ou s'avéreront peu efficaces, étant donné l'impossibilité d'utiliser à plein les revenus pétroliers et l'incompétence de l'appareil gouvernemental[207].

La part des dépenses publiques dans le PIB, qui était de 20 % à la fin des années 1960, atteint près de 50 % en 1982. La croissance des investissements financés par les revenus pétroliers et les emprunts extérieurs est de 20 % en 1978-1981, celle du PIB de 8,4 %[208]. Si cette politique économique avait continué, cela aurait fait doubler le PIB en dix ans. L'histoire a encore une fois prouvé que les tentatives pour doper la croissance par des moyens risqués du point de vue du développement durable coûtent cher à l'économie comme à la société.

Le gouvernement accroît la dette extérieure. Les créanciers, sûrs que le prix élevé du pétrole garantira le remboursement des emprunts, accordent des crédits. En 1981, la dette extérieure du secteur public du Mexique atteint 40 milliards de dollars, celle du secteur privé 20 milliards[209]. Au début des années 1980, les bénéfices du Mexique provenant de la production de pétrole comptent pour 20 % du PIB. Les dirigeants du pays étaient persuadés que la montée des prix pétroliers des années 1979-1981 reflétait des tendances durables et qu'ils resteraient à ce niveau plusieurs années[210].

En 1981, le gouvernement du Mexique décida d'adopter une politique financière encore plus agressive. Elle partait de l'hypothèse que la croissance des bénéfices provenant de la production et des exportations pétrolières constituerait 12 % par an dans une perspective à moyen terme. Mais il arrive souvent qu'une décision soit prise au moment le moins propice.

En 1981-1982, la conjoncture change. L'escalade des prix s'est arrêtée. Les efforts des autorités américaines pour contenir l'inflation et faire monter l'intérêt bancaire augmentent le service de la dette extérieure dans le monde entier, y compris au Mexique. Le manque de confiance envers l'emprunt national provoque un reflux des investissements. En février 1983, le gouvernement mexicain se voit obligé de dévaluer le peso de 70 %. Les problèmes de remboursement de l'emprunt extérieur s'en trouvent aggravés. Les autorités osent des mesures périlleuses : introduction du double cours monétaire, suspension du remboursement de certains crédits, renforcement du contrôle des changes, nationalisation des banques. Tout cela dans un contexte de prix du pétrole à la baisse[211].

À partir de 1983, le gouvernement s'efforce de stabiliser les finances, suspend les projets d'investissement en cours, augmente les impôts et réduit les engagements budgétaires. En même temps, le prix du pétrole continue à baisser. Cela explique la multitude de programmes de stabilisation entrepris et laissés en suspens, ainsi que l'interruption de la croissance économique. La croissance annuelle moyenne du PIB par habitant était négative dans le Mexique des années 1980 (- 0,54 %)[212].

À la veille de la découverte de nouvelles réserves de pétrole, le Mexique était un pays à économie de marché intégrée dans un monde de finances globalisées. Les conséquences de la politique aventuriste du président López Portillo ne se font pas attendre. Le pouvoir a préservé la stabilité politique, mais la crise des années 1980 a été le facteur qui a empêché le maintien du régime de démocratie fermée du pays.

Les dirigeants du Venezuela, qui s'étaient confrontés pendant plusieurs décennies au marché du pétrole, avaient participé à la création de l'OPEP et créé un fonds de stabilisation, étaient mieux préparés que leurs homologues mexicains à répondre aux défis liés à l'accroissement des recettes résultant de la hausse des prix du pétrole. Ils comprenaient parfaitement le rôle du pétrole dans l'économie du pays.

Tab. 3.10 : Part des produits pétroliers dans les exportations globales du Venezuela en 1971-1990 (chiffres moyens pour cinq ans)

|  | 1971-1975 | 1976-1980 | 1981-1985 | 1986-1990 |
|---|---|---|---|---|
| Part des exportations du pétrole dans les exportations totales, en % | 90,9 | 85,4 | 81,3 | 80,9 |

Source : calculs d'après Salazar-Carrillo J., *Oil and Development in Venezuela During the Twentieth Century*, Praeger Publishers, Westport, CT, 1994 ; Mitchell B.R., *International Historical Statistics. The Americas 1750-1993*, Londres, Macmillan Reference LTD, 1998.

Juste après l'escalade des prix en 1973, ils adoptent une politique budgétaire réfléchie et s'opposent à une revalorisation rapide de la monnaie nationale. Mais, dans un régime démocratique, il est plus difficile que dans un régime autoritaire de s'opposer à la vague de populisme provoquée par une manne budgétaire imprévue. Il y eut toutes sortes d'idées sur la manière d'utiliser les bénéfices pétroliers. C'est ainsi que Carlos Andrés Pérez, un populiste largement connu, gagne les élections de 1974. Il commence par la réalisation d'un paquet de projets d'investissements qui se basent sur la nécessité de diversifier l'économie du Venezuela et d'améliorer son infrastructure. Les engagements sociaux du gouvernement sont renforcés et les impôts qui ne concernent pas la production pétrolière allégés. Mais le changement de la conjoncture mondiale au milieu des années 1980 met fin à cette politique.

Entre 1950 et 1980, le PIB par habitant a augmenté au Venezuela de 234 %. Entre 1980 et 1989, il a diminué de 18,1 %. Le cours de la monnaie nationale, relativement stable durant plusieurs décennies, a été divisé par dix pendant la même période. En 1989, l'inflation annuelle a atteint 84 %, et l'emprunt extérieur, qui était pratiquement inexistant en 1974, représentait 54 % du PIB, soit le volume des exportations sur trois ans. Pendant les soixante années qui avaient précédé 1980, la croissance dans les industries non pétrolières avait été de 6,7 %. De 1920 à 1979, la croissance moyenne annuelle du PIB par habitant avait été de 6,4 %. Au cours des vingt années postérieures à 1980, la croissance dans les industries non pétrolières a été à la baisse. À la fin des années 1990, elle était au niveau des années 1950. En 1978, le Venezuela était classé trois « A », soit une excellente cote dans le monde des emprunteurs. Mais, en 1983, il se déclarait en cessation de paiement[213].

En 1989, après quelques années d'une politique de rigueur, les électeurs ont de nouveau élu Carlos Pérez, car son précédent mandat avait coïncidé avec les années de bien-être où le prix de pétrole était élevé. Mais la situation avait changé. Le président lui-même comprend que la seule solution est de réaliser une politique budgétaire sévère. Il dit que si les dépenses administratives restaient au même niveau, le pays éprouverait une crise budgétaire très grave[214]. Cela ne correspond pas aux attentes de la population. Le coup d'État effectué en 1992 par Hugo Chávez marque un coup d'arrêt dans l'histoire de la démocratie au Venezuela. Comme plusieurs autres pays riches en ressources naturelles, le Venezuela constitue l'exemple d'une société cherchant la bonne réponse aux défis résultant des fluctuations des prix dans le secteur des matières premières.

## 6. Une solution aux menaces liées à la volatilité des prix des matières premières

On sait depuis longtemps que les ressources et leurs prix ne sont pas stables à long terme. Plusieurs pays riches en ressources naturelles ont cherché à résoudre ce problème. La compensation des risques de change (*hedging*) permet une solution raisonnable du point de vue économique[215].

La mesure la plus banale appliquée dans un contexte de prix des ressources naturelles variables est la création de fonds de stabilisation qui se créditent quand la conjoncture est favorable et se débitent dès que les prix sont à la baisse[216].

À la fin des années 1970, la balance des paiements permanents et le budget du Chili étaient très dépendants du prix du cuivre. En 1976, les revenus des exportations du cuivre constituaient plus de 50 % de son volume. Dans les années 1980, cette part était toujours considérable (environ 40 %). Jusqu'au début des années 1990, les versements de la compagnie nationale de cuivre constituaient 20 % des bénéfices globaux du budget. Néanmoins, le gouvernement du Chili s'est refusé à réaliser de grands projets d'investissement pour diversifier son économie. Bien au contraire, il a créé un fonds de stabilisation bien maîtrisé et a empêché une réévaluation brutale du cours de la monnaie nationale, ce qui a assuré les conditions d'un essor économique sans précédent pour l'Amérique latine à la fin du XXᵉ siècle.

L'administration du fonds de stabilisation de la Norvège est considérée comme un modèle. C'est un exemple à suivre pour les autres pays riches en ressources minières. Le fonds d'État de l'Alaska, le fonds de réserve et le fonds des générations futures du Koweït, le fonds gouvernemental de réserve d'Oman sont des structures visant le même but[217].

Il existe deux sortes de structures de ce type : des fonds destinés à protéger l'économie nationale du pays contre les variations des prix des ressources et des fonds pour les générations futures, créés afin de garantir le bien-être quand les réserves de matières premières seront épuisées. Souvent leur fonctionnement est réglementé par une législation établissant la dépendance entre le prix des ressources d'exportation et le montant des versements. Dans d'autres cas, le montant de la contribution est définie chaque année en même temps que le budget. Ces fonds sont des instruments efficaces pour maîtriser les risques en l'absence de stabilité des prix des ressources. Mais on ne doit pas s'y fier totalement[218].

Les contradictions politiques découlant du fonctionnement des fonds de stabilisation sont importantes. Les régimes non démocratiques (ils sont nombreux parmi les pays riches en ressources minières) courent de grands risques si le gouvernement décide d'investir dans des projets peu efficaces. Des sommes importantes peuvent ainsi être détournées. Le fonds de stabilisation du Nigeria en représente un exemple typique[219].

Dans les pays démocratiques, les importantes réserves financières des fonds de stabilisation compliquent le travail du gouvernement, qui est tenté de les utiliser pour satisfaire ses autres obligations. Le ministre des Finances du Venezuela, compétent et responsable, disait au mois d'octobre 1978 : « L'instrument le plus précieux du ministre des Finances face aux demandes multiples du budget est son droit de dire : "Il n'y a pas d'argent." Mais comment le dire quand les caisses étaient pleines[220] ? » Il est difficile d'expliquer aux chefs des administrations, aux lobbies politiques, aux parlementaires pourquoi le gouvernement leur refuse le financement de dépenses. C'est difficile, mais faisable. Il est beaucoup plus problématique d'argumenter le bien-fondé de cette politique en mettant en évidence qu'un cours élevé de la monnaie nationale nuirait à la compétitivité des marchandises.

La Norvège est un pays qui maîtrise ses revenus pétroliers d'une manière responsable et raisonnable. Vingt ans après la découverte de pétrole en mer du Nord, la part de ses dépenses budgétaires dans le PIB est inférieure à celle du Danemark, de la Finlande et de la Suède[221]. Le fonds de stabilisation de la Norvège est réputé transparent et bien géré. Il est à noter que, depuis sa création, aucune coalition au pouvoir n'a gagné les élections deux fois de suite.

Dire que le gouvernement est assis sur des sacs de billets de banque, mais refuse de régler les graves problèmes de la société est un argument utilisé par l'opposition. En septembre 2005, l'ONU a cité la Norvège comme étant le pays au niveau de vie le plus élevé. Cela n'a pas aidé la coalition au pouvoir à gagner les élections. L'opposition a bâti son programme autour de thèmes liés aux revenus élevés de la production pétrolière et aux programmes sociaux qu'on aurait pu financer grâce à ces ressources.

En Norvège, des partis politiques rivaux existent depuis des années et sont politiquement responsables. Après avoir gagné les élections et formé un gouvernement, le parti au pouvoir explique aux électeurs qu'ils ont surévalué le potentiel du fonds de stabilisation et ont mal apprécié les risques. L'opposition leur reproche alors de ne pas respecter ses promesses électorales et bâtit là-dessus sa propre plate-forme politique. Si l'économie reste stable et la démocratie efficace, tout cela ne crée pas de problèmes. Malheureusement, il y a beaucoup de pays riches en ressources qui ne répondent pas à ces conditions.

La croissance économique contemporaine est un phénomène sans précédent dans l'histoire et difficilement prévisible. Les changements des conditions de développement mondial posent aux États de nouveaux défis. La situation économique est plus compliquée pour les pays détenteurs de ressources minières dont les prix sont fluctuants. L'évolution des prix des matières premières dicte le niveau de l'inflation et des salaires, ainsi que la possibilité de s'acquitter de la dette extérieure. C'est un défi à ne pas négliger. Tous les pays riches en ressources ne sont pas capables de le relever. Mais il est indiscutable que la capacité de l'élite politique à s'adapter aux changements de la conjoncture mondiale et à prendre conscience de la menace qu'ils sous-tendent pour la sécurité du pays est d'une grande importance.

Dans la deuxième moitié du xxᵉ et au début du xxiᵉ siècle, les guerres sont plutôt exceptionnelles. Au cours des soixante dernières années, il n'y a pas eu de conflits armés entre grandes puissances. S'inscrivant dans une tradition militaire née dans les états-majors du xixᵉ siècle, l'URSS avait élaboré un plan d'action dans l'éventualité d'une attaque ou d'une menace d'attaque de l'ennemi potentiel. Par ailleurs, l'histoire du XX<sup>e</sup> siècle prouve que, lorsque la conjoncture est défavorable, il est très important pour les pays riches en ressources naturelles de prévoir ce que le gouvernement ferait en cas de chute des prix des matières premières pour le budget, la balance des paiements, le service de la dette et la stabilité du système bancaire. Au début des années 1980, l'Union soviétique ne disposait pas d'un tel plan. Les conséquences en sont bien connues.

## CHAPITRE 4

# L'UNION SOVIÉTIQUE AU DÉBUT DES ANNÉES 1980 : LES FONDATIONS SE LÉZARDENT

*« Il y a quelque chose de pourri au royaume du Danemark. »*
Hamlet (I, 4)

## 1. Stagnation et inefficacité en période de stabilité

À la fin du régime de Leonid Brejnev (1964-1982), la plupart des observateurs occidentaux étaient convaincus que le système économique et sociopolitique de l'URSS avait perdu de son dynamisme et était devenu inefficace, mais qu'il était stable. Les experts étrangers prédisaient sa longévité. De leur côté, pour des raisons évidentes, les spécialistes soviétiques s'exprimaient peu sur le sujet, tout en en sachant beaucoup plus que leurs collègues étrangers sur le fonctionnement de l'économie soviétique. Eux aussi, dans l'ensemble, jugeaient le système inefficace mais stable.

Le régime s'appuyait sur une puissante police secrète. De plus, l'époque de Brejnev se caractérisait par la stabilité sociale. Le nombre de conflits que le pouvoir réglait avec les forces de l'ordre avait diminué depuis le début des années 1960. De 1963 à 1967, il n'y eut que quelques rééditions de révoltes, face auxquelles on dut faire appel à l'armée. Ainsi, en 1967 à Tcheguen, Frounze et Stepanakert.

En pleine époque Brejnev, le pouvoir avait appris à minimiser les risques liés aux désordres antigouvernementaux. Sur neuf manifestations contre le régime, sept se sont produites au début de la période Brejnev. Il n'y a eu aucun épisode semblable entre 1969 et 1977. Sous Nikita Khrouchtchev (1956-1964), huit manifestations sur onze avaient été réprimées par l'armée. Sous Brejnev, il n'y en a eu que trois sur neuf. De 1968 jusqu'à la mort de Brejnev (1982), on n'a plus utilisé l'armée pour réprimer les désordres. Le régime a appris à éviter les formes extrêmes de violence et à étouffer les mécontentements sans coups de feu[222].

Il est vrai que, sous Khrouchtchev, la construction à grande échelle de logements ou la possibilité d'acquérir un lopin de terre en propriété individuelle ont rapidement limité le contrôle du pouvoir sur la vie privée des gens. On assiste, durant cette décennie, au passage d'un mode de vie communautaire (*La Fouille*, d'Andreï Platonov, *Mon ami Ivan Lapchine* et *Khroustalev, ma voiture !*, de Iouri Guerman) à un mode de vie certes soviétique mais séparé de l'État (prose de Iouri Trifonov). Une part considérable de la population a désormais un appartement individuel et un espace de libre-pensée apparaît : la cuisine. Ayant acquis son jardin potager individuel, l'homme moyen a quitté le secteur collectif géré par l'État.

Entre le début des années 1950 et le milieu des années 1980, le pays s'est radicalement ouvert au monde de l'information. En 1950, 2 % seulement de la population possède un poste de radio à ondes courtes, contre, en 1980, la moitié de la population. Les autorités soviétiques prennent des mesures pour brouiller la réception des émissions étrangères captées par les postes de radio de fabrication soviétique[223]. Vers 1980, le monde où l'information était totalement sous contrôle du pouvoir, appartient au passé. Les Soviétiques les plus actifs ont accès à d'autres informations que celles des chaînes gouvernementales. Au milieu des années 1970, le KGB informe le Comité central du Parti communiste (CC du PCUS) de l'existence d'idées révisionnistes et réformatrices chez les jeunes et les étudiants en sciences humaines, parmi lesquels 43 groupes influencés par ces idées ont été démasqués. D'après une note du KGB, « l'analyse des statistiques prouve qu'une part considérable des personnes ayant participé à des manifestations d'opposition subissent l'influence d'idéologies venues de l'étranger. L'écoute des émissions de radios étrangères, la lecture de journaux bourgeois introduits en URSS et les relations avec des étrangers aux idées hostiles ont influencé 47 % (2 012) des personnes interrogées. L'influence de la propagande venant de radios étrangères peut être reconnue comme le facteur principal. [...]. Selon l'enquête "Les auditeurs des radios étrangères dans la ville de Moscou", réalisée par la section des recherches sociales appliquées de l'Académie des sciences de l'URSS, 80 % des étudiants et environ 90 % des élèves des classes supérieures, des écoles professionnelles et des lycées techniques écoutent ces radios plus ou moins régulièrement. Pour la plupart de ces auditeurs, l'écoute des radios étrangères est devenue une habitude (1 à 2 fois par semaine pour 32 % des étudiants et pour 59,2 % des élèves)[224] ».

Selon une note analytique du KGB au CC du PCUS en décembre 1970, « l'étude des textes appelés *samizdat**, en vogue au sein de l'intelligentsia et chez les étudiants, révèle une profonde évolution de cette littérature. Alors qu'il y a cinq ans c'étaient surtout des œuvres littéraires idéologiquement condamnables qui circulaient, ce sont maintenant des documents à

---

* Système clandestin de circulation d'écrits dissidents (*N.d.T.*).

caractère politique. Depuis 1965, plus de 400 études et articles à caractère économique, politique ou philosophique ont vu le jour. On y critique l'expérience historique de la construction du socialisme en Union soviétique, on y passe au crible la politique extérieure et intérieure du PCUS ou on y propose divers programmes d'activités pour l'opposition. [...] Diverses théories de "socialisme démocratique" se sont répandues parmi l'intelligentsia scientifique, technique et artistique. [...] À la fin de 1968 et au début de 1969, un noyau politique appelé "mouvement démocratique" s'est formé qui possédait trois caractéristiques propres à l'opposition : "des chefs, des militants et un nombre considérable de sympathisants...". [...] Moscou, Leningrad, Kiev, Gorki, Novossibirsk et Kharkov sont toujours des centres de diffusion de ces textes non soumis à la censure[225] ».

*Samizdat* et *tamizdat** sont largement répandus. Dans les capitales, il devient impossible pour les gens cultivés de ne pas connaître les œuvres censurées d'Andreï Sakharov ou d'Alexandre Soljenitsyne. Pourtant le mouvement dissident s'appuyant sur les intellectuels ne représentait pas de menace sérieuse pour le régime. La fermeture des frontières et la limitation des contacts avec le monde extérieur permettaient d'assurer le contrôle politique et rendaient quasiment impossible la création d'un mouvement d'opposition dangereux pour le pouvoir.

De 1958 à 1966, 3 448 personnes ont été condamnées pour propagande antisoviétique. De 1967 à 1975, on en a compté 1 583. En 1971-1974, selon la terminologie du KGB, 63 100 personnes étaient « soignées », ce terme désignant les mesures appliquées aux Soviétiques accusés de « nonconformisme ». Ces dissidents potentiels devaient prendre conscience du fait que les autorités n'ignoraient pas leurs activités et qu'ils avaient le choix entre être emprisonnés ou exprimer leur loyauté envers le pouvoir.

Les conflits interethniques restaient potentiellement explosifs, les points chauds étant le Kazakhstan, l'Arménie et l'Abkhazie. Le 24 avril 1965, en Arménie, il y eut entre 3 000 et 8 000 manifestants réclamant le retour du Haut-Karabagh à l'Arménie et la remise en liberté de leurs camarades. En 1967, en Abkhazie, les troubles ont duré plus de quinze jours[226]. Mais aucune de ces manifestations n'a pris la forme d'un conflit armé.

## 2. Aggravation des problèmes et décisions erronées

La croissance économique de l'Union soviétique dans les années 1930-1950 résultait de la redistribution des ressources de l'agriculture vers l'industrie. Les campagnes fournissaient la main-d'œuvre pour les entreprises

---

* Écrits dissidents édités à l'étranger (*N.d.T.*).

en construction. La part des investissements dans le PIB était anormalement élevée. Dans les années 1930, les exportations de produits agricoles permettaient d'acheter des équipements à l'étranger. À la fin des années 1940-1950, grâce au potentiel industriel et du fait de la tension dans les rapports avec l'Occident, la part des équipements soviétiques utilisés dans les entreprises était en augmentation.

Le modèle de développement préconisé par le système socialiste prévoit la construction d'entreprises puissantes. Dans les années 1960, le flux de la main-d'œuvre dans l'industrie diminue et il n'est pas facile pour le système socialiste de le compenser par de nouveaux investissements. Or le système n'est pas assez expert en matière de finances pour optimiser l'utilisation des biens de production. Vers la fin des années 1960, cela devient évident pour les fonctionnaires chargés de rédiger les rapports pour la direction du Parti[227].

La prise de conscience de l'aggravation des problèmes dus à l'inefficacité de l'économie soviétique incite les autorités, au milieu des années 1960, à tenter des réformes économiques. Dans l'arrêté du Comité central du PCUS et du Conseil des ministres de l'URSS du 4 octobre 1965 figurent l'accroissement des droits des entreprises, le droit de consacrer des sommes plus importantes au développement de la production et à la rétribution des travailleurs, l'introduction de salaires basés non seulement sur les résultats individuels du travail, mais aussi sur ceux de l'entreprise, ainsi que l'établissement de liens directs entre producteurs et consommateurs sur le principe de responsabilité financière mutuelle et le renforcement du rôle stimulateur du profit pour la rémunération des travailleurs[228].

Ce plan était plus timide que celui réalisé en Yougoslavie, envisagé en Hongrie et entrepris en Chine. Pourtant il représentait le dernier essai sérieux pour modifier le système administratif de l'économie soviétique et rétablir l'économie de marché qui avait été écartée au tournant des années 1920-1930. Il est difficile de dire si ces efforts y furent pour quelque chose, mais le quinquennat de 1966-1970 fut le plus réussi du point de vue de la croissance économique sur les trois dernières décennies d'existence de l'URSS.

Les exemples d'inefficacité de l'économie soviétique sont bien connus. L'Union soviétique produisait huit fois plus de minerai de fer que les États-Unis et fondait à partir de ce minerai trois fois plus de fonte et deux fois plus d'acier. Elle produisait à partir de ce métal autant de machines-outils que les États-Unis. La consommation de matières premières et d'énergie en URSS par unité de produit fini était de 1,6 à 2,1 fois supérieure aux États-Unis. Le délai moyen de construction d'une entreprise industrielle était de plus de dix ans en URSS et de moins de deux ans aux États-Unis[229]. En 1980, pour une unité de produit fini, l'URSS dépensait

1,8 fois plus de métal, 2,3 fois plus de ciment, 7,6 fois plus d'engrais minéraux et 1,5 fois plus de bois que les États-Unis[230]. L'URSS produisait seize fois plus de moissonneuses-batteuses que les États-Unis tout en ayant une récolte de céréales inférieure et allant même jusqu'à en importer[231].

Dans son rapport au plénum du Comité central du PCUS le 16 juin 1986, Mikhaïl Gorbatchev déclare : « Dans les conditions actuelles, la production industrielle et agricole exige plus d'investissements en hommes et en matériel. [...] Pour la seule industrie il manque plus de 700 000 emplois et le matériel n'est utilisé que sous un régime de travail à un poste. Si l'on passait à un régime de travail au coefficient 1,7, le nombre d'emplois vacants dans l'industrie dépasserait les 4 millions. Cela signifie des dizaines de milliards de roubles d'investissements perdus[232]. »

Régulièrement les leaders soviétiques ont des idées grandioses et ambitieuses mais économiquement peu réalistes. En 1963, le pays ayant dû importer du blé, Nikita Khrouchtchev propose de réactiver le projet du chemin de fer allant de Komsomolsk-sur-Amour à Sakhaline[233].

Plusieurs projets au financement considérable ont révélé leur inéfficacité ou leur absurdité. Celui concernant la mise en valeur des terres en constitue un exemple typique. Cette branche d'activité était mieux financée que l'industrie légère (tab. 4.1 et 4.2).

**Tab. 4.1** : Taux des investissements en cours dans les travaux de mise en valeur des terres et dans l'industrie légère par rapport aux immobilisations dans l'économie de l'URSS en 1971-1985 (en %)

| Années | Industrie légère | Mise en valeur des terres |
|---|---|---|
| 1971-1975 | 4,2 | 6,0 |
| 1976-1980 | 4,3 | 5,6 |
| 1981-1985 | 4,3 | 5,2 |

Note : les informations sur le taux des investissements dans l'industrie légère dès 1976 se rapportent au groupe « B ».

Source : Recueils de statistiques *Économie nationale de l'URSS* et *Agriculture de l'URSS*, Moscou, Finances et statistiques.

**Tab. 4.2** : Investissements de l'URSS dans la sphère de la mise en valeur des terres en 1971-1985

| | 1971-1975 | 1976-1980 | 1981-1985 |
|---|---|---|---|
| Investissements dans la sphère de la mise en valeur des terres, en milliards de roubles | 29,6 | 40,0 | 43,9 |
| Investissements dans l'organisation de travaux de la mise en valeur des terres, en % au PIB | 1,3 | 1,4 | 1,2 |

Source : *Agriculture en URSS*, Moscou, Finances et statistiques, 1988. Calcul du taux du PIB d'après Sinelnikov S.G., *Crise budgétaire en URSS*, Moscou, Evrasia, 1995.

En 1986-1990, on devait fournir pour les travaux de mise en valeur des terres quelque 35 000 engins de terrassement, 32 000 bulldozers, 10 000 tracteurs de type K-700, 4 400 tracteurs avec capacité de traction supérieure à 10 tonnes, 22 000 scrapers, 6 300 grues autotractées, etc. Les rédactions des journaux centraux et locaux, le comité d'État pour la radio et la télévision ainsi que le comité d'État pour le cinéma étaient chargés de présenter dans les médias les réalisations du secteur de la mise en valeur des terres et leur rôle pour l'accomplissement du programme alimentaire de l'URSS[234]. Malgré tout, les résultats de ces activités herculéennes restaient modestes. Avec le temps, les surfaces drainées ou irriguées redevenant inexploitables sont de même grandeur que celles nouvellement mises en exploitation (tab. 4.3)[235].

Tab. 4.3 : Augmentation des surfaces drainées et irrigables de l'URSS par périodes entre 1971 et 1987, en millions d'hectares (différence entre l'introduction et la déduction)

| | Période | | | | |
|---|---|---|---|---|---|
| | **1971-1975** | **1976-1980** | **1981-1985** | **1986** | **1987** |
| **Terres drainées** | 4,4 | 3,6 | 3,5 | 0,70 | 0,63 |
| **Terres irrigables** | 4,5 | 3,8 | 3,3 | 0,61 | 0,55 |

Source : *Agriculture en URSS, op. cit.*

La séparation du golfe de Kara-Bogaz-Gol de la mer Caspienne constitue un autre exemple typique d'un projet à grande échelle réalisé en URSS dans les dernières décennies de son existence. Une digue artificielle devait protéger la mer Caspienne contre la baisse du niveau de l'eau. Résultat le niveau de l'eau s'est bien mis à monter mais la digue a empêché le fonctionnement de « Kara-Bogazsulfat », une entreprise importante pour l'économie du pays. La digue a été détruite et l'eau a de nouveau rempli le golfe[236].

Après avoir décidé de cesser les travaux liés au détournement des fleuves du Nord et de Sibérie vers les régions du Sud, il a fallu annuler les dépenses considérables faites au cours des travaux d'étude[237]. Du point de vue formel, toutes ces dépenses faisaient partie du PIB soviétique.

La réalité soviétique est étroitement liée aux problèmes écologiques. La pratique pluriannuelle d'utilisation du DDT[238], prohibé dans les pays développés, en est un exemple typique.

L'utilisation à grande échelle des pesticides dans l'agriculture est encore un trait caractéristique de l'économie soviétique. Après la signature de la convention interdisant les armements chimiques, les entreprises de ce secteur qui avaient été construites dans les années 1940-1950 se sont tournées vers la production de pesticides. Selon les services secrets, au milieu des années 1980, des dizaines de milliers de personnes ont été victimes d'aliments contenant des substances chimiques nocives[239]. Cette politique a eu une influence négative sur la santé de la population et a beaucoup nui à la démographie du pays pendant plusieurs décennies. Mais, malgré cela, ces problèmes ne représentaient pas de menaces à court terme pour la stabilité du régime jusqu'au début des années 1980.

Le système administratif de gouvernement créé dans les années 1930-1950 reste efficace quand il est fondé sur la peur et la menace de sanctions violentes visant toute la société. Après 1953, la terreur sociale de l'époque des répressions diminue et l'efficacité des méthodes soviétiques traditionnelles de direction commence à baisser. La discipline de travail en souffre la première. Khrouchtchev, en visite dans le Donbass, a très brièvement résumé ses impressions devant le plénum du CC du PCUS, le 24 août 1956 : « On vole tout[240]. »

L'alcoolisme de la population soviétique, qui a amené au début des années 1960 à la stagnation puis à la diminution de l'espérance de vie, s'inscrivait dans une des traditions les plus condamnables de la vie citadine et rurale. Les zones rurales ont assimilé les stéréotypes urbains de la consommation d'alcool : la consommation épisodique (en général pendant les fêtes) est remplacée par une consommation régulière. On assiste à l'apparition, en ville, des traditionnels repas interminables, réunissant beaucoup de monde, accompagnés de bagarres et de querelles. En URSS, en 1984, la part de l'alcool consommé dans les lieux publics contrôlés par la société (cafés, bars, restaurants) était de 5,5 %, alors qu'elle était, dans les pays développés, de 50 à 70 %. Une vieille tradition fait que la consommation d'alcool a lieu dans la rue. Pour une même quantité d'alcool consommé, cela augmente la probabilité des délits de 2,3 fois. En vingt ans, la consommation de boissons alcoolisées par personne a augmenté de 2,2 fois, le nombre de délits commis sous l'action de l'alcool de 5,7 fois, le nombre de malades souffrant d'alcoolisme de 7 fois[241]. 90 % des absences au travail s'expliquaient par l'ivrognerie[242]. En 1986, 4 millions d'alcooliques étaient enregistrés par les services narcologiques. Chaque année, 9 millions de personnes environ passaient par les cellules de dégrisement[243].

Les objectifs de la planification ne sont plus respectés. Si une branche de l'industrie ou une entreprise se déclarent incapable de remplir leur plan, on le revoit à la baisse. L'ex-président du Gosplan (Comité du plan d'État) Nikolaï Baïbakov raconte : « En rentrant du Kremlin, je me remémorais les réunions chez Staline où j'étais invité en tant que ministre. Les problèmes y étaient clairement posés, les membres du Politburo (bureau politique) exprimaient leurs opinions, on fixait des délais, des responsables et nous savions tous que les directives de Staline avaient force de loi. Fais tout ce que tu dois faire ou meurs ! Pourquoi donc aujourd'hui les directives du gouvernement sont-elles si peu respectées ? Quelle est la cause de cette irresponsabilité[244] ? » Rien d'étonnant : ayant perdu son pivot, le système économique basé sur la peur a commencé à se détraquer[245].

À partir de la fin des années 1950 et au début des années 1960, le système économique se transforme pour devenir, selon V. Naïchoul, une « économie de concertation[246] ». L'auteur du présent ouvrage préfère le terme de « système de marchandages hiérarchiques[247] ». Les processus de la production et de la répartition des ressources sont définis non par les ordres des instances supérieures, mais par une série de concertations hiérarchiques. Les supérieurs disposent des ressources et peuvent menacer leurs subordonnés de sanctions. Les subordonnés, de leur côté, bénéficient d'informations sur la réalité de la production et sur ses difficultés, informations qui ne remontent vers la direction que de façon limitée.

Déjà dans les années 1930, selon des documents secrets*, on trouvait des éléments de processus de marchandages hiérarchiques dans le système[248]. On a assisté à une évolution lente, résultant de ce que les supérieurs ont vu diminuer leur droit d'imposer leur volonté aux échelons inférieurs. Le renforcement du rôle de ces derniers dans le système des marchandages hiérarchiques ne contribue pas à l'efficacité du fonctionnement du système socialiste et ne résout pas les problèmes engendrés par l'absence d'instruments du marché.

Les tentatives d'augmentation de l'efficacité de l'économie soviétique par des méthodes administratives n'ont pas donné de résultat. L'érosion du respect de la planification est évidente. Les ressources humaines diminuent et de nouveaux investissements ne peuvent plus sauver la situation. Le 23 février 1984, le vice-président du Gosplan de l'URSS Leonid Voronine se plaint au Conseil des ministres de ce que l'efficacité au travail diminue du fait d'un manque de main-d'œuvre[249]. Selon S. Fisher et W. Easterly, l'incapacité de l'économie socialiste à compenser le manque de main-d'œuvre par des investissements est le principal facteur de la chute du système[250]. De tels problèmes sont réels, mais les difficultés apparaissent sur plusieurs décennies. L'extrapolation de cette tendance permet de prédire le ralentissement de la croissance jusqu'à son arrêt définitif mais pas, tout de même, la chute du régime.

La croissance tournait au ralenti[251], ce qui ne menaçait pas pour autant les pratiques économiques et politiques. Selon la prospection soviétique à long terme, la tendance était durable. Personne ne se risquait à présenter au gouvernement des prévisions de ralentissement du rythme de la croissance. Seuls les spécialistes en économie comprenaient parfaitement la situation. Les économistes occidentaux qui étudiaient l'économie soviétique en avaient une opinion très semblable. Selon tous les pronostics, l'arrêt de l'économie soviétique se produirait d'ici vingt ou trente ans.

---

* Devenus publics à la chute de l'URSS (*N.d.T.*).

Le secrétaire du CC du PCUS, membre du Politburo et théoricien du mouvement communiste, Vladimir Medvedev, observe : « Le huitième quinquennat (1966-1971) peut être considéré comme l'un des derniers succès de l'économie soviétique. Grâce à la réforme des années 1960 et à une situation internationale favorable, le rythme du développement économique s'est accéléré par rapport aux années précédentes. [...] Mais peu après la situation économique s'est dégradée. Les deux quinquennats suivants ont été des échecs, leurs programmes sociaux y compris. La conjoncture s'est maintenue tant bien que mal un certain temps, grâce aux prix élevés des matières premières, du pétrole et du gaz sur le marché international. Seul le complexe militaire affichait sa prospérité. Le pays étouffait sous le poids des dépenses militaires[252]. »

À cette époque, l'idéologie communiste avait perdu de son prestige. Le gouvernement répétait les formules idéologiques et les slogans du Parti comme un rituel. La population se partageait entre ceux qui n'y prêtaient pas attention et ceux qui racontaient des blagues à leur sujet. À force d'évincer pendant plusieurs décennies les dirigeants les plus intelligents du Parti, on en était arrivé au Politburo des années 1970, constitué de gérontocrates incapables de prendre des décisions raisonnables[253].

La logique de l'inertie et des règles stables ne nécessite pas un niveau intellectuel élevé chez ceux qui dirigent le pays.

## 3. Les problèmes de l'approvisionnement du pays

Le socialisme est défini depuis longtemps comme une économie de pénurie[254]. Il est difficile de l'expliquer à ceux qui ne le connaissent pas. Plus encore, à celui qui n'a pas vécu dans une telle société, il est presque impossible de faire comprendre comment fonctionnait le système d'accès à des denrées en pénurie. Pourquoi il était très important pour une famille d'avoir parmi ses connaissances un vendeur ou, mieux encore, le chef de rayon d'un magasin. Comment raconter ces voyages réguliers, une fois par mois, dans une grande ville située à 200 ou 300 kilomètres mais bénéficiant d'un ravitaillement privilégié, où, après avoir perdu plusieurs heures dans les files d'attente, on achetait autant d'aliments que possible ?

Toutes les sources sociologiques que nous connaissons parlent de l'aggravation, depuis la deuxième moitié des années 1960, des problèmes de pénurie des denrées sur le marché. Le passage d'un déficit acceptable à la fin des années 1970 à la pénurie de vivres de la fin des années 1980, l'incapacité des autorités à remplir les engagements en matière d'approvisionnement, même dans le cadre du programme de rationnement, ont contribué à faire disparaître la confiance envers le régime et finalement à le faire tomber.

L'approvisionnement des grandes villes était un défi économique et politique depuis la Première Guerre mondiale. Le gouvernement tsariste n'avait pas réussi à lui faire face. Et le résultat fut la révolution de 1917. À l'époque de la guerre civile de 1918-1921, ce problème n'avait pas perdu de son importance. Les bolcheviks, qui adoptèrent un programme de prélèvement des produits agricoles et versèrent des torrents de sang, ont démontré qu'ils possédaient la recette de la mobilisation des produits alimentaires.

En 1928-1929, la crise alimentaire des villes a provoqué une importante discussion économique et politique. L'adoption du programme de Staline a prédéfini le destin du pays pour les décennies à suivre : dépossession des koulaks (paysans enrichis), collectivisation, retour des prélèvements des vivres.

Malgré la célèbre phrase de Karl Marx selon laquelle quand l'histoire se répète deux fois, la première fois, c'est une tragédie et la deuxième, une farce[255], l'expérience soviétique prouve que les événements peuvent se répéter plus de deux fois sans tourner obligatoirement à la farce. Depuis la seconde moitié des années 1980, l'approvisionnement des grandes villes était redevenu un problème clé de la politique économique et le destin du pays en dépendait. Avant d'analyser cette crise, il faudrait en revoir les causes.

Dans les pays où l'industrialisation avait commencé aux XVIIIe et XIXe siècles, une période appelée « révolution agraire » avait précédé l'industrialisation. Les nouvelles connaissances agricoles se répandent vite, on publie un nombre croissant de livres et d'articles sur le sujet, les méthodes de traitement des terres se développent, ainsi que l'assolement. L'efficacité de l'agriculture s'améliore spectaculairement par rapport aux époques précédentes. Les recettes de la production agricole peuvent être utilisées pour la création d'entreprises industrielles et pour l'approvisionnement de la population des villes, toujours plus nombreuse. Les rythmes de croissance dans l'agriculture sont inférieurs à ceux de l'industrie. Mais à l'époque ils sont tout de même rapides et stables. C'est la première fois dans l'histoire qu'on observe un tel phénomène[256].

Dans ces pays qui avaient commencé leur croissance industrielle, le rôle de l'État dans le financement du processus industriel était limité. Il n'était pas question de lever des impôts supplémentaires sur les paysans ni que l'État investisse dans l'industrie.

Dans une famille paysanne, l'aîné s'occupait de la terre, les cadets partaient pour la ville afin d'y trouver du travail. Pendant les premières décennies de l'ère industrielle, le travail agricole gardait son prestige : celui qui voulait rester paysan ou fermier et redoutait la vie ouvrière n'hésitait pas à traverser l'océan – l'émigration à cette époque était importante.

Dans les pays où l'industrialisation a commencé plus tard, l'histoire est différente. Le rôle de l'État est plus significatif. Les investissements de l'État nécessitent des fonds supplémentaires.

Lorsque la plupart des activités économiques se situent à la campagne, les paysans deviennent naturellement imposables, ce qui est indispensable pour réaliser les programmes nationaux.

L'imposition trop importante des paysans comme facteur de ralentissement de la croissance de l'agriculture russe de 1870 à 1913 a fait l'objet de nombreuses discussions parmi les experts en histoire économique.

L'industrialisation tardive en Russie a créé des risques politiques, particulièrement au début du XX$^e$ siècle. Cependant la politique du gouvernement tsariste n'a pas abouti à une crise agricole malgré le développement de l'industrie. La production moyenne annuelle de blé augmentait régulièrement. La Russie était même l'un des plus importants exportateurs (tab. 4.4 et 4.5).

**Tab. 4.4** : Production annuelle moyenne du blé en Russie en 1891-1913

| Période | Récolte en millions de tonnes |
|---|---|
| **1891-1900** | 47,7 |
| **1901-1910** | 55,6 |
| **1911-1913** | 74,6 |

Source : Liachtchenko P.I., *Histoire de l'économie nationale russe*, Moscou, Londres, Gossoudarstvennoïe Izdatelstvo, 1930.

**Tab. 4.5** : Exportations annuelles moyennes en 1891-1913, en millions de tonnes

| | 1896-1900 | 1901-1905 | 1906-1910 | 1911-1913 |
|---|---|---|---|---|
| **Russie** | 5,21 | 6,81 | 7,54 | 6,76 |
| **États-Unis** | 2,88 | 2,45 | 1,77 | 1,70 |
| **Canada** | 0,35 | 0,71 | 1,24 | 2,76 |
| **Argentine** | 0,98 | 1,68 | 2,19 | 2,58 |

Source : pour la Russie, voir Liachtchenko P.I., *Histoire de l'économie nationale russe, op. cit.* Pour les autres pays, voir Mitchell B.R., *International Historical Statistics*, Londres, Macmillan Reference LTD, 1998.

À première vue, le modèle de l'industrialisation socialiste conçu en URSS au tournant des années 1920 et 1930 prolonge celui de la Russie de la fin du XIX$^e$ et du début du XX$^e$ siècle : une industrialisation tardive financée par les campagnes. Pourtant, le prélèvement des ressources dans les zones rurales prend une ampleur considérable, il s'agit déjà d'un autre type d'économie.

La collectivisation des terres, la privation des libertés de circulation, du choix du lieu de travail ou d'habitation pour les paysans, le travail forcé et non rémunéré, le potager privé pour unique source alimentaire – imposé en nature ou en argent dès la deuxième moitié des années 1940 – ne sont-ils pas les traits caractéristiques d'un rétablissement du servage (aboli en 1861) ? À la différence que l'État remplace à présent le seigneur.

À cette époque de contrôle et de répression de la part d'un pouvoir sans scrupules moraux, les échelons supérieurs étaient convaincus de la supériorité des défis industriels par rapport à la campagne. Jamais dans l'histoire mondiale on n'aura autant prélevé de ressources aux paysans au profit des villes.

Quand les rapports au travail ne sont pas libres et que le travail lui-même est considéré comme une corvée – ce que connaissent bien des générations de paysans russes –, il devient inévitable de rétablir les normes d'un idéal de travail tel que décrit dans la littérature russe. À l'époque du servage, il est normal de ne pas avoir envie de travailler pour le bien du seigneur. Jusqu'au XIXe siècle, on observe la même attitude dans les pays de l'Europe de l'Est ayant vécu le retour du servage. Les proverbes russes comportent des preuves éloquentes de cette attitude négative par rapport au travail, par exemple : « Le travail n'est pas un loup, il ne va pas s'enfuir dans la forêt », « Le travail aime les sots », et enfin il est à noter qu'en russe les mots « esclave » (*rab*) et « travail » (*rabota*) sont formés sur une même racine.

Dès le début des années 1930, le comportement au travail tel qu'il existait dans les années 1860-1920 se détériore. Après l'abolition du servage, les paysans avaient conscience de travailler pour leur compte et non pour le seigneur, ils croyaient pouvoir acquérir une certaine aisance individuelle même au sein de la communauté paysanne. Ils comprenaient qu'il fallait pour cela beaucoup travailler, scolariser les enfants, apprendre de nouvelles techniques. Avec l'anéantissement de cette couche sociale, suite aux décisions de 1928-1929 connues sous le nom de « dékoulakisation », les rapports des paysans au travail furent terriblement bouleversés.

Pendant la décennie 1928-1938, la productivité de l'agriculture soviétique baisse de 25 % par rapport au scénario bas de développement (croissance de 1 % par an). Un phénomène jamais vu dans toute l'histoire précédente. Il faudra attendre les années 1950-1954 pour que les récoltes de blé retrouvent le niveau de 1925-1929. Une période de stagnation sans précédent pour les pays développés[257].

La situation sociale des paysans est alors franchement déplorable et très différente de la situation des ouvriers. En URSS, les kolkhoziens*

---

* Nouvelle catégorie de paysans travaillant en collectivité dans les kolkhozes, sous Staline (*N.d.T.*).

constituent la majorité de la population mais en même temps sont une classe défavorisée. Leur revenu annuel est comparable au salaire mensuel ouvrier. À partir de la fin des années 1940, leurs lopins de terre individuels sont imposés en argent et en nature pour inciter les kolkhoziens à se consacrer entièrement au travail dans les kolkhozes. Ils sont amenés à se défaire de leurs vaches, à abattre leurs arbres fruitiers. En 1950, 40 % des ménages paysans ne possédaient plus de vache à lait[258].

Dans les pays développés, la situation des paysans par rapport aux ouvriers se distingue par le mode de vie et la nature du travail, mais non par le niveau moyen du revenu, tandis qu'en URSS cette différence est énorme. C'est pourquoi la migration soviétique du village vers la ville était très différente des processus constatés dans les pays développés.

Dans ces pays-là, le choix fait en faveur des activités agricoles ne signifie pas un manque de capacités intellectuelles. Les fils aînés destinés à rester à la campagne pour continuer l'affaire familiale sont élevés avec leurs cadets qui partent pour la ville. Le comportement traditionnel au travail est respecté. L'industrie se développe et l'agriculture, elle aussi, va bon train. Plusieurs pays développés restent de grands exportateurs de denrées agricoles.

**Tab. 4.6** : Solde du commerce des aliments aux États-Unis, au Canada,
en Australie et en France, en moyenne par année, en 1961-1990

| Pays | Millions de dollars en monnaie courante | | | Millions de dollars, 2000 | | |
|---|---|---|---|---|---|---|
|  | 1961-1970 | 1971-1980 | 1981-1990 | 1961-1970 | 1971-1980 | 1981-1990 |
| États-Unis | 1 395 | 11 768 | 15 504 | 6 042 | 27 858 | 22 604 |
| Canada | 511 | 1 159 | 2 563 | 2 200 | 2 900 | 3 746 |
| Australie | 1 830 | 4 710 | 7 882 | 7 800 | 11 596 | 11 185 |
| France | - 730 | 923 | 5 625 | - 3 227 | 2 232 | 7 777 |

Source : FAOSTAT data, 2005.

En Union soviétique, malgré toutes les contraintes, il avait toujours été possible de migrer du village vers la ville. Mais le modèle socialiste de croissance poussait les gens les plus compétents et énergiques à quitter le village à tout prix, à la différence de ce qui se passait dans les régimes capitalistes.

À la fin des années 1940, l'exode rural augmente. La loi de 1932 interdisant aux paysans de quitter le village sans permission spéciale est toujours en vigueur, mais il existe des moyens de la contourner. L'industrie et les chantiers ont besoin de main-d'œuvre et seul le village peut la leur procurer.

## 4. Le déficit d'approvisionnement alimentaire : un défi stratégique

Vers 1953, l'année de la mort de Staline, la faiblesse de l'agriculture soviétique est évidente. Les dirigeants du Parti le comprennent, eux aussi. Voici l'opinion de N. Khrouchtchev : « En 1940, on a récolté 2 225 millions de pouds (le poud = 16 kg) de blé, en 1953 seulement 1 850 millions de pouds, ce qui fait 375 millions de pouds de moins. En même temps, du fait de la croissance économique générale, la population urbaine ainsi que le niveau des salaires et le déficit de produits céréaliers augmentent. [...] Le besoin en blé pour l'exportation, y compris le blé alimentaire et les cultures fourragères, devient de plus en plus sensible, mais en 1954, en raison du manque de blé, on limite les exportations à 190 millions de pouds (3 120 000 tonnes), tandis qu'il en faudrait 293 millions (4 800 000 tonnes)[259]. »

Les débats au sein du gouvernement ne portent pas sur la nécessité d'augmenter les investissements dans l'agriculture. Là, on était unanime. Par contre, la destination des dépenses est au cœur des discussions. Deux hypothèses sont proposées : accorder des investissements supplémentaires aux régions agricoles traditionnelles ou mettre en valeur les terres vierges. C'est cette deuxième proposition qui est finalement adoptée.

Le programme de la mise en exploitation des terres vierges pour résoudre le problème des céréales et produire les cultures nécessaires à l'économie nationale avait été pour la première fois discuté à la fin des années 1920 et Staline l'avait soutenu. Il proposait d'utiliser les méthodes pratiquées pendant l'industrialisation : concentration des ressources, organisation de la production à grande échelle, création du secteur privilégié des sovkhozes dans le secteur agricole. Il avait jugé peu crédibles les mises en garde des spécialistes qui estimaient que la mise en exploitation massive des terres vierges aurait pour résultat l'instabilité et l'imprévisibilité des récoltes.

Plus tard, l'Union soviétique allait payer cher les variations brutales des récoltes de céréales sur les terres vierges. Mais au début le défrichement des terres vierges a joué un rôle positif dans l'augmentation des réserves de blé sous contrôle de l'État. À la fin du premier quinquennat (1928-1933), le taux des céréales vendues par les sovkhozes dans la totalité des récoltes d'État était de 10 %[260].

Les initiatives de Khrouchtchev au début des années 1950 pour le défrichement massif des terres vierges correspondait bien aux traditions du développement économique de l'URSS. Selon la logique de fonctionnement du système soviétique, ces arguments étaient assez bien fondés. La réhabilitation des régions sans tchernoziom (terres noires très fertiles), détruites par des décennies de politique agricole soviétique imposait de libérer l'économie rurale, d'augmenter les salaires des paysans et, probablement, de supprimer les kolkhozes. À la fin des années 1970, le gouvernement de la Chine a choisi cette voie. L'économie soviétique des années 1950, quand le défrichement a débuté, était plus développée que celle de la Chine après la mort de Mao Tsé-toung.

L'URSS des années 1930 et la Chine des années 1980 avaient des indices de croissance très proches. Vers 1950, ces indices étaient sensiblement différents (tab. 4.7). Le PIB par personne de l'URSS dépassait de deux fois celui de la Chine en 1980. Mais la majorité de la population était encore rurale.

Tab. 4.7 : PIB par habitant, pourcentage de la population active agricole et urbanisation en URSS et en Chine au moment du choix stratégique

| Pays | Année | PIB par habitant en dollars 1990 (1) | Taux de la population urbanisée (2), (3), en % |
|---|---|---|---|
| URSS | 1930 | 1 448 | 20,0 |
| | 1950 | 2 841 | 44,7 |
| Chine | 1980 | 1 462 | 19,6 |

Source : (1) Maddison A., *Monitoring the World Economy 1820-1992*, Paris, OCDE, 1995 ; Maddison A., *The World Economy : Historical Statistics*, Paris, OCDE, 2003.

(2) Chiffres pour 1950, 1960, UN/DESA/Population Division, Population Estimates and Projections, United Nations Statistics Division, http://un.org/unsd/cdb

(3) Bairoch P., *Cities and Economic Development : From the Dawn of History to the Present*, Chicago, 1988.

En URSS, au début des années 1950, la question de la décollectivisation n'était pas envisageable. De ce fait, aucun investissement ne pouvait donner de résultats positifs. Ces prévisions se sont réalisées dans les années 1970 et au début des années 1980. Ayant dépensé des sommes énormes pour des terres infertiles, l'URSS en a tiré de maigres résultats.

Le défrichement des terres a attiré des investissements considérables dans les régions en question. Les sovkhozes qui ont été créés sur ces terres vierges offraient des avantages à leurs travailleurs, leur accordant le statut d'ouvriers industriels, plus intéressant que celui de simples kolkhoziens. Le défrichement des terres vierges est devenu possible grâce à la venue des masses paysannes dans les villes puis à leur envoi dans ces régions désertes.

Les résultats ne se sont pas fait attendre. La production des céréales a augmenté. Les terres défrichées sont devenues des fournisseurs importants, leurs livraisons compensant les maigres récoltes des régions agricoles traditionnelles. En 1958, N. Khrouchtchev s'est appuyé sur ces résultats pour imposer ses priorités dans la politique agricole[261].

La majeure partie de ces terres faisait partie d'une zone d'agriculture à risque. Plus que dans les régions agricoles traditionnelles de la Russie et de l'Ukraine, la récolte dépendait fortement des conditions climatiques instables et difficilemes à prévoir. La récolte dans les terres vierges a cessé d'augmenter dès 1958 et a brusquement baissé en 1963. En 1963, la récolte des céréales par habitant était inférieure à celle de 1913, à savoir : 483 contre 540 kg[262]. L'instabilité des récoltes créait des risques tels que l'approvisionnement des grandes villes pouvait être menacé en cas de conjoncture agricole défavorable. Il est à noter que les surfaces défrichables étaient restreintes. Pourtant, le besoin des villes en produits agricoles ne cesse d'augmenter, même à l'issue de la campagne de défrichement des terres.

En 1953-1960, malgré tous les efforts, les réserves nationales de céréales n'arrêtent pas de diminuer, la consommation dépassant les achats de l'État. Pour le gouvernement soviétique, c'est un symptôme inquiétant.

Face à l'aggravation de la situation de l'approvisionnement, il aurait été envisageable d'utiliser le potentiel industriel accumulé pour augmenter les investissements dans le secteur agricole. Ce processus prédomine dès la fin des années 1950 et le début des années 1960[263]. Le pourcentage des investissements versés à l'agriculture dès le début des années 1950 jusqu'au début des années 1980 est durablement à la hausse (tab. 4.8).

Tab. 4.8 : Taux des investissements dans les entreprises de production agricole dans le total des investissements dans l'économie de l'URSS, 1946-1990

| Années | Pourcentage des investissements dans l'agriculture |
|---|---|
| 1946-1950 | 11,8 |
| 1951-1955 | 14,3 |
| 1956-1960 | 14,3 |
| 1961-1965 | 15,5 |
| 1966-1970 | 17,2 |
| 1971-1975 | 20,1 |
| 1976-1980 | 20,0 |
| 1981-1985 | 18,5 |
| 1986-1990 | 17,1 |

Source : Bulletins statistiques de diverses années, *Économie de l'URSS, op. cit.*

En augmentant les financements destinés à l'agriculture, le pouvoir voulait compenser les conséquences durables du préjudice porté à celle-ci par la politique agricole des années 1920 et 1930. La consommation des céréales continue de dépasser les achats de l'État, mais les réserves se réduisent. En 1960, les stocks de blé, sa consommation et les réserves nationales étaient respectivement de : 46,7, 50,0 et 10,2 millions de tonnes. En 1963, ces chiffres étaient de 44,8, 51,2 et 6,3 millions de tonnes[264].

Dans les années 1960, la production agricole s'accroît d'environ 3 % par an, dans les années 1970 de 1 %[265]. Les investissements dans le complexe agro-industriel représentent 579,6 milliards de roubles en 1971-1985. L'accroissement net de la production agricole est nul[266].

Les récoltes moyennes de céréales en 1981-1985 ne dépassent pas celles des années 1971-1975.

Tab. 4.9 : Récoltes de céréales en URSS (en millions de tonnes)

|  | Années | | | |
|---|---|---|---|---|
|  | 1966-1970 | 1971-1975 | 1976-1980 | 1981-1985 |
| **Récolte moyenne de la période** | 149,5 | 161,7 | 184,5 | 161,7 |

Source : FAOSTAT data, 2005.

Gueorgui Chakhnazarov évoque dans ses mémoires son entretien avec Iouri Andropov au milieu des années 1960. Selon lui, Andropov lui aurait dit : « Sais-tu que nous, au Politburo, nous parlons de plus en plus souvent de la nécessité de bien secouer toute la sphère agricole, surtout l'agriculture qui va de mal en pis. Peut-on encore attendre, alors que nous n'arrivons pas à nourrir le pays et que les achats de blé augmentent chaque année ? Encore un peu et on arrivera à la ration des années de famine[267]. »

À partir des années 1960, la viande devient introuvable dans les rayons des magasins. Pour l'acheter, il faut se rendre dans les magasins des coopératives ou au marché, où le prix est beaucoup plus élevé que dans les magasins d'État, à l'exception de la capitale et de quelques autres villes privilégiées[268].

Les kolkhozes et sovkhozes ont des besoins croissants en cultures fourragères pour l'élevage, ce qui limite la quantité des céréales disponibles pour l'État. Cela devient un des problèmes clés dans la deuxième moitié des années 1960. En 1969, Brejnev déclare : « En 1966, nous avons récolté 171 millions de tonnes des céréales dont plus de 95 millions de tonnes ont été laissées aux kolkhozes et sovkhozes. En 1967, on a récolté seulement 147,9 millions de tonnes, dont 90 millions de tonnes sont restées chez les producteurs. En 1968, près de 100 millions de tonnes sur 169,5 y sont restées et, en 1969, plus de 100 millions de tonnes sur 160,5 millions de tonnes récoltées[269]. » Dans le même temps, du fait de l'urbanisation, la population qui se nourrit grâce à son potager individuel diminue.

Sous le socialisme, l'approvisionnement de la population des villes dépend des achats nationaux de denrées agricoles. Le rôle des éléments de l'économie de marché (marché kolkhozien, coopératives de consommation) reste très modeste. Lorsque les achats nationaux n'augmentent pas ou s'ils deviennent instables, les problèmes du pouvoir s'aggravent[270]. Durant les décennies suivantes, le ravitaillement des grandes villes en denrées devient le sujet clé des débats économiques et politiques. Les figures 4.1 et 4.2 illustrent la nature du défi stratégique rencontré par l'Union soviétique entre les années 1960 et 1980.

Fig. 4.1 : Stocks de céréales en URSS

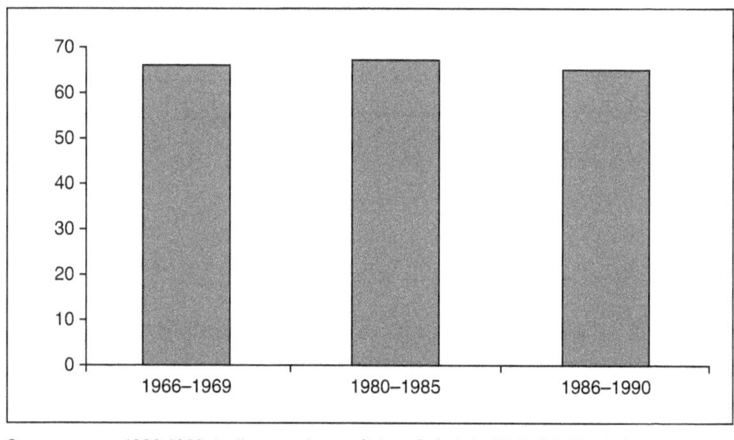


Sources : pour 1966-1969, le discours du secrétaire général du CC du PCUS, L.I. Brejnev, au plénum du CC du PCUS le 15 décembre 1969, Archives nationales d'histoire contemporaine. Pour 1980-1990, Cheloudko M.G., *Des résultats de la réalisation du plan du développement économique et social du ministère des Céréales de l'URSS en 1988 et au cours des trois ans du 12e quinquennat*, 26 janvier 1989, Archives nationales d'économie.

Fig. 4.2. : Population des villes en URSS

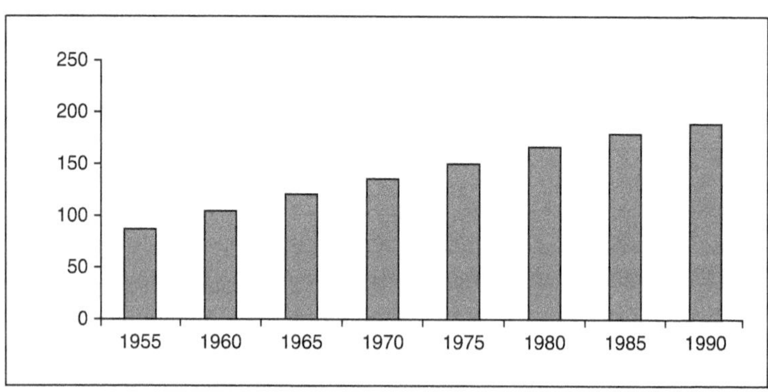


Source : *Économie nationale de l'URSS, op. cit.*

## 5. L'URSS, gros importateur de produits alimentaires

La crise de la production agricole et l'inefficacité de ce secteur provoque-raient de graves problèmes même dans un pays d'économie de marché. Le conflit entre la demande croissante et l'offre limitée engendre l'augmenta-tion des prix des aliments, la diminution de leur consommation et même leur pénurie. C'est une situation inquiétante pour la société comme pour les autorités, mais, dans les pays industriels, il y a peu de risques qu'elle se termine par une crise incontrôlable. Dans les pays développés, la famine n'est jamais due à une mauvaise récolte. Une pareille catastrophe, si elle a lieu, résulte de la désorganisation du système d'approvisionnement, de conflits militaires intérieurs ou extérieurs, de la destruction du méca-nisme de circulation monétaire, de la paralysie du réseau commercial reliant villes et campagne ou du déficit de la balance des paiements. Mais l'offre limitée, seule, ne peut pas entraîner de pareilles conséquences.

Le système socialiste ne dispose pas de mécanismes de marché permet-tant de maîtriser les relations conflictuelles entre la demande et l'offre de produits. L'inefficacité de l'agriculture soviétique découle du modèle de l'industrialisation socialiste. Au début des années 1960, l'économie de l'URSS est isolée du monde entier et le gouvernement se contente du rôle d'observateur passif de la situation : le déficit en vivres s'aggrave, la différence entre les possibilités de l'État de satisfaire la demande et les attentes de la population grandit, les heures passées dans les files d'attente se multiplient, le nombre de villes où existe un système de rationnement augmente, la liste de denrées inaccessibles s'allonge. Le gouvernement semble attendre que la situation sociale et politique soit ingérable[271].

Un pays à l'économie de marché répondrait à cette situation par une hausse des prix de détail. Pour l'URSS, cette solution n'est guère pos-sible. Dans les années 1930-1950, la stabilité du régime communiste était garantie par la terreur qu'inspirait le pouvoir, qui empêchait toute expres-sion de mécontentement, même dans le milieu familial. Il est à noter qu'à cette époque l'idéologie communiste n'avait pas encore perdu son attractivité. En 1960, la peur des répressions n'est plus d'actualité. Les gens n'ont plus peur du régime, il le vivent comme une réalité donnée. Désormais ils discutent dans leurs cuisines sans craindre pour leur liberté et leur vie. Le messianisme communiste perd peu à peu son bien-fondé.

Le mythe de la dictature du prolétariat en tant que base légitime du pou-voir était, à la fin des années 1950, une sorte de vérité sacrale aux yeux des dirigeants soviétiques. On le voit bien lors des débats du plénum du CC du PCUS consacrés aux événements de 1956 en Hongrie. Jusqu'au dernier moment, les leaders soviétiques ont cru que leur appel aux ouvriers hon-grois allait sauver la situation sans qu'on ait besoin de recourir à l'armée.

C'est seulement après avoir compris que c'était une illusion qu'ils ont pris la décision d'envoyer l'armée soviétique écraser l'insurrection[272].

Le rôle d'une armée composée de paysans était décisif pour imposer aux autres paysans la nécessité de vendre à l'État le blé au prix officiel. C'était une des idées maîtresses dans la discussion économique et politique en 1928-1929[273].

Staline, qui était convaincu de la fidélité de l'armée et sûr qu'en cas d'urgence elle ferait feu, avait raison. Le pouvoir a su imposer un nouveau servage aux paysans grâce à une armée formée de leurs représentants. Après cela, les autorités ont prélevé autant de céréales qu'elles voulaient et n'ont même pas arrêté les exportations lors des périodes de pénurie. Cependant, l'industrialisation, l'évolution de la structure sociale et le développement du pays sont devenus des facteurs empêchant le recours à la violence contre la population.

Les anciennes formes de légitimation du régime laissent place à un nouveau contrat entre le pouvoir et la société, non signé par les parties. Mais l'essentiel est clair : les autorités s'engagent devant le peuple à maintenir les programmes sociaux existants, même s'ils deviennent trop coûteux, et garantissent la stabilité des prix des produits de consommation courante. La société, à son tour, se déclare prête à supporter le pouvoir comme une réalité ou un mal inévitable.

Les événements de 1962 à Novotcherkassk ont montré ce qui se passe quand le contrat est rompu : la hausse des prix des articles de consommation courante, pourtant assez modeste par rapport au déséquilibre existant, a provoqué des désordres de masse. Au 1er juin 1962, le prix de la viande et de la charcuterie augmente de 30 %, celui du beurre de 25 %.

Le responsable de la section des statistiques du Département central des statistiques de l'URSS rapporte au CC du PCUS : « La baisse de la consommation de la viande et de la charcuterie s'explique essentiellement par l'augmentation du prix de détail de ces aliments. [...] Selon les données de mai et juin 1962 concernant le budget familial par personne des ouvriers, cette augmentation a surtout concerné les familles les moins aisées. Dans les familles des ouvriers au revenu de moins de 35 roubles par personne, la consommation de viande et de charcuterie en juin 1962 a baissé par rapport à mai de 15 %, tandis que, dans les familles au revenu compris entre 50 et 75 roubles par personne, cette baisse a été de 8 %[274]. »

Des milliers de personnes à Novotcherkassk prennent part aux manifestations. Les soldats fraternisent avec les manifestants. Voici des témoignages : « À la fin de la journée de travail les premiers groupes de soldats de la garnison de Novotcherkassk sont arrivés sur la place devant la direction de l'usine. Ils n'étaient pas armés. À l'approche des manifestants, ils se mêlaient à eux. Les grévistes et les soldats faisaient la paix et s'embrassaient. C'est ça, ils s'embrassaient. Les officiers avaient de la peine à les faire ressortir de la foule et à les emmener hors de la place. » Ayant constaté que l'armée n'était plus sûre, on a fait venir d'urgence des régiments des forces de Rostov-sur-le-Don. C'est seulement après avoir reçu l'ordre direct de Moscou que les soldats ont tiré sur les manifestants[275].

Il n'y a pas eu un mot sur ces événements dans la presse soviétique. Mais les autorités étaient bien au courant et comprenaient qu'après Novotcherkassk elles pouvaient s'attendre à des événements semblables dans n'importe quelle ville du pays.

D'après le rapport du président de KGB Vladimir Semitchastny auprès du Conseil des ministres de l'URSS en 1962, « au cours des six premiers mois de l'année, 7 705 tracts antisoviétiques et lettres anonymes ont été distribués dans le pays... le double de l'année précédente. [...] Les lettres anonymes sont devenues plus nombreuses depuis la publication des décisions du CC du PCUS et du Conseil des ministres de l'URSS sur la hausse des prix des produits de l'élevage. Rien qu'en juin, 83 épisodes de distribution de tracts antisoviétiques ont été relevés. Pour la même période, les organismes du Parti et de l'administration soviétique ainsi que les rédactions de journaux et de revues ont transmis aux organes du KGB plus de 300 lettres anonymes antisoviétiques exprimant le mécontentement par rapport aux conditions de vie dans notre pays, ainsi que des appels à l'organisation de manifestations, de grèves, de réunions, de boycotts pour revendiquer la baisse des prix des aliments et l'augmentation des salaires. Il s'agit essentiellement des centres industriels du pays »[276].

Après les événements de Novotcherkassk, les leaders du régime soviétique ont eu peur que les soldats ne refusent de tirer sur le peuple, comme cela c'était passé en février 1917, et qu'ils s'entendent avec les insurgés contre le régime. Désormais, c'était une hypothèse à ne pas négliger. Les révoltes survenues en Pologne en 1970, 1976 et 1980 à la suite de l'augmentation des prix convainquent le gouvernement soviétique qu'il faut éviter pareille situation à tout prix[277].

Parallèlement, les difficultés du système monétaire s'aggravent[278]. Les experts du marché de la consommation soviétique discutent pour savoir que faire quand la demande totalisée en roubles est plus importante que l'offre de marchandises[279]. Le Goskomstat de la fédération de Russie, qui évalue la totalité de la demande non satisfaite, avance que ce problème serait apparu dès 1965. Durant les années précédentes la demande et l'offre des denrées de consommation courante étaient plus ou moins équilibrées. Le tableau 4.10 illustre la progression du déséquilibre sur le marché de consommation. Tout le monde est d'accord sur le fait que, dès le milieu des années 1960, ce problème devient de plus en plus aigu[280].

Tab. 4.10 : Demande insatisfaite convertie en épargne individuelle

| Année | Demande insatisfaite, en milliards de roubles courants | Croissance annuelle de la demande insatisfaite, en % | Demande insatisfaite, en % du PIB |
|---|---|---|---|
| 1970 | 17,5 | .... | 4,6 |
| 1980 | 29 | 5,2 | 4,7 |
| 1985 | 60,9 | 16,0 | 7,8 |

Source : Archives nationales ; calcul par rapport au PIB, d'après Sinelnikov S.G., *Crise budgétaire en Russie*, Moscou, Evrasia, 1995.

En réalité, l'aggravation de la demande insatisfaite s'accompagne aussi de l'augmentation des prix. Le prix moyen du pain s'est élevé de 6,6 % entre 1981 et 1985, celui des pommes de terre de 7,9 %, des légumes de 4,4 %, de la confiserie de 11,6 %. Pour les articles industriels, le prix du coton a augmenté de 17,9 % et celui des postes de TV de 10 %.

À partir du 1ᵉʳ juillet 1979, le secrétariat du CC du PCUS augmente les prix des articles en or de 50 %, de ceux en argent de 95 %, des fourrures de 50 %, de la tapisserie de 50 %, des automobiles de 18 %, des meubles de fabrication étrangère de 30 %. Il est prescrit au ministère du Commerce, aux ministères et aux départements ayant autorité sur les entreprises de restauration de doubler la surtaxe pour les tarifs du soir dans les restaurants et les cafés. La note du secrétariat du CC du PCUS adressée aux premiers secrétaires des républiques soviétiques ainsi qu'aux régions et aux districts indique : « Le CC du PCUS et le Conseil des ministres de l'URSS ont pris des mesures suite aux difficultés pour équilibrer l'augmentation des revenus individuels et le volume de la production des articles de consommation courante et des services, et mieux organiser la vente des produits en pénurie et la lutte contre la spéculation et la corruption. On voit que, malgré l'augmentation du prix des articles en or et argent, de la tapisserie, des fourrures, des automobiles, des meubles de fabrication étrangère, la demande pour ces marchandises n'est toujours pas satisfaite. La vente de ces articles s'effectue avec des files d'attente et en dehors des règles de commerce normale[281]. » Pour tout ce qui concerne la consommation courante, l'État est lent à prendre des décisions impopulaires impliquant sa responsabilité politique.

La différence d'accès aux produits alimentaires est illustrée par l'étude réalisée dans les années 1980. À cette époque, 97 % de consommateurs de Moscou et de Leningrad, où les prix étaient les plus bas, faisaient leurs courses dans les entreprises de commerce d'État. Dans les capitales des autres républiques soviétiques, ils étaient 79 %, 17 % avaient recours à la coopération, 10 % achetaient leurs vivres au marché kolkhozien (le total dépasse 100 %, certains consommateurs utilisant diverses sources d'approvisionnement). Dans les chefs-lieux de régions (*oblast*) seulement 36 % des personnes interrogées pouvaient acheter de la viande et du saucisson dans les magasins d'État, 37 % se nourrissaient dans les magasins coopératifs, 35 % achetaient des aliments au marché. Les familles au revenu plus élevé achetaient plus dans les magasins d'État (le plus souvent, c'étaient des magasins réservés dépendant d'entreprises, du complexe militaire, etc.) et aux prix subventionnés[282]. Le système d'approvisionnements était donc franchement injuste.

En février 1981, Konstantin Tchernenko, membre du Politburo du CC du PCUS, écrit au secrétariat du CC du PCUS : « Dans leurs lettres, les gens décrivent parfois d'une manière critique les arrêts répétés de l'approvisionnement du pain et des produits de boulangerie, la gamme restreinte des produits de boulangerie et leur mauvaise qualité… Ces informations confirmées ont été reçues cette année venant des villes suivantes : Irkoutsk, Ouralsk, Tcheliabinsk, Artem (Primorski kraï), Minoussinsk (Krasnoïarski kraï), Ouman (région de Tcherkassk), Roslavl (région de Smolensk), Ourioupinsk (région de Volgograd), Belogorsk (région d'Amour), Kirov (région de Kalouga), Koulebaki (région de Gorki), bourg de Iourino (République socialiste soviétique autonome de Mari) et plusieurs autres[283]. »

Le gouvernement soviétique se retrouve dans un piège terrible, d'où il est difficile de sortir. L'accélération de la production agricole pour satisfaire la demande croissante n'est pas possible. Rétablir l'équilibre entre la demande et l'offre sans augmenter les prix non plus, car augmenter les prix reviendrait à rompre le contrat implicite avec le peuple.

D'habitude, les autorités soviétiques réagissaient aux désordres dans les pays vassaux de l'Europe de l'Est en envoyant l'armée et en augmentant leur aide économique[284]. Dans les années 1950, l'Union soviétique soutient les pays socialistes européens par des livraisons de céréales. Du fait de la progression de la crise de la production agricole, ces livraisons diminuent mais ne s'arrêtent que dans les années 1960 (tab. 4.11).

**Tab. 4.11** : Exportations des céréales russes dans les pays socialistes de l'Europe de l'Est, 1955-1963

| Années | Exportations (milliers de tonnes) |
|:---:|:---:|
| **1955** | 1 624 |
| **1956** | 995 |
| **1957** | 4 677 |
| **1958** | 2 926 |
| **1959** | 4 439 |
| **1960** | 4 162 |
| **1961** | 2 743 |
| **1962** | 2 793 |
| **1963** | 2 602 |

Source : USSR Agricultural Trade/US Department of Agriculture, 1991.

Ce sont des livraisons à but politique, une sorte de récompense pour la stabilité de l'empire est-européen. Il est symptomatique qu'après les événements polonais de 1956 les livraisons des céréales dans ce pays restent au même niveau malgré la diminution des exportations globales en Europe de l'Est. C'est seulement en 1963, face à la crise de l'approvisionnement, que l'URSS décide d'arrêter les exportations agricoles dans les pays socialistes européens.

Le 10 novembre 1963, Khrouchtchev propose à la réunion du présidium du CC du PCUS d'adresser une lettre aux leaders des pays socialistes européens : « Je pense qu'il faut la rédiger comme ça. Chers camarades, comme vous le savez, c'était une année très difficile pour l'agriculture soviétique (argumenter : l'hiver tel et tel, l'été sec...), vous aviez aussi des difficultés dans vos pays. [...] Nous n'avons plus de réserves, c'est pourquoi les conditions sont défavorables pour l'agriculture de l'Union soviétique et vous vous en êtes aperçus. Depuis des années, votre agriculture en Roumanie ne répond pas à vos besoins. Et vous vous adressiez souvent à nous, et nous répondions toujours positivement à vos demandes, dans le cadre de nos conventions et même au-delà. Suite à cela, nos réserves s'épuisaient. Et cette année nous vous avons fait les livraisons de nos dernières réserves pour satisfaire votre demande. Nous avions espéré des conditions favorables qui nous permettraient non seulement de remplir nos réserves, mais de les augmenter. Hélas ! dans la situation actuelle nous n'avons pas assez pour nous-mêmes, c'est pourquoi nous nous sommes adressés au marché international pour acheter 12 millions de tonnes. Cela a tout de suite bouleversé le marché international des céréales. Nos difficultés résident non seulement dans l'achat des céréales, mais aussi dans leur acheminement. Tout le monde comprend que, dans la situation actuelle, nous ne devons plus agir comme avant. C'est pourquoi nous voudrions vous exposer nos idées non seulement dans l'intérêt de notre pays, mais aussi dans les vôtres. (Faire des calculs.) Peut-être, pendant trois ou quatre ans, nous vous prions de bien le comprendre car nous ne pourrons pas nous acquitter de nos obligations de livraisons de céréales et de coton. Nous allons nous occuper de nos besoins intérieurs et de la nécessité de créer une réserve qui servira non seulement à l'Union soviétique, mais aussi à votre pays afin qu'on puisse faire des plans à long terme. Les pays en difficulté devront s'adresser directement au marché international pour acheter les céréales, afin que la situation de cette année ne se reproduise plus. Et aujourd'hui nous retirons nos investissements d'autres branches de l'économie pour financer le développement de la production des engrais minéraux afin d'augmenter les récoltes et assurer la production des céréales nécessaires à la satisfaction de nos besoins et aux stocks. Autrement, nous ne pouvons plus vivre[285]. »

La mauvaise récolte de 1963 et la diminution des réserves d'État amènent le gouvernement soviétique à acheter des céréales à l'étranger. Plus d'un tiers de la réserve d'or de l'URSS, 372,2 tonnes d'or, y est destinée[286]. Les dirigeants soviétiques le ressentent comme une humiliation mais aussi comme une circonstance résultant des conditions météorologiques. Le 10 novembre 1963, Khrouchtchev déclare devant le présidium du CC du PCUS : « Dans sept ans, il faut créer une réserve de céréales égale à la récolte annuelle. Le pouvoir soviétique ne doit plus jamais essuyer une pareille honte[287]. »

Les années suivantes ont montré que les achats réguliers de céréales à l'étranger résultaient d'une crise de l'agriculture impossible à résoudre dans le cadre du modèle économique choisi. En 1965, le gouvernement soviétique a été obligé de dépenser encore 335,3 tonnes d'or pour les importations de céréales[288]. Au début de 1970, les exportations et les importations des céréales en Union soviétique étaient plus ou moins équilibrées. Au début des années 1980, les importations de ces denrées dépassaient les exportations de plus de 15 milliards de dollars.

Les importations de blé et d'autres denrées agricoles, dont la consommation en Union soviétique s'accroît, varient au cours des années et des conditions météorologiques mais augmentent durablement (tab. 4.12 et fig. 4.3).

**Tab. 4.12** : Solde du commerce des céréales et des produits agricoles
en URSS, 1961-1990 (en millions de dollars)

| Année | Solde du commerce des céréales | Solde du commerce des produits agricoles | Solde du commerce des céréales, dollars 2000 | Solde du commerce des produits agricoles, dollars 2000 |
|---|---|---|---|---|
| **1961** | 445 | - 114 | 2 091 | - 536 |
| **1962** | 505 | 88 | 2 341 | 408 |
| **1963** | 188 | - 144 | 862 | - 661 |
| **1964** | - 353 | - 1 027 | - 1 595 | - 4 641 |
| **1965** | - 160 | - 1 061 | - 710 | - 4 707 |
| **1966** | - 303 | - 829 | - 1 307 | - 3 576 |
| **1967** | 252 | - 247 | 1 055 | - 1 034 |
| **1968** | 255 | - 213 | 1 024 | - 855 |
| **1969** | 443 | -284 | 1 694 | - 1 086 |
| **1970** | 285 | -1 006 | 1 035 | - 3 654 |
| **1971** | 391 | -798 | 1 352 | - 2 760 |
| **1972** | - 571 | - 1 969 | - 1 892 | - 6 524 |
| **1973** | - 1 038 | - 3 236 | -3 259 | - 10 160 |
| **1974** | 162 | -2 602 | 466 | - 7 492 |

.../...

| Année | Solde du commerce des céréales | Solde du commerce des produits agricoles | Solde du commerce des céréales, dollars 2000 | Solde du commerce des produits agricoles, dollars 2000 |
|---|---|---|---|---|
| 1975 | - 2228 | - 6791 | - 5863 | - 17871 |
| 1976 | - 2808 | - 7450 | - 6985 | - 18532 |
| 1977 | - 982 | - 6725 | - 2297 | - 15731 |
| 1978 | - 2313 | - 8116 | - 5055 | - 17736 |
| 1979 | - 3107 | - 10824 | - 6270 | - 21845 |
| 1980 | - 5183 | - 14923 | - 9591 | -27615 |
| 1981 | - 7712 | - 18199 | - 13045 | - 30783 |
| 1982 | - 6255 | - 16970 | - 9971 | - 27052 |
| 1983 | - 5038 | - 16182 | - 7726 | - 24815 |
| 1984 | - 6602 | - 16941 | - 9759 | - 25042 |
| 1985 | - 5750 | - 15695 | - 8248 | - 22515 |
| 1986 | - 2776 | - 12914 | - 3896 | - 18125 |
| 1987 | - 2445 | - 13352 | - 3340 | - 18240 |
| 1988 | - 3838 | - 14556 | - 5071 | - 19231 |
| 1989 | - 5043 | - 17052 | - 6419 | - 21706 |
| 1990 | - 4606 | - 17117 | - 5645 | - 20979 |

Source : FAOSTAT data, 2005.

**Fig. 4.3** : Solde du commerce des céréales de l'URSS et des pays membres de l'OCDE, 1961-1990

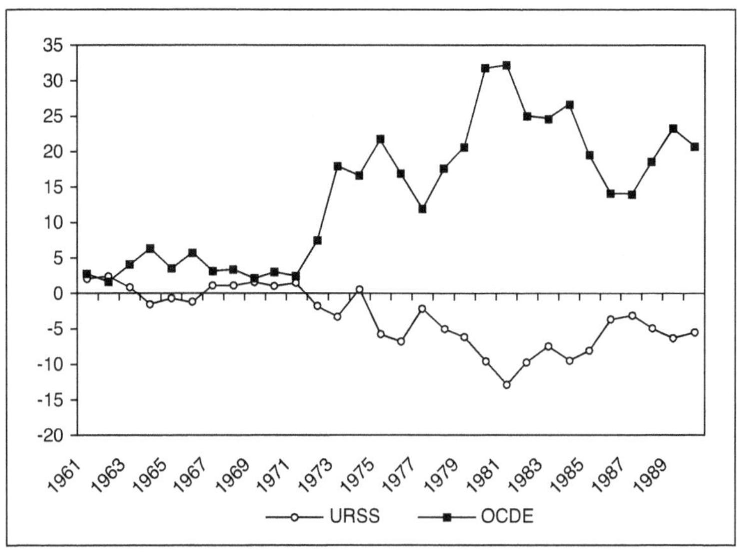


Source : FAOSTAT data, 2005.

La Russie, qui était un gros exportateur de céréales au début du xxᵉ siècle, en devient un gros importateur.

Tab. 4.13 : Exportations russes de céréales au début du xxᵉ siècle et importations soviétiques des céréales à la fin du xxᵉ siècle

| Période | Taux, % | Place dans le monde |
|---|---|---|
| **1907-1913** | exportation mondiale de céréales | |
| | 45,0 | 1 |
| **1980-1990** | importation mondiale de céréales | |
| | 16,4 | 1 |

Note : le taux moyen de la Russie dans l'exportation mondiale est calculé d'après les données sur les exportations de la Russie, du Danemark, de la France, de la Hongrie, de la Roumanie, et les données des exportations pour le Canada, les États-Unis, l'Argentine, l'Inde et l'Australie (exportation nette). Ce sont de gros exportateurs de céréales au début du xxᵉ siècle (1907-1913).

Source : calculs d'après Mitchell B.R., *International Historical Statistics, Europe 1750-1993*, Londres, Macmillan Reference LTD, 1998 ; Mitchell B.R., *International Historical Statistics : The Americas 1750-1993*, Londres, Macmillan Reference LTD, 1998 ; Mitchell B.R., *International Historical Statistics : Africa, Asia & Oceania 1750-1993*, Londres, Macmillan Reference LTD, 1998 ; UN Food and Agriculture Organization, FAOSTAT data, 2004.

Les achats soviétiques de céréales étaient de 2,2 millions de tonnes en 1970, ils ont augmenté à 29,4 millions de tonnes en 1982 et ont atteint leur maximum (46 millions de tonnes) en 1984.

Dans les années 1980, l'Union soviétique achetait plus de 15 % de l'importation mondiale des céréales et dépassait largement d'autres gros importateurs (tab. 4.14).

Tab. 4.14 : Importation des céréales en URSS, au Japon, en Italie, en RFA, en Égypte, en Chine (en millions de tonnes)

| Année | URSS | Japon | Italie | RFA | Égypte | Chine |
|---|---|---|---|---|---|---|
| **1970** | 2,2 | 15,8 | 6,7 | 8,1 | 1,3 | 5,4 |
| **1975** | 15,9 | 19,0 | 7,2 | 6,8 | 3,8 | 3,7 |
| **1980** | 29,4 | 24,7 | 7,8 | 5,2 | 6,1 | 13,4 |
| **1983** | 33,9 | 25,5 | 6,4 | 4,5 | 8,0 | 13,4 |
| **1984** | 46,0 | 27,2 | 7,3 | 4,8 | 8,7 | 10,4 |
| **1985** | 45,6 | 26,9 | 7,5 | 7,0 | 8,9 | 6,0 |

Source : *Les pays socialistes et les pays capitalistes en 1986*, Moscou, 1987.

Au milieu des années 1980, une tonne des produits de boulangerie sur trois est fabriquée avec du blé importé. Pour le bétail, on importe aussi des céréales. L'URSS est obligée de signer des accords d'importation à long terme s'engageant à acheter au moins 9 millions de tonnes aux États-Unis,

5 millions de tonnes au Canada, 4 millions en Argentine, 1,5 million en Chine[289].

À la différence des autres denrées qu'on peut se procurer dans le cadre des opérations entre les pays du Conseil d'assistance économique mutuelle (CAEM), les céréales sont payées en devises convertibles. Vers la fin des années 1980, les importantes dépenses pour l'achat de céréales devenues obligatoires en raison des problèmes de l'agriculture nationale et du climat, ainsi que le manque de compétitivité de l'industrie de transformation et aussi les fluctuations des prix des matières premières – pouvant être fournies pour compenser les importations des céréales – sont devenus le talon d'Achille de l'économie soviétique.

Entre 1981 et 1985, le pourcentage des machines-outils et de l'équipement dans l'importation de l'URSS en provenance des pays capitalistes passe de 26 à 20 %, la part des aliments et des articles de consommation courante passe à 44 % du fait de difficultés accrues dans l'approvisionnement de la population.

La vente de l'or est le moyen de faire face aux problèmes dus aux mauvaises récoltes. Ses livraisons à l'étranger progressent considérablement en 1973, 1976, 1978, 1981. L'augmentation du prix de l'or après l'échec des accords de Bretton Woods au début des années 1970 permet à l'Union soviétique de financer des importations de céréales. Mais, malgré le prix élevé de l'or en 1974-1975, elle devient un pays débiteur net sur le marché financier international. Une grande partie des crédits correspond à des transactions à court terme, jusqu'à un an. La mauvaise récolte de 1975 oblige l'URSS à augmenter encore plus ses importations de céréales et elle doit conclure des emprunts sur les marchés internationaux et utiliser ses réserves intérieures de devises[290].

Ni l'extraction de l'or, ni ses réserves, ni les emprunts extérieurs ne peuvent pourtant garantir un financement stable des importations agricoles, et ces mesures ne peuvent apporter les sommes nécessaires pour payer les millions, puis les dizaines de millions de tonnes de céréales importées.

Après les années 1930 et jusqu'aux années 1950, les ressources puisées dans les campagnes permettent de créer les bases industrielles de l'URSS. D'importants investissements ont été faits pour la construction des usines de transformation. La production de ces usines constitue la base du commerce international. Au début des années 1960, quand le pays doit financer des importations de denrées agricoles on aurait pu espérer que les exportations de produits transformés permettraient de les financer, mais en vain. Le pouvoir réalise parfaitement que la production des constructions mécaniques civiles n'est pas compétitive à l'échelon international (tab. 4.15). Il fournit des équipements militaires aux pays vassaux, mais ces opérations ne sont pas payées en devises convertibles.

**Tab. 4.15** : Commerce de machines et d'équipements de l'URSS avec les pays capitalistes (1961-1985)

| | Année | 1961 | 1965 | 1970 | 1975 | 1980 | 1985 |
|---|---|---|---|---|---|---|---|
| **Solde des exportations** | Prédominance des importations sur les exportations | 25,5 | 12,3 | 11,9 | 13,8 | 15,9 | 15,4 |
| | En millions de dollars 2000 | -2092 | -2039 | -3709 | -12309 | -12445 | -8750 |
| | En millions de dollars | -445 | -460 | -1021 | -4677 | -6725 | -6100 |
| | En millions de roubles | -401 | -414 | -919 | -3365 | -4367 | -5083 |
| **Importations** | Part des machines et équipements dans l'exportation globale, en % | 26,7 | 18,6 | 26,5 | 39,6 | 30,7 | 21,0 |
| | En millions de dollars 2000 | 2180 | 2220 | 4048 | 13267 | 13283 | 9359 |
| | En millions de dollars | 464 | 500 | 1114 | 5042 | 7178 | 6524 |
| | En millions de roubles | 417 | 450 | 1003 | 3627 | 4661 | 5437 |
| **Exportations** | Part des machines et équipements dans l'exportation globale, en % | 1,9 | 2,5 | 3,3 | 5,2 | 3,5 | 3,5 |
| | En millions de dollars 2000 | 87 | 181 | 339 | 958 | 838 | 609 |
| | En millions de dollars | 19 | 41 | 93 | 364 | 453 | 425 |
| | En millions de roubles | 17 | 37 | 84 | 262 | 294 | 354 |

Note : cours de change en dollars selon le cours officiel de la Gosbank de l'URSS. Une part importante des exportations de machines et d'équipements vers les pays développés était destinée à la Finlande (30 % en 1985). Avec ce pays, les marchandises étaient écoulées par troc (*barter*), non contre des devises convertibles.

Source : *Commerce extérieur de l'URSS*, Moscou, Finances et statistiques.

L'URSS, comme la Russie auparavant, a toujours été un gros exportateur de matières premières. Avant l'ère des importations de denrées alimentaires, les exportations de matières premières et de produits agricoles finançaient l'achat de machines-outils, de matériel et des produits payés en devises convertibles.

L'URSS fournissait au marché international des métaux et importait des produits métallurgiques de haute qualité. Le commerce extérieur soviétique et son économie étaient basés sur ce type de coopération internationale. Il était difficile d'augmenter rapidement les exportations autres que celles de matières premières. La réduction des achats de matériel a provoqué un retard technique par rapport aux pays les plus avancés.

La transformation du pays en gros importateur net de vivres a posé au gouvernement soviétique des problèmes difficiles à résoudre, aggravés par le faible volume des réserves de devises qui servaient principalement au commerce courant.

Le gouvernement du pays était bien conscient du fait que l'approvisionnement national dépendait de pays considérés comme ennemis potentiels[291]. Mais la crise agricole et le manque de compétitivité des constructions mécaniques nationales étaient une réalité. Le gouvernement soviétique n'avait guère le choix des moyens pour faire face aux problèmes accumulés depuis des décennies.

## 6. Le pétrole sibérien : l'illusion d'un secours miraculeux

Les réserves de pétrole de Sibérie occidentale, découvertes dans les années 1960, la perspective de pouvoir financer grâce à leur exportation dans les pays développés les importations des denrées agricoles semblent en mesure de résoudre les problèmes d'approvisionnement de l'URSS.

Le pays commence à exploiter largement ses réserves de pétrole après les années 1950. La production monte en flèche entre 1950 et 1960, grâce à la mise en exploitation du bassin pétrolier de la Volga. Mais, à cette époque, les livraisons de pétrole s'effectuent dans les pays socialistes et n'apportent donc pas de devises convertibles.

Le premier gisement de gaz en Sibérie occidentale a été découvert en septembre 1953[292]. D'importantes découvertes géologiques sont faites en 1961-1965. En 1961, on découvre les gisements de Meguïon et d'Oust-Balyk, en 1963, de Fedorov, en 1965, de Mamontov et de Samotlor. Le débit de ces nouvelles installations est très important et dépasse le plus souvent 100 tonnes par jour par forage profond de 1,8 à 2,5 km[293].

Entre 1972 et 1981, la production de pétrole de Sibérie occidentale augmente de 62,7 à 334,3 millions de tonnes, soit 5,3 fois plus (tab. 4.16).

Tab. 4.16 : Production de pétrole en Sibérie occidentale,
en millions de tonnes

| Année | Glavtioumenneftegaz | Tomskneft | Total |
|:---:|:---:|:---:|:---:|
| **1965** | 1,0 | | 1,0 |
| **1966** | 2,8 | 0,05 | 2,8 |
| **1967** | 5,6 | 0,2 | 5,8 |
| **1968** | 11,7 | 0,5 | 12,2 |
| **1969** | 19,8 | 1,5 | 21,3 |
| **1970** | 28,0 | 3,4 | 31,4 |
| **1971** | 40,0 | 4,7 | 44,7 |
| **1972** | 56,8 | 5,9 | 62,7 |
| **1973** | 81,0 | 6,7 | 87,7 |
| **1974** | 109,8 | 6,6 | 116,4 |
| **1975** | 141,4 | 6,6 | 148,0 |
| **1976** | 175,0 | 6,7 | 181,7 |
| **1977** | 211,2 | 7,1 | 218,3 |
| **1978** | 245,7 | 8,4 | 254,1 |
| **1979** | 274,4 | 9,1 | 283,5 |
| **1980** | 302,8 | 9,8 | 312,6 |
| **1981** | 323,5 | 10,8 | 334,3 |
| **1982** | 341,5 | 11,4 | 352,9 |
| **1983** | 358,2 | 11,9 | 370,1 |
| **1984** | 365,4 | 12,5 | 377,9 |

Source : Slavkina M.V., *Triomphe et tragédie : création du complexe de pétrole de gaz de l'URSS en 1960-1980*, Moscou, Naouka, 2002, p. 69.

À cette période, l'essor de la production pétrolière en URSS est fulgurant (fig. 4.4.). D'après la classification internationale, de nombreuses exploitations sont classées parmi celles ayant un débit exceptionnellement élevé.

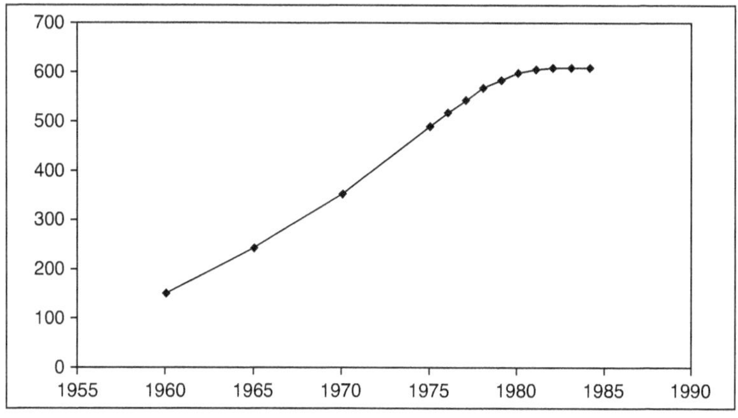

Fig. 4.4 : Production de pétrole en URSS, 1960-1984

Source : *Économie de l'URSS, op. cit.*

L'Union soviétique accroît rapidement ses exportations de pétrole vers les pays capitalistes développés. Le besoin de l'économie en devises convertibles stimule l'utilisation de techniques d'exploitation pouvant donner des résultats rapides mais en fragilisant la production des années à venir. Au tournant des années 1970-1980, un débat oppose les responsables du secteur international de l'économie à ceux de la région pétrolière et gazière de Sibérie occidentale. La question qui se pose est de déterminer le rythme raisonnable de l'exploitation des réserves afin de ne pas mettre en cause la production à long terme. Le ton des discussions est parfois dur. Selon les témoignages de collègues, V. Chachine, ministre de l'Industrie pétrolière de l'époque, répète aux représentants du Gosplan et du Parti qu'ils surévaluent la capacité des exploitations pétrolières sans se soucier des conséquences de cette politique[294].

Cependant face à l'aggravation des problèmes d'approvisionnement, le pouvoir soviétique adopte une stratégie d'exploitation très intense. Le président du Conseil des ministres, Alexeï Kossyguine, demande à plusieurs reprises au directeur de Glavtioumenneftegaz, V. Mouravlenko : « On manque de pain, peux-tu faire 3 millions de tonnes en plus du plan[295] ? »

Entre 1974 et 1984, les coûts d'extraction par tonne de pétrole ont augmenté de 70 %. Les dépenses à la production des combustibles doublent à partir des années 1970 et jusqu'au début des années 1980[296].

L'exploitation intense focalise la concentration des efforts sur les projets les plus importants. La production intensive permet d'augmenter les volumes de l'extraction, mais en conséquence l'avenir de toute l'industrie dépend du rendement de quelques exploitations exemplaires[297].

Le solde du commerce international, la balance des paiements courants, l'approvisionnement et la stabilité politique dépendent des conditions climatiques dans les régions des terres défrichées et de la production de pétrole. Ce sont des bases peu sûres pour la stabilité économique et politique d'une superpuissance.

L'économie soviétique des années 1970 bénéficie non seulement de la prospection de grandes réserves de pétrole et de gaz, mais encore d'une flambée sans précédent du prix mondial du pétrole en 1973-1974 et en 1979-1981. Au vu de l'essor des exportations pétrolières payables en devises convertibles, les recettes soviétiques en devises, à compter de 1973, sont plus qu'impressionnantes (fig. 4.5).

Fig. 4.5 : Exportations soviétiques de pétrole et de produits pétroliers dans les pays de l'OCDE, 1972-1985, en milliards de dollars 2000

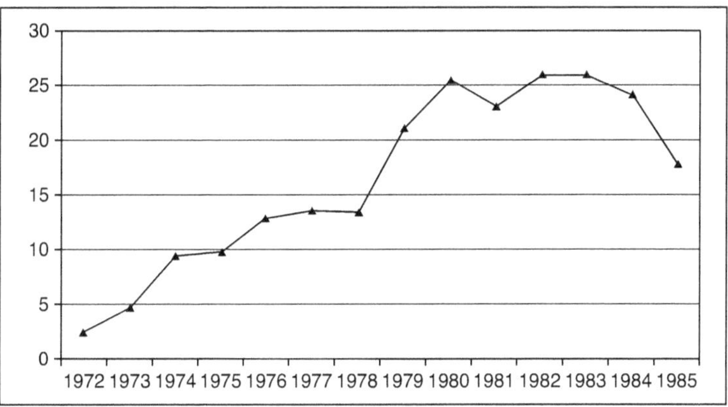


Note : pays de l'OCDE à l'exception du Portugal et de Berlin-Ouest.
Source : *Économie de l'URSS, op. cit.*

L'afflux de devises provenant des exportations pétrolières permet de freiner la crise de l'approvisionnement des grandes villes[298], d'augmenter les achats de matériel et d'articles de consommation courante, de continuer la course aux armements, d'assurer la parité nucléaire avec les États-Unis et même de se lancer dans des aventures militaires comme celle de la guerre d'Afghanistan (1979)[299].

Il est à noter que, dans cette période d'essor de l'industrie pétrolière, des exportations de pétrole et des prix élevés de cette ressource (milieu des années 1970-début des années 1980), le gouvernement soviétique ne pense toujours pas à créer des réserves de devises convertibles et ne fait pas de placements sur les marchés financiers à court terme susceptibles d'être rapidement utilisés en cas de situation défavorable sur le marché pétrolier. C'est le chiffre d'affaires du commerce courant qui sert de fonds de réserve en devises convertibles en URSS. En outre, dans cette conjoncture de hausse vertigineuse des profits pétroliers, l'Union soviétique s'endette de plus en plus[300]. La seule explication plausible de cette politique est l'espoir que, le prix du pétrole ayant grimpé vers la fin des années 1970 à un niveau historique, il y restera pour longtemps. À cette époque, les autorités soviétiques ne se demandent pas ce qu'elles feraient si le prix chutait[301].

En 1979-1981, malgré le miracle pétrolier, l'URSS est confrontée au problème du déficit de la balance des paiements courants. Et pour cause : trois années de mauvaises récoltes et des importations supplémentaires de céréales ont aggravé les difficultés agricoles.

Vers 1980, le pétrole et le gaz constituent 67 % des exportations soviétiques vers les pays de l'OCDE. À ce moment, le prix du pétrole cesse de monter tout en restant à un niveau élevé. Cela provoque l'aggravation de la pénurie d'articles de consommation courante et la hausse des prix sur le marché kolkhozien. Les dépenses budgétaires s'effectuent de plus en plus souvent au détriment de l'épargne de la population. On tente de compenser la pénurie de vivres en sacrifiant la qualité des produits alimentaires (par exemple, on met plus d'eau et d'amidon dans le saucisson). À partir du milieu des années 1970, presque la moitié de la croissance du chiffre d'affaires résulte de la dégradation de la qualité des produits et de la hausse des prix. Ces faits sont rapportés dans un texte adressé aux vice-présidents du Conseil des ministres. Le lendemain, toutes les copies sont reprises et détruites[302]. Dans cette ambiance, la criminalité économique et la corruption fleurissent[303].

Le commerce extérieur et les opérations en devises convertibles ont toujours été considérés par le gouvernement soviétique comme un instrument politique. Le commerce extérieur de l'URSS représentait un mélange étroit d'intérêts économiques et de défis politiques, en direction des camarades étrangers et des régimes vassaux de l'Europe de l'Est. Non sans succès, les Soviétiques manipulaient des décisions politiques majeures dans les pays démocratiques. Pour soutenir leurs amis, ils signaient souvent avec eux des contrats dans le domaine du commerce international et se servaient des fonds perçus de ces activités[304]. Par exemple : la décision du secrétariat du CC du PCUS du 26 août 1980 obligeait le ministère du Commerce extérieur, le Gosplan et certaines autres structures à élaborer et à prendre des mesures pour augmenter les relations commerciales et économiques avec les compagnies soutenues par leurs camarades français[305].

Le 12 décembre 1980, le directeur adjoint du département des affaires internationales du CC du PCUS, Alexandre Tchernïaev, adresse une lettre aux chefs du Parti : « La société Magra GmbH appartient au Parti communiste français et, depuis quinze ans, elle achète des paliers à l'entreprise de commerce international Stankoimport pour les usiner en RFA. La société s'est endettée de 2,8 millions de roubles car elle a dépensé cette somme pour sa réorganisation avant de constater la diminution de la demande allemande pour ses articles. Le ministère du Commerce extérieur estime que, dans le cadre d'un crédit de paiement, la société Magra GmbH pourra à court terme augmenter ses ventes de paliers soviétiques en RFA pour s'acquitter de sa dette et nous assurer un versement suffisant en devises. Alors que, au contraire, le recouvrement de créances par voie de saisie aurait pour résultat une faillite de ladite compagnie, des pertes en devises pour nous et nombre de conséquences indésirables. Nos amis français soutiennent aussi la demande de la société Magra GmbH de lui accorder une remise de paiement (télégramme chiffré de Paris, n° spécial 3922 du 9 décembre 1980)[306]. »

Sur décision du Politburo du CC du PCUS du 18 janvier 1983, le ministère du Commerce extérieur (camarade Patolitchev) devait vendre à la société Interexpo (président L. Remidjo) 600 000 tonnes de pétrole et 150 000 tonnes de combustible diesel à des conditions très favorables : rabais de 1 % et échelonnement des paiements de trois à quatre mois pour permettre aux amis soviétiques de recevoir, suite à cette opération, environ 4 millions de dollars[307].

Cependant le PCUS était informé de l'inefficacité des contrats à motivation politique. D'après le compte rendu de la réunion du Politburo du CC du PCUS (le 30 novembre 1987), « plusieurs sociétés contrôlées par des partis communistes sont en situation délicate, avec des possibilités commerciales restreintes, il y a même parmi elles des maisons déficitaires. Un petit nombre de sociétés appartenant aux partis frères – des compagnies françaises, grecques, chypriotes, portugaises – sont en état d'accroître leur coopération avec les organismes soviétiques du commerce extérieur et d'en tirer bénéfice. Le pourcentage des bénéfices versés au Parti est peu élevé, en général de 1 à 5 % des bénéfices ou des contrats signés[308]... ».

Les 1er et 2 mars 1982, une délégation du Parti et du gouvernement polonais est en visite à Moscou. Lors d'une réunion avec les leaders soviétiques, le premier secrétaire du CC du PUOP (Parti unifié ouvrier de Pologne), Wojciech Jaruzelski, fait part des difficultés de l'économie polonaise : l'industrie polonaise fonctionne seulement à 60 %, 400 000 ouvriers de l'industrie et 200 000 ouvriers de la construction risquent le chômage. Les camarades polonais remercient l'Union soviétique de leur avoir accordé une aide économique urgente d'environ 4 milliards de roubles en 1980-1981, dont 3 milliards en devises convertibles. Il est décidé que la Pologne recevra en 1982-1983 un crédit soviétique de 2,7 milliards de roubles.

Le 4 octobre 1980, le secrétariat du CC du PCUS discute de l'influence des événements polonais sur la politique intérieure de l'URSS. Les documents du CC du PCUS précisent : « L'analyse de la propagande bourgeoise, en particulier les émissions de radio dirigées vers l'Union soviétique, montre que ces événements sont largement utilisés pour remettre en cause les principes du socialisme, notamment le rôle décisif du Parti au cours de la construction socialiste et communiste. [...] Certains phénomènes négatifs dans les médias polonais donnent à croire que la confusion idéologique peut gagner les esprits, ce qui compromettra notre communication et notre propagande vers la population polonaise. L'affaiblissement du contrôle des journaux, de la radio et de la télévision par le CC du PUOP se fait déjà sentir. La presse publie de plus en plus souvent des articles critiques qui n'aident aucunement le PUOP à stabiliser la situation. » En décembre 1980, le secrétariat du CC du PCUS limite la diffusion de l'information sur les événements polonais en URSS.

La Direction générale de la protection des secrets d'État dans la presse auprès du Conseil des ministres de l'URSS est chargée de retirer une série de livres et publications du réseau commercial et de celui des abonnements, et de les stocker dans des dépôts spécialisés[309]. Le coût des activités internationales et de la protection de l'empire augmente considérablement (tab. 4.19).

**Tab. 4.19** : Aide soviétique à la Pologne en devises convertibles (1980-1981)

| Crédits accordés | Millions de dollars |
|---|---|
| Pour l'achat de sucre<br>Ordre du Conseil des ministres de l'URSS du 01.08.1980 | 30 |
| Pour les paiements aux pays capitalistes<br>Ordre du Conseil des ministres de l'URSS du 23.06.1980 | 250 |
| Pour la fondation des consortiums de banques de soutien à la Pologne<br>Décision du CC du PCUS du 06.06.1980 | 70 |
| Pour les paiements aux pays capitalistes<br>Ordre du Conseil des ministres de l'URSS du 11.11.1980 | 150 |
| Pour l'achat de céréales et d'aliments<br>Ordre du Conseil des ministres de l'URSS du 11.11.1980 | 190 |
| TOTAL | 690 |
| **Paiements reportés** | |
| Report de paiements aux banques soviétiques | 219 |
| Décision du CC du PCUS du 06.06.1980 | |
| Report de paiements aux banques soviétiques<br>Ordre du Conseil des ministres de l'URSS du 11.09.1980 | 280 |
| Report de paiements aux banques soviétiques<br>Ordre du Conseil des ministres de l'URSS du 11.11.1980 | 280 |
| Report de paiements de la dette principale de tous les crédits déjà accordés<br>Ordre du Conseil des ministres de l'URSS du 16.08.1981 | Jusqu'à 1 000 |
| TOTAL | 1 779 |
| **Aide à fonds perdus** | |
| Aide à fonds perdus conjoints d'URSS, Hongrie, Bulgarie, RDA et Tchécoslovaquie aux frais de la diminution des exportations pétrolières dans les pays du Comecon<br>Décision du CC du PCUS du 28.11.1980 | 465 |
| TOTAL | 2 934 |

Source : Gosplan de l'URSS au CC du PCUS. Note « De l'assistance soviétique à la Pologne en devises convertibles en 1980-1981 », 23 septembre 1982, Archives nationales d'histoire contemporaine.

## 7. La chute des prix du pétrole : le coup de grâce

Dans les années 1981-1984, le gouvernement de l'URSS ne dispose que d'un seul instrument pour maîtriser les problèmes accumulés dans le commerce extérieur : l'augmentation des exportations pétrolières. Elles étaient de 93,1 millions de tonnes en 1975, 119 millions de tonnes en 1980 et 130 millions de tonnes en 1983[310]. Cependant, vers la fin des années 1970, le rythme de croissance de la production pétrolière ralentit.

Le pouvoir soviétique devrait se rendre compte que la conjoncture du marché du pétrole dépend non seulement de facteurs économiques, mais aussi de facteurs politiques. Lui-même a manipulé maintes fois ce marché. Le président du KGB, Iouri Andropov, écrit le 23 avril 1974 au secrétaire général du CC du PCUS, Leonid Brejnev : « Depuis 1960, le KGB entretient des relations clandestines avec le responsable du Front national de libération de la Palestine (FNLP) et chef du département des opérations extérieures, Wadia Haddad. Lors d'une rencontre amicale au mois d'avril avec le représentant du KGB au Liban, Wadia Haddad lui a exposé le programme à long terme des activités terroristes du FNLP. L'objectif principal des actions du FNLP est d'améliorer la lutte du mouvement de la résistance palestinienne contre Israël, le sionisme et l'impérialisme américain. Les axes principaux des activités terroristes de l'organisation sont : la poursuite, par des opérations spécialisées, de la "guerre du pétrole" des pays arabes contre les forces impérialistes qui soutiennent Israël ; l'organisation d'opérations contre les personnels américains et israéliens dans les pays tiers afin d'obtenir des informations fiables concernant les plans et les intentions des États-Unis et d'Israël ; la réalisation d'opérations terroristes et de diversion sur le territoire d'Israël ; l'organisation d'actes de terrorisme contre le trust du diamant, dont les capitaux appartiennent aux sociétés israéliennes, anglaises, belges et allemandes. À l'heure actuelle, le FNLP prépare une série d'actions spécialisées, entre autres : celle touchant les grands réservoirs de pétrole dans différentes régions du monde (Arabie Saoudite, golfe Persique, Hong Kong, etc.), l'explosion de pétroliers et de supertankers, des opérations contre les représentants israéliens en Iran, Grèce, Éthiopic et au Kenya, les attaques du Centre des diamants à Tel-Aviv, etc. Haddad nous a demandé une aide consistant en l'envoi de certaines techniques spécialisées pour la réalisation d'opérations terroristes. [...] Nous trouverions souhaitable de répondre positivement à W. Haddad[311]. »

L'invasion soviétique de l'Afghanistan vécue par les États du golfe Persique, et en premier lieu par l'Arabie Saoudite, comme une menace potentielle, est devenue un des facteurs du changement radical de leur attitude envers les Etats-Unis, qui leur ont promis un soutien militaire. Les États-Unis avait besoin d'un prix de pétrole plus bas. Le lien entre ces événements a été discuté pour la première fois en avril 1981 au cours de la visite du directeur de la CIA, W. Casey, en Arabie Saoudite[312].

À l'automne 1981, face à ses graves problèmes de balance des paiements, l'Union soviétique est obligée d'informer les pays socialistes de l'Europe de l'Est de la diminution de 10 % des livraisons annuelles de pétrole et de son intention de consacrer ses réserves aux pays de l'OCDE. La situation critique en Pologne imposait de continuer les livraisons de pétrole à ce satellite important en Europe de l'Est. Il était nécessaire de remplir les obligations prises auparavant par rapport aux pays du Comecon pour garantir la stabilité politique de la partie est-européenne de l'empire[313]. La diminution de la production de pétrole en 1985, pour la première fois dans l'histoire économique soviétique, a entraîné la baisse des exportations vers les pays capitalistes (tab. 4.18). Les autorités soviétiques n'osent pas réduire davantage les exportations vers les pays du Comecon.

**Tab. 4.18** : Exportations soviétiques de pétrole en 1980-1986
(en millions de tonnes)

| Année | 1980 | 1983 | 1984 | 1985 | 1986 |
|---|---|---|---|---|---|
| Exportations dans les pays socialistes, millions de tonnes | 84,8 | 80,0 | 80,6 | 77,9 | 85,3 |
| Exportations dans les pays capitalistes développés, millions de tonnes | 30,7 | 44,8 | 44,0 | 33,3 | 37,6 |

Source : *Pays socialistes et pays capitalistes en 1986*, bulletin statistique, Moscou, 1987.

Au début des années 1980, R. Pipes adresse au pouvoir américain un mémoire mettant en avant le fait que l'économie soviétique est dépendante de la conjoncture pétrolière et où il préconise d'en profiter pour déstabiliser le régime communiste. W. Casey, nommé directeur de la CIA par le président Reagan, était expert dans l'analyse et l'utilisation des faiblesses économiques de l'adversaire. Pendant la Seconde Guerre mondiale, il s'était appliqué à maximiser le préjudice économique causé à l'Allemagne hitlérienne par les Alliés. Le 26 mars 1981, Reagan rapporte dans son journal intime une réunion consacrée à la situation de l'économie soviétique et à ses problèmes dus à la dépendance des crédits occidentaux. En novembre 1982, Reagan signe une directive sur la sécurité nationale (NSDT-66) se fixant pour objectif de porter préjudice à l'économie soviétique[314]. L'objectif est d'affaiblir l'URSS du point de vue politique et économique. Mais il n'est pas question, même dans les scénarios les plus fous, de détruire l'URSS en utilisant sa fragilité économique.

Si cette version des événements correspond à la réalité, elle en dit long sur le niveau intellectuel des dirigeants de l'Union soviétique au début des années 1980. Pour arriver à inféoder l'économie et la politique de l'URSS, alors superpuissance de niveau mondial, aux décisions de l'ennemi potentiel (les États-Unis) et à celles du concurrent principal sur le marché du pétrole (l'Arabie Saoudite, où, en plus, la religion officielle est le wahhabisme, doctrine islamiste selon laquelle le jihad est considéré comme le devoir sacré de tout musulman orthodoxe) et attendre qu'ils concluent un accord, il a vraiment fallu recruter pendant des années, dans tous les organes de pouvoir, les gens les moins compétents.

Entre-temps, la situation financière des pays socialistes s'aggrave de jour en jour. Le département économique et des devises de la Banque d'État de l'URSS rapporte : « Au début des années 1970, dans l'atmosphère de détente politique, de croissance des contacts commerciaux entre l'Est et l'Ouest, de développement économique général et de montée des prix des ressources énergétiques et des réserves naturelles, les pays socialistes ont commencé à recourir largement aux crédits des banques occidentales. Pourtant, vers 1981, le rythme de la croissance économique se ralentit, la totalité des crédits des pays socialistes a atteint la somme record de 127 milliards de dollars, tandis que leur solvabilité était très faible. En 1982-1983, aucun pays socialiste, sauf la Hongrie, n'a de crédits consortiaux. Dans ces conditions, les pays socialistes sont obligés de réduire leurs importations payables en devises convertibles sans modifier pour autant les exportations ou même en les augmentant légèrement[315]. »

Au début de 1984, l'Académie des sciences de l'URSS informe le Conseil des ministres de l'instabilité du marché du pétrole : « Après la brève stabilisation du marché pétrolier au troisième trimestre de cette année, la situation s'est de nouveau dégradée au quatrième trimestre pour les pays exportateurs. Le rythme irrégulier et lent de la croissance de l'économie capitaliste, les mesures prises contre le gaspillage de l'énergie, l'augmentation tacite des quotas par certains pays de l'OPEP et, enfin, un hiver doux ont eu pour résultat un excès des réserves pétrolières. Au quatrième trimestre, la demande de pétrole sur le marché capitaliste a diminué de 1 % et, bien que la plupart des prix de vente soient stables, le montant des transactions sur le marché libre diminue. À la mi-décembre les prix sur ce marché ont décroché par rapport au prix officiel du pétrole "Brent" de 9,70 dollars par tonne... Cette situation a contribué à nourrir les divergences au sein des pays de l'OPEP, ce qui est devenu évident à la conférence annuelle de cette organisation à Genève début décembre. Le Nigeria, l'Iran, l'Irak et le Venezuela ont exigé une augmentation officielle des quotas de production et la modification à leur profit du système des remises et des primes de qualité pour les différentes sortes de pétrole. Bien que la conférence ait décidé de maintenir les prix, les quotas individuels et le volume total de la production de pétrole dans l'OPEP, elle n'a pas réussi à imposer des sanctions ou des mesures préventives contre ceux qui ne respectent pas les conventions précédentes. »

Les documents officiels illustrent le caractère imprévisible des prix des ressources naturelles les plus importantes. Par exemple, d'après le rapport de l'Académie des sciences, « les spécialistes estiment que la diminution de la consommation de pétrole a atteint son maximum, y compris en

Europe occidentale, et que la demande de pétrole va augmenter en 1984 de 1,5 à 2 %, ce qui permettra de maintenir les prix officiels de l'OPEP à un niveau stable au cours de l'année 1984. Au premier trimestre, les prix sur le marché libre ont presque atteint ceux des ventes officielles. Il y a eu plusieurs consultations entre l'OPEP et les autres pays exportateurs du pétrole en vue de maintenir les prix. La stabilisation du marché résulte aussi de l'aggravation du conflit entre l'Iran et l'Irak et des craintes que le détroit d'Ormuz ne soit fermé ». Dans les notes suivantes de l'Académie des sciences au gouvernement de l'URSS, on évoque les risques de chute imprévisible du prix du pétrole et l'impossibilité de faire une prévision crédible de l'évolution de ce paramètre[316].

En 1985, la mise en exploitation de nouvelles installations pétrolières et le fonctionnement à un rythme intensif des anciennes installations demandent des investissements supplémentaires. Leur insuffisance provoque la diminution de la production pétrolière de 12 millions de tonnes. En même temps, la baisse continue du prix de pétrole, qui avait commencé en 1981-1984 après la décision de l'Arabie Saoudite de tripler la production (cf. chapitre 3), aboutit à une chute sans précédent dans l'histoire de cette industrie. En 1985-1986, le prix des ressources naturelles a subi plusieurs baisses. Or, celui-ci garantissait à l'Union soviétique son budget, sa balance du commerce extérieur, la stabilité de son marché intérieur, la possibilité d'acheter des dizaines de milliers de tonnes de céréales chaque année et celle de servir la dette extérieure, le financement de l'armée et du complexe militaro-industriel.

Ce n'est pourtant pas cela qui a été à l'origine de la chute du système socialiste. Celle-ci était prédéterminée par les caractéristiques fondamentales du système économique et politique soviétique : mises en place à la fin des années 1920 et au début des années 1930, les institutions étaient trop rigides et n'ont pas permis au pays de s'adapter aux défis du développement mondial de la fin du XXᵉ siècle. L'héritage de l'industrialisation socialiste, les dépenses militaires excessives, la crise profonde de l'agriculture, la non-compétitivité des industries de transformation rendaient la chute du régime inévitable. Dans les années 1970-1980, les problèmes se réglaient grâce au prix élevé du pétrole. Ce n'était pas une base assez sûre pour que le dernier empire puisse durer.

## 8. La désagrégation de l'URSS : une surprise qui devient une règle

En 1982, après avoir lu les rapports de la CIA sur l'état de l'économie soviétique, le sénateur W. Proxmayer déclare : « Ces études révèlent trois volets : *primo*, l'économie soviétique se développe au ralenti, mais sa croissance est garantie dans un avenir proche ; *secundo*, les résultats économiques ne sont pas satisfaisants et l'économie n'est pas assez efficace, mais cela ne signifie pas qu'elle perd sa vitalité et son dynamisme ; *tertio*, bien que la fracture entre les résultats de la croissance de l'économie soviétique et ses plans soit bien réelle, la chute de l'économie soviétique n'est pas envisageable même à long terme[317]. »

La plupart des observateurs ont sous-estimé une chose évidente : le changement radical des relations entre l'URSS et le reste du monde à partir des années 1960-1970. À cette époque, l'économie de l'Union soviétique, théoriquement toujours fermée, s'est retrouvée profondément intégrée dans le système du commerce international et dépendante de la conjoncture des marchés mondiaux (tab. 4.19). Seuls les spécialistes en économie des céréales et du pétrole s'en sont aperçus. Mais la majorité des experts du système socialiste jugeaient ses fondements solides[318].

**Tab. 4.19** : Commerce extérieur de l'URSS avec les pays de l'OCDE
(1950-1989)

| Année | Millions de roubles courants | | Millions de dollars | | Millions de dollars 2000 | |
|---|---|---|---|---|---|---|
| | Exportation | Importation | Exportation | Importation | Exportation | Importation |
| **1950** | 236 | 204 | 262 | 227 | 1 586 | 1 371 |
| **1960** | 913 | 1 004 | 1 014 | 1 116 | 4 822 | 5 302 |
| **1965** | 1 347 | 1 469 | 1 497 | 1 632 | 6 640 | 7 241 |
| **1970** | 2 154 | 2 540 | 2 393 | 2 822 | 8 694 | 10 251 |
| **1975** | 6 140 | 9 704 | 8 535 | 13 489 | 22 459 | 35 496 |
| **1976** | 7 834 | 10 824 | 10 419 | 14 396 | 25 918 | 35 811 |
| **1977** | 8 817 | 9 925 | 11 815 | 13 300 | 27 637 | 31 110 |
| **1978** | 8 701 | 10 979 | 12 703 | 16 029 | 27 761 | 35 029 |
| **1979** | 12 506 | 13 248 | 19 009 | 20 137 | 38 364 | 40 640 |
| **1980** | 15 862 | 15 721 | 24 427 | 24 210 | 45 203 | 44 801 |
| **1981** | 17 247 | 18 112 | 23 973 | 25 176 | 40 550 | 42 584 |
| **1982** | 18 849 | 18 892 | 26 012 | 26 071 | 41 466 | 41 561 |
| **1983** | 19 653 | 18 719 | 26 532 | 25 271 | 40 686 | 38 753 |
| **1984** | 21 349 | 19 574 | 26 259 | 24 076 | 38 816 | 35 589 |
| **1985** | 18 581 | 19 294 | 22 297 | 23 153 | 31 986 | 33 213 |
| **1986** | 13 109 | 15 853 | 18 615 | 22 511 | 26 126 | 31 595 |
| **1987** | 14 186 | 13 873 | 22 414 | 21 919 | 30 620 | 29 944 |
| **1988** | 14 666 | 16 321 | 24 199 | 26 930 | 31 971 | 35 579 |
| **1989** | 16 392 | 20 497 | 25 899 | 32 385 | 32 968 | 41 224 |

Note : cours de change en dollars selon le cours officiel de la Gosbank de l'URSS.

Source : Bulletins statistiques *Commerce extérieur de l'URSS*.

Il était possible de trouver des livres où l'on évoquait les facteurs de risque capables de miner la stabilité du régime soviétique. Mais ces ouvrages faisaient plutôt exception et ne pouvaient pas influencer la perception générale de l'avenir de l'URSS[319]. En 1985, il était difficile d'imaginer que, six ans plus tard, ni l'Union soviétique dirigée par le Parti communiste ni le système économique soviétique n'existeraient plus.

La chute inattendue de ce régime politique et économique qui durait depuis plusieurs décennies ternit la réputation des experts en économie et politique soviétiques[320]. Le fait que la CIA ne s'est pas aperçue des signes précurseurs de la crise et de la chute de l'URSS est considéré par ses critiques comme le défaut majeur de son travail. D'où la réaction défensive des soviétologues : si nous avons commis une faute, c'est que nous ne pouvions pas l'éviter, donc la chute de l'URSS était impossible à prévoir. Ces spécialistes pointent le caractère subjectif des causes du drame et des fautes commises par les dirigeants soviétiques après 1985[321].

Ce point de vue est proche de ceux qui considèrent que ces événements résultent d'un complot international. Si l'on adopte cette position, on trouve une explication logique à ce qui s'est produit dans les années 1980-1990 dans notre pays. Il ne faut pas oublier la vieille tradition des Russes d'accuser des agents étrangers de tous leurs maux.

La diabolisation de la toute-puissante CIA est très répandue en Russie. C'est le contraire aux Etats-Unis, où l'opinion américaine estime qu'en ce qui concerne les événements en URSS, puis en Russie, la CIA a démontré son incompétence absolue.

Il existe encore une autre version des causes de la chute de l'économie soviétique. C'est la course aux armements adoptée après l'arrivée de Ronald Reagan au pouvoir, dont l'URSS, obligée d'augmenter rapidement ses dépenses militaires, n'a pas pu supporter le poids[322]. Pour apprécier la validité de ce point de vue, il est indispensable de comprendre le mécanisme de prise de décisions relatives aux dépenses militaires à la fin des années 1970 et au début des années 1980.

Avec le soutien aux pays socialistes, les dépenses militaires[323] ont toujours été la priorité absolue des dirigeants soviétiques. Leur volume et leur part dans le PIB a toujours été un secret, même pour les personnalités haut placées au gouvernement et dans l'armée. Pour le comprendre, il suffit de comparer des informations contradictoires fournies, d'une part, par le président Mikhaïl Gorbatchev et, d'autre part, par le chef d'état-major de l'URSS V. Lobov[324]. Ces dépenses sont impossibles à évaluer avec précision. Elles se perdent dans différents articles du budget, et il n'est pas possible de les réunir. On ne peut pas non plus comprendre comment le coût de la production militaire correspondait à la réalité économique. Mais il est évident que le pourcentage des dépenses militaires dans le PIB dépassait toutes les dépenses analogues dans les budgets étrangers. Quand un pays dont l'économie est quatre fois inférieure à celle des États-Unis est en état d'égalité militaire et en plus finance un ensemble de 40 divisions à la frontière chinoise, il n'est pas difficile de comprendre que ces dépenses lui coûtent cher. Les dépenses militaires soviétiques freinaient le développement du secteur civil[325]. Mais, en outre, dans les années 1980, les investissements dans l'économie donnaient peu de résultats.

La thèse selon laquelle, face à la course aux armements avec les États-Unis au début des années 1980, l'Union soviétique s'est lancée dans des dépenses militaires énormes est peu convaincante[326]. Le trait caractéristique de l'industrie militaire soviétique est son inertie. Le volume de la production d'armements est défini en fonction des possibilités des usines et non en fonction des besoins militaires. Interrogé par G. Chakhnazarov, adjoint du secrétaire général du PCUS, Gorbatchev demande : « Pourquoi nous faut-il produire autant d'armement ? » Le chef de l'état-major Akhromeev répond : « Parce que c'est au prix de nombreuses victimes que nous avons construit des usines magnifiques, comparables à celles des États-Unis. Vous voudriez vraiment qu'elles arrêtent et se mettent à produire des casseroles ? Non, c'est une utopie[327]. »

Pour illustrer le mécanisme de prise de décisions sur le volume de production d'armement, on peut citer la production des chars. Dans les années 1970, l'URSS produisait vingt fois plus de chars que les États-Unis. Quand, après la guerre arabo-israélienne, il est devenu clair que l'armée israélienne avait besoin d'un nombre important de chars pour son rééquipement, la production aux États-Unis a été augmentée en quelques années pour atteindre le quart de la production soviétique. L'armée soviétique était équipée de 60 000 chars, soit plusieurs fois l'équipement des États-Unis et de leurs alliés.

Des experts européens analysant d'un point de vue stratégique le rythme de croissance de l'équipement soviétique en chars auraient pu en conclure que l'Union soviétique préparait une offensive contre l'Europe occidentale en direction de l'Atlantique. Ce qui était loin de la réalité. Selon des sources accessibles depuis peu, l'argument principal en faveur de l'augmentation de la production de chars était la conviction que, en temps de guerre, les États-Unis pouvait accroître leur production de chars très rapidement. Selon les analystes de l'état-major général, nos pertes de chars seraient très importantes aux tout premiers jours de la guerre. D'où la décision d'en produire plus en temps de paix[328].

C'étaient surtout des arguments sociaux – des usines sont construites, des gens y travaillent – qui comptaient, et non des raisons militaires. On peut dire la même chose à propos des autres équipements militaires.

Un autre exemple concerne l'emplacement des fusées à moyenne portée SS-20. Cette arme était une réussite et on pouvait lancer une production de masse. Le gouvernement de l'Union soviétique décide des emplacements de ce nouveau type d'armement nucléaire sans prendre en considération le fait que cette décision provoquera le déploiement en Europe occidentale de missiles de moyenne portée de l'OTAN et, de ce fait, accroîtra les risques pour l'URSS, puisque ces fusées seront plus proches de son territoire. Mise devant le fait accompli, l'URSS a été obligée de signer la convention sur la liquidation des fusées à moyenne portée en Europe. Néanmoins, des sommes importantes avaient déjà été dépensées pour ce projet.

Au début des années 1980, le Congrès américain décide de créer une commission spéciale pour évaluer les résultats de la construction militaire soviétique, dont des données étaient présentées par la CIA. Après avoir analysé toutes les informations, la commission en conclut que l'ampleur de la production militaire soviétique ne pouvait s'expliquer que par la préparation d'une offensive[329]. Cependant les documents politiques prouvent qu'à cette époque la lutte contre l'impérialisme mondial n'était plus à l'ordre du jour.

Vers le début des années 1980, l'industrie militaire épuise l'économie nationale et mobilise ses meilleurs spécialistes. Il freine le développement des industries de transformation non militaires. Les dépenses militaires sont à l'origine de nombreuses difficultés auxquelles l'Union soviétique a dû faire face dans les années 1960-1980, mais elles ne peuvent pas expliquer le krach économique des années 1985-1991.

L'expérience du $XX^e$ siècle montre que les lois de l'histoire ne sont pas aussi rigides que le croyaient Marx et Engels, les fondateurs du marxisme. Le choix de la stratégie de développement sur plusieurs décennies dépend de facteurs impondérables. La personnalité des acteurs joue dans l'histoire un rôle plus important que ne le pensaient les marxistes du $XIX^e$ siècle.

L'aggravation de la crise du système politique et économique de l'URSS à la fin des années 1980 et au début des années 1990 résulte ainsi des décisions des dirigeants soviétiques. De la direction du pays dépendaient beaucoup de choses, mais pas tout. L'analyse de la situation en Union soviétique pendant cette période permet de dire qu'en présence de phénomènes nouveaux (en premier lieu, la baisse brutale du prix du pétrole) toute tentative pour continuer la politique des décennies précédentes afin de conserver le système économique et politique et lui épargner des changements aura été peine perdue. Or il n'était pas possible de faire face au défi lié à la chute des prix du pétrole sans provoquer des bouleversements graves dans la vie politique et économique.

Vers 1985, les prémices d'une crise profonde existaient déjà. Pour la maîtriser, il aurait fallu prendre des mesures précises, sévères et responsables, il aurait fallu comprendre la nature de cette crise et avoir les moyens de la limiter ou, au moins, essayer de prévenir un krach économique. Mais les fonctionnaires soviétiques qui étaient responsables des relations économiques extérieures restaient sûrs de la stabilité financière et économique de l'URSS[330].

C'est dans ce contexte qu'arrive au pouvoir un nouveau dirigeant politique, Mikhaïl Gorbatchev, qui représente une génération plus jeune. Son élection marque le rejet de la gérontocratie qui avait caractérisé le pouvoir soviétique depuis plusieurs décennies[331]. Mais Gorbatchev connaît mal la situation réelle du pays et ne réalise pas la profondeur de la crise financière. Aurait-il été possible, dans cette situation, par des mesures énergiques et précises et sans faire de faute, de conserver l'URSS ? Il n'y a pas de réponse à cette question. Mais, pour avoir quelque chance de succès, il aurait fallu que les nouveaux dirigeants comprennent la nature et l'envergure des problèmes de l'URSS. Or, il leur a fallu plus de trois ans pour avoir une vision superficielle de la situation de l'économie, un laps de temps beaucoup trop long dans cette situation de crise.

# LES CONSÉQUENCES DES CHOCS EXTÉRIEURS SUR L'ÉCONOMIE

> *« Ça allait mal au kolkhoze. Enfin, pas si mal, quand même. On aurait pu dire même assez bien. Mais, d'année en année, ça allait de mal en pis. »*
> V. Voïnovitch

De nombreuses publications existent sur l'URSS à la veille de son effondrement, entre 1985 et 1991. Les hommes au pouvoir y expliquent la stratégie de la perestroïka. Durant cette période, les entreprises acquièrent une certaine indépendance économique, le secteur privé est légalisé à travers la création de coopératives, on prend désormais en compte la relation entre l'économie et le processus de libéralisation. On discutera encore longtemps de ce qui a été fait à tort ou à raison durant ces années, mais c'est un autre sujet que je voudrais traiter dans ce chapitre : le choc extérieur sur les prix auquel a dû faire face l'URSS à la suite d'un brusque changement de la conjoncture du marché du pétrole dans la deuxième moitié des années 1980.

## 1. Dégradation du commerce extérieur : alternatives politiques

Le concept de « choc extérieur », c'est-à-dire le brusque changement du rapport entre les prix d'exportation et ceux d'importation a été défini par des économistes des pays développés.

Le tableau 5.1 montre que dans les pays développés une variation supérieure à 10 % par an des conditions commerciales est un phénomène plutôt rare. Aux États-Unis où l'économie est la plus puissante, cela ne s'est produit qu'une seule fois en quarante ans, avec une variation de 14 % en 1974.

Tab. 5.1 : Conditions du commerce extérieur pour certains pays membres de l'OCDE 1960-2003 (2000 = 100 %)

| Année | Canada | Allemagne | Italie | Grande-Bretagne | États-Unis | Japon |
|---|---|---|---|---|---|---|
| 1960 | 96 | 90 | 110 | 94 | 128 | 185 |
| 1961 | 94 | 94 | 109 | 97 | 132 | 176 |
| 1962 | 92 | 100 | 108 | 99 | 134 | 176 |
| 1963 | 90 | 108 | 107 | 111 | 133 | 175 |
| 1964 | 90 | 105 | 108 | 110 | 131 | 175 |
| 1965 | 91 | 104 | 105 | 113 | 134 | 178 |
| 1966 | 94 | 107 | 103 | 115 | 134 | 174 |
| 1967 | 95 | 111 | 103 | 115 | 136 | 177 |
| 1968 | 95 | 110 | 102 | 111 | 136 | 176 |
| 1969 | 95 | 110 | 105 | 112 | 136 | 177 |
| 1970 | 96 | 112 | 106 | 116 | 135 | 179 |
| 1971 | 95 | 115 | 105 | 116 | 132 | 176 |
| 1972 | 96 | 118 | 106 | 117 | 127 | 179 |
| 1973 | 102 | 115 | 96 | 104 | 125 | 162 |
| 1974 | 109 | 105 | 79 | 90 | 107 | 130 |
| 1975 | 105 | 110 | 84 | 97 | 110 | 116 |
| 1976 | 107 | 105 | 81 | 95 | 111 | 109 |
| 1977 | 101 | 104 | 83 | 97 | 106 | 109 |
| 1978 | 98 | 108 | 85 | 103 | 105 | 123 |
| 1979 | 103 | 102 | 83 | 107 | 100 | 106 |
| 1980 | 107 | 96 | 78 | 107 | 91 | 80 |
| 1981 | 101 | 89 | 74 | 107 | 94 | 79 |
| 1982 | 97 | 93 | 76 | 105 | 96 | 77 |
| 1983 | 98 | 94 | 78 | 104 | 102 | 78 |
| 1984 | 96 | 92 | 77 | 102 | 101 | 81 |
| 1985 | 94 | 93 | 78 | 103 | 103 | 82 |
| 1986 | 93 | 107 | 90 | 97 | 108 | 109 |
| 1987 | 98 | 111 | 92 | 97 | 102 | 112 |
| 1988 | 100 | 111 | 93 | 99 | 104 | 115 |
| 1989 | 97 | 108 | 92 | 100 | 104 | 112 |
| 1990 | 95 | 110 | 94 | 101 | 101 | 105 |
| 1991 | 93 | 107 | 98 | 101 | 102 | 108 |
| 1992 | 93 | 110 | 99 | 102 | 102 | 111 |
| 1993 | 93 | 111 | 99 | 104 | 102 | 114 |
| 1994 | 93 | 108 | 99 | 103 | 103 | 117 |
| 1995 | 97 | 107 | 96 | 100 | 103 | 115 |
| 1996 | 98 | 107 | 100 | 101 | 103 | 110 |
| 1997 | 97 | 105 | 102 | 103 | 104 | 104 |
| 1998 | 103 | 107 | 107 | 104 | 107 | 111 |
| 1999 | 110 | 107 | 108 | 102 | 105 | 110 |

.../...

| Année | Canada | Allemagne | Italie | Grande-Bretagne | États-Unis | Japon |
|-------|--------|-----------|--------|-----------------|------------|-------|
| **2000** | 100 | 100 | 100 | 100 | 100 | 100 |
| **2001** | 99 | 102 | 101 | 99 | 103 | 101 |
| **2002** | 97 | 104 | 103 | 102 | 104 | 101 |
| **2003** | 104 | 107 | 104 | 104 | 103 | 98 |

Note : les conditions du commerce extérieur sont le rapport entre l'indice des prix des exportations et celui des importations, en fonction de la structure établie pour 2000. Figurent les pays dont les données sont disponibles dans la base de la Banque mondiale à partir de 1960.

Source : WB WDI, 2005.

L'économie des pays exportant une gamme assez large de produits n'est pas affectée par la fluctuation des prix. Une politique budgétaire rigoureuse suffit à l'amortir et, parfois, une monnaie nationale plus faible. Il en va de même lorsqu'il s'agit de l'augmentation des importations. Les chocs des prix en 1973-1974, 1979-1981, 2004-2005 (suite à l'augmentation brutale du prix du pétrole) ont bouleversé l'économie des pays importateurs de ressources énergétiques (cf. l'exemple du Japon dans le tableau 5.1). Néanmoins, même en 1980, alors que le prix des combustibles était très élevé, les combustibles ne constituaient pas la majeure partie des importations. Même au Japon, pays énergétiquement dépendant, le taux des importations des combustibles dans le PIB ne dépasse jamais quelques pour cent (tab. 5.2 et 5.3).

Tab. 5.2 : Pourcentage des combustibles dans le PIB des États-Unis, de l'Allemagne, de la France, de l'Italie, du Japon

| | 1980 | 1990 | 2000 | 2003 |
|---|------|------|------|------|
| **États-Unis** | 3,1 | 1,2 | 1,4 | 1,5 |
| **Allemagne** | 5,2 | 1,8 | 2,3 | 2,2 |
| **France** | 5,3 | 1,9 | 2,6 | 2,2 |
| **Italie** | 6,3 | 1,8 | 2,2 | 1,9 |
| **Japon** | 6,7 | 1,9 | 1,6 | 1,9 |

Source : calculs d'après WB WDI, 2005.

Tab. 5.3 : Pourcentage des combustibles dans la totalité des importations des États-Unis, de l'Allemagne, de la France, de l'Italie, du Japon

| | 1980 | 1990 | 2000 | 2003 |
|---|------|------|------|------|
| **États-Unis** | 28,7 | 10,9 | 9,5 | … |
| **Allemagne** | 20,6 | 7,0 | 6,9 | 6,8 |
| **France** | 23,0 | 8,3 | 9,4 | 8,9 |
| **Italie** | 25,5 | 8,9 | 8,0 | 7,5 |
| **Japon** | 45,8 | 20,1 | 17,4 | 18,4 |

Source : calculs d'après WB WDI, 2005.

Pour les pays dont les recettes des exportations dépendent du marché des matières premières, la situation est tout à fait différente. La baisse des prix réduit les rentrées de devises, il faut alors réduire drastiquement les importations et la production à partir de pièces et de matériaux importés. La baisse de l'activité économique entraîne une baisse de la consommation. L'alternative serait de renforcer la production et les exportations des industries non liées aux matières premières. La première solution est difficilement réalisable en raison des facteurs politiques, la deuxième en raison des facteurs économiques.

Les autorités cherchent souvent à surmonter ces problèmes à l'aide d'emprunts extérieurs, espérant que la conjoncture devienne plus favorable et que les prix remontent, permettant de reprendre en main la dynamique de la dette extérieure. La situation sur le marché des matières premières étant imprévisible, c'est une stratégie plutôt risquée, qui a conduit certains pays à la faillite.

Si les prix des matières premières restent bas durant une période assez longue, la dette nationale devient de plus en plus onéreuse et la confiance à l'égard du pays débiteur s'émousse, rendant au bout de deux ou trois ans tout nouveau crédit impossible. Ses réserves financières épuisées, le pays est contraint d'interrompre le remboursement de la dette extérieure et de réduire les importations. Le niveau de production et le niveau de vie baissent. Néanmoins, les problèmes engendrés par le choc extérieur continuent, ils font partie de l'héritage des nouveaux dirigeants et s'aggravent au fur et à mesure que s'accroît la dette.

Il en est de même si la structure des importations d'un pays repose principalement sur certains produits, ce qui fut très longtemps le cas pour les céréales en Union soviétique.

Afin de stimuler la production agraire, le gouvernement avait augmenté à plusieurs reprises ses subventions sous forme de prime progressive, de tarifs préférentiels pour l'achat des machines agricoles, d'intérêts très bas, et aussi par l'annulation régulière des dettes et des transferts directs (investissements). Les subventions étaient de plus en plus importantes.

Dans les dernières décennies de son existence, les indices de productivité de l'agriculture et de progrès technologique de l'URSS (Russie comprise) affichent un retard considérable par rapport aux pays développés (tab. 5.4).

Tab. 5.4 : Indices de la productivité de l'agriculture en Europe occidentale,
aux États-Unis et en URSS

|  | Europe occidentale | États-Unis | URSS |
|---|---|---|---|
| **Récolte des céréales,<br>Quintaux/hectare** |  |  |  |
| **1970** | 27,9 | 31,6 | 15,7 |
| **1989** | 45,8 | 44,8 | 18,9 |
| **Production de lait,<br>kg/an/vache** |  |  |  |
| **1970** | 3 269 | 4 423 | 2 110 |
| **1989** | 4 059 | 6 533 | 2 555 |

Source : *Économie de l'URSS en 1985*, Moscou, Finances et statistiques, 1986 ; *Économie de l'URSS en 1990*, Moscou, Finances et statistiques, 1991 ; *World Agriculture. Trends and Indicators, 1970-1989*, Washington, USDA, 1990.

La politique gouvernementale d'approvisionnement de la population en produits alimentaires ne contribue pas à améliorer la situation. Cette politique est basée sur le principe des produits d'alimentation à bas prix pour les Soviétiques, elle est séduisante sur le plan social, mais risquée sur le plan économique. Durant de nombreuses années, alors que les revenus de la population augmentaient, la croissance de la production agricole demeurait très faible et, cependant, les prix des produits alimentaires étaient maintenus au plus bas.

Au début des années 1970, il avait été décidé, afin de satisfaire les besoins de la population en produits de l'élevage, de multiplier la création d'élevages, ce qui avait entraîné une augmentation des besoins en céréales fourragères. L'agriculture nationale ne pouvait satisfaire ce besoin accru en aliments combinés et le pays qui avait dû investir des sommes importantes pour la construction de complexes d'élevage gigantesques avait dû, dès 1973, investir aussi dans l'importation de céréales, de légumineuses et de fourrage.

Malgré tous les investissements pour la croissance de la production agricole, le retard persiste par rapport à la demande grandissante de la population, comme en témoignent les problèmes d'approvisionnement, le rationnement et les files d'attente dans les magasins. Le gouvernement, engagé à garantir des produits alimentaires à bas prix, continue ses dotations budgétaires à la consommation. En 1989, elles constituent presque un tiers des dépenses ; la subvention des produits d'alimentation de consommation courante peut atteindre 80 % (tab. 5.5).

Tab. 5.5 : Taux des subventions budgétaires dans le prix des produits
alimentaires courants en URSS (1989)

| Aliment | Taux des subventions sur le prix de détail |
|---|---|
| Pain | 20 |
| Bœuf | 74 |
| Porc | 60 |
| Mouton | 79 |
| Volaille | 36 |
| Lait | 61 |
| Beurre | 72 |
| Fromage | 48 |
| Sucre | 14 |

Source : *Stratégie des réformes dans les secteurs agraire et alimentaire
de l'ex-URSS*, Washington, Banque mondiale, 1993, p. 253.

L'État subventionnait à la fois le producteur et le consommateur, or plus
les dotations sont importantes à un moment *t*, plus il faudra payer à *t +1*
pour poursuivre cette politique. Il n'y a que deux solutions pour en sortir :
assurer un développement rapide de la production alimentaire ou disposer d'une source inépuisable de revenus pour des subventions sans cesse
en augmentation. Les investissements dans l'agriculture sont inefficaces :
entre 1981 et 1990, la consommation d'énergie électrique dans l'agriculture a augmenté de 61 %, celle des engrais minéraux de 22 %, les investissements de 40 %, alors que la production globale du secteur agraire a
seulement augmenté de 12 %[332].

Dans les années 1970, les recettes du budget étaient surtout constituées
par des « roubles pétroliers » et « gaziers ». Dès le début des années 1980,
avec la chute des prix des principaux produits d'exportation, les recettes
nationales diminuent considérablement.

Dans les pays relevant de l'économie de marché, les moyens sont connus
pour se protéger, en cas de chute du prix des matières premières lorsque
celles-ci sont le principal produit des exportations. Il s'agit en premier
lieu de réduire les subventions à l'achat des produits de consommation
courante : l'alimentation, les combustibles, puis de diminuer les investissements dans le secteur public, d'augmenter le prix des produits et des
services des monopoles naturels, ainsi que la fiscalité hors ressources naturelles, de dévaluer la monnaie nationale, et enfin, parfois, de limiter les
importations. Ces mesures ont des effets néfastes sur les entreprises dont
les moyens matériels et techniques viennent de l'étranger. Elles entraînent
aussi la chute du niveau de vie, la stagnation ou la réduction de la production, le chômage. C'est une voie difficile, mais raisonnable, à laquelle on
est obligé de recourir tôt ou tard lorsqu'il y a des changements durables
de conjoncture. Au contraire, penser que ces difficultés sont provisoires et
que l'on peut les surmonter grâce à des emprunts de l'étranger est illusoire.

La société n'est pas nécessairement consciente de la nature des menaces dues aux chocs extérieurs ni du fait que l'aggravation des conditions de vie n'est pas due au pouvoir en place, mais résulte des défis auxquels le pays se trouve confronté. C'est un risque pour le pouvoir en place. Souvent, le gouvernement qui engage des mesures de stabilisation est contraint de démissionner et parfois la crise s'achève par l'effondrement du régime politique.

Les défis dus aux chocs extérieurs pour les pays socialistes ne diffèrent pas beaucoup de ceux qu'affrontent les pays d'économie de marché. Eux aussi dépendent du marché international et de la conjoncture mondiale. La chute des prix des matières premières affecte la balance commerciale. Les autorités sont tenues d'élaborer des mesures permettant de s'adapter aux conditions nouvelles du commerce extérieur. Toute tentative de garder intactes la structure et le volume des importations au moyen d'emprunts extérieurs augmente les risques de faillite nationale. Dans le cas d'une crise profonde du système économique et politique, les mesures de stabilisation peuvent mettre en cause son existence même.

Dans une situation de crise, la particularité des pays socialistes, où les prix sont réglementés par l'État, est que des problèmes financiers ne se traduisent pas par une inflation accrue ni par une dévaluation de la monnaie nationale, mais par l'aggravation de la pénurie. L'État, qui a le monopole du commerce extérieur, doit prendre la responsabilité de réduire les importations, les mécanismes d'adaptation propres à l'économie de marché ne fonctionnent pas. Le gouvernement qui veut tout contrôler doit aussi répondre de tout. Prendre des mesures de stabilisation est un pas politique très difficile à franchir. Si la légitimité du régime socialiste repose sur la thèse que les chefs du Parti savent mieux que le peuple comment organiser la croissance du pays, il est impossible à ces derniers d'avouer qu'ils ont commis une erreur conduisant à la baisse du niveau de vie. Ce serait un suicide politique.

## 2. L'URSS et la chute du prix du pétrole : les raisons d'un choix

Vers le milieu des années 1980 quand l'URSS est confrontée à un choc extérieur, elle est déjà étroitement impliquée dans le marché mondial (tab. 5.6), non seulement comme pays exportateur, mais aussi en tant qu'importateur le plus important de céréales et de produits alimentaires. Du point de vue sociopolitique, la décision de réduire la consommation de produits alimentaires met en péril tous les dirigeants. Cependant, compte tenu de l'impossibilité d'augmenter les exportations de produits non pétroliers ou de réduire les importations en devises qui garantissent le bon fonctionnement de nombreuses industries, dont l'industrie alimentaire, cette décision était inévitable.

Tab. 5.6 : Volumes du commerce extérieur de l'URSS selon les pays 1980-1989

| Activités | 1980 | 1984 | 1985 | 1986 | 1987 | 1988 | 1989 |
|---|---|---|---|---|---|---|---|
| *Total* | | | | | | | |
| Exportations en milliards de roubles | 49,6 | 74,4 | 72,5 | 68,3 | 68,2 | 67,1 | 68,7 |
| Importations en milliards de roubles | 44,5 | 65,3 | 69,1 | 62,6 | 60,7 | 65 | 72,1 |
| Exportations en milliards de dollars | 76,4 | 91,5 | 87,0 | 97,0 | 107,8 | 110,7 | 108,5 |
| Importations en milliards de dollars | 68,5 | 80,3 | 82,9 | 88,9 | 95,9 | 107,3 | 113,9 |
| Exportations en milliards de dollars, 2000 | 141,3 | 135,3 | 124,8 | 136,1 | 147.2 | 146,3 | 1 382 |
| Importations en milliards de dollars, 2000 | 126,8 | 118,7 | 118,9 | 124,8 | 131,0 | 141,7 | 145,0 |
| *Pays socialistes* | | | | | | | |
| Exportations en milliards de roubles | 26,9 | 42,1 | 44,3 | 45,6 | 44,2 | 42,9 | 42,2 |
| Importations en milliards de roubles | 23,6 | 38,2 | 42,2 | 41,8 | 42,1 | 43,4 | 44,7 |
| Exportations en milliards de dollars | 41,4 | 51,8 | 53,2 | 64,8 | 69,8 | 70,8 | 66,7 |
| Importations en milliards de dollars | 36,3 | 47,0 | 50.6 | 59,4 | 66,5 | 71,6 | 70,6 |
| Exportations en milliards de dollars, 2000 | 76,7 | 76.5 | 76,3 | 90,9 | 95,4 | 93,5 | 84,4 |
| Importations en milliards de dollars, 2000 | 67,3 | 69,5 | 72,6 | 83,3 | 90,9 | 94,6 | 89,9 |
| *Pays développés* | | | | | | | |
| Exportations en milliards de roubles | 15,9 | 21,3 | 18,6 | 13,1 | 14,2 | 14,6 | 14,4 |
| Importations en milliards de roubles | 15,7 | 19,6 | 19,3 | 15,9 | 13,9 | 16,3 | 20,5 |
| Exportations en milliards de dollars | 24,5 | 26,2 | 22,3 | 18,6 | 22,4 | 24,1 | 22,8 |
| Importations en milliards de dollars | 24,2 | 24,1 | 23,2 | 22,6 | 22,0 | 26,9 | 32,4 |
| Exportations en milliards de dollars, 2000 | 45,3 | 38,7 | 32,0 | 26,1 | 30,7 | 31,8 | 29,0 |
| Importations en milliards de dollars, 2000 | 44,7 | 35,6 | 33,2 | 31,7 | 30,0 | 35,5 | 41,2 |
| *Pays émergents* | | | | | | | |
| Exportations en milliards de roubles | 6,9 | 10,9 | 9,6 | 9,6 | 9,8 | 9,6 | 10,1 |
| Importations en milliards de roubles | 5,1 | 7,5 | 7,6 | 4,9 | 4,7 | 5,3 | 7,0 |
| Exportations en milliards de dollars | 10,6 | 13,4 | 11,5 | 13,6 | 15,5 | 15,8 | 16,0 |
| Importations en milliards de dollars | 7,9 | 9,2 | 9,1 | 7,0 | 7,4 | 8,7 | 11,1 |
| Exportations en milliards de dollars 2000 | 19,7 | 19,8 | 16,5 | 19,1 | 21,2 | 20,9 | 20,3 |
| Importations en milliards de dollars 2000 | 14,5 | 13,6 | 13,1 | 9,8 | 10,1 | 11,6 | 14,1 |

Note : calcul en dollars effectué d'après le cours officiel de la Gosbank de l'URSS.

Source : Bulletins statistiques *Commerce extérieur de l'URSS pour 1979-1987 et 1989*, Moscou, Finances et statistiques, 1980-1990.

Tab. 5.7 : Importations par l'URSS de matériel
pour diverses branches de l'industrie 1980-1985

| Matériel pour les industries | Importations en millions de roubles | | Importations en millions de dollars (valeur nominale) | | En millions de dollars 2000 | |
|---|---|---|---|---|---|---|
| | **1980** | **1985** | **1980** | **1985** | **1980** | **1985** |
| **Alimentaires** | 455 | 830 | 701 | 996 | 1 297 | 1 429 |
| **Textiles** | 392 | 712 | 604 | 854 | 1 117 | 1 225 |
| **Chimiques** | 1 244 | 1 043 | 1 916 | 1 251 | 3 545 | 1 795 |
| **Canalisations** | 141 | 121 | 218 | 145 | 403 | 208 |

Note : calcul en dollars effectué d'après le cours officiel de la Gosbank de l'URSS.

Source : *Commerce extérieur de l'URSS pour 1979-1987 et 1989, op. cit.*

N. Ryjkov, alors président du Conseil des ministres, témoigne : « En 1986, le marché mondial a connu une chute des prix du pétrole et du gaz qui représentaient le gros de nos exportations. Que pouvions-nous faire ? Le plus logique aurait été de modifier la structure des exportations. Hélas, seuls les pays les plus développés auraient pu le faire assez vite. Notre production industrielle n'était pas compétitive. Si l'on prend, par exemple, la construction mécanique dont l'exportation n'a pas baissé par rapport à 1986, on note qu'elle se fait uniquement vers les pays du Comecon. Les capitalistes achetaient à peine 6 % de tout le volume exporté ! Voilà pourquoi nous exportions surtout des matières premières[333]. »

Le faible niveau technique et la mauvaise qualité des machines sont un obstacle majeur à leur exportation contre devises. Elles ne sont pas adaptées aux besoins du marché extérieur. Seuls 12 % des produits sont compétitifs après finition à l'étranger. Les experts soviétiques estimaient que 62 % des produits destinés à l'exportation étaient dépassés. Pendant les six premiers mois de 1988, plus de 194 000 réclamations concernant des machines exportées furent reçues de l'étranger[334].

La situation en URSS à la fin des années 1980 se résume par un conflit entre une issue économique inéluctable et l'impossibilité politique de réaliser un programme de stabilisation. Les difficultés causées par le choc de l'effondrement des prix du pétrole sont illustrées par des informations concernant, par exemple, l'aviculture (tab. 5.8).

Tab. 5.8 : Nombre de volailles dans la fédération de Russie (1971-2000)

| Année | Millions de têtes |
|---|---|
| 1971 | 358 |
| 1976 | 394 |
| 1981 | 564 |
| 1986 | 628 |
| 1990 | 660 |
| 1996 | 423 |
| 2000 | 339 |

Source : Bulletins statistiques *Économie nationale de l'URSS,
1971-1990 Annuaire statistique de Russie 2004*, Moscou, 2004.

Depuis les années 1970, cette industrie était complètement dépendante des importations de céréales. À l'augmentation du nombre de têtes lorsque le prix du pétrole est élevé fait suite une diminution quand le prix du pétrole baisse. Ce processus aurait dû commencer dès 1986, mais l'augmentation rapide de l'endettement a permis de le repousser jusqu'en 1990. Après la disparition des réserves d'or et des possibilités de change, alors que de nouveaux emprunts sont impossibles, le nombre de volailles redescend au niveau antérieur aux importations massives de céréales. Les bonnes récoltes de 1986 et de 1987 ont permis au gouvernement soviétique de compenser les conséquences de l'effondrement du prix du pétrole en augmentant les achats intérieurs tout en réduisant provisoirement les livraisons de blé en devises à moins de 2 ou 3 milliards de dollars. Mais ce court répit a pris fin en 1988 (tab. 5.9).

Tab. 5.9 : Achats des principaux produits agricoles
aux agriculteurs soviétiques (en milliers de tonnes)

| | 1981-1985 moyenne pour toute la période | 1986 | 1987 | 1988 | 1988 % par rapport à la moyenne de la période 1981-1985 | 1986-1988 moyenne pour toute la période | Moyenne en % pour la période 1986-1988 par rapport à la période 1981-1985 |
|---|---|---|---|---|---|---|---|
| Céréales (total) | 66 643 | 78 787 | 73 347 | 61 375 | 92 | 71 170 | 107 |
| Blé inclus | 33 684 | 43 823 | 35 195 | 34 840 | 103 | 37 953 | 113 |

Source : Direction générale de planification du développement, *L'évolution sociale et économique du complexe agro-industriel en 1988 et au cours du 12e quinquennat*, 20 janvier 1989, Archives nationales d'économie.

Les conditions climatiques, la décision de faire du défrichement des terres vierges la priorité de la politique agricole et le prix du pétrole au plus bas, tout a concouru à créer une situation catastrophique pour le commerce extérieur soviétique et c'est ce qui est à l'origine de la crise politique et économique soviétique. Ce n'est ni la personnalité de M. Gorbatchev ni les erreurs de son équipe[335]. Se résoudre à prendre les mesures nécessaires pour enrayer la crise impliquait un risque, non seulement pour le gouvernement de l'époque, mais pour le régime communiste même. S'y refuser, dans le cas où la situation durerait, impliquait l'effondrement inévitable de l'économie socialiste et de l'empire. Le parallèle entre l'histoire espagnole des XVIe et XVIIe siècles (cf. chapitre 3) et celle de l'Union soviétique à la fin du XXe siècle est frappant.

**Fig. 5.1** : Comparaison de la fluctuation des rentrées de métaux précieux en Espagne aux XVIe et XVIIe siècles et de devises étrangères pour les exportations de pétrole en URSS (1970-1980)

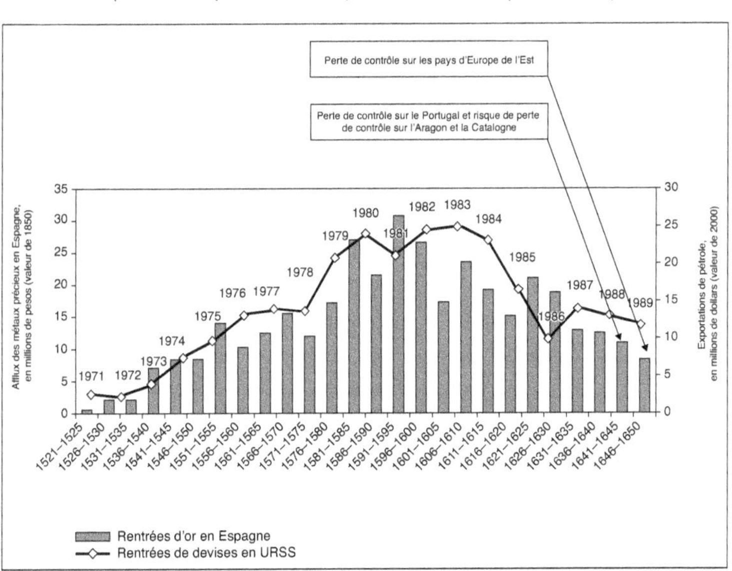


Source : Flynn D.O., « Fiscal Crisis and the Decline of Spain (Castile) », *The Journal of Economic History*, 1982, vol. 42, p. 142 ; *Commerce extérieur de l'URSS*, bulletins statistiques pour 1971, 1973, 1975, 1977, 1979, 1981, 1983, 1985, 1987, 1989, Moscou, Finances et statistiques ; *International Financial Statistics 2005*, FMI.

En 1985-1986, lors de la baisse du prix du pétrole, le gouvernement soviétique disposait encore d'une panoplie de moyens susceptibles de l'aider à maîtriser la crise : la hausse des prix de détail, le rationnement des produits alimentaires, la réduction de la production des industries de transformation afin d'augmenter les exportations de matières premières, la limitation des livraisons de combustibles dans les pays du Comecon qui n'apportaient pas de devises convertibles, une réduction des investissements et des achats de matériel technologique dans les pays occidentaux. On aurait pu tenter de juguler la crise financière due au choc extérieur en augmentant les importations de produits de consommation courante, ce qui aurait augmenté les recettes. Les décisions étaient difficiles à prendre, risquées sur le plan politique, mais responsables sur le plan économique. Décider une hausse des prix de détail revenait à trahir le contrat moral établi dans les années 1950 et 1960 entre la société et le pouvoir, comme en témoigne la tragédie de Novotcherkassk en 1962.

Du point de vue social, il était absurde de maintenir les prix fixes sur les produits alimentaires dans un contexte radicalement différent. Seul un dixième de la population, les plus aisés, bénéficiait des dotations dans le domaine de l'alimentation. Selon des études budgétaires (1989), des familles au revenu mensuel inférieur à 50 roubles par personne payaient un kilo de viande et de charcuterie 1,5 fois plus cher que les familles au revenu mensuel de plus de 200 roubles par personne. Mais la garantie des prix fixes était un pivot du contrat moral entre le pouvoir et la population, assurant la stabilité du régime en contrepartie de la stabilité des conditions de vie.

Dans les années 1980, le gouvernement soviétique n'est pas prêt à envisager sérieusement la question d'une augmentation des prix sans compensation, ce qui est facile à comprendre, la demande de la population étant peu variable par rapport aux prix. Une brusque augmentation des prix n'aurait pas empêché la réduction des importations de blé d'engendrer une pénurie de pain et du fourrage nécessaire à l'élevage. À cette époque, l'excédent monétaire est assez important dans le pays. Les Soviétiques, privés de la possibilité d'acheter des marchandises, sont contraints d'épargner. Même s'il avait décidé une augmentation drastique des prix, le gouvernement soviétique aurait dû tenir compte du risque de voir persister une pénurie des produits de base. Au milieu des années 1980, la menace que cette politique faisait courir sur la stabilité du régime semblait insurmontable.

Le principe du rationnement était inscrit dans la logique du messianisme socialiste. Au milieu des années 1980, ce système d'approvisionnement pour les produits de consommation courante était habituel dans la majorité des territoires soviétiques. Au début de 1986, le ministre du Commerce de l'URSS, G. Vachtchenko, écrit au Conseil des ministres : « L'année dernière, dans la plupart des régions, la commercialisation des produits de l'élevage [...] a été soumise à diverses formes de rationnement, en ce qui concerne de nombreux produits, la demande de la population n'a pu être satisfaite. [...] Les stocks dans les commerces de gros et de détail ont diminué par rapport à l'année précédente. [...] Pour toutes les denrées alimentaires, les vêtements, les chaussures, les stocks sont en dessous de la norme[336]. »

Il est difficile cependant, pour le 60e anniversaire du pouvoir soviétique, d'instaurer un rationnement de l'approvisionnement, y compris dans des villes privilégiées. De plus, le rationnement toucherait toutes les couches de population, ce qui va à l'encontre du principe de consommation différenciée et de la possibilité d'accéder aux produits déficitaires selon le statut social.

L'idée de l'introduction de cartes de rationnement était très populaire. Selon des informations du Centre national d'étude de l'opinion publique, au début de 1991, 60 % des personnes interrogées étaient en faveur de cette idée, 16 % se prononçaient pour une augmentation des prix, qui permettrait de voir réapparaître les produits dans les magasins[337]. Mais le gouvernement n'est pas en mesure de garantir le fonctionnement régulier du système de rationnement au niveau des grandes villes, et *a fortiori* au niveau national. Dans la deuxième moitié des années 1980, cette stratégie est discutée à maintes reprises par les dirigeants, qui la rejettent considérant qu'elle n'est pas réalisable[338].

La réduction de la production des industries de transformation et d'armement aurait permis d'exporter contre devises les matières premières ainsi disponibles. Le risque existait pourtant, en augmentant l'offre de matériaux comme le nickel, le titane, l'acier utilisés pour la production militaire, de déstabiliser le marché mondial et de conduire à une baisse du prix des matières premières. Cette stratégie aurait en outre déclenché un conflit avec les chefs des forces militaires et avec tout le complexe de l'industrie militaire.

Les risques sociopolitiques sont aussi très réels : les usines militaires sont souvent situées dans les villes sans alternative d'emploi. Dans les pays à économie de marché, la diminution de la demande de main-d'œuvre aboutit souvent à des troubles sociaux. Les autorités peuvent prétendre être victimes de la conjoncture économique et de circonstances dont le contrôle leur échappe. Les dirigeants d'un pays socialiste qui diraient aux ouvriers que leur usine, hier encore prospère, doit être fermée, devraient s'attendre à de sérieux bouleversements sociopolitiques.

Au milieu des années 1980, les livraisons de pétrole et des produits dérivés aux pays socialistes sont réduites au profit des pays payant en devises convertibles. Parallèlement, les pays du camp socialiste s'endettent de plus en plus. Vers 1988, l'endettement des pays socialistes envers l'Occident approche 206 milliards de dollars, la dette nette atteint 154,1 milliard de dollars (tab. 5.10)[339].

Tab. 5.10 : Contrainte extérieure des pays socialistes envers l'Occident
(en milliards de dollars nominaux)

|  | 1981 | 1984 | 1986 | 1987 | 1988 |
|---|---|---|---|---|---|
| Pologne, total | 25,9 | 26,9 | 33,6 | 39,3 | 38,9 |
| *Y compris, net* | 25,1 | 25,4 | 31,9 | 36,3 | 36,9 |
| URSS, total | 26,5 | 22,5 | 33,1 | 40,1 | 41,5 |
| *Y compris, net* | 18,1 | 11,2 | 18,3 | 26,0 | 27,2 |
| Tous les pays du Comecon, total | 99,2 | 87,6 | 120,5 | 142,7 | 140,5 |
| *Y compris, net* | 83,2 | 63,3 | 90,9 | 111,2 | 109,8 |
| Tous les pays socialistes, total | 127,8 | 115,7 | 163,9 | 191,2 | 205,7 |
| *Y compris net* | 105,0 | 71,7 | 119,7 | 143,4 | 154,1 |

Source : 13 juillet 1989, Archives nationales.

Pour maintenir l'empire, il ne restait plus que le « dernier argument des rois », la force, mais, à la fin du XXᵉ siècle, la force ne suffit pas pour contrôler un pays vassal.

En 1987, le gouvernement réalise l'ampleur du déséquilibre financier. Le président du gouvernement N. Ryjkov déclare au plénum du CC du PCUS les 27 et 28 janvier 1987 : « Quant à nos finances, la situation est des plus critiques. Le pays est entré dans son douzième quinquennat avec un lourd passif. Nous n'arrivons plus à joindre les deux bouts depuis long-temps déjà, nous vivons grâce à la dette. Le déséquilibre croissant devient chronique, le système financier tout entier est à la limite de la désorganisa-tion. Les finances étaient contrôlées par un petit groupe de personnes, le bien-être général occultait la situation réelle, et cette situation n'a jamais fait l'objet d'une étude critique... [...] La circulation monétaire est dans une situation très difficile évoquée par Mikhaïl Sergueevitch*. Au cours des années 1970-1980, elle s'est désorganisée et nous voyons aujourd'hui naître un processus d'inflation. [...] Le système de change ne se porte pas mieux [...] et le commerce extérieur est fragilisé[340]. »

Pour éviter les tensions entre le pouvoir et le peuple, la riposte naturelle à la crise aurait été de réduire les investissements et d'interrompre les impor-tations massives de produits étrangers. Mais les autorités doivent aussi prendre en compte la réaction des cadres économiques et politiques large-ment représentés au CC du PCUS et pour lesquels ces mesures ne sont guère plus acceptables que la hausse des prix de détail pour la population.

Depuis la fin des années 1920, la principale question dans la vie politique et économique de l'URSS était de savoir dans quelles régions et dans quelles industries investir, quels grands chantiers mettre en œuvre. Dire aux pre-miers secrétaires des *obkoms*** et aux ministres que les investissements dans

---

*  Gorbatchev *(N.d.T.)*.
**  Comités de région *(N.d.T.)*.

leurs régions et dans leurs industries seraient réduits et que le matériel technologique qu'ils voulaient importer ne serait pas livré revenait à enfreindre les règles établies. S'il avait amorcé un mouvement dans ce sens, le sort du gouvernement présidé par M. Gorbatchev aurait été le même que celui du gouvernement de N. Khrouchtchev, à cela près qu'il aurait été immédiatement limogé. Cela ne fait aucun doute compte tenu de la réalité soviétique des années 1980. Il ne faut pas oublier aussi qu'il était impossible de prévoir si ces mesures suffiraient seulement à différer l'aggravation de la crise ou à l'arrêter. Le suicide politique était sûr, les chances d'une issue positive peu probables. Cependant, malgré le nombre toujours croissant de problèmes financiers, la quantité de nouveaux chantiers continuait de progresser (tab. 5.11).

Tab. 5.11 : Nouveaux chantiers en URSS de 1986 à 1988

| Année | Budget global des nouveaux chantiers en milliards de roubles | Pourcentage des investissements dans les chantiers | Pourcentage de nouveaux chantiers dans le PIB |
|---|---|---|---|
| 1986 | 48,5 | 25,0 | 6,1 |
| 1987 | 38,3 | 18,6 | 4,6 |
| 1988 | 59,1 | 27,1 | 6,8 |

Source : Données sur le budget des nouveaux chantiers, archives personnelles d'E. Gaïdar. Pourcentage des investissements dans les nouveaux chantiers dans l'économie et dans le PIB d'après le bulletin statistique : *Économie nationale de l'URSS en 1990*, Moscou, Finances et statistiques, 2000.

Malgré la situation catastrophique des finances, le gouvernement ne se résout pas à réduire ses investissements dans le complexe agro-industriel. Le ministre des Finances de l'URSS, V. Pavlov, écrit dans son rapport sur le budget national pour 1990 : « La situation financière du commerce extérieur continue de s'aggraver, ce qui réduit les recettes budgétaires et affaiblit considérablement nos capacités de liquider le déficit. [...] Les bénéfices ont dramatiquement baissé, jusqu'à ne plus représenter que 14 % des recettes. Par contre, la dette extérieure augmente uniquement en raison des frais. En 1990, presque toutes les recettes des exportations de combustibles seront consacrées au paiement de la dette extérieure et aux intérêts. » Cependant, il poursuit : « Le budget aura une nouvelle orientation sociale, la priorité sera donnée à une augmentation substantielle des investissements dans le complexe agro-industriel. En 1990, on prévoit de lui affecter 116,5 milliards de roubles, soit 8 milliards de roubles de plus que cette année et 10,4 milliards de roubles de plus que les prévisions du plan quinquennal, ce qui implique des charges supplémentaires pour le budget. Mais ces dépenses sont indispensables pour résoudre le problème des produits alimentaires[341]. »

La Gosbank de l'URSS informe le gouvernement soviétique que, selon des experts de l'OCDE, la balance des paiements des pays socialistes européens s'est détériorée, leur situation financière est loin d'être stable et les dettes à court terme (moins de douze mois) constituent la part la plus importante de leur endettement[342].

Au premier semestre 1988, l'OCDE note que la dette extérieure en devises des pays socialistes continue d'augmenter. Jusqu'en septembre, l'URSS reste le partenaire le plus fiable parmi les pays socialistes, y compris la Chine. Le fait que les experts occidentaux aient surévalué les réserves en or avait facilité en 1985-1986 l'accès de l'URSS au crédit. Ils avaient estimé ces réserves à 36 milliards de dollars alors qu'en raison des importations massives de produits alimentaires elles n'étaient plus que de 7,6 milliards de dollars[343].

Bien que les observateurs occidentaux soulignent qu'au cours des trois dernières années la dette du pays a augmenté de 17,6 milliards de dollars dont 10 milliards pour l'endettement à court terme, banquiers et gouvernements étrangers continuent d'accorder à l'URSS des crédits à des conditions avantageuses[344] ce qui permet de garder le même cap politique et de remettre à plus tard la résolution des problèmes.

En 1989, alors que la crise financière est profonde, les chantiers inachevés ont englouti les quatre cinquièmes de l'augmentation des recettes[345]. On peut lire dans les documents de la Gosbank : « Fin 1989, le coût de la totalité des chantiers inachevés est de 180,9 milliards de roubles. En quatre ans, de 1986 à 1989, il a augmenté de 60,5 milliards de roubles, dont 22,6 milliards de roubles pour la seule année 1989[346]. »

Les importations se poursuivent. Souvent l'équipement importé n'est pas utilisé. Le président du Gosstroï (Comité d'État à la constuction), V. Serov, adresse une lettre au Conseil des ministres de l'URSS : « En 1989, les équipements importés qui n'ont pas été utilisés ont augmenté de 1 milliard de roubles, on estime cependant le plan relatif à leur montage rempli à 102,9 %. [...] L'étude du processus de construction et d'utilisation des équipements importés démontre que le retard de la mise en exploitation de certaines usines est dû dans la plupart des cas aux retards des livraisons de la production nationale[347]. » Tout cela illustre l'incapacité des pouvoirs publics à prendre des décisions responsables, alors que s'aggravent les problèmes financiers. Le gouvernement soviétique pour éviter tout conflit avec l'élite économique et administrative continue d'envisager des projets pharaoniques qu'il prévoit de financer par de nouveaux emprunts extérieurs.

La direction de la Banque du commerce extérieur (Vnechekonombank) écrit au gouvernement : « De source certaine, la Banque du commerce extérieur apprend qu'actuellement on achève, ou on a déjà achevé, l'élaboration des dossiers technologiques d'au moins neuf complexes gigantesques pour l'industrie du gaz et du pétrole, dont le montant dépasse

200 millions de roubles chacun et qui doivent être réalisés par des entreprises communes. » Les dépenses pour la réalisation de ces projets sont définies par les caractéristiques préalables du tableau suivant (tab. 5.12).

Tab. 5.12 : Montant global des investissements pour la réalisation des complexes gaziers et pétroliers (en millions de roubles)

|  | Roubles soviétiques | Roubles en devises |
|---|---|---|
| 1. Tobolsk (1ʳᵉ phase)* | 1 062 | 715 |
| 2. Sourgout (1ʳᵉ phase)* | 1 103 | 1 578 |
| 3. Novy Ourengoï (1ʳᵉ phase) | 353 | 311 |
| 4. Tenguiz (estimation minimale) | 139 | 554 |
| 5. Sakhaline-2 (2 gisements) | 4 895 | 3 799 |
| 6. Chevtchenko (2 phases) | 113 | 451 |
| 7. Chourtan (1ʳᵉ phase) | 277 | 256 |
| 8. Nijnevartovsk (1ʳᵉ phase) | 1 816 | 1 997 |
| 9. Ouvat (1ʳᵉ phase) | 859 | 1 300 |
| Total | 10 617 | 10 961 |

Note : selon la dernière version présentée à l'expertise nationale du Gosplan de l'URSS.

Source : lettre du 22 novembre 1989 du président de la direction de la Banque du commerce extérieur de l'URSS Iou. Moskovski au président de la Commission de l'économie internationale d'État du Conseil des ministres, S. Sitarian, et au vice-président du Gosplan, Iou. Khomenko, « La construction en URSS de complexes de gaz et de pétrole par des entreprises communes », archives personnelles d'E. Gaïdar.

Il est prévu de financer ces projets avec des crédits des banques étrangères et des agences d'exportation sous garantie soviétique. Les partenaires étrangers refusent les nantissements des crédits, même contre participation dans le projet, laissant ainsi les risques au partenaire soviétique, des dépenses en devises étant incluses dans l'endettement global de l'URSS[348].

Le gouvernement soviétique, qui refuse de trancher soit en faveur de la hausse des prix de détail pour éviter un conflit avec la population, soit en faveur de la réduction des investissements et des dépenses militaires pour éviter un conflit avec l'élite économique et administrative, risque, alors que la crise s'aggrave, de voir naître un conflit avec les deux parties.

Il n'est pas étonnant que la nouvelle génération des dirigeants ait du mal à comprendre la situation. Traditionnellement, la gestion de l'économie soviétique se faisait sur des paramètres naturels. Les problèmes de l'élevage étaient discutés au plus haut niveau beaucoup plus souvent que le budget du pays. Les chefs de l'industrie et des entreprises considéraient les finances comme un élément de comptabilité incontournable mais fastidieux[349]. Par ailleurs, très peu de personnes, et souvent pas très compétentes, avaient accès aux informations sur le budget réel, les réserves monétaires, l'endettement extérieur, la balance des paiements.

Dans ses mémoires, M. Gorbatchev écrit : « Andropov a demandé à Ryjkov et à moi-même d'examiner encore une fois la situation et de lui communiquer nos conclusions. Soucieux d'évaluer correctement le problème, nous lui avons demandé de nous donner des informations sur la situation du budget, ce qui l'a fait rire : "Elle est bien bonne, celle-là ! Je ne vous laisserai pas fourrer votre nez dans le budget."[350] » Un des proches d'Andropov, V. Krioutchkov, écrit qu'Andropov avouait être profane en économie[351].

Les autorités communistes évincent systématiquement les intellectuels du gouvernement. La politique du Parti dans la gestion des cadres est illustrée par une note d'un des comptes rendus du présidium du CC du PCUS « À propos du camarade Zassiadko ». « On dit que Zassiadko a arrêté de boire et que par conséquent il est bon pour un ministère en Ukraine[352]. » Jusqu'au début de la perestroïka, le nombre de fonctionnaires au pouvoir issus des capitales et des grands centres universitaires avait progressivement diminué au profit des personnes venues du milieu rural et ayant un faible niveau d'études[353]. En 1985, la génération des responsables au pouvoir a un niveau d'études plus élevé que ses prédécesseurs[354]. Mais ni eux ni leurs adjoints n'ont de connaissances en économie, sur la structure du marché mondial, l'interdépendance de la balance du commerce extérieur, du budget et de la distribution. Ils sont incapables d'évaluer les menaces stratégiques qui pèsent sur le pays et pensent que les problèmes les plus importants, le ralentissement de la croissance économique, la faible productivité, le retard par rapport à l'Occident sont dus à l'incompétence de leurs prédécesseurs.

Les propos de M. Gorbatchev à l'été 1990 au plénum du CC du PCUS peuvent être considérés comme une tentative de justification. Il disait cependant la vérité : « Nous avons un lourd héritage. Notre économie et tout l'organisme social souffrent d'un mal chronique, les campagnes sont à l'abandon, l'agriculture, les industries de transformation et la nature sont dans un état désastreux, les infrastructures économiques sont vétustes et nous avons un retard scientifique et technologique énorme. Tout cela n'est-il pas le résultat de la politique économique et technique menée pendant des décennies[355] ? » Ce qui ne signifiait pas pour autant qu'il était capable d'évaluer l'ampleur des problèmes qu'il devait résoudre avec ses collègues.

Le futur président du gouvernement de l'URSS, N. Ryjkov, évaluait ainsi la situation économique à la fin de l'ère brejnévienne : « Je le répète, la situation dans le pays était vraiment grave. Un seul exemple : en 1982, pour la première fois depuis la guerre, on enregistrait une stagnation des revenus de la population, 0 %, selon les statistiques... On pourrait décrire l'état de l'économie nationale par le proverbe suivant : "Où que tu guignes – que de la guigne !" Des problèmes dans la métallurgie, dans l'industrie pétrolière, dans l'électronique, dans la chimie, on peut énumérer toutes les branches sans risquer de se tromper[356]. »

Néanmoins, les nouvelles autorités ne doutaient pas de parvenir à redynamiser l'économie, à relancer le rythme de la croissance et à réduire le retard par rapport aux pays développés.

## 3. Mauvaises décisions en chaîne

Les historiens ne sauront sans doute jamais ce qu'entendaient M. Gorbatchev et E. Chevarnadzé, lorsqu'en 1984, à Pitsounda, ils étudiaient la question de l'impossibilité de laisser la situation se perpétuer. L'étude des archives récemment ouvertes révèle que, lorsque le pouvoir leur revient, ils n'ont aucun plan d'action précis[357]. Lors du plénum du CC du PCUS en janvier 1987, vingt-deux mois après son arrivée au pouvoir, M. Gorbatchev reconnaît que les problèmes sont plus graves qu'il ne pensait[358].

Face à la chute de la production pétrolière en URSS en 1985, les autorités entreprennent des efforts pour redresser la situation, sans trop de succès. Après la visite de M. Gorbatchev dans la région de Tioumen en septembre 1985, le limogeage de certains cadres et l'augmentation des investissements, la chute de la production sont stoppés, ce qui ne résout pas les problèmes dus à l'exploitation intensive des plus grands gisements entre 1970 et 1980.

Le gouvernement soviétique était pleinement conscient des questions soulevées par la chute de la production pétrolière. Dans une réunion du CC du PCUS, le 23 août 1986, M. Gorbatchev déclare : « Je peux être sincère avec vous, camarades, et je vais vous dire que nous devons tous comprendre qu'en raison de la situation actuelle dans l'industrie pétrolière et gazière, nos possibilités d'exportation et, par conséquent, d'importation se sont considérablement réduites. Ce qui nous empêche de maintenir l'équilibre non seulement de la balance du commerce extérieur, mais de l'économie en général. Dans ces conditions, nous devons désormais économiser les devises convertibles. Des sommes importantes sont dépensées pour l'achat de produits agricoles, notamment de céréales et de viande. Nous importons plus de 9 millions de tonnes de produits de laminage, 3 milliards de tuyaux en acier, de grandes quantités de matières premières pour la chimie, la métallurgie, l'industrie textile, etc. Nous les importons parce que nous ne pouvons pas nous en passer[359]. »

La stabilité de l'économie nationale implique l'augmentation de la production de pétrole, même à un rythme plus lent que celui des années 1970, après la mise en exploitation des gisements riches. Mais les coûts sont de plus en plus élevés. Le PDG de la Promstroïbank écrit dans une lettre adressée au gouvernement en 1988 qu'en 1986-1990 il était prévu d'augmenter d'un tiers les investissements dans le complexe énergétique, par rapport aux années 1981-1985 et de tripler le budget de 1971 à 1975. Le pourcentage des investissements dans le complexe énergétique est passé de 14 % au cours du 9e quinquennat à 23 % au cours du 12e, la croissance des investissements est plus rapide que la croissance de la production[360].

M. Gorbatchev ne cache pas sa préoccupation quant aux problèmes engendrés par la chute du prix du pétrole, mais ses discours montrent qu'il ignore l'ampleur du problème. Les mesures adoptées pour maîtriser la crise financière et la balance des paiements ne sont pas discutées au niveau politique et certaines décisions prises à l'époque vont même à l'encontre du programme anticrise.

Alors que la conjoncture est défavorable, le gouvernement porte trois nouveaux coups au système financier du pays[361]. Tout d'abord, avec la campagne contre l'alcool, qui diminue les recettes du budget, puis avec le programme d'accélération du développement économique, qui implique l'augmentation importante des investissements et, enfin, avec la diminution des importations de produits de consommation courante.

L'ex-président du Gosplan de l'URSS, N. Baïbakov, raconte : « Lors de la réunion du secrétariat du CC, nous avons discuté de la réduction de la production des boissons alcoolisées. Pour le plan 1985, la vodka représentait 24 % du chiffre d'affaires et c'est pourquoi j'ai prévenu en disant : "Camarades, ne vous hâtez pas, ça risque de déséquilibrer le budget. Il est question de 25 milliards de roubles…" "Non, a riposté fermement Ligatchev, je propose de réduire immédiatement la production d'alcool et de l'interdire bientôt…" Au cours de la réunion suivante, le secrétariat du CC a étudié les modalités d'exécution, on a enregistré des premiers résultats positifs tout en critiquant les secrétaires du Parti des *obkoms*[*] et des *kraïkoms*[**] pour leur lenteur à réduire la production d'alcool. La proposition a été faite de réduire de 50 % la production dès 1987, pour le 70e anniversaire de la Grande Révolution socialiste d'Octobre et non vers 1990 comme prévu par le plan. Après cette réunion, la lutte contre l'alcool et l'alcoolisme est devenue encore plus acharnée. La production et le commerce des boissons alcoolisées, y compris le vin et le cognac, se sont fortement réduits[362]. » Le plan de 1985, adopté avant la campagne anti-alcool, prévoyait un bénéfice de 60 milliards de roubles sur le commerce de l'alcool ; en 1986, il n'est plus que de 38 milliards de roubles, 35 en 1987 et 40 en 1988 lorsque la campagne anti-alcool est abandonnée[363].

La campagne anti-alcool proposait de réduire la production de vodka et de boissons alcoolisées de 10 % chaque année, la production de boissons alcoolisées à base de fruits devait être complètement arrêtée en 1988. En

---

[*]  Comités régionaux du Parti (*N.d.T.*).
[**]  Comités territoriaux du Parti (*N.d.T.*).

1985-1986, cette production a déjà diminué de moitié. Au début de la campagne anti-alcool, le gouvernement soviétique prévoyait qu'environ 80 % des pertes dues à la réduction du volume des ventes seraient compensées par la hausse des prix de l'alcool[364], l'avenir a montré que c'était une erreur.

Au XXVIIe congrès du PCUS, l'objectif fixé est de doubler le potentiel économique avant l'an 2000, avec une augmentation des constructions mécaniques de 1,7 fois et, au début des années 1990, des produits industriels dont la qualité rattrape le niveau mondial.

Les statisticiens ont pu constater une certaine croissance en 1985-1986, avec un mode de calcul erroné. Le bilan ne tenant pas compte du commerce de l'alcool, les résultats étaient tout simplement doublés[365]. Malheureusement, les bidouillages statistiques ne peuvent pas régler une crise financière alors que les mesures appliquées et la chute du prix du pétrole font augmenter de façon fulgurante le déficit du budget (tab. 5.13, 5.14, 5.15, 5.16).

**Tab. 5.13** : Conséquences de l'effondrement du prix du pétrole sur les revenus des ventes de pétrole et des produits dérivés entre 1984 et 1987

|  | 1984 | 1985 | 1986 | 1987 |
|---|---|---|---|---|
| **Revenus du pétrole et des produits dérivés en milliards de roubles** | 30,9 | 28,2 | 22,5 | 22,8 |
| **Ventes dans les pays capitalistes développés** | 13,6 | 10,6 | 5,5 | 7,1 |
| **En pourcentage du PIB** | 4,04 | 3,63 | 2,82 | 2,76 |
| **En pourcentage du PIB dans les pays capitalistes développés** | 1,8* | 1,4* | 0,7 | 0,9 |

Note : Gaïdar E., « De bonnes intentions », *Pravda*, 24 juillet 1990.

Source : calculs en % du PIB d'après les données des années 1984 à 1987. Cf. Sinelnikov S.G., *Crise budgétaire en Russie : 1985-1995, op. cit.*

**Tab. 5.14** : Résultats économiques de la campagne anti-alcool (1985-1987)

|  | 1984 | 1985 | 1986 | 1987 |
|---|---|---|---|---|
| **Revenus de la taxe sur les boissons alcoolisées, en milliards de roubles*** | 36,7 | 33,3 | 27,0 | 29,1 |
| **Revenu de la taxe sur les boissons alcoolisées, en pourcentage du PIB** | 4,8 | 4,3 | 3,4 | 3,5 |
| **Chiffre d'affaires des ventes au détail de boissons alcoolisées, en milliards de roubles *** | 52,8 | 47,7 | 37,0 | 36,6 |
| **Chiffre d'affaires des ventes au détail de boissons alcoolisées, en pourcentage du PIB** | 6,9 | 6,1 | 4,6 | 4,4 |

Archives privées d'E. Gaïdar.

Source : calculs en % du PIB, cf. Sinelnikov S.G., *Crise budgétaire en Russie : 1985-1995, op. cit.*

Tab. 5.15 : Production de boissons alcoolisées en URSS (1985-1988),
en millions de décalitres

|  | 1985 | 1986 | 1987 | 1988 |
|---|---|---|---|---|
| **Vodka** | 251,2 | 156,6 | 123,6 | 136,9 |
| **Vin** | 386,8 | 189,5 | 156,7 | 184,7 |
| **Cognac** | 8,5 | 8,8 | 9,4 | 11,3 |
| **Bière** | 667,8 | 496,9 | 514,6 | 564,8 |
| **Champagne** | 21,9 | 20,7 | 20,6 | 21,8 |

Source : Sinelnikov S.G., *Crise budgétaire en Russie : 1985-1995, op. cit.*

Tab. 5.16 : Importations des produits de consommation courante,
en milliards de roubles

|  | 1984 | 1985 | 1986 | 1987 | 1er semestre 1987 | 1er semestre 1988 |
|---|---|---|---|---|---|---|
| **Importations de produits manufacturés de consommation courante** | 7,6 | 8,7 | 8,4 | 7,9 | 3,8 | 4,2 |
| **Dont des pays capitalistes développés** | 1,2 | 1,5 | 1,1 | 0,8 | 0,4 | 0,4 |
| **Produits manufacturés de consommation courante importés dans le commerce de détail** | 27,1 | 33,0 | 30,2 | 24,8 | 10,4 | 11,5 |

Source : Iou.V. Ponomarev à l'adjoint du premier vice-président du gouvernement de la fédération de Russie, V.B. Bogdanov, « Informations sur la dette extérieure, au 1er janvier 1992 », 15 mai 1992, archives privées d'E. Gaïdar.

Le déséquilibre financier entraîne à son tour l'augmentation de la pénurie des biens de consommation courante. Le ministre du Commerce de l'URSS, K. Terekh, écrit dans une lettre au Conseil des ministres (décembre 1987) : « Le ministère du Commerce informe de la pénurie qui touche plusieurs produits de consommation courante. Les changements sur le marché et, notamment, l'augmentation de la demande de certains articles sont dus à la réduction considérable de la vente des boissons alcoolisées. [...] Avant 1985, la vente de sucre, d'alcool et d'autres denrées était fluide, on trouvait à la vente une gamme d'articles très large : eau de Cologne, lotion, fixateur de coiffure, pâte dentifrice, etc. Au deuxième semestre 1986, la demande en sucre explose, les ventes augmentant de 22 % entre juillet et décembre. Les réserves de sucre pour le commerce de détail diminuent de 625 millions de tonnes en 1986, on s'attend à une diminution de 700 millions en 1987[366]. » Le ministre fait savoir plus loin qu'en 1986 les ventes d'eau de Cologne à Moscou ont augmenté de 1,5 fois, que dans toutes les régions de la république de Russie la vente de produits contenant de l'alcool et de dentifrice est soumise à des conditions particulières, et que, par ailleurs, la fabrication de colle a augmenté de 30 %, celle du détergent pour les vitres de 15 %[367]. Dans cette lettre, le ministre ne cache pas son indignation envers les initiateurs de la campagne anti-alcool, qui déstabilise le marché de la consommation dont il a la responsabilité.

Tab. 5.17 : Changements des prix moyens et des prix courants de détail des articles de base (dans tous les réseaux de réalisation)

| | 1989, en % par rapport à 1985 | | | 1989, en % par rapport à 1988 | | |
|---|---|---|---|---|---|---|
| | **Tous articles** | **Produits alimentaires** | **Autres** | **Tous articles** | **Produits alimentaires** | **Autres** |
| **Prix des produits** | 109,5 | 112,5 | 106,7 | 102,2 | 100,8 | 103,5 |
| **Prix moyens** | 110,4 | 113,9 | 107,3 | 103,0 | 102,0 | 104,0 |
| **Prix courants** | 104,2 | 110,9 | 98,6 | 100,7 | 100,8 | 100,6 |

Note : chiffres recueillis dans 150 chefs-lieux d'*oblasts*, de *kraïs*, de républiques sur 650 produits. Les prix kolkhoziens ont été enregistrés tous les mois dans 264 villes pour 105 produits.

Source : Belov N.G. (premier vice-président du Goskomstat de l'URSS) au président du Conseil des ministres de l'URSS, N.I. Ryjkov. Prix des produits de consommation courante. 7 août 1990, Archives nationales.

Le responsable de la Direction générale de l'information auprès du Conseil des ministres de l'URSS, V. Kossov, signale lui aussi l'évolution négative de la situation sur le marché de consommation[368].

Avec les problèmes d'approvisionnement, l'augmentation des prix accélère (tab. 5.17) et désormais leur stabilité est illusoire.

En trois ans de quinquennat (1986-1988), par rapport aux chiffres du plan, les recettes ont diminué de 31 milliards de roubles tandis que les dépenses ont augmenté de 36 milliards. En 1986, l'émission monétaire était de 3,9 milliards de roubles, en 1987, elle était déjà de 5,9 milliards et de 11,8 milliards en 1988 (l'émission annuelle moyenne au cours du 11e quinquennat était de 3,6 milliards de roubles). Pour évaluer la demande insatisfaite, la Gosbank se base sur le rapport entre le volume de la circulation monétaire et le chiffre d'affaires pour la période de 1959 à 1961. Selon cette méthode, l'excédent d'argent liquide en circulation était, au 1er janvier 1986, de 29 milliards de roubles et, au 1er janvier 1988, de 35 milliards. L'excédent a augmenté de 15 milliards de roubles de 1971 à 1980, et de 16 milliards de 1981 à 1987.

Selon le ministère des Finances de l'URSS et le Goskomstat, le déficit du budget en 1985 était de 18 milliards de roubles et, en 1988, de 90,1 milliards. Certaines prévisions annoncent un déficit de 92,2 milliards en 1989. Au début de l'année, la dette est de 312 milliards de roubles[369], fin 1989 elle atteint 400 milliards, soit 44 % du PIB[370]. Les ressources de la Gosbank et l'épargne populaire sont massivement utilisées pour couvrir les dépenses du budget. 65 milliards de roubles sont ainsi investis dans l'agriculture, avec un crédit prévu jusqu'à 2005[371].

Au printemps 1988, le gouvernement de l'URSS discute un programme de mesures destiné à assainir l'économie et la circulation monétaire, visant l'équilibre dans tous les domaines de l'économie au début du 13ᵉ quinquennat (1991). Afin d'y parvenir, il est prévu que les ministères mobilisent 37,8 milliards de roubles de financements supplémentaires et les républiques 58 milliards de roubles.

Le 17 juillet 1988, le président du Conseil des ministres, N. Ryjkov, le président du Gosplan, Iou. Maslioukov et le président du Gossnab (Comité d'État à l'approvisionnement), L. Voronine, informent le CC du PCUS par lettre des graves déséquilibres de l'économie nationale. Cette information n'a aucune répercussion sur le plan pratique. Le déficit budgétaire prévu pour 1989 dépasse celui de 1988 (10 % du PIB)[372].

La Gosbank de l'URSS fait savoir au gouvernement que la situation dans le domaine de la circulation monétaire s'est brusquement aggravée : « Selon nos experts, au début des années 1970, la masse monétaire correspondait pratiquement à la demande de circulation de la monnaie. Entre 1971 et 1980, la masse monétaire a augmenté de 2,3 fois, et les revenus de la population de 1,8 fois. [...] Au début des années 1980, la demande insatisfaite en denrées et services s'est traduite par un excédent de 19 milliards de roubles en circulation. Entre 1981 et 1985, la circulation de monnaie scripturale a augmenté de 34,1 %, les revenus de la population de 22,6 % et le commerce de détail de 19,8 %. Vers 1986, l'excédent de monnaie était de 29 milliards. Selon des prévisions, les revenus de la population en 1990 devaient augmenter de 52,8 % par rapport à 1985, le commerce de détail de 42,5 %. Vers la fin de 1990, la masse de monnaie scripturale devait donc dépasser de 90,5 % le niveau de 1985. Au début de 1990, la Gosbank évaluait l'excédent des liquidités en circulation à 47 milliards de roubles et le montant total de la demande insatisfaite en denrées et services à 105 milliards[373]. » Le tableau 5.18 illustre la situation.

**Tab. 5.18** : Émissions monétaires de 1986 à 1989

| Période | Émission monétaire annuelle, en milliards de roubles | Rythme de croissance de l'émission monétaire, en % |
|---|---|---|
| 1986 | 3,9 | 8,3 |
| 1987 | 5,9 | 51,3 |
| 1988 | 11,8 | 100,0 |
| 1989 | 18,3 | 55,1 |

Note : la croissance pour 1986 est indiquée par rapport au chiffre de 3,6 milliards de roubles, chiffre moyen annuel de l'émission de monnaie entre 1981 et 1985.

Source : calculs d'après Archives nationales d'économie.

C'est seulement vers la fin de 1988 que le gouvernement soviétique réalise le lien entre le dysfonctionnement du système financier, la circulation monétaire et la progression de la pénurie[374]. Mais les finances du pays et le marché sont déjà dans une situation désastreuse.

À l'automne 1988, les dirigeants du pays prennent la décision de mettre fin à la campagne anti-alcool. Selon les experts qui analysent les volumes de vente du sucre par rapport à 1984, la fabrication illégale d'alcool a augmenté de six fois. Le commerce parallèle a totalement compensé la baisse de l'offre du commerce d'État[375].

En septembre 1988, le président du Conseil des ministres de l'URSS, N. Ryjkov, adresse une note au Politburo du CC du PCUS : « Les trois dernières années, compte tenu de la réduction radicale de la production d'alcool, les files d'attente dans les magasins ont doublé. [...] En raison de la restriction de l'offre en boissons alcoolisées, une grande partie de la population s'est tournée vers des produits alimentaires, vêtements, chaussures, articles de bonneterie, produits culturels, artistiques ou ménagers. [...] Dès le deuxième semestre 1986, on note une augmentation sensible des ventes de sucre, confiserie (caramel, pains d'épice), jus de fruits, sauce tomate et autres produits utilisés pour les alambics. En 1987, les ventes de sucre ont augmenté de 1,43 million de tonnes, atteignant 9,28 millions de tonnes, soit 18 % par rapport à 1985, dont, selon le Goskomstat, 1,4 million utilisé pour la fabrication clandestine d'alcool, soit 140 à 150 millions de décalitres qui ont remplacé les ventes de vodka et de boissons par l'État[376]. »

En 1989, le gouvernement exprime publiquement sa préoccupation au sujet de la situation financière du pays. En janvier, M. Gorbatchev a présenté un programme de réduction des dépenses militaires de 14,2 % et de 19,2 % sur les armements. Ces mesures doivent s'étaler sur deux ans[377]. Le 30 mai 1989, devant le Congrès des députés du peuple, il déclare : « Le pays vit toujours au-dessus de ses moyens. Pour ce quinquennat, les dépenses augmentent plus vite que nos recettes, d'où le déficit croissant du budget. Du point de vue économique, c'est une situation inadmissible qui reflète les erreurs dont la responsabilité incombe tout d'abord au ministère des Finances. Au lieu de baisser, comme prévu par les décisions du XXVIIe Congrès, les investissements dans des chantiers inachevés ont augmenté de 30 milliards de roubles[378]. »

Le 15 mars 1989, par arrêté, le CC du PCUS et le Conseil des ministres de l'URSS décident la réduction des dépenses et l'augmentation des recettes de 29,3 milliards en 1989 et de 33,7 milliards en 1990. Cet arrêté prévoit la restriction des chantiers industriels. Ces dépenses seraient réduites de 7,5 milliards. Des recettes supplémentaires seraient garanties par l'impôt sur le chiffre d'affaires (1,1 milliard), les échanges internationaux (4,1 milliards), la restructuration des importations-exportations pour augmenter leur efficacité[379].

Face à la menace que représentent les problèmes financiers, les dirigeants soviétiques choisissent le risque d'un conflit avec la classe politique et administrative, considérant que c'est un moindre mal.

## 4. Problèmes croissants de l'économie soviétique

Les documents que le ministère responsable de l'Industrie pétrolière envoie au gouvernement deviennent de plus en plus alarmants, comme dans cet extrait du mémoire de V. Dinkov du 30 juillet 1989 : « Le ministère de l'Industrie pétrolière de l'URSS juge indispensable de rendre compte au Conseil des ministres de la situation complexe dans notre branche quant aux prévisions, pour 1989, sur les livraisons de pétrole aux entreprises de l'industrie pétrolière et à l'exportation. Au deuxième semestre, les livraisons devraient faire défaut à hauteur de 10 millions de tonnes. [...] Au deuxième semestre de 1988, la réalisation des objectifs du plan d'extraction du pétrole inspirait déjà une profonde inquiétude. [...] Les décisions de la commission du Conseil des ministres et du ministère des Constructions mécaniques de la chimie, destinées à remédier au manque d'équipements pour l'exploitation pétrolière, notamment des nouveaux sites dont la mise en service était prévue en 1989 et 1990, n'ont pas été appliquées. Le programme de modernisation technique de l'industrie pétrolière en équipements et machines modernes a pratiquement échoué. [...] La situation se complique du fait que le Gosplan, par l'arrêté n° 33 en date du 16 juin 1989, a diminué les ressources matérielles et techniques allouées pour l'année 1989 à la production du pétrole. Étant donné, d'une part, le déséquilibre entre le programme de production pour l'année 1989 et, d'autre part, les investissements, les ressources matérielles et techniques, la dégradation des conditions géologiques des exploitations, le ministère de l'Industrie pétrolière de l'URSS estime les possibilités d'extraction du pétrole à 591,6 millions de tonnes, ce qui est inférieur de 10,8 millions de tonnes à ce qui est prévu par la commande d'État, et de 17,8 millions de tonnes aux objectifs[380]. Depuis la fin de 1988, la situation économique se dégrade de plus en plus vite en raison de la nouvelle baisse de la production de pétrole. Le ministère de l'Industrie pétrolière et gazière adresse, au mois d'août 1989, le mémoire suivant au gouvernement : "À l'heure actuelle, la situation est devenue particulièrement critique, les conséquences en sont imprévisibles. le ministère du Pétrole et du Gaz de l'URSS estime nécessaire de diminuer la commande de pétrole de l'État. Le ministère (Minneftegazprom) vous prie par conséquent de diminuer la commande d'État pour l'année 1989 de 15,5 millions de tonnes[381]." »

Aux difficultés accrues pour l'extraction du pétrole s'ajoute la crise économique générale. Le secrétaire du CC du PCUS, V. Medvedev, décrit ainsi l'évolution de l'économie soviétique en 1989 : « L'année 1988 a été la dernière année à peu près normale. Une crise économique profonde a commencé, affectant en premier lieu le marché de la consommation qui a atteint un niveau d'instabilité tel que la moindre défaillance entraîne une flambée de la demande. Disparaissent du marché, à tour de rôle, le sucre et les produits de confiserie, le dentifrice, le savon et la lessive, les cahiers, les piles, les fermetures Éclair, sans parler de la viande, des chaussures, des fourrures, etc. La réforme économique s'embourbe dans les fondrières bureaucratiques. Après le plénum du mois de juin, aucune mesure ne permet d'espérer une amélioration. [...] Le programme des réformes économiques de 1980 est enterré. Le pire est que la masse des liquidités et des revenus de la population et la spirale inflationniste échappent à tout contrôle[382]. »

Les résultats des sondages de l'Institut national de recherches de la conjoncture et de la demande indiquent que, vers la fin de 1989, sur 989 produits de consommation courante, 11 % sont en permanence disponibles à la vente. Les téléviseurs, les réfrigérateurs, les lave-linge, les détergents, et la plupart des produits d'entretien, le mobilier, les produits de parfumerie et d'hygiène, tout ce qui en 1987 encore se trouvait sur les rayons, y compris les crayons et la toile cirée, a disparu[383].

La Banque nationale alerte les pouvoirs des problèmes croissants de la circulation monétaire : « En 1989, les difficultés de la circulation monétaire s'accentuent ; le fossé entre les revenus et les dépenses de la population s'est creusé ; l'émission de monnaie s'est accrue ; la satisfaction de la demande de la population en biens et en services a empiré ; le pouvoir d'achat du rouble a baissé, ce qui a des conséquences sur le plan social. Toutes ces difficultés sont dues au fait que les directives du Plan, relatives au revenu national, à la productivité du travail public, à la production industrielle, agraire et à la production des biens de consommation courante n'ont pas été suivies en 1989. Dans ces conditions, l'augmentation des revenus de la population a dramatiquement dépassé les chiffres du plan, augmentant de 12,9 %, par rapport au 1,2 % prévu, soit 57 milliards de roubles en plus. Les revenus de la population dépassent de 1,4 fois l'accroissement des dépenses. Le montant des liquidités, des dépôts, des divers certificats, titres d'emprunts a augmenté de 61,9 milliards de roubles, soit 11,1 % des revenus. Le bas de laine des Soviétiques atteint 41,8 milliards de roubles en 1988, c'est-à-dire 8,5 % du montant des revenus contre 31,8 (7 %) en 1987, 27,7 (6,4 %) en 1986 et 17,3 milliards (4,4 %) dans les années

1981-1985. Au début de 1990, la Gosbank estime à presque 110 milliards, contre 60 milliards au début de 1986, l'excédent d'argent dont dispose la population [...]. La Gosbank n'a pas utilisé les émissions de monnaie pour permettre des crédits : ceux consacrés à l'économie nationale ont diminué de 133,5 milliards de roubles pendant les quatre années du quinquennat (1986-1989), dont 16,7 en 1989. En même temps, la banque continue à financer le déficit du budget national. Fin 1989, la dette budgétaire envers la Gosbank est de 350,1 milliards de roubles, elle a augmenté de 243,4 milliards par rapport au début du quinquennat (janvier 1986). Le fait que les dépenses de l'État dépassent systématiquement les recettes est la cause principale de la dépréciation du rouble[384]. »

À cette époque, les prix sont fixes et la crise financière n'entraîne pas encore une inflation trop sensible mais plutôt une pénurie des biens de consommation. La logique de ce qui se passe n'est pas encore bien comprise par la société.

D'après des lettres de la population au CC du PCUS en 1989 : « Que se passe-t-il avec l'approvisionnement de la population ? Où sont passés les biens de consommation courante ? La situation se dégrade de jour en jour. Nous voudrions connaître la cause du passage du rationnement du sucre de 2 kg à 1,5 kg par personne » (Pavlovsk). « Dans notre ville, le savon et la lessive ont disparu des rayons. Nous avons montré une certaine compréhension quand le sucre a été rationné. Mais, à présent, les pouvoirs locaux ont fixé une norme ridicule de vente des détergents, et nous en sommes indignés au plus haut point. Pourriez-vous nous expliquer qui est responsable de cette pénurie ? » (Alexandrov). « Que faire pour arriver à nourrir mon petit Egor qui a cinq mois ? Ni jus de fruits ni compotes pour enfants. Pas de farine pour les bébés dans toute la ville » (Apatity)[385].

Bien que conscients de la situation, les pouvoirs ne parviennent pas à trouver des solutions pour la stabiliser. Un mémoire du service agraire du CC du PCUS (juillet 1989), adressé au Comité central, annonce : « Récemment l'approvisionnement de Moscou s'est considérablement dégradé en produits laitiers, charcuteries, confiseries qui ne sont pas en vente plusieurs jours de suite. Par ailleurs, la variété de ces produits est de plus en plus restreinte. Les rayons de nombreux magasins restent vides presque toute la journée[386]. »

« Malgré les encouragements matériels pour la vente de blé à l'État, les stocks n'ont pas dépassé 6,2 millions de tonnes, alors que le besoin est de 14-15 millions de tonnes. L'année dernière, les livraisons ont baissé de 1,8 fois par rapport à 1986. Alors que les récoltes (par quinquennats) sont restées stables ces vingt dernières années (90 millions de tonnes en 1966-1970 contre 85 millions en 1985-1988), le stock de blé pour la boulangerie est passé de 41 à 24 millions de tonnes, le blé dur de 3,0 à 1,1 million de tonnes[387]. » Il manque 43,7 millions de tonnes de céréales[388]. La situation sur les stocks d'État de céréales en 1988 est représentée par le tableau 5.19.

Tab. 5.19 : Répartition des livraisons des céréales de la moisson de 1988 dans les républiques de l'Union

| | Commande d'État en 1988 (en milliers de tonnes) | Stock total y compris prêt au 01.01.89 (en milliers de tonnes) | % d'exécution du plan sans prêt | 1987 (en milliers de tonnes) | De 1986 à 1988, moyenne/an (en milliers de tonnes) | De 1981 à 1985, moyenne/an (en milliers de tonnes) | En 1988, en % (par rapport à 1987) | De 1986 à 1988, en % (par rapport à 1981-1985) |
|---|---|---|---|---|---|---|---|---|
| **URSS** | 85 721 | 61 375 | 70 | 73 089 | 71 084 | 66 643 | 84 | 107 |
| **RSFSR** | 47 000 | 29 165 | 60 | 34 909 | 35 385 | 35 002 | 84 | 101 |
| **Ukraine** | 17 500 | 17 321 | 98 | 18 057 | 16 866 | 13 367 | 96 | 126 |
| **Kazakhstan** | 16 400 | 9 749 | 58 | 14 601 | 13 678 | 12 665 | 67 | 108 |

Source : Cheloudko M., « Compte rendu de l'exécution du plan de développement économique et social par le ministère des Produits céréaliers de l'URSS en 1988 sur trois années du 12e quinquennat », 26 janvier 1989, Archives nationales d'économie.

Le ministère des Produits céréaliers déclare au gouvernement : « Au 1er janvier 1989, le stock de céréales de l'État est de 61,3 millions de tonnes (le plan étant de 85,7 millions de tonnes). Il manque 30 % pour réaliser la commande d'État, dont 40 % à la RSFSR, 42 % au Kazakhstan, 52 % à l'Estonie. Par rapport au niveau de 1987, les stocks ont baissé de 16 %, soit 217 000 tonnes de blé, 860 000 de seigle, 179 000 de sarrasin, 551 000 de millet, de 458 000 de légumineuses, 7 186 000 d'orge, 928 000 d'avoine. [...] Dans certaines régions où la récolte a été abondante, les ventes des céréales à l'État ont été empêchées[389]. »

Dans les années 1989-1990, un nouveau paramètre vient s'ajouter à la crise de la balance commerciale. Suite aux mauvaises récoltes de céréales un peu partout dans le monde, la demande dépasse l'offre. Ce sont les prix du blé qui ont le plus augmenté (tab. 5.20).

Tab. 5.20 : Prix du blé sur le marché mondial dans les années 1987-1990

| Année | 1987 | 1988 | 1989 | 1990 |
|---|---|---|---|---|
| **Prix moyen, en dollars US 2000/tonne** | 133 | 176 | 207 | 178 |

Note : les prix du marché mondial sont calculés sur la base de la moyenne des prix des États-Unis, de l'Australie et de l'Argentine.

Source : calculs selon FMI IFS 2005.

Deux mémoires adressés au gouvernement illustrent parfaitement la situation :

« En raison de la situation particulièrement difficile relative aux céréales fourragères, le bilan prévisionnel de ces cultures sur la moisson de l'année 1989 que nous vous présentons montre qu'il manquera 30,7 millions de tonnes de céréales cette année. [...] Il nous semble donc qu'il est indispensable de prendre au plus vite la décision d'en importer[390]. »

« Le ministère du Commerce de l'URSS informe que le Gosplan de l'URSS (cf. arrêté n° 105 du 31 décembre 1988), suite à la décision du Conseil des ministres de l'URSS, a diminué les fonds alloués au marché dès le premier semestre 1989, pour 1 266 000 tonnes de farine, 519 000 tonnes de gruau. Cela correspond à une baisse de 395 000 tonnes (2,6 %) sur la consommation du premier semestre de 1988, sans compter Moscou, Leningrad et d'autres destinations. Compte tenu de l'insuffisance de la production de légumes et de la pénurie de certaines denrées comestibles, la demande de produits céréaliers augmente par rapport au quatrième trimestre de 1988 en Ukraine, Géorgie, Lettonie, Kirghizstan, Tadjikistan, Arménie, ainsi que dans les républiques autonomes du Daguestan, d'Ossétie du Nord, de Tchétchéno-Ingouchie, d'Oudmourtie, et dans les régions administratives de Moscou, de Kalinine, de Kaliningrad[391]. »

En Ukraine, longtemps considérée comme le grenier du pays, la situation est aussi catastrophique. Le Conseil des ministres de la République ukrainienne signale au Conseil des ministres de l'URSS un problème latent d'approvisionnement en farine et en produits céréaliers[392].

Le vice-ministre du Commerce de l'URSS, P. Kondrachev, rapporte au Conseil des ministres de l'URSS (juillet 1989) : « Le ravitaillement en produits céréaliers au deuxième trimestre a été difficile. La consommation dans la période concernée dans la plupart des républiques de l'Union a dépassé les fonds prévus. Malgré les avances accordées par le Conseil des ministres de l'URSS et le ministère des Produits céréaliers, à valoir sur les fonds du deuxième semestre, pour 420 tonnes de farine et 195 tonnes de gruau [...], dans les villes et les villages la farine a manqué sur le marché[393]. »

La crise céréalière s'accompagne de la dégradation du marché des biens manufacturés. En octobre 1989, le président du comité d'État pour les statistiques de l'URSS informe le Conseil des ministres qu'au troisième trimestre, les stocks du commerce de gros et de détail ont diminué de 5 %. Au 1er octobre, ils étaient de 17 % inférieurs aux normes. Malgré une augmentation de 5,5 fois des importations de savon et de détergents, augmentant les livraisons de 29 % par rapport à l'année passée, la vente du savon dans la plupart des régions est rationnée et il y a une pénurie aiguë de détergents synthétiques. Le tabac disparaît aussi des rayons de façon sporadique[394]. Dans cette situation, il est difficile pour les dirigeants de définir des priorités : affecter aux importations de céréales des fonds qui fondent à vue d'œil ou bien les investir pour tenter de stabiliser la situation de l'approvisionnement en biens de consommation manufacturés.

D'après le protocole de la séance du présidium du Conseil des ministres de l'URSS (octobre 1989), « comme auparavant les consommateurs connaissent des difficultés pour l'achat de produits de boucherie, d'huile, de beurre, de confiseries, de sucre et de thé mais aussi pour s'approvisionner en farine, gruau, fruits et légumes, poisson, cigarettes et tabac. La situation dans la production de biens non comestibles est devenue très difficile, y compris pour ce qui est du textile, des chaussures, des collants pour enfants, des cahiers, des allumettes[395] ».

Vers la fin de l'année 1989, les problèmes liés à la crise financière et les risques afférents sont au centre des débats et des préoccupations des dirigeants. D'après l'exposé du gouvernement de l'URSS au deuxième Congrès des députés du peuple en novembre 1989, « tout cela a conduit à un dysfonctionnement sérieux des finances de l'État, de la circulation monétaire et du marché de consommation. L'augmentation du budget pendant les trois premières années du quinquennat a été permise par les crédits. En 1989, le déficit du budget atteint 92 milliards de roubles, soit 10 % du PIB. L'émission de billets de banque atteint 18 milliards de roubles contre 4 milliards en 1985. La pénurie touche de plus en plus de produits, le rouble se déprécie et cesse de remplir ses fonctions de monnaie d'échange, ne pouvant plus normalement fonctionner pour le développement du marché socialiste. Les processus inflationnistes s'accentuent. L'endettement extérieur s'accroît, surtout en devises convertibles. Pendant le quinquennat actuel, il a augmenté de presque 18 milliards de roubles[396] ».

Les documents cités montrent que le pouvoir est enfin conscient de la gravité de la situation du marché et des finances de l'État. Mais il est aussi évident que les auteurs de ces documents n'ont aucune idée des moyens à employer pour mettre fin à la crise. Vers le milieu de 1989, le rating de l'URSS pour l'obtention de crédit reste relativement haut. Les analystes occidentaux s'inquiètent néanmoins déjà de l'accroissement rapide de l'endettement soviétique et de la part sensible dans cet endettement des crédits à court terme (11,4 milliards de dollars US). Ces analystes estiment les intérêts de la dette de l'Union soviétique à 8,3 milliards de dollars US pour 1988, et à 8,8 milliards en 1989[397].

Dès 1989, les grosses sociétés occidentales qui commercent depuis longtemps avec l'URSS constatent des retards de paiement des importations et les difficultés de paiement des contrats conclus par les organismes de commerce extérieur soviétiques deviennent évidentes[398].

Compte tenu des difficultés que connaît le commerce extérieur, il semblerait judicieux de faire en sorte que les pays satellites remboursent les crédits à taux très favorables que leur avait accordés l'Union soviétique, mais cela est devenu pratiquement impossible. Le Politburo du CC du PCUS rédige un compte rendu le 23 août 1989 : « Les principaux intérêts dus à l'URSS sont liés à la dette des pays en voie de développement... sur les crédits d'État (dette officielle). Elle s'élève, en janvier 1989, à plus de 61 milliards de roubles (soit près de 85 % de l'endettement global des pays en voie de développement envers l'URSS), dont plus de 32 milliards de roubles pour les pays socialistes en voie de développement : Vietnam, Cuba, Corée du Nord, Libye, Mongolie et Nicaragua. [...] Compte tenu de la solvabilité réelle de ses partenaires, l'URSS est contrainte d'annuler partiellement leur dette. Très récemment nous avons accepté le report partiel des paiements de l'Algérie, de l'Angola, du Vietnam, de l'Irak, de Cuba, de la Libye, de la Corée du Nord, de la Mongolie et du Nicaragua pour 7 milliards de roubles dus depuis les années 1989 et 1990. On observe, de plus, chez nos amis du tiers-monde une tendance à considérer leurs paiements aux pays occidentaux comme prioritaires, présumant qu'avec nous ils pourront toujours s'arranger plus tard. Notre attitude conciliante les a confortés dans cette opinion. Guidés par des principes idéologiques, nous n'avons pas pris en compte le fait que l'intérêt de la coopération économique devait être mutuel[399]. »

Fin 1989, avec l'amplification de la crise monétaire, les organismes de commerce extérieur soviétiques ne peuvent plus respecter les délais de paiement sur les contrats réalisés. Dans son mémoire, le président de la Commission nationale des denrées et des achats, Iou. Borissov, écrit au vice-président du Conseil des ministres de l'URSS, S. Sitarian : « La suspension systématique par la partie soviétique des paiements des biens importés et livrés a amené à la suspension des livraisons à l'URSS, prévues par contrat, de 211 600 tonnes d'huile (74,4 millions de roubles), de 177 100 tonnes de viande et de produits de charcuterie (160,9 millions), de 66 500 tonnes de fèves de cacao et de produits de cacao (78,7 millions), de 45 500 tonnes de beurre (39,4 millions), 30 000 tonnes de soja (7,1 millions), 20 400 tonnes de bétail (14,3 millions), 19 900 tonnes de thé (26,9 millions), des aliments pour bébés (69,3 millions), 3 milliards de filtres pour l'industrie du tabac (7,3 millions), soit, au total, pour 478,3 millions de roubles [...]. Les livraisons manquantes à concurrence de 478,3 millions de roubles seront effectuées à condition que les livraisons antérieures, d'un montant de 237 millions de roubles, soient payées.

C'est donc 715,6 millions de roubles qu'il faudra payer pour les importations de produits alimentaires[400]. »

L'industrie nationale couvrait de 40 à 45 % des besoins de l'Union soviétique en médicaments. La crise monétaire et ses conséquences sur l'approvisionnement de la population en médicaments est aux yeux des experts soviétiques et étrangers un risque des plus dangereux. L'achat de médicaments en devises fortes est donc une priorité, mais elle est difficilement réalisable compte tenu du déficit monétaire.

Dans son mémoire relatif à ce problème, le ministre de l'Industrie médicale de l'URSS, V. Bykov, s'adresse au vice-président du Conseil de l'URSS, S. Sitarian : « Conformément à la décision du Conseil des ministres de l'URSS en date du 10 mars 1990, qui définit les priorités de paiement des sociétés étrangères par les organismes soviétiques de commerce extérieur, le ministère de l'Industrie médicale informe que la Vnechekonombank n'a pas pu allouer jusqu'à présent les fonds nécessaires au paiement des médicaments, achetés en devises fortes. Au 1er avril 1990, les impayés de la société V/O "Medexport" à l'égard des sociétés étrangères s'élèvent à 43 418 300 roubles en devises fortes (le certificat est annexé). Étant donné les retards de paiement, les sociétés étrangères prennent des sanctions ; beaucoup annoncent l'arrêt des livraisons de médicaments sur les contrats conclus. Pour la signature de nouveaux contrats, elles exigent désormais une avance, des lettres de change ou une garantie bancaire, ce que refuse la Vnechekonombank de l'URSS[401]. »

L'arrêt des contrats d'importation aggrave le problème de la pénurie. Dans son mémoire, le sous-chef du service de ravitaillement de la mairie de Moscou, S. Ivanov, écrit au vice-président du Conseil des ministres de l'URSS, S. Sitarian : « À l'heure actuelle, le plan de livraison des matières premières alimentaires importées n'ayant pas été respecté, il est impossible de répondre aux commandes de l'État et de respecter les contrats pour la livraison de produits de boulangerie, de confiserie, et de peinture aux commerces et aux entreprises de Moscou. [...] Afin que les objectifs du plan pour 1990 puissent être atteints, le comité exécutif du soviet de Moscou vous demande de trouver une solution pour l'importation de matières premières et, le cas échéant, de mettre en contact le comité exécutif du soviet de Moscou avec des fournisseurs nationaux réels[402]. »

Au début de l'année 1990, il est évident que la catastrophe économique est imminente (fig. 5.2 et 5.4).

Fig. 5.2 : Évolution de la croissance pour la période 1976-1991

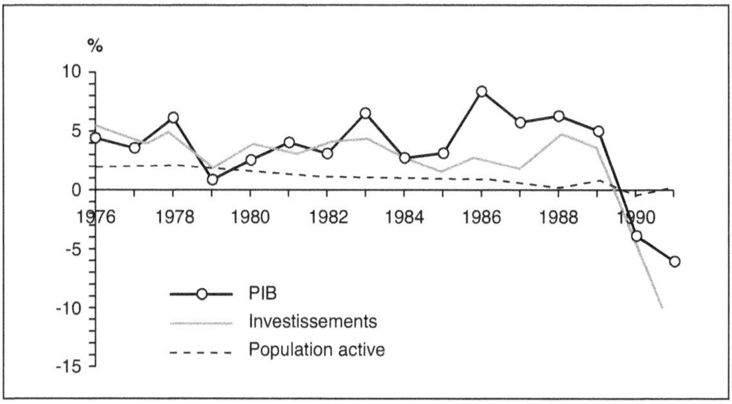

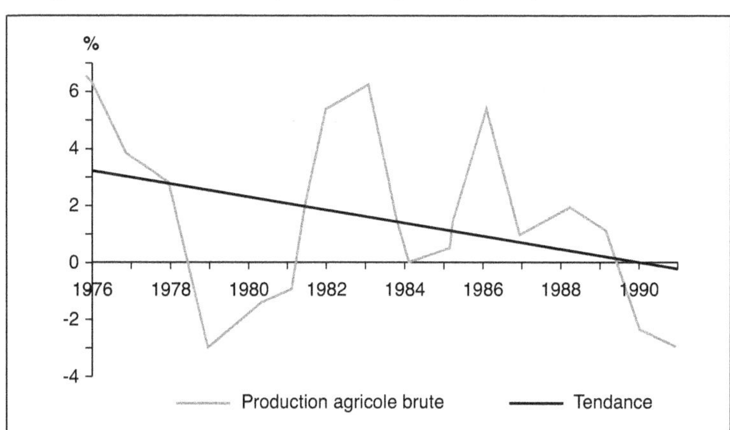

Source : *Économie de la Russie en 1991. Tendances et possibilités*, Moscou, Institut de politique économique, janvier 1991, p. 24.

Fig. 5.3 : Évolution de la production agricole pour la période 1976-1991

Source : *Économie de la Russie en 1991. Tendances et possibilités*, *op. cit.*, p. 26.

Fig. 5.4 : Évolution des revenus de la population et du volume
des biens de consommation au détail de 1976 à 1991

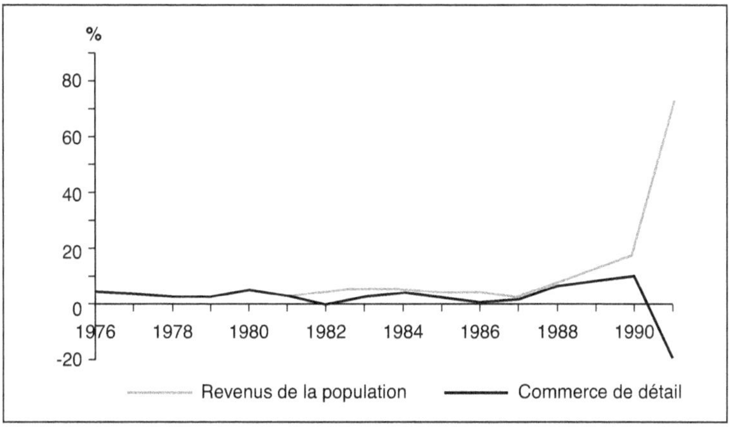

Source : *Économie de la Russie en 1991. Tendances et possibilités, op. cit.*, p. 28.

La Caisse d'épargne (Sberbank) informe le gouvernement du niveau exceptionnel de l'épargne : « Pendant l'exercice comptable courant, les bureaux de la Sberbank de l'URSS ont reçu en dépôt certificats, obligations de l'emprunt public, billets de loterie, 45,6 milliards de roubles, ce qui dépasse de 23,5 milliards de roubles les volumes prévus. Cette tendance est due au fait que le rythme d'accroissement des revenus de la population (de 64 milliards de roubles, 12,9 %) est largement supérieur à celui des dépenses sur les biens et les services (9,1 %). Dans l'ensemble, pendant les quatre années du quinquennat en cours, l'excédent de l'épargne a augmenté de 117,1 milliards (53 %). »

Comme le montre le tableau 5.21, les agences de la Sberbank ont assuré le dépassement du plan de mobilisation de l'épargne populaire et de placement de ces fonds, *via* la Gosbank de l'URSS, sur les objectifs déterminés par le Conseil des ministres de l'URSS[403].

Tab. 5.21 : Réalisation du plan de crédit de la Sberbank en 1989
(milliards de roubles)

| Au 1er janvier 1990. Écart par rapport au plan | | | | | |
|---|---|---|---|---|---|
| | Au 1er janvier 1989 | Plan non définitif | Réalisé | Somme | En % |
| **Ressources** | | | | | |
| **Fonds de la banque** | 0,87 | 0,75 | 0,93 | + 0,18 | 23,7 |
| **Dépôts et comptes courants de la population** | 297,84 | 331,09 | 341,17 | + 10,08 | 3,0 |
| **Fonds sur les comptes courants des entreprises et organismes et autres fonds** | 3,16 | 2,46 | 7,12 | + 4,06 | 190,1 |
| **TOTAL** | 301,87 | 334,30 | 349,22 | + 14,92 | 4,5 |
| **Répartition des ressources** | | | | | |
| **Investissements dans des crédits à court terme** | 0,26 | 0,30 | 0,28 | - 0,02 | - 4,7 |
| **Investissements dans des crédits à long terme** | 4,73 | 6,11 | 6,07 | - 0,04 | - 0,7 |
| **Fonds essentiels et autres actifs de la banque** | 2,30 | 1,00 | 4,37 | + 3,37 | x 3,4 |
| **Compte correspondant de la Gosbank** | 294,58 | 326,89 | 338,50 | + 11,61 | 3,6 |
| **TOTAL** | 301,87 | 334,30 | 349,22 | + 14,92 | 4,5 |

Source : Rapport sur les activités de la Caisse d'épargne en 1989, Archives nationales d'économie.

En 1990, les dirigeants comprennent enfin le rapport entre le budget, la circulation monétaire et la situation sur le marché de la consommation. Le président du conseil d'administration de la Banque nationale (Gosbank), V. Gerachtchenko, au Soviet suprême en avril 1990 : « La situation de la satisfaction de la demande de consommation de la population demeure excessivement tendue. Un certain nombre de produits sont absents des rayons, en premier lieu, les produits d'élevage, le poisson, les confiseries, le thé, les pommes de terre, les légumes, les fruits. Les prix des produits agricoles sur les marchés kolkhoziens ont considérablement augmenté : 14 % en janvier-février 1990 par rapport à la même période en 1989[404]. »

## 5. La crise monétaire

Au printemps 1989, le président du CA de la Vnechekonombank, Iou. Moskovski, informe le président du Conseil des ministres, N. Ryjkov, de l'attention de la presse occidentale sur la dette croissante de l'Union soviétique. La Vnechekonombank, elle, est dans la ligne de mire des milieux bancaires et elle adopte une attitude plus que prudente quant à l'octroi de crédits á l'URSS[405].

En août 1989, le président du CA de la Vnechekonombank écrit dans une lettre au gouvernement : « Ces derniers temps les représentants de nombreuses banques et sociétés financières avec lesquels nous nous sommes entretenus ont noté chez les créanciers une tendance à la prudence quant à d'éventuels prêts à l'Union soviétique. [...] Certaines banques de la RFA (DG-Bank, Westdeutsche Landesbank, Norddeutsche Landesbank, etc.) ont déjà commencé à refuser de nouveaux crédits pour l'importation de biens pour investissement. Certaines déclarations permettent de penser que, dorénavant, les risques de crédit à l'URSS sont estimés comme très élevés[406]. »

Lors de la réunion de la Commission du CC du PCUS sur les problèmes de politique internationale, le 28 mars 1989, V. Kamenev prend la parole : « Le solde déficitaire de la balance des paiements en devises convertibles pour les trois années du quinquennat courant a augmenté de plus de deux fois. [...] La modernisation et la diversification des machines et des équipements livrés au marché extérieur progressent lentement. [...] Dans les années 1986-1988, il y a eu plus d'un million de réclamations relatives à la mauvaise qualité des marchandises soviétiques, et plus de 16 milliards de roubles de commandes n'ont pu être honorés. Le plan des exportations de l'année 1988 n'a pu être rempli qu'à 54 %, ce qui menace les comptes en devises. L'endettement excède de plus de deux fois les recettes annuelles des exportations. Le paiement des intérêts, près de 2 milliards de roubles, dépasse à lui seul les recettes en devises convertibles des exportations du pétrole. Notre balance commerciale avec la Yougoslavie, la Tchécoslovaquie, la Hongrie, la Roumanie est déficitaire. » B. Gostev : « La dette publique croît et atteint déjà un chiffre critique. Le déficit de la balance des paiements se monte actuellement à 11 milliards de roubles, contre 1 milliard en 1976. Sans équilibre du commerce extérieur, il ne peut être question de progrès. La raison objective à tout cela est la chute dramatique des prix sur les produits que nous offrons sur le marché, le prix du pétrole a chuté de 125 dollars la tonne à 45-50 dollars et nous avons perdu, lors de ce quinquennat, près de 400 milliards de roubles en devises fortes. [...] La situation actuelle est telle que toutes nos recettes en devises des exportations sont affectées à la dette extérieure[407]. »

Au début de l'année 1990, la suspension par la Vnechekonombank des paiements sur les importations prévues par le plan suscite l'étonnement sincère des hauts fonctionnaires soviétiques : « La Vnechekonombank de l'URSS, dès le 18 janvier courant, a mis fin aux paiements en devises aux sociétés étrangères pour les produits de métallurgie ferreuse et non ferreuse pour lesquels, au 16 février, les arriérés atteignent 223,3 millions de roubles. Il faudra y ajouter à la fin du trimestre encore 313,7 millions de roubles. Il faudra payer 537 millions de roubles au premier trimestre pour les produits livrés, sans compter les paiements déjà effectués[408]. » La même année, vers la fin du mois de mai, le ministère des Relations économiques extérieures évalue les arriérés sur les contrats conclus et exécutés à 767,1 millions de roubles en devises convertibles[409]. Au début de l'automne 1990, le total des arriérés des divers organismes du ministère des Relations économiques extérieures se monte déjà à 1,1 milliard de roubles[410].

Les services et les départements exigent de plus en plus fermement l'attribution de devises et l'ouverture par la Vnechekonombank de lettres de crédit pour l'exécution de contrats à l'importation. Face à une crise monétaire grave, les dirigeants de la Vnechekonombank sont contraints d'informer le gouvernement de la situation relative aux devises fortes. « Nos efforts de recherche de financements se heurtent à l'attitude négative des créanciers étrangers, de plus en plus de crédits sont refusés, ce dont le Conseil des ministres de l'URSS a été informé auparavant (cf. nos communications n° 1860 du 14 juillet 1989, n° 2019 du 27 juillet 1989, n° 2231 du 15 août 1989 et n° 106 du 15 janvier 1990), ainsi que le comité monétaire du Conseil des ministres de l'URSS (cf. documents n° 2823 en date du 27 octobre 1989 et n° 487 en date du 1er mars 1990). Les problèmes relatifs aux crédits sont apparus l'année dernière, lorsque la BNP a organisé un consortium international pour l'octroi à la Vnechekonombank d'un crédit à moyen terme de 150 millions de dollars. Parmi les 300 banques étrangères invitées, seules cinq ont donné leur accord pour un montant de 29 millions de dollars US. [...] De même, à la fin de 1989, les négociations avec la National Westminster Bank pour un crédit de 300 millions de dollars n'ont pas abouti, pas plus que les tentatives de reprendre ces négociations. Des négociations ont également eu lieu avec la Midland Bank pour l'émission par la Vnechekonombank d'un emprunt obligataire de 300 millions de livres sterling [...] dont la date était fixée au 20 novembre 1989. La signature fut reportée la veille par la banque étrangère. [...] D'intenses négociations se poursuivaient depuis l'été 1989 avec la Deutsche Bank de Francfort pour l'émission d'un emprunt obligataire de 300 à 500 millions de dollars. [...] La Morgan Granfell Bank, un des plus importants créanciers de l'Union soviétique en Grande-Bretagne, étudiait notre demande d'émission de titres de créance à moyen terme par la Vnechekonombank, pour 500 millions de dollars ; les représentants de la banque étrangère ont définitivement renoncé, invoquant la "brusque chute de la confiance des banques occidentales envers l'URSS". Entre 1989 et 1990, diverses négociations ont échoué, avec des sociétés américaines et d'autres compagnies financières, spécialisées dans les emprunts obligataires, pour l'émission d'emprunts sur diverses sommes (pour près de 2 milliards de roubles). Ces sociétés, le Crédit suisse, la First Boston, Goldman Sachs, Leman Hutton, UBS, Phillips and Dru et d'autres qui jouissent d'une grande réputation sur les marchés des capitaux, déclarent que les prêts à l'Union soviétique sont actuellement possibles seulement contre garantie (or, pétrole). [...] Avec la réduction drastique des offres de crédits à moyen terme en 1989, l'accroissement des ressources se fait sur une base de court terme (sous forme de dépôts interbancaires). [...] Dans notre mémoire n° 2231 du 15 août 1989, nous avons alerté le Conseil des ministres des conséquences que pourrait avoir un important et brusque reflux de ressources financières de courte durée. Depuis le mois de janvier, aucun crédit de plus de 1,5 milliard de roubles n'a été renouvelé et, selon nos estimations, quelque 85 banques contractantes ont arrêté l'octroi de ressources à court terme à la Vnechekonombank de l'URSS. Il existe un danger réel d'annulation des crédits accordés jusqu'à la fin du mois de mai. Il n'est pas exclu que les crédits de 2 à 3 milliards de roubles ne soient pas renouvelés[411]. »

Les banques occidentales expliquant que l'octroi de crédits commerciaux est désormais improbable, voire invraisemblable, conseillent de s'adresser directement aux autorités des pays occidentaux pour un soutien financier. D'après le mémoire de S. Sitarian, vice-Premier ministre de l'URSS, au Premier ministre N. Ryjkov (mai 1990), « conformément à la mission que vous nous avez confiée par télégramme depuis Bonn, messieurs Katouchev, Gerachtchenko, Moskovski, Khomenko, Sitarian et moi-même avons analysé les possibilités d'obtention de crédits financiers des gouvernements des pays de la Communauté européenne et, tout d'abord, la RFA, la France, l'Italie et, peut-être, l'Angleterre. La direction de la Deutsche Bank recommande d'adresser des demandes de crédits directement aux gouvernements des pays concernés, demandes qui pourraient être accueillies favorablement si, selon la Deutsche Bank, elles étaient faites à votre niveau. Les recommandations de la Deutsche Bank sont dignes de foi et il serait judicieux de profiter du voyage d'E. Chevardnadzé à Bonn pour qu'il aborde la question lors de ses rencontres avec le chancelier Kohl, les ministres anglais et français et connaisse leur position sur la question[412] ».

Les représentants des plus grandes banques commerciales du monde réunis à San Francisco, en juin 1990, ont déclaré que l'octroi de crédits à l'Union soviétique ne serait désormais possible qu'à condition de la participation des gouvernements des principaux pays occidentaux, et non plus seulement au niveau des banques privées[413], ce dont le président du CA de la Vnechekonombank informe le gouvernement, le 14 juin 1990[414].

Le vice-ministre des Relations économiques extérieures, A. Katchanov, s'adresse au premier vice-président du Conseil des ministres, L. Voronine (octobre 1990) : « L'octroi des crédits par la plupart des pays occidentaux est lié, selon les ambassadeurs soviétiques, à l'adoption le plus rapidement possible par l'Union soviétique d'un programme de passage à l'économie de marché et à la signature d'un traité de l'Union, avec une répartition précise des compétences entre le gouvernement central et ceux des républiques associées. Jusque-là, il semble que l'Occident restera réticent sur l'octroi à l'URSS de nouveaux crédits et restera très ferme sur la question du paiement par les organismes soviétiques des livraisons effectuées par les sociétés occidentales[415]. »

Le 16 juillet 1990, dans son intervention à Jeleznovodsk, M. Gorbatchev fit l'erreur d'évoquer la nécessité du report des dettes soviétiques. Comme on pouvait s'y attendre, la déclaration fut interprétée comme un témoignage de l'intention des dirigeants de l'URSS de cesser le paiement des dettes extérieures. Les paroles du chef de l'État soviétique déclenchèrent une panique sur les marchés financiers et la Bank of England inscrivit immédiatement l'URSS sur la liste des pays débiteurs peu fiables[416].

La Gosbank met en garde le gouvernement contre les conséquences de la restructuration de l'endettement et propose de tenter de faire un appel de fonds sous garantie de la réserve d'or du pays. Le président du CA de la Gosbank au vice-Premier ministre de l'URSS, S. Sitarian, déclara : « Lors de la réalisation de la série de mesures pour redresser la situation monétaire du pays, la Gosbank de l'URSS aurait pu mener des négociations, aux côtés du ministère des Finances, avec les banques centrales des pays occidentaux et avec la Banque des règlements internationaux pour solliciter des emprunts de deux ou trois ans, fonds intermédiaires indispensables pour stabiliser la situation monétaire de l'URSS. Dans les conditions actuelles, le seul moyen efficace de demander un emprunt, c'est de le faire au nom de la Gosbank et du ministère des Finances de l'URSS avec une garantie en or. [...] Comme le montre l'expérience des pays qui ont été contraints à cette solution dans les années 1980 (le Mexique, le Brésil et d'autres pays d'Amérique latine, la Pologne et la Yougoslavie), cette position officielle du pays débiteur pour apurer les dettes extérieures revient à reconnaître qu'il n'est plus solvable et aurait des conséquences politiques et économiques graves. C'est pourquoi nous considérons qu'il est impossible d'envisager la restructuration de la dette extérieure de l'Union soviétique, dont les conséquences sont imprévisibles[417]. »

E. Chevardnadzé s'est entretenu avec H. Kohl en mai 1990 : « À l'heure actuelle, étant donné le déséquilibre des comptes en devises de l'Union soviétique, le pays souffre d'un manque cruel de ressources susceptibles de garantir des paiements réguliers sur les obligations de l'État ainsi que sur les contrats conclus pour les importations. L'endettement auprès des sociétés étrangères atteint des sommes conséquentes (quelque 2 milliards de roubles). Dans ces circonstances, bien que la Vnechekonombank ait honoré ses engagements pour le paiement des crédits et des intérêts, les partenaires occidentaux s'interrogent sur la question de la solvabilité du pays, ce qui a eu pour conséquence l'impossibilité d'un appel de fonds auprès des banques étrangères, suffisant pour répondre aux exigences du plan de 1990. [...] Lors de l'entrevue du 27 avril entre les représentants de la Vnechekonombank et ceux de la Deutsche Bank, ces derniers ont déclaré qu'il convenait d'organiser au plus vite des négociations entre le gouvernement soviétique et ceux des pays de la Communauté européenne, la RFA, la France, l'Italie et, si possible, l'Angleterre, pour l'obtention de garanties d'État, sur lesquelles les banques pourraient octroyer des crédits permettant de couvrir le déficit de la balance des paiements et le financement des mesures de restructuration de l'économie de l'URSS. [...] On pourrait envisager des crédits d'un montant de 20 milliards de marks (7 milliards de roubles) sur cinq à sept ans[418]. »

## 8. Le processus de libéralisation économico-politique dans un contexte monétaire et financier difficile

Le processus de libéralisation économique et politique et la gestion de la crise monétaire et financière sont des questions déterminantes dans le destin de l'URSS. Ce sont cependant des problèmes différents. Dans un pays urbanisé, avec un bon niveau d'éducation, la libéralisation est un processus inéluctable. Il s'agit simplement de savoir quand et comment elle se fera. Le premier document officiel dans lequel des doutes sont exprimés sur la nécessité de maintenir non seulement le système économique, mais aussi le système politique en URSS, est, à notre connaissance, le mémoire d'A. Iakovlev à M. Gorbatchev, en décembre 1985 : « Actuellement, la question ne concerne pas seulement l'économie, qui représente la base matérielle du processus. Le problème, c'est le système politique. [...] D'où la nécessité [...] d'une démocratisation cohérente et globale (qui soit conforme aux possibilités historiques concrètes, à chaque étape). La démocratie, c'est avant tout le libre choix. Nous, nous n'avons aucune alternative – c'est la centralisation [...]. À l'heure actuelle, nous ne parvenons pas à comprendre l'essence de la transition qui a déjà commencé, et qui est historiquement inévitable, entre l'époque où le choix était historiquement impensable et l'époque dans laquelle, sans le choix démocratique auquel participera chaque individu, il sera impossible de se développer avec succès[419]. »

Lors de la réunion du Politburo du CC du PCUS, le 25 septembre 1986, le président du KGB V. Tchebrikov évoque la possibilité de libérer d'abord un tiers, puis la moitié des détenus politiques[420]. Les premiers signes de changement politique dans le pays étaient apparus bien avant que le pouvoir montre qu'il y était prêt. Le 13 mai 1986, l'Union des cinéastes, malgré une tradition préétablie de longue date, avait réélu la direction de l'Union, alors que celle-ci avait été sanctionnée par le PCUS. L'Union du théâtre avait agi de même. Dès l'été, les changements d'hommes à la tête des rédactions des revues littéraires ouvrent ainsi la voie à la publication de la littérature jusque-là interdite. Au plénum du CC du PCUS du 27 au 28 janvier 1987, M. Gorbatchev expose la situation : « En même temps, nous constatons que les changements vers le mieux sont lents, la perestroïka est plus difficile, les causes des problèmes accumulés sont plus profondes qu'on le pensait au début. Plus nous avançons dans le travail de refonte, plus nous en comprenons l'ampleur et le sens, plus les problèmes dont nous avons hérités deviennent évidents. [...] En un mot, camarades, nous devrons refaire l'analyse des problèmes auxquels le Parti et la société soviétique ont été confrontés pendant les années précédant le plénum du CC du PCUS d'avril[421]. » N. Rijkov est plus explicite dans son allocution au plénum : « Les dix-huit mois écoulés depuis le plénum d'avril ont clairement démontré que la situation qui s'est créée dans notre société, surtout sur le plan économique, est beaucoup plus complexe et plus dangereuse, qu'on ne le croyait à cette époque[422]. »

V. Medvedev souligne le rôle clé de l'année 1987 dans la conception de la stratégie des transformations socio-économiques du pays : « La notion répandue et même universellement admise est que la perestroïka a commencé en avril 1985 – ce qui est juste si l'on considère le moment où l'idée et les intentions ont été exprimées. En réalité, la perestroïka a commencé plus tard, en 1987, avec trois moments déterminants dans la vie du Parti et du pays. Il s'agit tout d'abord en janvier du plénum du CC du PCUS, qui donna l'impulsion à la réforme du système politique. Ce fut ensuite le plénum du CC de juin, où le programme complexe des réformes économiques a été élaboré et, enfin, le 70e anniversaire de la révolution d'Octobre, à partir duquel on examina les étapes essentielles de l'histoire soviétique sous un nouveau jour, ce qui permit de définir les grandes orientations idéologiques du pays[423]. »

L'inefficacité du système socialiste de gestion de l'économie rend son démantèlement stratégiquement inévitable. Cela n'a néanmoins aucun rapport avec les graves problèmes à court terme engendrés par la chute des prix du pétrole. Le règlement de la crise de la balance des paiements n'exclut pas la nécessité de réformes politiques et économiques profondes. Il aurait été possible de tenter de résoudre les deux problèmes à la fois, mais il était illusoire de penser que la seule libéralisation permettrait de venir à bout de la crise monétaire et financière. En 1987, le pouvoir soviétique choisit une direction économique et politique de libéralisation, dans un contexte de crise monétaire et financière aiguë, qu'il est incapable de gérer. Cela aura de sérieuses conséquences sur le cours des événements qui aboutirent à l'effondrement de l'économie soviétique.

D'un point de vue politique, la logique des décisions prises est facile à comprendre. Si les mesures de stabilisation de l'économie sont fortement impopulaires et suscitent le mécontentement tant de la société que des cadres politiques, si les résultats sur le plan de la consommation sont insatisfaisants, les autorités doivent faire la démonstration, par une série de mesures populaires, qu'elles comprennent la situation et connaissent la voie dans laquelle engager le pays. La ligne de libéralisation économique et politique élaborée dans les années 1987-1988, qui est alors adoptée, remplace les mesures draconiennes et impopulaires et vise à créer une nouvelle légitimité du régime.

Les discussions sur l'amélioration du système économique socialiste avaient commencé dès le début des années 1960. Jusqu'au milieu des années 1980, toutes les tentatives de restructuration radicale étaient rendues impossibles par des raisons politiques. Les mots « économie de marché », même « socialiste », étaient bannis des médias. Quant au mot « réforme », il est utilisé pour la première fois depuis le début des années 1970 en 1986, dans un document, lors de l'intervention de M. Gorbatchev au XXVIIᵉ Congrès du CC du PCUS, et avec beaucoup de précaution ! Une fois les œillères idéologiques enlevées, ce dont on discutait dans les couloirs devient le centre des discussions ouvertes. Ceux qui participent au débat comprennent quelles mesures prendre : donner plus d'indépendance aux entreprises, renforcer la motivation au travail, augmenter le rôle du profit, passer de l'économie planifiée aux commandes de l'État. Toutes ces idées étaient soutenues par l'ensemble très influent des directeurs. Hélas, le mouvement sérieusement amorcé vers l'économie de marché, même socialiste, avec le maintien au pouvoir du Parti communiste, implique le passage à des prix établis en fonction de l'offre et de la demande[424], sans quoi les mécanismes de marché sont au mieux boiteux, au pire en panne. L'exemple de la Pologne, qui avait échoué dans les années 1970-1980 à garder des prix stables tout en donnant plus de libertés aux entreprises, est éloquent. Les événements dans un des plus importants pays d'Europe de l'Est a démontré d'une manière évidente que, lorsque les prix ne dépendent pas du marché, il n'y a pas de stimulation pour une plus grande efficacité. Dans ce cas, l'extension des droits des entreprises a pour seule conséquence l'affaiblissement de la politique financière, du contrôle des revenus de la population, la pénurie des biens de consommation bon marché et permet aux producteurs de profiter de la pénurie des produits en imposant leurs conditions aux consommateurs.

La loi fédérale du 19 novembre 1986 « Sur le travail indépendant »[425] fut le premier signe montrant que les autorités souhaitaient s'engager, à leur manière, sur la voie empruntée par la Chine au début des années 1980. La décision de la légalisation de l'activité privée des agriculteurs, qui entra en vigueur le 1er mai 1987, allait dans le même sens. Ici aussi, l'influence de l'expérience chinoise était manifeste. Ces décisions n'eurent pas d'influence évidente sur les processus économiques dans le pays. La différence, c'est qu'en URSS trois générations n'avaient pas connu l'économie de marché, contre une seule en Chine, et les savoir-faire requis par l'économie privée, non contrôlée par l'État, étaient perdus. En 1979, en Chine, les premiers signes indiquant que le pouvoir était prêt à accorder une indépendance, même limitée, à la paysannerie et à dissoudre les communes furent soutenus par un mouvement de masse. Ce ne fut pas le cas en URSS.

Les changements annoncés en 1988 n'eurent qu'un effet limité sur la vie économique du pays, la force d'inertie et la méfiance persistaient, fondées sur la conviction que, comme toujours en URSS, les réformes n'étaient qu'effets d'annonce et n'auraient aucune incidence sur la vie. Les directeurs des entreprises clamaient que les droits qu'on leur avait accordés n'étaient que formels. En 1989, l'affaiblissement du pouvoir central est pourtant perceptible. L'administration des entreprises, les collectifs de travailleurs commencent à réaliser que le pouvoir n'entreprendra aucune répression si ses directives ne sont pas suivies.

Les mesures qui ne vont dans le sens ni de la stabilisation des prix ni de leur libération, l'indépendance grandissante des entreprises et des ministères et la croissance exponentielle du nombre de banques coopératives contribuent à aggraver la situation liée au marché pétrolier. L. Abalkine, vice-président du gouvernement, résume la situation ainsi : « Tous ceux qui viennent de prendre la parole revendiquent, d'une part, l'indépendance, l'abolition du diktat des ministères et la diminution de la commande d'État et exigent, d'autre part, une garantie d'approvisionnement. Dès mon élection au poste de vice-président du Conseil des ministres, j'ai pu constater la situation dans laquelle se trouvait Nikolaï Rijkov : des dizaines de députés lui demandaient, oralement et par écrit, d'assurer les livraisons et de garantir l'approvisionnement matériel et technique. Tous auraient dû réaliser qu'ayant repris à l'État les rênes pour se procurer eux-mêmes des ressources, ils ne pouvaient plus exiger de l'État qu'il pourvoie aux besoins[426]. »

L'idée d'associer les ouvriers à la gestion des entreprises avait été discutée bien avant la prise du pouvoir par les bolcheviks et les cadres politiques soviétiques ne l'avaient jamais perdue de vue. Lorsqu'I. Tito dégagea la Yougoslavie du contrôle politique soviétique et fut libre de ses manœuvres, c'est précisément ce qu'il opposa au modèle économique soviétique. Le 5 novembre 1962, lors de la réunion du présidium du CC du PCUS,

N. Khrouchtchev déclarait : « Il faut, évidemment, avoir une sorte de conseil d'entreprise, élaborer un règlement, selon lequel le directeur, une fois par mois ou par trimestre, fera un rapport. Il faut aussi fonder une commission qui examinerait la comptabilité, les finances, le matériel, etc. Qu'y a-t-il de mal à ça ? [...] J'admets même l'idée qu'un jour, directeur d'usine et chefs d'atelier soient choisis sur candidatures, sur lesquelles le conseil d'entreprise devra se prononcer[427]. » La décision d'organiser des conseils de travailleurs, adoptée en 1986, réglementée dans les années 1987-1988, n'était pas, comme on pourrait le penser aujourd'hui, exotique au regard de l'idéologie communiste. Le pouvoir soviétique était fondé sur le mot d'ordre : « Les usines aux ouvriers ! » et, lorsque ce pouvoir est confronté à une crise sérieuse, pourquoi ne pas le réaliser ?

Les entreprises devenues indépendantes augmentent les salaires de 8 % en 1988 et de 13 %, en 1989. En décembre 1989, le chef de la direction générale de l'information du Conseil des ministres, V. Kossov, estime la hausse potentielle à 15 %[428]. Un nouveau problème apparaît avec l'élection des directeurs des entreprises, qui génère des problèmes de discipline et ôte aux organismes centraux la possibilité de réguler l'économie.

Au mois de mai 1988, la loi « Sur la coopération en URSS » est adoptée. Elle ouvre la voie à l'expansion du secteur privé de l'économie soviétique. La plupart des coopératives se créent auprès des entreprises d'État, dont elles achètent la production au prix fixe, avant de la retraiter et de la vendre (se contentant parfois juste de la revendre) aux prix du marché. Dans les conditions de pénurie et de déséquilibre financier, cela apporte à la direction des entreprises et à ceux qui gèrent ces coopératives des revenus non négligeables[429]. La fortune de quelques milliardaires russes date de cette époque.

En 1989, le nombre de travailleurs des coopératives atteint 4,9 millions de personnes (puis 6 millions au début de 1991), leur rémunération dépasse de deux fois le salaire moyen des ouvriers et des employés. Les quatre cinquièmes des coopératives en activité sont rattachées à des entreprises d'État[430].

La loi du 23 novembre 1989 « Sur les baux » donnait au bénéficiaire du bail le droit de racheter, entièrement ou partiellement, les biens loués, les conditions de rachat étant déterminées par le bail[431]. Cette loi élargissait considérablement les possibilités de privatisation au bénéfice du personnel dirigeant.

L'arrêté n° 72 du CC du PCUS et du Conseil des ministres de l'URSS du 6 juillet 1988 « Sur l'élargissement des activités d'économie extérieure du Komsomol » et l'arrêté du Conseil des ministres n° 956 du 4 août 1988 « Sur la participation du Komsomol à l'économie » donnèrent aux organismes scientifiques et techniques contrôlés par les cadres du

Komsomol la possibilité d'avoir des activités commerciales, y compris sur le plan de l'économie extérieure[432].

Fait sans précédent, plus de mille banques commerciales se créent très rapidement, elles manquent de personnel qualifié et, en l'absence de tradition de contrôle bancaire, elles deviennent un instrument pour blanchir l'argent et soustraire l'argent des entreprises au contrôle de l'État (tab. 5.22).

Tab. 5.22 : Nombre de banques en URSS de 1988 à 1990

| Date | Nombre total |
|---|---|
| 01.01.1989 | 43 |
| 01.01.1990 | 234 |
| 01.01.1991 | 1 357 |

Source : Archives nationales d'économie.

Les dirigeants de la Gosbank de l'URSS sont parfaitement au courant de ces problèmes. Un courrier de la Direction des banques coopératives au comité d'administration de la Gosbank de l'URSS, le 7 mai 1991, relate : « L'analyse du bilan de l'année de plusieurs banques commerciales et coopératives montre qu'un nombre important d'entre elles n'ont pas pu, jusqu'à présent, rassembler les fonds statutaires, car elles ont été créées au cours des cinq derniers mois. Certaines ont cependant déjà commencé des opérations de crédit. Cela constitue une infraction manifeste, tant des directives de la Gosbank que des statuts bancaires [...]. Le plus inquiétant est que certaines banques commerciales et coopératives ne respectent pas les plafonds de crédit à un seul et même emprunteur[433]. » Le ministre de l'Intérieur de l'URSS, V. Bakatine, note, dans son mémoire du 13 juillet 1990, adressé à Iou. Maslioukov, que le mécanisme de crédit a échappé à l'État, ce qui favorise la corruption et les malversations financières[434].

Le Premier ministre N. Ryjkov affirme cependant qu'il demeure confiant. Dans une lettre au CC du CPUS en date du 17 juillet 1988, il conteste avec ses adjoints Iou. Maslioukov et L. Voronine l'affirmation selon laquelle l'augmentation du nombre de banques commerciales dans le pays progresse à une allure excessive : « L'expérience internationale nous indique que nous avons très peu de banques, et que leur réseau ne peut satisfaire les besoins des entreprises autofinancées[435]. » Rijkov écrivit plus tard dans ses mémoires qu'à la fin des années 1980 la Gosbank avait freiné le développement du réseau des banques commerciales[436]. Pendant des décennies, les banques n'ont pratiquement pas eu d'activité commerciale, elles n'avaient pas de personnel qualifié, il n'y avait pas d'instances de contrôle bancaire. Il n'est pas étonnant que les dirigeants du pays aient eu du mal à comprendre que le secteur bancaire était un des derniers, et non le premier, à devoir être déréglementé.

L'incohérence des mesures de libéralisation ne contribue pas à résoudre les problèmes auxquels est confronté le pays : l'épuisement des devises, la crise financière, la pénurie. Le désordre administratif et la détérioration des conditions de vie rendent l'opinion publique de plus en plus critique envers le pouvoir. Si, en 1985, le nouveau dirigeant, qui représentait une génération nouvelle, bénéficiait d'un capital de confiance important, en 1988, ce n'est plus le cas.

Le 5 avril 1989, le comité régional du Parti communiste de Kemerovo adopte une directive relative aux « cas de refus de travail par les travailleurs dans plusieurs entreprises de la région ». Dans sa décision du 11 juillet, le même comité déclare urgente la situation dans les entreprises de l'industrie houillère de la ville de Mejdouretchenski. Les 17 et 18 juillet 1989, un protocole est signé par le comité de grève de la région du Kouzbass, la commission du CC du PCUS, le Conseil des ministres de l'URSS et la Centrale nationale des syndicats. Il stipule que, dans le but d'améliorer l'approvisionnement en denrées et en biens de consommation courante, la région de Kemerovo se verra attribuer, au deuxième semestre de l'année 1989, un complément de 6 500 tonnes de viande, 5 000 tonnes de beurre, 5 millions de boîtes de lait, 10 000 tonnes de sucre, 3 000 tonnes de savons, 3 000 tonnes de détergents[437].

Mais les promesses sont plus faciles à faire qu'à tenir. Le gouvernement comme les mineurs comprendront très vite que seules les promesses relatives aux paiements seront tenues. Mais, comme il n'y a pas grand-chose à acheter, une nouvelle vague de grèves commence. Le mécanisme de désintégration du régime est en marche.

## CHAPITRE 6

# ÉVOLUTION DE LA CRISE DU SYSTÈME ÉCONOMIQUE ET POLITIQUE SOCIALISTE

*« Allez, on garde son calme. On va s'écraser ! dit le commandant de bord. »*
V. Vyssotski

## 1. Les problèmes de l'industrie pétrolière

La situation dans l'industrie pétrolière décrite plus haut fut un des facteurs déterminants de l'évolution de la crise économique de l'URSS vers la catastrophe (tab. 6.1). Les documents trouvés dans les archives permettent d'examiner cette situation en détail.

Tab. 6.1 : Production de pétrole en URSS et en RSFSR en 1988-1991, en millions de tonnes

|  | 1988 | 1989 | 1990 | 1991 |
|---|---|---|---|---|
| **URSS** | 624,3 | 607,2 | 570,0 | 515,8 |
| **Croissance (+) baisse (-) par rapport à l'année précédente** | + 0,1 | - 17,1 | - 37,2 | - 54,2 |
| **RSFSR** | 568,8 | 552,3 | 515,9 | 461,9 |
| **Croissance (+) baisse (-) par rapport à l'année précédente** | - 0,6 | - 16,5 | - 36,4 | - 54,0 |

Source : *Complexe de l'énergie et des combustibles de l'URSS en 1990*, Moscou, Institut de recherches de l'énergie et des combustibles, 1991, p. 108-109 ; «Combustibles et énergie de la Russie», ministère des Combustibles et de l'Énergie de la fédération de Russie, 1999, comité des statistiques de Russie.

À la conférence du 17 septembre 1990, le président du Conseil des ministres, N. Ryjkov, annonce une variation de 500 à 600 millions de tonnes de la production de pétrole entre 1975 et 1990, alors que les investissements sont passés de 3,8 à 17 milliards de roubles en 1991. Pendant la même période, le nombre de puits d'un million de tonnes passa de 16 à 165, mais l'extraction recommence à baisser.

Extraits des interventions :

« Ryjkov : Qu'allons nous faire avec 547 millions de tonnes ? Comment le pays va-t-il vivre ?

Riabiev : Nous allons allouer 467 millions de tonnes aux besoins intérieurs... L'exportation baisse...

Ryjkov : Que doit-on faire pour atteindre tout de même les 580 millions dont nous avons discuté au début ?

Riabiev : Ce sont des chiffres très durs à accepter. Nous devons augmenter les forages, mettre en exploitation 25 000 à 26 000 nouveaux puits. Il faut redresser rapidement la situation, les investissements doivent augmenter considérablement et le prix à la tonne doit être de 155 roubles...

Sitarian : Combien nous faut-il investir sur ces deux points ?

Riabiev : À peu près 800 millions de roubles en devises.

Sitarian : Et vous, vous donnerez combien ?

Riabiev : Nous ne devons pas descendre en dessous de ce niveau. La production chute de jour en jour.

Ryjkok : Votre mission est de trouver les moyens de nous en sortir.

Riabiev : Nous avions examiné tout cela de près, la première variante que nous avions présentée au mois de juillet, c'était de répartir autrement les recettes dans le pays. Nous n'avons pas d'autres recettes, vraiment pas. Je préside la conférence de la commission gouvernementale deux fois par mois, sans parler des séances de travail régulières et je peux vous dire qu'il n'y a pas de ressources. Vraiment pas...

Ryjkov : Leonid Ivanovitch, je vous en prie...

Riabiev : Aujourd'hui, nous devons obtenir les garanties du ministère des Relations économiques extérieures. Si nous y parvenons tout de suite, les dirigeants des sociétés seront prêts à coopérer avec nous. Nous devrons alors transférer de l'argent, 6 millions iront sur notre compte, mais il y a aussi le compte de l'Union et la situation est très complexe. Voici une proposition. Aujourd'hui, la Vnechekonombank devra confirmer aux sociétés qu'elle donne sa garantie au ministère. Sitôt cette garantie obtenue, nous commencerons à acheter tout de suite, car nous avons déjà des contacts avec nos partenaires étrangers...

Sitarian : Globalement, la situation se présente de la façon suivante : si les exportations sont de 60 millions, dont 34 millions en devises, nous mettons en péril les relations avec les autres pays. Il ne restera que 26 millions pour tous les pays de l'Europe de l'Est, la Finlande, l'Inde, Cuba, etc. [...] Si nous perdons 20 millions, cela signifie que nos ressources en devises fortes ne seront plus que de 14 milliards l'année suivante. Nous ne pouvons pas ne pas livrer de pétrole à certains pays. Si nous nous arrêtons sur ce chiffre, c'est un fiasco total sur le plan national, mais aussi avec bien des pays. Si nous ne donnons rien à la Pologne, la Pologne ne nous vendra rien…

Riabiev : Commençons par le pire… S'agit-il de 580 ou de 547 ? Comment comprenez-vous les choses, Nikolaï Ivanovitch ? On ne reviendra pas à 580. Quand nous avions évoqué ce chiffre, on se basait sur un plan de forage de 41,3 millions de mètres, et nous étions sûrs d'en faire 39, alors qu'en fait nous n'en avons fait que 35,5.

Maslioukov : Il est clair que la seule source de devises fortes, c'est le pétrole, et c'est pourquoi je propose d'accepter la proposition faite par les géologues et de prendre des mesures radicales pour la livraison sup-plémentaire de pétrole aux conditions des compagnies pétrolières, quelles qu'elles soient. Deuxièmement, je crois que toutes les ressources indis-pensables évoquées doivent être achetées auprès des sociétés étrangères. […] J'ai le sentiment que, si nous ne prenons pas aujourd'hui toutes les mesures indispensables, l'année prochaine sera du jamais vu. […] Dans les pays socialistes, ça pourrait bien se terminer d'une manière des plus critiques et nous mener à une véritable débâcle, pas seulement nous, mais tout notre système. […]

Voronine : Je peux seulement constater que notre industrie pétrolière n'a jamais été dans un tel état, pas même en 1985, si bien que, si ça continue, on peut s'inquiéter aussi du chiffre de 500 millions de tonnes. Je comprends bien que nous ne pouvons pas nous en sortir à moins de 560-570 millions, sinon nous mettrons en péril les pays socialistes, les produits d'alimentation, la construction mécanique […]. Le plus vexant est qu'aujourd'hui le prix du pétrole est élevé et que les prix augmenteront tandis que nos livraisons continueront de diminuer. Il faut donc livrer de moins en moins de pétrole pour paiement en devises aux pays socialistes et réduire les besoins intérieurs. […]

Ryjkov : […] Il faut des garanties de la Vnechekonombank, qui ne peut actuellement les donner. […] Nous devons prendre des décisions. Avec 547 millions de tonnes de pétrole, il ne nous en restera que 60 millions pour l'exportation vers les pays socialistes et capitalistes et on pourra faire une croix sur tout. […] Si nous ne trouvons pas tout de suite comment sauver l'industrie du gaz et du pétrole, nous n'arriverons même pas à 547 millions de tonnes. Nous devons nous forcer à adopter un système précis, ou la dégringolade continuera. Ce qui m'inquiète, c'est que nous nous sommes réunis très souvent cette année et, malgré tout, nous n'arri-vons pas à redresser la situation. Il faut être ferme sur les 560 millions de tonnes et y consacrer toutes nos ressources matérielles, il faut tout orga-niser très précisément et créer un système de contrôle. […] Ce que je sais, c'est que, sans pétrole, il n'y a pas d'économie… Il était question, au début de l'année, de 625 millions de tonnes, aujourd'hui on s'attend à 547, voilà le résultat de nos palabres. Alors qu'est-ce qu'on attend[438]... »

Le service socio-économique du CC du PCUS ajoute, le 19 septembre 1990 : « Pendant les sept premiers mois de l'année 1990, par rapport à l'année précédente, l'extraction du pétrole et la production de gaz ont diminué de 16,5 millions de tonnes, la production de houille de 22 millions de tonnes. [...] Pendant les sept premiers mois de 1990, alors que la production planifiée était de 13,4 millions de kW, on a produit à peine 3,1 millions de kW, malgré un hiver anormalement clément. Par rapport à l'année précédente, de janvier à juillet 1990, le nombre de coupures d'alimentation a augmenté de 2,3 et les estimations de la production électrique pour l'hiver suivant prévoient un manque de près de 8 millions de kW[439]. »

Avec la baisse de production du pétrole et des exportations pétrolières, les problèmes relatifs aux devises fortes s'accentuent. Le ministre des Relations économiques extérieures, K. Katouchev, écrit à N. Ryjkov : « Le ministère des Relations économiques vous informe que, si la situation liée à la réalisation du calendrier des livraisons à l'exportation de pétrole et des produits pétroliers au quatrième trimestre de l'année courante demeure inchangée, les livraisons atteindront un maximum de 4 millions de tonnes de pétrole et de produits pétroliers, soit un maximum de 400 millions de roubles en devises fortes[440]. »

L'approvisionnement de l'économie nationale en carburants et combustibles empire d'année en année. Dans une lettre adressée au gouvernement, le vice-président du service central d'approvisionnement de l'URSS, V. Kostiounine, écrit : « Le secteur de l'énergie et des combustibles du pays sort de l'hiver avec un potentiel extrêmement bas. En 1991, compte tenu de la baisse de la production de pétrole, de charbon et de fuel, les stocks de combustibles du pays ont diminué de 11 millions de tonnes par rapport à la même période l'an passé, alors qu'en même temps, malgré la diminution de la production industrielle de janvier à mars, la consommation augmentait de 10,9 millions de tonnes. De 68,9 millions de tonnes de combustibles (16,8 jours de consommation) en avril 1990, les réserves sont descendues à 59 millions (14 jours) au 1er avril 1991. [...] Au total, en 1991, les ressources de fuel destinées à la consommation nationale sont évaluées à 1 497 millions de tonnes contre 1 509,1 millions de tonnes dans le rapport de 1990 ; et l'augmentation des besoins à 18-20 millions de tonnes, ce qui devrait faire baisser les réserves de 69-73 millions de tonnes, les trois dernières années, à 43 millions de tonnes. Nous ne pouvons accepter cela, un niveau aussi bas des réserves met en péril le fonctionnement de l'économie nationale[441]. »

En 1991, la situation de l'industrie pétrolière devient de plus en plus critique. Le vice-Premier ministre, L. Riabiev, adresse un mémoire au président du Conseil des ministres, V. Pavlov, le 31 mai 1991 : « Pendant les premiers mois de l'année, la situation de l'industrie pétrolière s'est dégradée. Compte tenu du retard du développement des constructions mécaniques et du non-respect par les fournisseurs des obligations contractuelles, les besoins de la branche en installations et en matériaux de base sont satisfaits seulement à 50-60 %. En raison du manque de devises, les importations d'équipements et de canalisations sont réduites presque de moitié. Dans les exploitations pétrolières, 22 000 puits sont arrêtés... De janvier à mai, l'extraction journalière moyenne du pétrole implique une production annuelle de 530 millions de tonnes, dont 452 sont destinées aux usines et 61 à l'exportation... Ces dernières années, en raison de la détérioration croissante des conditions géologiques et de l'extinction des réserves des gisements pétroliers les plus productifs, la branche pétrolière perd chaque année la capacité de produire 100 millions de tonnes de pétrole, les indices économiques chutent. Lors du dernier quinquennat, le débit des puits a chuté de moitié, la teneur en eau de la production atteint 80 %, tandis que les dépenses spécifiques de création de nouveaux moyens d'extraction ont doublé[442]. »

La baisse de production du pétrole en URSS est due en grande partie à des facteurs géologiques. Les gisements les plus productifs étaient surexploités. Dans la deuxième moitié des années 1980, la productivité des puits de pétrole baisse considérablement (tab. 6.2.). Les gisements nouveaux sont plus complexes et leur mise en valeur demande un investissement plus important par tonne de pétrole extraite.

**Tab. 6.2. :** Débit moyen des puits de pétrole en URSS et en RSFSR entre 1975 et 1990, en tonnes par mois

|  | 1975 | 1980 | 1985 | 1988 | 1989 | 1990 |
|---|---|---|---|---|---|---|
| **URSS** |  |  |  |  |  |  |
| **Tous les puits** | 652,2 | 621,1 | 447,8 | 368,4 | 338,7 | 314,4 |
| **Puits nouveaux** | 1 755,8 | 1 167,3 | 808,4 | 609,5 | 549,9 | 518,1 |
| **RSFSR** |  |  |  |  |  |  |
| **Tous les puits** | 882,7 | 828,8 | 555,0 | 429,1 | 394,5 | 354,2 |
| **Puits nouveaux** | 1 873,6 | 1 214,7 | 851,9 | 627,7 | 566,3 | 522,1 |

Source : *Secteur combustible et énergie de l'URSS en 1988*, Moscou, VNIIKTEP, 1989 ; *Secteur combustible et énergie de l'URSS en 1990*, Moscou, Institut de recherches en combustible et énergie, 1991, p. 140-141.

La structure technique de l'industrie pétrolière de l'URSS ne permet pas de compenser la détérioration des conditions d'extraction. L'accroissement de la production de pétrole est lente, en raison du retard technique de la branche sur les normes mondiales. De 1986 à 1990, par rapport au quinquennat précédent, pour un accroissement de 80 % des dépenses pour de nouvelles installations d'extraction de pétrole, l'accroissement réel dans cette période n'atteint que 28 %[443].

La baisse de la production du pétrole et de son exportation aggrave les problèmes de la balance des paiements. Le manque de devises fortes compromet le fonctionnement du secteur industriel. Le ministre de l'Industrie du pétrole et du gaz, D. Tchourilov, adresse un mémoire au gouvernement de l'URSS : « Actuellement, les associations de commerce extérieur ont signé des contrats d'un montant de 800 millions pour des livraisons au ministère du Pétrole et du Gaz. Un contrat de 1,3 milliard de roubles en devises fortes, au taux de change officiel de la Banque d'État de l'URSS est prêt à être signé, mais la signature a été reportée à plusieurs reprises faute de devises disponibles dans les ministères... La Vnechekonombank a informé le Conseil des ministres de l'URSS de l'impossibilité d'exécuter l'ordre mentionné ci-dessus, ce qui met l'industrie pétrolière dans une situation critique pour la réalisation de l'objectif de production de pétrole[444]. »

## 2. Endettements et crédits politiques

Pendant des décennies, l'Union soviétique a mené une politique de crédit très prudente, les dirigeants du pays voulaient éviter de dépendre des banques occidentales. Après le refus de rembourser la dette des tsars, l'URSS s'était acquittée régulièrement de ses dettes extérieures. Au milieu des années 1980 le pays a la réputation justifiée d'emprunteur fiable, et jouit d'un accès au crédit pratiquement illimité. Néanmoins, les déséquilibres financiers s'accentuant, la confiance des créanciers s'émousse. Comme cela a été montré dans les chapitres précédents, dès 1988, les banques occidentales commencent à douter de la stabilité financière de l'URSS. La possibilité de recourir au crédit sur une base commerciale devient de plus en plus restreinte et les conditions d'attribution des crédits de plus en plus rigides, tant pour les taux que pour le délai de remboursement.

Cependant, les besoins de l'URSS en crédits pour couvrir le déficit de la balance des paiements avec les pays capitalistes augmentent ; d'une part, en raison du déséquilibre créé par la chute des prix du pétrole, d'autre part, par les besoins d'importations alimentaires et aussi en raison de l'impossibilité de réduire les importations et d'augmenter les exportations de marchandises qui ne soient pas liées au pétrole. En 1988-1989, il devient évident que le financement des anciens crédits par les nouveaux est de plus en plus compliqué. Les ressources nécessaires au remboursement des emprunts doivent êtres fournies par les recettes des exportations. Aux problèmes du déficit de la balance des paiements s'ajoutent les difficultés de la balance des investissements.

Les dirigeants de l'URSS décident alors de puiser dans les réserves de devises fortes et d'augmenter les ventes d'or. Les avoirs en or qui servaient, depuis le début des années 1960, à financer des achats extraordinaires de céréales lors des périodes de pénurie sont, vers le milieu des années 1980, assez restreints. Les avoirs en or et en devises fortes de l'URSS n'ont jamais été importants, ce sont par ailleurs des ressources qui s'épuisent assez vite et qui ne peuvent servir à financer un déficit de la balance des paiements sur le long terme.

En 1988 et 1989, les dirigeants soviétiques sont de nouveau confrontés au même choix qu'en 1985-1986, mais dans de pires conditions. L'absence de devises oblige à adapter le volume et la structure de la production et de la consommation aux réalités nouvelles, ce qui peut conduire à une crise économique, voire politique, aiguë. Au moment où la libéralisation politique s'amorce, l'application de mesures radicales de stabilisation est risquée. La seule issue envisagée par les dirigeants, et qui soit réalisable du point de vue économique et politique, est de faire très largement appel à des crédits occidentaux qui permettraient de compenser la réduction des recettes. Quand on dirige une superpuissance, il ne faut pas perdre de vue que ces crédits ont toujours un caractère politique.

En 1985, personne n'aurait envisagé que l'URSS s'adresserait un jour aux principales puissances occidentales pour demander des crédits avec une motivation politique et entamer des négociations en acceptant des compromis en contrepartie. Il n'a suffi que de trois années pour que cette idée, considérée très peu de temps auparavant comme absurde, devienne une idée clé de la politique étrangère soviétique. Sans ces crédits, il devenait quasiment impossible de garantir une quelconque stabilité, fût-elle minimale, de l'économie nationale de l'URSS.

Les grèves des mineurs de l'été 1989, provoquées par l'aggravation des conditions d'approvisionnement de la population des régions productrices de charbon, ont démontré aux dirigeants soviétiques qu'une aggravation sur le plan de la consommation pouvait être fatale.

Les événements en Pologne au début des années 1980 furent le prélude à ce qui arriva à la fin des années 1980 et au début des années 1990 en URSS : le pays, pris dans le carcan d'importants crédits occidentaux contractés au cours de la précédente décennie, se trouve dans l'impossibilité de les rembourser. La crise financière qui s'ensuit force les pouvoirs à prendre des mesures drastiques, politiquement risquées, et à augmenter les prix de détail[445].

La situation en Union soviétique dans les années 1990 évoluera, comme dans la Pologne de la fin des années 1980, sur fond de crise financière et de crise des valeurs. Les dirigeants soviétiques comprennent que l'étouffement de Solidarnosc exclut toute aide de l'Occident susceptible de résoudre les problèmes financiers de la Pologne et que c'est l'URSS qui devra les prendre en charge. L'URSS avait encore assez de ressources pour soutenir un régime vassal – et elle le soutint. À la fin des années 1980 et au début des années 1990, aucun pays socialiste n'était prêt à contribuer financièrement à la sauvegarde du régime politique en Union soviétique.

Si l'obtention de crédits publics importants est une nécessité absolue, il convient alors d'ajuster sa politique aux exigences de ceux qui sont susceptibles de les accorder. Avec la diminution des réserves de devises, les crédits deviennent de moins en moins accessibles. Pour la direction soviétique, la seule chance d'obtenir des crédits et de venir à bout des crises financière et des valeurs semble être d'exploiter la perestroïka.

M. Gorbatchev, comprenant les problèmes engendrés à long terme par des dépenses militaires excessives, tente d'en réduire le rythme de croissance. Dès sa rencontre avec R. Reagan à Reykjavík en octobre 1986, le ton change lors des pourparlers sur la réduction des armements stratégiques. Jusqu'en 1988, cette problématique était liée à un choix stratégique : perspectives de croissance économique à long terme et sécurité militaire. Dès que commence la crise du remboursement de la dette extérieure soviétique, la situation change. Il n'est plus question de choix, le risque de démantèlement du système économico-politique soviétique impose des accords avec l'Occident, qui peut apporter une aide financière à l'économie déclinante de l'URSS.

C'est seulement au regard de l'acuité des problèmes économiques auxquels se trouva confrontée l'Union soviétique en 1988 que l'on peut comprendre l'initiative du président Gorbatchev sur la réduction des armements, formulée en décembre 1988 dans son allocution à l'ONU. C'est également ce qui explique l'acceptation par les dirigeants soviétiques de la réduction inégale des forces armées en Europe pour un accord sur les missiles de moyenne distance, pratiquement aux conditions avancées par l'OTAN[446].

L'évolution de la situation est particulièrement évidente lors des pourparlers Gorbatchev-Bush à Malte (novembre 1989). La bienveillance et l'attitude conciliante de Gorbatchev lorsqu'il est question de réduction des forces armées ne sont pas dues au seul désir de réduire le poids des dépenses militaires. La réduction des dépenses militaires ne va pas immédiatement se répercuter sur la situation économique en URSS. Ce qui a une importance critique pour les autorités soviétiques alors, c'est la coopération des États-Unis et de leurs alliés pour l'attribution de crédits d'État, de prêts du FMI et de la Banque mondiale. Pour les dirigeants de l'URSS en pleine crise de devises, c'est une question vitale. Afin d'augmenter ses chances de voir les prêts accordés, l'URSS peut donner l'assurance qu'elle ne fera pas usage de la force pour maintenir son contrôle politique en Europe de l'Est[447].

Seul Gorbatchev peut dire jusqu'à quel point ses promesses reflétaient sa pensée. N'importe quel dirigeant aurait été obligé de mettre en œuvre la même ligne politique que lui par rapport à l'Occident, car elle était déterminée par la situation économique et politique et non par ses choix personnels.

## 3. Le prix des compromis

Les partenaires occidentaux comprenaient la situation dans laquelle se trouvait l'Union soviétique et son degré de dépendance par rapport aux prêts motivés par les questions politiques, d'où le ton nouveau du dialogue. Tant que le problème essentiel touchait la régulation du rythme de la course aux armements et que les parties en présence jouissaient d'une parité militaire et politique, elles étaient prêtes, dans le cadre d'un dialogue d'égal à égal, à conduire de longues et épuisantes négociations. Mais il n'est plus question d'égalité[448]. Le monde est ainsi fait. Les erreurs commises dans la politique économique, parfois des décennies plus tôt, ainsi que les hésitations à prendre les mesures nécessaires pour les corriger, obligent à faire des concessions politiques. Dès lors, les dirigeants de l'URSS, pour toute question politique, devront se plier aux règles qui leur sont imposées.

Il est exclu de recourir à la force pour garder le contrôle politique de la partie est-européenne de l'empire. Malgré l'entente tacite selon laquelle c'est une zone d'intérêts soviétiques, toute tentative qui irait dans ce sens impliquerait de faire une croix sur une possible aide économique. Cela sous-entendait que, malgré toute l'indignation des opinions publiques européenne et américaine quant aux interventions militaires dans la région pour garder au pouvoir des régimes vassaux, les gouvernements des pays membres de l'OTAN n'avaient pas l'intention d'y mettre fin. Cette entente était un facteur essentiel du maintien du contrôle de l'URSS dans cette région. Après les événements de 1968 en Tchécoslovaquie, l'utilisation de la force n'était plus nécessaire, il était clair que les dirigeants soviétiques y étaient prêts. En 1980-1981, en Pologne, alors que les dirigeants soviétiques, sur fond de guerre en Afghanistan, hésitent à envoyer les troupes soviétiques pour mater le mouvement ouvrier polonais, la question se pose, pour la première fois, de savoir jusqu'où ils sont prêts à aller pour maintenir l'intégrité de l'empire[449]. Cette question n'est pas évoquée publiquement, mais à huis clos. Les dirigeants polonais sont invités à résoudre ce problème par leurs propres moyens, en instaurant la loi martiale. La nécessité d'évacuer les troupes d'Afghanistan dont sont convaincues la direction politique et la direction militaire de l'URSS peut laisser planer des doutes sur la volonté de l'URSS de conserver par la force l'est de l'empire.

La réduction unilatérale des forces armées soviétiques, avec le retrait de l'Europe de l'Est de plus de 50 000 soldats soviétiques, est un signal évident pour les sociétés de l'Europe de l'Est que la doctrine de la souveraineté limitée et le recours à la force pour maintenir un régime vassal au pouvoir (« doctrine Brejnev ») sont révolus.

Dès la fin de 1988 et le début de 1989, la société et l'élite politique des pays de l'Europe de l'Est comprennent que le recours à la force par l'Union soviétique est impossible car, désormais, le pays dépend économiquement des pays occidentaux. Le démantèlement de la partie est-européenne de l'empire n'est plus qu'une question de forme et de temps. Au mois d'avril 1989, des négociations commencent en Pologne entre le gouvernement et Solidarnosc sur la tenue d'élections parlementaires libres. Deux mois après, Solidarnosc inflige une défaite cuisante au régime pro-soviétique et obtient le contrôle total du Parlement. Sans l'appui militaire soviétique capable d'étouffer les mouvements de libération nationale, Ceausescu, pourtant prompt à employer la force contre son propre peuple, ne parvient pas à sauver son régime. Il se passa un peu moins de deux mois entre la rencontre Gorbatchev-Bush à Malte (novembre 1989), lors de laquelle Gorbatchev donna l'assurance officieuse à G. Bush que les forces armées soviétiques ne prendraient pas part aux conflits en Europe de l'Est, et le moment de l'effondrement de l'empire est-européen.

Comme souvent, une fois commencé, le processus d'effondrement des empires se déroule plus vite que prévu. En septembre 1989 encore, le CC du PCUS était sûr que les dirigeants polonais ne soulèveraient pas la question de la sortie du pacte de Varsovie. Bientôt, le pacte n'existant plus, cette question serait absurde[450].

Le prix payé par l'Occident pour que l'URSS abandonne son emprise sur l'Europe de l'Est s'avéra plutôt modeste. Les crédits et les subventions de la RFA pour l'acceptation de la réunification de l'Allemagne, les crédits italiens, les crédits américains pour les céréales, c'est peu au regard de l'enjeu, mais la direction de l'URSS n'était pas en mesure d'imposer ses conditions. L'essentiel pour l'URSS était que d'importants crédits des États occidentaux permettent de stabiliser la situation économique au niveau national.

Les attentes de la société occidentale sur la façon dont le pouvoir soviétique devait se comporter pour obtenir un soutien financier ne se limitent pas à la question de l'Europe de l'Est. Les dirigeants de l'URSS reçoivent des signaux univoques : « Si vous voulez une aide économique, respectez les droits de l'homme, n'abusez pas de votre force ! » Mais quelle signification cela a-t-il pour un système politico-économique dont la stabilité repose sur le fait qu'il est prêt en permanence à employer la force contre son propre peuple ? Cela revient à réclamer purement et simplement sa liquidation[451].

Les hommes politiques qui, dans les pays baltes, revendiquent le rétablissement de l'indépendance perdue à la suite du pacte Molotov-Ribbentrop en 1939 reçoivent des États-Unis un signal clair : si votre indépendance est proclamée, l'Amérique ne pourra rien faire pour la défense de votre souveraineté et ne reconnaîtra pas les nouveaux gouvernements. Ils signifient en même temps à la direction de l'URSS que la répression contre les partisans de l'indépendance des pays de la Baltique et le recours à la force causeraient un préjudice irrémédiable aux relations avec l'Occident. Ce qui revient à dire, en d'autres termes : « Si vous commencez des répressions, dites au revoir à l'argent de l'Occident[452]. »

Alors que la vérité sur le passé se fait jour, il est évident que les problèmes de l'URSS sont beaucoup plus complexes que ceux d'autres empires au moment de leur chute. La légitimité du pouvoir de ces derniers reposait sur le droit du conquérant, celle des dirigeants soviétiques, en revanche, sur l'idéologie communiste et la tradition historique. La glasnost et les informations désormais accessibles sur les crimes du régime et la façon dont il s'est construit finissent de saper le peu de légitimité du pouvoir soviétique. Dès que les dirigeants soviétiques permirent de dévoiler la vérité sur leur propre histoire, le régime communiste et l'Empire soviétique étaient condamnés.

## 4. La crise de l'empire et la question nationale

Généralement, dans les États autoritaires pluriethniques, la libéralisation du régime et la démocratisation conduisent d'abord à la mobilisation politique des forces capables d'exploiter les sentiments nationaux. En URSS, les répressions ethniques s'exerçaient sur les Coréens, les Kurdes, les Nenets, les Karatchaïs, les Kalmouks, les Tchétchènes, les Ingouches, les Balkares, les Tatars de Crimée, les Grecs et les Turcs meskhètes[453].

On peut aisément imaginer combien de tensions interethniques et de problèmes latents avaient été engendrés par ces répressions. En l'absence de tradition démocratique, l'évocation de l'histoire, des intérêts nationaux, des offenses subies est une arme efficace dans la lutte politique[454]. De ce point de vue, le déroulement des événements en URSS à la fin des années 1980 et au début des années 1990 ne fit pas exception.

Durant les premières années de son mandat, M. Gorbatchev, croyant la question nationale en URSS résolue, ne s'était pas rendu compte du potentiel explosif des relations interethniques. Ses paroles témoignent de son incompréhension de la gravité du problème en URSS et du caractère explosif de celui-ci, susceptible de se manifester lors de tentatives de libéralisation : « Si, dans notre pays, la question nationale n'était pas en principe résolue, l'Union soviétique, telle qu'elle est sur le plan social, culturel, économique, militaire, n'existerait pas. Sans l'égalité de fait entre les républiques, sans les relations de fraternité, de coopération, de respect et d'assistance mutuelle, notre pays n'aurait pas pu se maintenir[455]. »

Quand le chef de l'État, se fiant à la propagande officielle, se refuse à comprendre la réalité, c'est une erreur politique. Il aurait dû se rappeler les manifestations massives en Géorgie du 4 au 9 mars 1956, qui étaient la première tentative politique de protestation ouverte en URSS après la guerre, pratiquement au début de la libéralisation du régime par Khrouchtchev. Quelque 30 000 personnes y prirent part, 13 personnes furent tuées, 63 blessées, dont 8 perdirent la vie. D'autres affrontements faisant d'autres victimes eurent lieu[456].

Les risques potentiels de conflits interethniques au moindre signe de libéralisation dans un pays multiethnique totalitaire furent illustrés de façon spectaculaire par les événements qui se déroulèrent à Alma-Ata en 1986, lors du mouvement d'une dizaine de milliers d'étudiants portant des mots d'ordre nationalistes. Ils protestaient contre la nomination d'un Russe, G. Kolbine, au poste de premier secrétaire du Comité central du Kazakhstan. Les dirigeants soviétiques réprimèrent le mouvement rapidement[457]. Quelque 8 500 personnes furent arrêtées, 1 700 blessées[458]. Malgré la répression sévère des manifestations estudiantines d'Alma-Ata, les premiers indices de faiblesse sont déjà perceptibles : la nomination de G. Kolbine fut abrogée, et c'est le Kazakh Nazarbaïev qui fut nommé premier secrétaire.

Le principe même de la glasnost suffisait à ce que les problèmes relatifs aux offenses nationales, à l'oppression, aux controverses historiques, à l'exploitation économique, à la destruction du milieu naturel national envahissent les colonnes de la presse. Tout comme en Yougoslavie, ces sujets sont abordés également dans les médias des républiques pivots de l'empire, en l'occurrence, la RSFSR et la Serbie. En 1988-1989, la question de la situation des Russes en URSS est évoquée avec autant d'intensité que celle de la discrimination des Serbes en Yougoslavie pendant la même période.

Les données relatives aux échanges commerciaux entre républiques calculés par A. Grinberg et V. Souslov (tab. 6.3) sont connues de tous, tout comme le fait que seuls la Russie, la Biélorussie, l'Azerbaïdjan et la Géorgie ont une balance commerciale positive avec les autres républiques[459].

Tab. 6.3 : Échanges entre républiques et balance du commerce extérieur
des marchandises aux prix du marché mondial, en 1988
(en milliards de roubles)

| République | Échange entre républiques | Échange commerce extérieur | Total |
|---|---|---|---|
| Russie | + 23,88 | + 6,96 | + 30,84 |
| Ukraine | - 1,57 | - 1,32 | - 2,89 |
| Kazakhstan | - 5,94 | - 0,64 | - 6,58 |
| Biélorussie | - 1,59 | - 0,46 | - 2,05 |
| Ouzbékistan | - 2,63 | + 0,09 | - 2,54 |
| Azerbaïdjan | - 0,24 | - 0,21 | - 0,45 |
| Lituanie | - 3,33 | - 0,36 | -3,69 |
| Géorgie | -1,61 | - 0,30 | - 1,91 |
| Moldavie | - 2,22 | - 0,41 | - 2,63 |
| Lettonie | - 0,99 | - 0,32 | - 1,31 |
| Arménie | - 1,06 | - 0,31 | - 1,37 |
| Kirghizie | - 0,54 | - 0,52 | - 1,06 |
| Estonie | - 1,06 | - 0,24 | - 1,30 |
| Tadjikistan | - 1,20 | + 0,08 | - 1,12 |
| Turkménistan | + 0,1 | - 0,06 | + 0,04 |

Déduire que la Russie et le Turkménistan étaient les seuls contributeurs et que la dissolution de l'URSS et le passage du commerce aux prix mondiaux permettraient d'améliorer leur situation économique était hâtif. L'argument est cependant un instrument efficace pour ceux qui exploitent le thème des droits lésés des Russes en URSS.

Déjà, vers l'été 1988, de puissants mouvements à tendance nationaliste voient le jour dans les pays baltes, en Arménie et en Géorgie. Cette vague déferle rapidement sur toute l'Union. En Arménie, Azerbaïdjan, Géorgie, Abkhazie, Ossétie, la liste pourrait être longue. Les dirigeants nationalistes n'ont pas de mal à désigner comme ennemis les représentants des autres ethnies.

Commence un flot ininterrompu de conflits de plus en plus sanglants, sur le fond desquels la position des dirigeants soviétiques, de Gorbatchev en premier lieu, apparaît contradictoire. Avec le processus de démocratisation, il avait donné le feu vert aux mouvements nationaux, qui pour beaucoup aspiraient à l'indépendance et à la rupture avec l'URSS. Dans les pays baltes, en Géorgie, la victoire aux élections des forces revendiquant l'indépendance nationale est claire. Les élections au Soviet suprême républicain de la Lituanie se déroulent le 25 février 1990. L'union Sajudis, qui soutient l'indépendance de la Lituanie, y remporte une solide victoire, ouvrant la porte aux forces séparatistes dans les autres républiques.

D'après le mémoire adressé au CC du PCUS consacré aux problèmes liés aux conflits interethniques, « l'aggravation des relations interethniques a déclenché la migration forcée de la population à une grande échelle. À l'heure actuelle, plus de 600 000 personnes ont déjà quitté leur lieu de résidence. Dans certaines régions, ce processus persiste et acquiert un caractère irréversible. Le problème des réfugiés concerne en tout huit républiques de l'Union et la moitié des régions de la RSFSR où ils ont trouvé refuge, soit par eux-mêmes, soit de façon organisée. La recrudescence des tendances séparatistes dans certaines républiques pourrait amener sous peu à un accroissement brusque des flux migratoires. En effet, actuellement, plus de 60 millions de personnes, dont 25 millions de Russes, vivent hors de leur pays. Le problème des migrations forcées non seulement touchera la population russe, mais aura des conséquences politiques et socio-économiques sur l'avenir de millions de personnes de toutes les ethnies peuplant le pays. [...] Les efforts entrepris ont permis de fournir à plus de 400 000 personnes des logements provisoires et du travail à plus de 100 000. Les personnes dans le besoin ont reçu une aide pour l'achat de vêtements et de chaussures. Toutefois, les mesures prises ne sont adaptées ni à l'ampleur du problème ni à sa gravité[460] ».

M. Gorbatchev peut arrêter ce processus uniquement par la répression et par la force. S'il ne le fait pas, le raz-de-marée des mouvements de libération nationale peut s'étendre à d'autres régions, dont l'Ukraine. Vers le mois de septembre 1989, l'influence du mouvement de libération nationale en Ukraine, deuxième république de l'URSS par sa taille, devient évidente. La démission du premier secrétaire du Parti, V. Chtcherbitsky, les énormes meetings des catholiques ukrainiens, le premier congrès du Roukh, mouvement politique revendiquant l'indépendance de l'Ukraine, rendent celle-ci réelle[461]. Pour la majorité des cadres administratifs et politiques soviétiques, c'est une situation inadmissible. Cependant, si la direction soviétique décide de recourir à la force, cela compromet l'image de Gorbatchev démocrate libérateur, sape son autorité et les soutiens politiques contre la résistance aux changements amorcés. Cela peut également avoir une influence négative sur l'opinion publique occidentale à son égard.

Conserver l'empire sans avoir recours à la force est impossible. En même temps, il est impossible pour se maintenir de ne pas en conserver le contrôle. Des répressions massives ôteraient tout espoir d'obtenir des crédits à long terme susceptibles de différer la faillite imminente de l'État et tout ce qu'elle entraîne. Quand il sera devenu clair que l'accès à l'argent de l'Occident est désormais fermé, la catastrophe économique qui s'ensuivra aura pour conséquence la perte du pouvoir, non seulement par son principal dirigeant, mais par tous les dirigeants. Le comportement étrange, à première vue, des autorités soviétiques de 1989 à 1991 réside dans ce concours de circonstances. Dans les années 1980, les changements démographiques, notamment l'augmentation du nombre de jeunes dans les ethnies non slaves, rendent le recrutement difficile. Le corps des officiers est principalement slave et les hommes de troupe se recrutent parmi des jeunes non slaves, originaires le plus souvent d'Asie centrale. Les unités d'élite (missiles stratégiques, armée de l'air, une partie de la flotte et KGB) étaient recrutées dans la troupe et parmi les sous-officiers d'origine slave. Les troupes armées terrestres (chars d'assaut, fusiliers motocyclistes, artillerie) comptaient de moins en moins de militaires d'origine slave. Il est difficile de compter sur l'emploi efficace de troupes ethniquement hétérogènes pour exercer une répression dans des régions qui leur sont proches culturellement. Dans ce cas, le pouvoir doit compter sur ses troupes d'élite, dont l'effectif est limité. De plus, le recours à ces troupes aggraverait inévitablement le conflit entre la métropole et la population locale[462].

En avril 1989, les militaires eurent recours à la force pendant les troubles de Tbilissi. Plus tard, il s'avéra que la direction politique, assurant que personne n'était au courant des décisions prises, n'était pas prête à en assumer la responsabilité[463].

Ce type de déclarations suscite de plus en plus de critiques envers le pouvoir, et l'armée, souvent désavouée par le pouvoir, a de moins en moins envie de jouer les boucs émissaires. Ainsi, en mai et juin 1989, à Fergana, à la suite des pogroms contre les Turcs meskhètes le commandement des forces armées ne prit aucune mesure pour mettre fin aux désordres avant d'avoir reçu de la direction politique des ordres qui se firent attendre. Des milliers de personnes furent victimes de la paralysie du pouvoir qui n'entreprit pas d'action nécessaire pour garantir l'ordre[464].


## 5. Perte de contrôle de la situation économique et politique

Au cours des années 1989 et 1990, les dirigeants de l'Union perdent de plus en plus le contrôle de la situation. L'accroissement des difficultés économiques, l'augmentation de la pénurie et du nombre des marchandises rationnées remettent en question la légitimité du pouvoir et conduisent à un ralliement populaire à la propagande anticommuniste. Cela est particulièrement perceptible dans les capitales et les grosses villes.

V. Medvedev, secrétaire du CC du PCUS, décrit ainsi les résultats politiques des premières élections partiellement libres : « Pendant les élections du Congrès des députés du peuple de l'URSS, 32 des 160 premiers secrétaires des comités régionaux du Parti ont été battus [...]. À Leningrad, pas un seul dirigeant du Parti ou des soviets, pas un seul membre du bureau du comité régional, y compris le premier secrétaire et même le commandant de la circonscription militaire de la région administrative, n'a été élu. À Moscou, les dirigeants du Parti ont été en majorité battus, tandis qu'Eltsine obtenait 90 % des suffrages des Moscovites[465]. » Les dirigeants du Parti ont subi la même défaite dans les régions de la Volga, de l'Oural, en Sibérie, en Extrême-Orient, dans le sud-est de l'Ukraine, dans les pays baltes, en Arménie et en Géorgie.

La criminalité augmente de façon sensible. Au premier semestre 1990, on enregistrait 1 514 000 crimes en Union soviétique, 251 000 de plus qu'à la même période l'année précédente. Le nombre de délits commis avec des armes à feu augmente d'un tiers, le nombre de cambriolages augmente de façon importante[466]. L'État a perdu sa capacité élémentaire à garantir l'ordre public.

Si le contrôle politique avait été maintenu, l'élection des directeurs, le passage de l'économie planifiée au système de commandes d'État auraient pu être de simples signes dissimulant la continuité du système administratif de direction de l'économie. Avec l'affaiblissement du pouvoir, l'indépendance des entreprises devient réelle et leurs dirigeants peuvent désormais ignorer les directives du pouvoir. Le maintien des prix fixes de la production des entreprises d'État et les prix libres sur la production des coopératives créent les conditions et légitiment pratiquement le passage massif des ressources dans des mains privées.

Les décisions contradictoires des organismes du pouvoir à différents niveaux donnent aux dirigeants des entreprises une large liberté de manœuvre. La caractéristique essentielle de l'économie socialiste semble évidente : elle ne peut fonctionner que grâce au maintien strict du régime politique. Sans cela, elle s'effondre.

L'arrêté du Congrès des députés du peuple du 9 juin 1989 met en évidence une conscience sociale qui n'a pas encore l'expérience de la démocratie responsable mais qui n'est déjà plus contrôlée par un pouvoir autoritaire. Les problèmes liés aux errances du système financier, au déséquilibre du marché, à la croissance de la pénurie des biens et des services sont énumérés. Après quoi, il est proposé d'augmenter le minimum retraite, les pensions d'invalidité, d'abolir les restrictions sur le paiement des allocations à tous les retraités et invalides employés dans l'économie nationale, indépendamment de leur rémunération, etc.[467].

L'affaiblissement du pouvoir et la perte du contrôle politique mettent désormais en compétition le pouvoir central et celui des républiques pour désorganiser l'économie de l'URSS. En janvier 1991, le Soviet suprême de l'URSS décide des mesures centralisées d'aide sociale à la population, financées, notamment, par le budget de l'Union, pour un montant de

47,6 milliards de roubles : 2,5 milliards pour amener les allocations familiales au niveau du salaire minimum. 50 % du salaire minimum seront versés pour chaque enfant de 18 mois à 6 ans, soit 8,2 milliards d'allocations mensuelles. Les mesures pour les retraites coûteront 19,7 milliards de roubles ; l'augmentation des dépenses pour les médicaments et autres besoins de la santé publique, 2,1 milliards ; les mesures supplémentaires de protection de la santé de la population sur les territoires exposés à la contamination radioactive à la suite de l'accident de la centrale de Tchernobyl, 2,6 milliards ; les bourses aux étudiants, 1,6 milliard ; l'augmentation des revenus *via* la baisse de l'impôt sur le revenu 2,2 milliards ; les nouveaux salaires des fonctionnaires de la Culture, de la Santé, de la Sécurité sociale et de l'Éducation nationale, 2,5 milliards ; le paiement des travailleurs des branches non productives, 1,7 milliard[468].

Les dirigeants de l'Union et ceux de la Fédération de Russie ne semblent pas se préoccuper du financement de ces mesures alors que le pays est en pleine crise. La décision du Congrès des députés du peuple de la RSFSR d'allouer au moins 15 % du revenu national de la fédération pour soutenir l'agriculture et le développement social des villages est l'apothéose des décisions de cette période, décisions populaires et totalement irréalisables à cette période[469].

À l'été 1988, la direction du gouvernement adresse au Comité central du PCUS un mémoire sur la nécessité d'achever la réforme des prix au premier semestre de 1989[470]. Dès l'automne, il est évident que personne n'était décidé à le faire. Au mois de février 1990, Gorbatchev, lors de son allocution au plénum du CC du PCUS, déclare que l'absence de transformations dans le système d'élaboration des prix était le maillon manquant pour la réussite de la réforme économique. Le ton de ses paroles trahissait pourtant l'incertitude quant à la volonté des pouvoirs de s'engager dans cette voie. Il continue : « Il est nécessaire d'accélérer la solution de ce problème. Cependant, le Parti reste sur sa position de principe. Il faut réaliser la réforme de formation des prix de façon que cela n'ait pas d'incidence sur le niveau de vie de la population, surtout sur celle des gens modestes[471]. »

En juillet 1990, tout en reconnaissant que la situation de l'approvisionnement de la population en produits manufacturés est difficile et la situation sur le marché des denrées insupportable, il refuse de commencer le passage à l'économie de marché avec une hausse des prix, mesure qu'il considère comme absurde. Il déclare vouloir commencer les transformations économiques par des mesures indolores ou populaires[472] : « Il en résulte que le problème des prix semble essentiel, comme si c'était la seule mesure par laquelle il fallait commencer le passage à l'économie de marché. Il y a des mesures plus urgentes. Personne n'empêche de commencer aujourd'hui même à transformer les entreprises d'État en sociétés par actions, de créer une réelle liberté d'entreprise, de passer des baux pour l'exploitation des petites entreprises et des magasins, de commercialiser l'habitat, les actions et autres titres ainsi qu'une partie des moyens de production. Il faut accélérer l'organisation des Bourses de commerce et des Bourses de valeurs, réformer le système bancaire, mettre en œuvre une politique des taux d'intérêt, réunir les conditions de concurrence de production des groupements et des petites et moyennes entreprises, surtout dans le domaine de la production des biens de consommation courante[473]. »

Dans sa réponse, le Premier ministre, N. Ryjkov, responsable de la situation économique, déclare en toute sincérité : « Je dois avouer que, quel que soit le mode de formation des prix choisi, il n'était pas possible de passer à l'économie de marché sans la réforme des prix. Notre principale erreur fut, comme en 1988, d'être indécis et de remettre encore une fois à plus tard cette tâche extrêmement complexe[474]. »

Plus tard, il estima que sa principale erreur à la tête du gouvernement avait été le renoncement à la réforme de formation des prix : « Je suis certain que notre principale erreur a été d'avoir interrompu la chaîne des réformes juste à ce maillon, vital, de la chaîne. [...] Mais ce sont les réformes des prix de détail qui représentaient le problème le plus épineux, les intérêts des producteurs, du commerce et de chaque famille étant étroitement liés. Des distorsions sans précédent étaient apparues vers 1990. Si le revenu national créé dans cette sphère, pendant les trente-cinq dernières années, avait augmenté de 6,5 fois, les dotations de l'État aux prix avaient augmenté, elles, de plus de 30 fois ! En 1990 toujours, pour les seules denrées, la dotation se monta à 100 milliards de roubles, et si on avait établi de nouveaux prix sur les denrées, sans la révision des prix de détail, elle aurait encore augmenté de 30 % pour atteindre le cinquième de toutes les dépenses du budget national[475]. »

Le président du comité des prix de l'URSS, V. Sentchagov, écrit au Premier ministre, N. Ryjkov, à un moment où la décision de la réforme des prix est cruciale (décembre 1990) : « En raison de l'entrée en vigueur, le 1er janvier 1991, des nouveaux prix de gros et d'achat, le problème de la mise en application immédiate des nouveaux prix de détail s'aggrave. La situation prend une telle tournure que les dépenses de l'État pour produire et fabriquer tous les produits de consommation courante, y compris le vin et la vodka, ainsi que pour les importations, dépasseront de 20 à 30 % les recettes de leur vente. Ce qui veut dire que la différence entre les dépenses et les recettes devra être couverte par une nouvelle émission de monnaie. L'économie du pays ne pourra pas supporter de continuer sur cette pente[476]. »

Le vice-Premier ministre L. Abalkine intervient à la IVe session du Soviet suprême en septembre 1990 : « Le passage aux nouveaux tarifs et prix de gros avec le maintien des prix de détail s'est soldé par un déficit de près de 110 milliards de roubles. De plus, en raison de la réduction de la base des recettes du budget, on a dû allouer une rallonge budgétaire de 37 milliards pour financer les décisions prises touchant le niveau de vie et la sphère socioculturelle. Au total, aux 58 milliards de roubles de déficit de l'année courante il faut ajouter 190 milliards de roubles[477]. »

Dans le projet de programme du gouvernement, en septembre 1990, pour la création d'une économie de marché régulée, la situation de l'économie du pays est caractérisée ainsi : « La crise dans la sphère de la production des biens matériels est accentuée par la déstabilisation des finances de l'État et de la circulation monétaire, par l'accroissement du déséquilibre des rapports marchands, par l'aggravation des processus inflationnistes. L'emballement de la demande, la pénurie totale des marchandises et des denrées, le rationnement strict des achats dans plusieurs régions et l'accroissement important des échanges, tout cela indique que le système actuel de distribution est proche de la débâcle totale[478]. »

Les propos du secrétaire du CC du PCUS, N. Sliounkov, responsable des questions économiques, lors du plénum de février 1990 montrent combien la situation est devenue critique et aussi que la direction du Parti a pleinement conscience de la catastrophe monétaire imminente : « Au cours des quatre dernières années, les revenus ont dépassé les dépenses de presque 160 milliards de roubles pour l'achat des marchandises, les services et les diverses charges… De ce fait, l'épargne populaire a augmenté de 50 % et les liquidités d'un tiers. Ce raz-de-marée monétaire a désorganisé le marché de la consommation, vidé les boutiques, créé une certaine tension sociale et ébranlé la confiance de la population dans la perestroïka. Sur les 1 200 produits de consommation courante, presque 1 150 sont passés dans la catégorie "pénurie". Les mesures prises par le gouvernement se sont révélées insuffisantes, inefficaces, inopportunes[479]. »

## 6. La crise monétaire

La croissance simultanée des achats de céréales par la Russie et de leur prix sur le marché mondial a fait exploser les dépenses de devises en URSS. Vers 1988, les dépenses pour l'achat de céréales ont grimpé de 4,1 milliards de dollars US contre 2,7 milliards en 1987[480].

D'après le mémoire du ministre des Relations économiques extérieures de l'URSS au président de la Commission de l'économie extérieure du Conseil des ministres, S. Sitarian, (avril 1990), « à l'heure actuelle, un certain nombre de sociétés étrangères (Louis Dreyfus, Friesacher, Bunge et autres) ont déjà arrêté les livraisons vers l'URSS et les navires affrétés pour le transport du blé et des cultures fourragères sont immobilisés dans les ports en attente d'une solution[481] ».

La situation catastrophique sur le plan des devises aurait dû inciter les dirigeants soviétiques à diminuer les dépenses en devises fortes. Ce ne fut pas le cas, il leur semblait impossible de renoncer au financement massif de la politique étrangère. En décembre 1989, le chef de la section internationale informe le CC du PCUS : « Depuis bon nombre d'années, le fonds international d'aide aux organisations ouvrières de gauche était constitué par les versements volontaires du PCUS et des partis communistes des pays socialistes. Toutefois, depuis la fin de 1970, les camarades polonais et roumains, et depuis 1987, les camarades hongrois, invoquant des difficultés financières liées aux devises, ont mis fin à leur participation au fonds. En 1988 et 1989, le PSU d'Allemagne, les PC de Tchécoslovaquie et de Bulgarie, sans raison valable, n'ont pas versé les cotisations prévues et, dès lors, le fonds n'a plus été alimenté que par le PCUS. La participation financière des trois partis ci-dessus était en 1987 de 2,3 millions de dollars, soit près de 13 % du total des sommes versées au fonds. La cotisation du PCUS au Fonds international d'aide aux organisations ouvrières de gauche était fixée à 13,5 millions de roubles en devises, ce qui, selon le taux de change officiel, équivalait à 22 044 673 dollars US. En 1989, le Fonds a permis d'apporter une aide à 73 partis et organisations communistes, ouvrières et démocratiques-révolutionnaires pour un montant total de 21,2 millions de dollars. Les partis qui reçoivent régulièrement des financements du fonds apprécient au plus haut degré cette forme de solidarité internationale, estimant qu'elle ne peut être compensée par aucune autre forme d'aide. La plupart de ces partis ont transmis des demandes dûment motivées d'assistance pour 1990, certains demandent une augmentation de l'aide. Il semble utile de maintenir le niveau des versements du PCUS au Fonds international d'aide aux organisations ouvrières de gauche en 1990 à peu près au niveau de l'année actuelle, soit 22 millions de dollars[482]. »

Au mois d'août 1990, compte tenu des problèmes relatifs aux devises, les dirigeants soviétiques décident de réduire l'assistance aux États étrangers de 600 millions de roubles. Mais cela ne suffit pas à régler le problème du manque de devises[483]. La crise monétaire s'accentue et le ton devient de plus en plus vif dans les mémoires échangés au sein du gouvernement au sujet de l'affectation des devises et de l'état des finances : « Au 1er octobre 1990, les dettes des groupements de l'Union du ministère de l'Économie envers les sociétés d'Allemagne de l'Ouest s'élèvent à 243,9 millions de roubles, dont 56 millions pour les laminés, les tôles et les canalisations, 50 millions pour l'alimentation, 31,4 millions pour les machines et les équipements, 25,9 millions pour les licences et autres équipements et 10,4 millions pour les métaux non ferreux et les produits concentrés[484]. »

« En raison du retard de la Vnechekonombank à ouvrir des lettres de crédit, les pétroliers Fedko et Titov sont actuellement retenus dans les ports de Rotterdam (avec 25 000 tonnes d'huile de colza) et de Surabaya, en Indonésie (15 000 tonnes de stéarine de palme). Les contrats ont été signés avec les sociétés étrangères, qui sont prêtes à livrer mais bloquent les bateaux tant que la dette portant sur les livraisons antérieures, pour 97,8 millions de roubles, ne sera pas réglée et que les lettres de crédit sur les contrats nouveaux ne seront pas ouvertes. [...] Malgré les demandes réitérées d'ouverture des lettres de change, la Vnechekonombank de l'URSS (T.I. Alibegov) ne réagit pas, ce qui n'est pas difficile à comprendre quand on se réfère aux documents évoquant la situation de la Vnechekonombank et l'aggravation de la crise monétaire. »

La figure 6.1 illustre la crise des impayés sur les contrats signés.

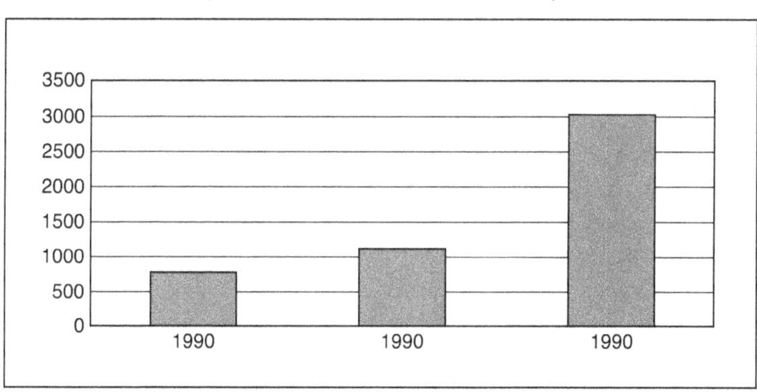

Fig. 6.1 : Paiements différés aux fournisseurs étrangers
(en millions de roubles convertibles)



Source : V.N. Vorontsov, vice-ministre des Relations économiques internationales, à S.A. Sitarian.

Dans leur lettre au président du Conseil des ministres, N. Ryjkov, le président de la Banque nationale de l'URSS, V. Gerachtchenko, et le président de la Vnechekonombank, Iou. Moskovski, affirment : « Actuellement, les arriérés des organismes de commerce extérieur soviétiques sur les achats effectués selon le plan des importations à la demande du gouvernement se montent à près de 3 milliards de roubles. Ces arriérés, qui impliquent un certain nombre de groupements de commerce extérieur soviétiques, ne mettent pas en question la crédibilité financière du pays, même si la Vnechekonombank ne respecte pas les engagements pris sur les garanties données au nom et pour le compte du gouvernement de l'URSS. Il faut également prendre en considération que le total des garanties de la banque atteint plus de 5 milliards de roubles[485]. »

L'insolvabilité de la Vnechekonombank, dont les dirigeants ont conscience, ne les rassure pas. La banque continue à recevoir des signaux alarmants de l'influence de la crise monétaire sur l'économie du pays. Les services du gouvernement adressent des télégrammes urgents : « Malgré les instructions reçues, la Vnechekonombank de l'URSS n'a pas encore apuré les arriérés d'un montant de 33,8 millions de roubles, dont 5,6 pour payer les huiles livrées en avril-mai, 6,9 millions de roubles d'intérêts sur les arriérés, 21,3 millions pour 272 000 tonnes d'huile livrées en octobre et novembre. De plus, les lettres de crédit pour 71,5 millions de roubles n'ont pas été ouvertes à ce jour [...]. Afin d'éviter les surestaries des navires et le refus des sociétés d'honorer leurs obligations contractuelles, merci de donner vos instructions à la Vnechekonombank de l'URSS afin qu'elle exécute les dispositions 4241 du 13 novembre 1990 et procède immédiatement à la reprise des paiements[486]... »

En désespoir de cause, les dirigeants des services du ministère des Relations économiques extérieures se sont adressés directement aux dirigeants du pays. Le groupe VVO Prodintorg adresse un recours au président du Conseil des ministres, N. Ryjkov : « Le personnel de l'association nationale Prodintorg se permet de s'adresser directement à vous, pour vous demander de résoudre au plus vite le problème de paiement des denrées importées. L'association s'est adressée à plusieurs reprises à ce sujet au gouvernement. Au 15 août, l'endettement de l'association envers les sociétés étrangères se montait à 245 millions de roubles... Malgré les décisions prises pour le paiement prioritaire des denrées importées et bien que les échéances soient échues, la Vnechekonombank n'effectue pas ces paiements. [...] En raison des retards de paiement, les fournisseurs de RFA, de France, de Nouvelle-Zélande et de Norvège ont déclaré cesser leurs livraisons de beurre, de viande, de produits de boucherie et de lait en poudre. L'arrêt de livraison porte sur les contrats conclus sur la viande et les produits de boucherie du Brésil, les huiles de Malaisie et de Chypre, le lait en poudre de Hollande, le beurre de Suède. Les livraisons de denrées provenant d'autres pays sont aussi remises en question. [...] Le non-respect des objectifs fixés par le gouvernement, notamment pour l'importation des denrées en 1990, pourrait avoir des conséquences imprévisibles dans le pays. Les denrées importées doivent approvisionner Moscou et Leningrad, les bassins houillers du Kouzbass et de Vorkouta, les gaziers de Tioumen, les républiques de Transcaucasie, ainsi que d'autres centres industriels. Dans ces régions, l'arrêt de l'approvisionnement en denrées importées aggraverait brutalement les conflits sociaux et politiques[487]. »

Les arriérés sur les contrats d'Exportkhleb, société devenue de fait et depuis longtemps une société étrangère, sont surtout dangereux compte tenu du niveau de dépendance de l'économie soviétique aux importations de céréales. D'après le mémoire du vice-ministre des Relations économiques extérieures au vice-président du Conseil des ministres de l'URSS, S. Sitarian, « le ministère des Relations économiques extérieures de l'URSS vous avait informé que la société Exportkhleb se trouvait dans une situation extrêmement épineuse relativement au paiement des factures des fournisseurs étrangers. [...] Les sociétés étrangères font des relances incessantes pour le paiement des marchandises livrées de mars à juin et des intérêts sur les arriérés qui s'élèvent actuellement à près de 4,5 millions de roubles et augmentent de 16 000 roubles à chaque jour de retard [...]. Cependant, les garanties de la Vnechekonombank de l'URSS ne sont toujours pas présentées, malgré les instructions gouvernementales en date des 29 janvier 1990, 11 mai 1990 et 27 juin 1990[488] ».

L'endettement des groupements soviétiques de commerce extérieur augmente, créant de graves problèmes pour l'économie nationale. Dans son mémoire à S. Sitarian du 10 avril 1990, V. Vorontsov écrit : « Conformément à la commission en date du 10 mars 1990, le ministère des Relations économiques avec l'étranger informe qu'à la date du 5 avril courant, selon les instructions reçues, la Vnechekonombank a différé le paiement demandé par les groupements d'économie extérieure pour un montant de 656 millions de roubles en devises convertibles... Les sociétés de la RFA (Mannesmann et autres), du consortium Ruhrgas, menacent de bloquer nos encaissements sur les fournitures de gaz[489]. »

En automne 1990, les dirigeants du gouvernement de l'URSS commencent à parler ouvertement de situation d'urgence au sujet de l'économie extérieure. Iou. Maslioukov intervient à la IVe Session du Soviet suprême de l'URSS, le 2 novembre 1990 : « Au niveau du commerce extérieur la situation est pratiquement une situation d'urgence : d'une part, il est nécessaire d'apurer les intérêts de la dette (dont le montant a atteint en 1991 la somme faramineuse de 9 milliards de roubles), et d'autre part la situation s'est aggravée en raison de l'effondrement de la production du pétrole, du bois et du coton, produits qui depuis longtemps représentent notre principale source de devises fortes[490]. »

## 7. De la crise à la catastrophe

En 1989, la production industrielle cesse de croître. Dès le début de 1990, elle s'effondre. Les grèves dans les mines entraînent une brusque chute de l'extraction du charbon.

**Tab. 6.4** : Production de charbon en URSS dans les années 1988-1990, en millions de tonnes

| Année | 1988 | 1989 | 1990 | 1991 |
|---|---|---|---|---|
| **Extraction du charbon** | 772 | 740 | 703 | 629 |

Source : *Économie nationale de l'URSS en 1990, op. cit.* Pour les données de 1991 sur l'URSS, cf. *Économie de l'URSS*, Moscou, Centre d'édition et d'information, 1991. Pour les données de 1991 sur la RSFSR, cf. *Bulletin statistique succinct de 1991*, Moscou, 1992.

**Tab. 6.5** : Production de charbon en RSFSR de 1988 à 1990, en millions de tonnes

| Année | 1998 | 1989 | 1990 | 1991 |
|---|---|---|---|---|
| **Extraction du charbon** | 425 | 410 | 395 | 353 |

Source : jusqu'en 1991, cf. *Économie nationale de la RSFSR en 1990*, Moscou, Centre républicain d'édition et d'information, 1991 ; pour les données de 1991, cf. *Bulletin statistique succinct de 1991, op. cit.*

La chute de l'extraction du charbon, y compris du charbon à coke, a pour conséquence la diminution de la production métallurgique, qui est un des principaux facteurs de la chute du volume total de la production industrielle. En même temps, la demande de la population en biens de consommation courante augmente. Le président de la Banque d'État de l'URSS adresse au Soviet suprême de l'URSS, en septembre 1990, le mémoire suivant : « Dans certaines régions du pays, l'approvisionnement de la population pour un certain nombre de denrées alimentaires est rationné : le sucre, la viande, le beurre et l'huile, le thé, la farine, les pâtes… En 1990, la situation sur le marché intérieur s'est considérablement aggravée, en raison de l'argent disponible dans la population, mais aussi du changement de comportement des acheteurs. Dans l'attente d'une hausse des prix et suite aux propositions des économistes d'une réforme monétaire ou du gel des avoirs, ils tentent par tous les moyens de dépenser l'argent dont ils disposent, constituent des réserves et font des achats superflus. [...] Selon les estimations, il sera difficile d'inverser cette tendance d'ici à la fin de l'année. Durant les neuf premiers mois de 1990, l'épargne de la population et les liquidités augmenteront de 47,3 milliards de roubles contre 38,4 milliards pour la même période en 1989 et de 72,8 milliards de roubles contre 61,9 milliards l'année précédente. [...] Après l'approbation par le Soviet suprême de l'URSS du bilan planifié des revenus et des dépenses de la population, les mesures prises entraînent inévitablement l'accroissement des revenus de la population. Les mesures favorisant l'achat de céréales par l'État feront augmenter la rémunération du travail dans l'agriculture ; l'impôt sur le revenu des citoyens et la diminution progressive de l'impôt pour les célibataires, les personnes isolées et les familles peu nombreuses (à partir du 1er juillet 1990) ; l'augmentation des bourses pour les étudiants (à partir du 1er septembre 1990) ; les nouveaux avantages pour les retraités (à partir du 1er octobre 1990) ; les mesures de protection sociale des familles avec enfants (à partir du 1er décembre 1990). Ces mesures suffisent à elles seules à faire augmenter les revenus de la population de 9 milliards de roubles[491]. » Ceux qui prennent ces mesures ne pouvaient ignorer qu'elles devraient être financées par la planche à billets.

Le premier vice-président du comité des statistiques nationales, le Goskomstat de l'URSS, I. Pogossov, informe le Conseil des ministres de l'URSS en novembre 1990 que la pénurie des marchandises devient un problème des plus aigus, que la demande continue de progresser en conséquence de la réaction des consommateurs à la dévalorisation du rouble. Il attire l'attention sur la détérioration de l'approvisionnement de la population à la suite de la réduction des importations au deuxième semestre de 1990. Si, au premier trimestre de 1990, le volume des importations avait augmenté de 11 %, au troisième trimestre, il avait baissé de 17 %, et de 25 % en octobre. Il note que les stocks de denrées ont diminué de 29 %, entre août et octobre pratiquement toutes les denrées sont devenues déficitaires. La population rencontre des difficultés à se procurer de la viande et des produits de boucherie, même auprès des coopératives à des prix élevés. La hausse des prix sur le marché kolkhozien s'accélère. Au mois de juin, par rapport à la même période l'année précédente, ces prix grimpèrent de 27 %, et au mois d'octobre de 38 %. Le plan d'approvisionnement en produits de boucherie n'est réalisé qu'à 73 % à Leningrad et 60 % dans la région de Moscou. Vers le milieu de 1990, il n'y a plus un seul objet de consommation courante parmi les 160 normalement en vente[492].

## 8. Des efforts surhumains pour éviter les réformes

Au printemps 1990, alors que la question d'éventuelles réformes économiques est de nouveau à l'ordre du jour, M. Gorbatchev ne parvient à se décider ni en faveur du programme radical proposé par N. Petrakov ni en faveur du programme modéré élaboré sous la direction de L. Abalkine. Il diffère la décision. La situation qui se détériore contraint le gouvernement à agir et, en avril-mai 1990, le principal sujet de discussion dans la société concerne l'urgence d'une décision. Le gouvernement soviétique propose des mesures visant à surmonter la situation de crise économique et visant en premier lieu la réduction du déficit budgétaire et l'équilibre du marché de la consommation. Elles sont soumises à l'examen du Conseil présidentiel et du Soviet de la fédération les 17 et 18 avril 1990[493]. Le 22 mai 1990, le gouvernement de N. Ryjkov présente un programme quinquennal de passage à l'économie de marché régulée. La première mesure devait être l'augmentation du prix du pain de trois fois, dès le 1er juillet 1990 et, à partir du 1er janvier 1991, l'augmentation des prix sur les autres denrées.

En mai 1990, le Centre de sondage de l'opinion publique (VTsIOM) informe le président du Conseil de l'URSS que 56 % des personnes interrogées soutiennent le passage à l'économie de marché, tandis que 60 % considèrent que ce passage, effectué dans des délais relativement courts, n'aurait pas de résultats positifs et pourrait même provoquer une crise politique[494]. Un sondage, effectué par le même organisme au mois de décembre 1990, montre que 56 % de la population considère que la situation économique est critique, 37 % la considère comme un échec. L'énorme majorité des personnes sondées considère l'année 1990 comme étant plus dure que la précédente. À la question « Qu'est-ce qui attend l'Union soviétique dans les prochains mois ? », 70 % des personnes répondent qu'elles s'attendent à une aggravation de la situation ; plus de la moitié de la population (54 %) répond que l'on peut s'attendre en 1991 à une catastrophe économique ; 49 % à un chômage massif ; 42 % prévoient une famine ; 51 % des coupures d'eau et d'électricité. 70 % estiment que leur situation matérielle s'est dégradée au cours des deux ou trois dernières années. Les préoccupations essentielles ont trait à la survie, à l'approvisionnement de la famille en biens matériels, à l'augmentation des prix, à la dépréciation de l'argent. La question la plus alarmante pour les Soviétiques est l'aggravation des conditions d'achat de l'alimentation, la disparition des rayons du savon, des vêtements, des draps, des chaussures et autres produits de consommation courante[495]. À la question sur la sortie de la crise posée au début de 1991, 45,8 % des personnes interrogées répondent « pas avant la fin de l'an 2000 », 12 % « jamais ». 60 % estiment que les problèmes essentiels de l'économie soviétique sont la pénurie, les queues et la pauvreté. Tandis que, fin 1989, 52 % des personnes interrogées approuvaient entièrement les activités de M. Gorbatchev, fin 1990, elles ne sont plus que 21 %. En 1988, 55 % déclaraient être prêts à nommer M. Gorbatchev « personne de l'année » contre à peine 12 % en 1990[496].

Le premier Congrès des députés du peuple de l'URSS a ébranlé les fondements de la peur du pouvoir et amorcé l'érosion de la base idéologique du régime. La décision prise en 1989 de payer aux kolkhozes et aux sovkhozes en devises fortes la production de céréales en excédent par rapport au plan était le signe manifeste que le pouvoir n'était plus en mesure d'assurer la collecte des céréales par la contrainte. Ce fut un coup sérieux porté au pivot du système économique socialiste : la certitude fortement ancrée depuis 1928-1929 que le pouvoir était capable, par la contrainte, de collecter les céréales pour la répartition centralisée. Dans les synthèses préparées pour l'allocution inaugurale de M. Gorbatchev au plénum du CC du PCUS, le 8 octobre 1990, la situation est décrite ainsi : « La situation très critique sur le plan de la consommation, la désorganisation des rapports économiques, les perturbations dans les communications et transports, la disparition soudaine de la discipline étatique, les affrontements politiques, parfois très violents, sur les questions de propriété, de souveraineté, de définition des zones de compétences et, enfin, la progression de la criminalité, tout témoigne de l'aggravation de la crise[497]. »

G. Iavlinski déclarait dans une interview, à peu près à la même époque : « À présent, nous devons apprendre à vivre avec une grosse inflation. C'est une tâche à part entière, qui demande une grande maîtrise, un grand sens des responsabilités et du courage, car il faut le savoir, elle n'admet ni populisme, ni hystérie, ni dépendance politique à qui que ce soit[498]. »

À la réunion du Politburo du CC du PCUS du 16 novembre 1990, M. Gorbatchev parle de la situation de l'approvisionnement en denrées : « J'ai demandé lors de la préparation de la session que me soit donnée une image complète de la situation au pays. Elle n'est pas nette. J'ai étudié à fond la question et je dois vous dire que la stabilité de l'approvisionnement en denrées requiert des efforts exceptionnels[499]. »

Le premier secrétaire du comité régional du PCUS de Leningrad, B. Guidaspov, dans son intervention à la même réunion du Politburo : « Il est vrai que la situation actuelle est très dure. Quand je vais au travail le matin, je croise dans la rue des files de centaines, de milliers de personnes. Et je me dis : Il suffit qu'il y en ait un qui cogne contre une vitrine pour que commence une contre-révolution à Leningrad et nous n'arriverons pas à sauver le pays[500]. »

Mais même les efforts extraordinaires sur lesquels insiste le président de l'URSS ne donneront pas de résultats. Les problèmes financiers fondamentaux du pays ne pourront pas être résolus par des paroles, c'est impossible ; il faut des actes et une volonté politiques qui, hélas, font défaut. Pendant ce temps, la situation sur le marché de consommation continue à empirer.

Le ministre du Commerce de l'URSS, K. Terekh, déclare au Premier ministre, N. Ryjkov (décembre 1990) : « Pendant les onze premiers mois, selon les informations du comité des statistiques de l'URSS, 21,7 milliards de roubles de biens de consommation courante ont manqué sur le marché intérieur, dont 4,3 milliards de denrées alimentaires, [...] 6,1 milliards de produits manufacturés et 12 milliards d'autres biens de consommation [...]. Nous sommes surtout inquiets de la situation du ravitaillement de la population des villes de Moscou et de Leningrad en produits de boucherie [...]. Néanmoins, en raison des arriérés de l'année courante et du manque de devises pour les achats au premier trimestre de 1991, le ministère des

Relations économiques extérieures ne nous garantit pas les fournitures de denrées au mois de janvier, ce qui amènera des interruptions dans l'approvisionnement de la population des villes Moscou, Leningrad et d'autres [...]. La réduction du budget alloué à l'importation des produits manufacturés aura de sérieuses répercussions sur l'approvisionnement de la population. [...]. Quant au textile, aux vêtements et aux chaussures, la situation empire au premier trimestre de 1991. Il faudra mettre sur le marché une part des réserves de ces marchandises, qui, au cours de la seule année 1990, ont baissé de 7 milliards de roubles... Compte tenu du caractère critique de la situation, le ministère du Commerce intérieur de l'URSS demande au Conseil des ministres de l'URSS d'affecter en 1991 les devises nécessaires pour l'importation de biens de consommation courante. La mission est confiée au Gosplan[501]. »

Vers le milieu de 1990, les prix du commerce coopératif étaient deux fois supérieurs à ceux des magasins d'État, ceux des marchés des kolkhozes, de trois fois[502].

Le premier vice-président de la Caisse d'épargne (Sberbank), V. Soloviov, au Conseil des ministres de l'URSS déclare en janvier 1991 : « En 1990, l'épargne a augmenté de 43,6 milliards de roubles. De 1986 à 1990, 165 milliards de roubles ont été épargnés. En 1990, l'épargne a augmenté de 12,9 %, de 1,7 fois pendant le quinquennat pour atteindre, au 1er janvier 1991, 381,4 milliards de roubles. [...] Cela est le résultat de l'augmentation drastique de la demande insatisfaite des besoins de la population [...]. Au total, fin 1990, l'endettement de la Banque d'État (Gosbank) de l'URSS envers la Caisse d'épargne (Sberbank) de l'URSS s'élève à 331 milliards de roubles, cette question doit être résolue en 1991[503]. »

« Le fait que le Gosplan n'ait pas joué son rôle a eu une influence néfaste sur le développement de l'économie, obligeant à la mise en circulation, en 1990, de 26,6 milliards de roubles supplémentaires, ce qui dépasse considérablement l'émission des années précédentes (4,3 milliards de roubles en 1986, 5,9 en 1987, 12,0 en 1988 et 17,9 en 1989). [...] Le coût des salaires dans l'économie nationale, y compris dans les coopératives a augmenté de 68 milliards de roubles en 1990, soit 16 %, par rapport à 1989, dépassant les prévisions du plan de 44 milliards de roubles. [...] En 1990, la situation sur le marché s'est détériorée, la pénurie touche quasiment tous les biens de consommation courante, la demande est devenue très forte, tant pour les denrées que pour les biens non comestibles. C'est la pénurie de denrées qui a entraîné une hausse brusque des prix sur le marché kolkhozien. En 1990, ils ont augmenté, par rapport à 1989, de 29 %, contre 11,1 % dans les années 1986-1989 [...]. Par ailleurs, les emprunts destinés à couvrir le déficit du budget national continuent. L'endettement de l'État en 1990 a augmenté de 150 milliards de roubles, ce qui a des conséquences désastreuses sur l'économie, les finances et la circulation monétaire[504]. »

Selon les estimations du comité des statistiques (Goskomstat), en 1990, l'indice des prix, marché noir inclus, est de 105,3 % et l'accroissement de la demande insatisfaite est estimé à 55 milliards de roubles[505].

Les capitales, et en priorité Moscou, avaient toujours bénéficié d'un approvisionnement prioritaire, c'était pour le régime un moyen de s'assurer le contrôle politique dans le pays, et malgré la disparition des intellectuels parmi les dirigeants du régime, les bolcheviks n'ont pas oublié que la révolution qui les avait conduits au pouvoir avait commencé par des troubles liés au ravitaillement de la capitale. Au début de 1991, la situation sur le marché devient catastrophique. Le président du comité exécutif du conseil de Moscou, Iou. Loujkov, s'adresse au Premier ministre, V. Pavlov, en février 1991, en ces termes : « Tout ce dont dispose le commerce de Moscou en biens de consommation se monte à 5,1 millions de roubles, soit seulement 42 % par rapport à l'année dernière. Les articles importés, textiles, vêtements et chaussures constituent chaque année près de 55 % ; le plan pour cette année prévoit une réduction des marchandises importées de 75 %, et ce volume n'est même pas garanti. [...] Dans la situation actuelle, nous ne sommes même pas en mesure d'organiser le rationnement de la population, et le comité exécutif de la ville de Moscou vous demande donc d'examiner la situation et de trouver une solution au problème d'approvisionnement de Moscou en biens de consommation importés et, en premier lieu, en biens de consommation courante[506]. »

Dans les grandes villes, la situation sur le marché est pire encore. Le présidium du soviet des députés du peuple de Nijni-Novgorod déclare à M. Gorbatchev en décembre 1990 : « Cher Mikhaïl Sergeevitch, à Nijni-Novgorod la situation de l'approvisionnement de la population en produits alimentaires a atteint un niveau d'une extrême gravité. Les fonds alloués ne permettent pas de fournir en denrées, même sur la base approximative des normes sanitaires, les enfants, les femmes enceintes et les mères allaitant. Dans les magasins d'État, à l'exception des denrées rationnées, les vivres sont pratiquement absents ; en même temps, l'administration municipale est endettée envers la population car elle n'est pas en mesure de fournir de la viande, du sucre, du beurre, de l'huile, etc., contre les tickets de rationnement distribués[507]. »

L'exemple des mineurs qui étaient parvenus à obtenir, au moins verbalement, la promesse de voir des biens de consommation courante mis à leur disposition n'avait pas pu passer inaperçue aux yeux des salariés des autres branches vitales de l'économie soviétique, notamment celles du pétrole et du gaz. Dans la lettre, publiée dans le quotidien *Tioumenskaïa Pravda* le 10 mars 1990, adressée à N. Ryjkov et au président de la Centrale des syndicats, le secrétaire régional des syndicats de pétrole et de gaz de Tioumen, N. Tifonov, avertissait le pouvoir : « Si les appels lancés à plusieurs reprises au CC du PCUS et au gouvernement par les groupes de travailleurs de l'industrie pétrolière et gazière de la région ne sont pas pris en compte avant le 1ᵉʳ avril, les travailleurs sont prêts à arrêter le travail dans les entreprises de l'industrie pétrolière[508]. » Cet ultimatum eut pour effet l'autorisation accordée aux entreprises de pétrole et de gaz de vendre directement une partie de leur production à l'exportation et au niveau national, ce qui réduisit d'autant le volume déjà misérable des recettes en devises dont disposait l'État.

D'après la déclaration du Soviet suprême de l'URSS au peuple soviétique sur l'augmentation des prix de détail, « l'approvisionnement de la population en pain et en produits céréaliers a atteint une situation critique. [...] En 1989, 40 % des besoins du pays en céréales étaient couverts grâce aux importations, ce qui signifie que chaque kilo de pain consommé est payé pour un tiers en devises fortes[509] ».

La crise monétaire a aussi des répercussions sur la production industrielle. Les directeurs des groupements métallurgiques de Kouïbychev, du groupe VILS, du combinat métallurgique de Stoupino, les usines métallurgiques de Belokalitvino et de Kamensk-Ouralski, celle des alliages légers du ministère de l'Industrie aéronautique déclarent à M. Gorbatchev en octobre 1990 : « La situation des livraisons d'aluminium de première fusion a conduit à stopper la production dans un certain nombre d'ateliers. Pendant les neuf premiers mois de l'année, à peine 35 000 tonnes d'aluminium de première fusion et 15 000 tonnes d'aluminium de deuxième fusion ont été livrées. Par un télégramme du 24 septembre 1990, L. Voronine a obligé les usines d'aluminium du ministère de la Métallurgie à augmenter les exportations d'aluminium de première fusion de 20 000 tonnes. Cela entraînera l'arrêt de la production, le chômage, et privera les familles des travailleurs de moyens de subsistance. 80 000 entreprises clientes seront privées de 150 000 tonnes d'aluminium et ne pourront réaliser le plan de production de biens de consommation courante pour plus de 12 milliards de roubles. Les importations financées par les ventes d'aluminium ne parviendront jamais à compenser les conséquences dramatiques de l'arrêt des usines. Compte tenu de ces circonstances, nous sommes obligés de nous adresser directement à vous, pour vous demander de régler ce problème et de garantir aux usines métallurgiques l'aluminium prévu pour les commandes d'État en 1990, aux ouvriers des emplois et, à leur famille, les moyens de subvenir à leurs besoins. Nos appels réitérés au Premier ministre N. Ryjkov sont restés lettre morte[510]. »

Si, en 1989, lorsqu'on discutait de la situation on employait souvent le terme « crise », puis « crise aiguë », vers le début de 1991 on parle de

« catastrophe », comme dans le programme du gouvernement de la RSFSR pour la stabilisation de l'économie et le passage à l'économie de marché : « L'économie de la république s'approche d'un seuil critique, à partir duquel il faudra parler, non plus de crise économique, mais bel et bien de catastrophe. [...] L'économie est devenue ingérable à un point catastrophique[511]. »

Un autre terme que l'on rencontre de plus en plus souvent dans les documents officiels pour décrire la situation du pays est « extraordinaire », comme dans l'arrêté du présidium du Soviet suprême de la RSFSR du 25 janvier 1991, « Homologation du règlement sur la Commission extraordinaire du Congrès des députés du peuple de la RSFSR sur les produits alimentaires ». La situation rappelle celle de 1918 et l'appel des pouvoirs de Leningrad au gouvernement : « La situation extraordinaire actuelle à Leningrad quant au ravitaillement de la ville en produits de boucherie et en produits laitiers nous oblige à nous adresser à vous. Le Glavprodtorg*, dans sa lettre n° 2/10-20/615 du 15 mars 1919, fixe les stocks des produits de boucherie pour Leningrad à 512 000 tonnes, l'équivalent de l'année dernière. [...] Néanmoins, le Glavprodtorg a prévu de recevoir des républiques de l'Union seulement 173 800 tonnes, soit 62 % de l'année passée[512]. »

Un autre exemple typique de l'époque : le décret du président de l'URSS du 26 janvier 1991 n° VII-1380 « Mesures pour lutter contre le sabotage économique et autres crimes dans le domaine de l'économie ». La formulation n'est pas sans rappeler la période 1917-1921...

Les volumes de production continuent de chuter (tab. 6.6). La baisse la plus rapide concerne la production des combustibles et des matières premières : - 6 % pour les combustibles par rapport à 1990, pétrole inclus (- 10 %, - 11 % pour la Russie), de charbon - 10 % (- 11 %) pour la Russie.

**Tableau 6.6** : Indices de l'évolution économique de la CEI et de la Russie en 1991 (le rythme de la baisse pour l'année est exprimé en %)

|  | CEI | Russie |
|---|---|---|
| **Revenu national produit** | 15,0 | 13,0 |
| **Revenu national destiné aux fonds** | 16,0 | 12-13 |
| **Fonds d'accumulation** | 25,0 | 24-25 |
| **Fonds de consommation** | 13,0 | 11-12 |
| **Produit national brut** | 17,0 | 13-14 |
| **Volume de la production industrielle** | 7,8 | 3,0 |
| **Volume du commerce de détail** | 18,3 | 7,7 |

Source : *Économie de la Russie en 1991. Tendances et perspectives, op. cit.*, p. 31.

---

* Administration du commerce des denrées alimentaires (*N.d.T.*).

D'après la documentation de l'Institut de politique économique[513], « l'extraction du pétrole a baissé de près de 20 % en trois ans, en 1988, elle était de 569 millions de tonnes en Russie, en 1991 on n'en espère plus que 461 millions. En 1991, le niveau de production du pétrole en CEI et en Russie correspond à celui des années 1970. Les causes principales de cette chute sont le tarissement des puits et le retard à mettre en place de nouveaux moyens de production, retard dû à la réduction des financements, des équipements et des moyens techniques consacrés au développement de la branche. »

Ce qui caractérise alors le développement de l'industrie pétrolière, c'est à la fois le tarissement des gisements à haute productivité, la baisse de productivité des puits récents et anciens, la teneur en eau plus importante du pétrole extrait, la réduction des moyens et des équipements, la vétusté grandissante des infrastructures de production et, enfin, une situation écologique qui s'aggrave sur les sites de production. Dans la structure des réserves pétrolières, le pourcentage des puits à faible productivité a augmenté, ce qui est lié au tarissement des gisements les plus riches.

En Russie et dans la CEI, la consommation de pétrole et de ses dérivés s'est à peu près maintenue, grâce à la diminution des exportations de pétrole brut, qui ont été réduites de moitié.

En 1991, la réduction de l'extraction de charbon, amorcée en 1989, s'accentue brutalement, avec 352 millions de tonnes, la production baisse de 11 % par rapport à l'année précédente[514].

La pénurie des biens de consommation et la baisse de la production s'inscrivent dans un contexte politique où il est devenu évident que le pouvoir n'est plus en mesure de gérer les processus économiques. Dans leur mémoire « Renforcement de la lutte contre la criminalité économique » (mars 1991), les directeurs de sections du CC, A. Vlassov et I. Skiba, indiquent au CC du PCUS : « Alors que depuis les régions de Sverdlovsk, Perm, Tcheliabinsk, Kemerovo, Irkoutsk, Tchita et d'autres régions encore de la RSFSR, des républiques transcaucasiennes et de l'Asie centrale, de nombreuses demandes d'aide urgente en vivres étaient adressées au CC du PCUS et au gouvernement du pays, en mars, 9 000 tonnes de produits alimentaires périssables, 10 000 tonnes de céréales, de thé, de café, et de pâtes, 179 000 tonnes de sucre croupissaient dans les entrepôts en raison du manque de wagons. [...] En même temps, en Azerbaïdjan et dans de nombreuses régions, notamment celles d'Ivanovo, de Nijni-Novgorod ou de Novgorod, on décidait de rationner le pain[515]. »

L'économie est prise dans un cercle vicieux : crise financière, effondrement de la consommation et incapacité du pouvoir à gérer le flux des marchandises et les transports. En janvier 1991, le président Mikhaïl Gorbatchev donne l'ordre au comité monétaire des républiques de l'Union de régler, avant le 1er février, la question du financement en devises des importations des produits et des matières premières nécessaires à la production planifiée des produits d'alimentation[516].

La correspondance relative à la situation de l'industrie pétrolière et à la balance des comptes en devises fortes en URSS pour cette période ne laisse aucun doute sur le fait que l'ordre ne sera pas exécuté. Le vice-président du Gossnab de l'URSS écrit au gouvernement (janvier 1991) : « Cette année, les entreprises du ministère du Charbon, du Pétrole et du Gaz de l'URSS avaient, en janvier déjà, réduit les livraisons pétrolières de 3 millions de tonnes par rapport aux objectifs du Plan, ce qui a eu pour conséquence une forte perturbation des livraisons de carburant pour moteurs et chaudières. [...] Cette année, des problèmes importants sont survenus dans la fabrication des huiles, notamment des lubrifiants pour les moteurs de l'agriculture, les transports maritimes, ferroviaires et aéroportés. Nous importons les adjuvants utilisés pour la fabrication des huiles et, la Vnechekonombank n'ayant pas honoré les paiements auprès des sociétés étrangères ni prévu les crédits nécessaires pour le troisième trimestre 1991, celles-ci ont arrêté leurs livraisons. Par ailleurs, on n'a toujours pas réglé la question de l'importation de lubrifiants pour les transformateurs de l'industrie électrique, les appareils frigorifiques, notamment médicaux, les trains de laminage et la paraffine. Afin de pourvoir aux besoins de l'économie nationale, il est indispensable d'accroître de 4 millions de tonnes les produits pétroliers pour le raffinage, soit 116 millions de tonnes, correspondant à une baisse équivalente des exportations. S'il est impossible de garantir les volumes prévus de carburant, le gouvernement doit décider de réduire les livraisons pour l'économie nationale (à l'exception de l'agriculture), de 70 % pour l'automobile et de 85 % pour le diesel. [...] Il est également indispensable de demander à la Vnechekonombank de régler immédiatement les dettes de 1990 sur les adjuvants et d'allouer des crédits d'un montant de 174,3 millions de roubles en devises pour faire l'avance de divers achats (adjuvants, matières premières, lubrifiants) pour le premier semestre de 1991. Cela sera compensé par l'exportation à venir des produits pétroliers[517]. »

« Le ministère des Relations économiques extérieures rapporte la situation catastrophique du calendrier des livraisons du pétrole et des produits pétroliers destinés aux exportations au quatrième trimestre[518]. » Le vice-ministre des Relations économiques extérieures, A. Katchanov, s'adresse en ces termes au premier vice-Premier ministre de l'URSS, L. Voronine : « Le ministère des Relations économiques extérieures se voit dans l'obligation de vous informer que, malgré vos dispositions (PP-43635 du 6 novembre 1990), le calendrier des livraisons de pétrole et des produits pétroliers à l'exportation au quatrième trimestre n'est pas respecté par les fournisseurs

[...] Si la situation ne rentrait pas dans l'ordre, entre octobre et décembre, au maximum 4 millions de tonnes de pétrole et de dérivés seraient livrées, pour un montant d'environ 500 millions de roubles en devises[519]. »

À l'été 1991, lors des discussions sur les problèmes de l'industrie pétrolière, il sera question de chiffres sensiblement inférieurs à ceux qui, un an auparavant, semblaient catastrophiques : « Les prévisions tiennent compte des chiffres revus à la baisse par les ministères pour la production de pétrole et de gaz en 1991 : 518 millions de tonnes au lieu de 528,8 millions de tonnes, et pour la production du charbon 641 millions de tonnes, au lieu de 633. »

La situation devenue cruciale sur le plan des devises fortes engendre de graves problèmes dans le fonctionnement de diverses branches de l'industrie vitales pour la balance des paiements. Le président par intérim de Gazprom, R. Vyakhirev, note à l'attention du vice-Premier ministre de l'URSS, S. Sitarian, le 12 juin 1990 : « Conformément au plan des importations-exportations en 1990, le consortium national Gazprom doit se voir attribuer 186,024 millions de roubles pour des équipements matériels et techniques. À ce jour, les organismes de commerce extérieur ont conclu des contrats avec des sociétés étrangères pour un montant de 97,251 millions de roubles. Faute de devises fortes, fin mai, la dette atteint 72,1 millions de roubles, dont 11,8 pour les entreprises de Gazprom [...]. Les livraisons ont été interrompues, notamment les livraisons de matériel pour les gisements de gaz de Karatchaganak et d'Orenbourg, du complexe de gaz d'Astrakhan et d'autres sites de l'industrie gazière[520]. »

Au printemps 1992, les dirigeants soviétiques sont conscients que la crise monétaire est devenue ingérable. Dans son intervention à la V$^e$ Session du Soviet suprême de l'URSS, le Premier ministre, V. Pavlov, déclare (22 avril 1991) : « Le pays continue de dépendre des importations, surtout en ce qui concerne l'alimentation, l'industrie légère, les équipements pour les transports automobiles et la construction des tracteurs. De fait, il est devenu l'otage des créanciers étrangers. Selon les résultats du commerce de l'an passé, nous sommes endettés auprès de presque tous les pays, y compris ceux de l'Europe de l'Est, la Tchécoslovaquie, la Hongrie, la Yougoslavie, qui eux aussi doivent aujourd'hui payer en devises convertibles. On ne peut pas vivre éternellement sur les emprunts, l'heure est donc venue de payer nos dettes. Et si, en 1981, pour nous acquitter de notre dette, nous avons alloué, intérêts inclus, 3 800 millions en devises convertibles, il nous faudra aujourd'hui nous acquitter de 12 milliards, ce qui équivaut, compte tenu du niveau de nos prix intérieurs, à une perte d'environ 60 milliards de roubles[521]. »

Des éléments du dossier du CC du PCUS au printemps 1991 annoncent : « Les progrès très lents de l'industrie médicale, la tendance à importer massivement des médicaments dans les pays membres du Comecon ainsi que la demande accrue ont provoqué une situation extrêmement délicate pour l'approvisionnement de la population. Parmi les 3 000 médicaments couramment utilisés dans la pratique médicale, un tiers n'est pas produit chez nous, pour le reste, la production couvre 40 % des besoins. De plus, compte tenu de la vétusté des équipements de production, la qualité des préparations médicinales est médiocre. L'importation des produits qui nous manquent nous coûte chaque année 1,5 à 2 milliards de roubles. Compte tenu des difficultés que nous connaissons avec les devises, une pénurie s'est installée touchant pratiquement tous types de médicaments, y compris les plus courants pour les soins de première urgence. L'absence de garanties de la Vnechekonombank de l'URSS pour les paiements dus en 1991, ainsi que les arriérés qui s'élèvent à près de 180 millions de roubles en devises convertibles sont à l'origine de cette situation. Même les médicaments pour lesquels des contrats ont été signés ne nous sont pas livrés. La population tout entière est concernée par ce problème et sur le plan politique, cela donne une image négative de l'action du Parti et du gouvernement[522]. »

L'approvisionnement en médicaments n'est qu'un seul des nombreux problèmes impossibles à résoudre sans réserves monétaires. La crise s'étend à toutes les nouvelles branches de l'économie nationale. Le Premier ministre V. Pavlov intervient le 22 avril 1991 à la Ve Session du Soviet suprême de l'URSS : « C'est évident, cela va entraîner une réduction des réserves et des investissements dans l'agriculture et le secteur social : nous ne pourrons construire ni logements, ni hôpitaux, ni écoles, ni routes. Il faut en parler ouvertement, la consommation des biens matériels par habitant diminuera d'au moins 15 à 20 %[523]. »

M. Timochichine (premier président de la Commission d'État du Conseil des ministres de l'URSS pour le ravitaillement et les achats) envoie un courrier au Conseil des ministres de l'URSS, en juin 1990 : « Au deuxième semestre, il manquera 655 800 tonnes de matières premières à base de matières grasses, ce qui entraînera dès le mois d'août une interruption de leur livraison pour la production de savon, de margarine et autres produits alimentaires, ainsi qu'une interruption des livraisons d'huiles végétales sur le marché de détail et aux industries les plus importantes[524]. »

Le ravitaillement est un problème crucial pour le pouvoir. La garantie d'un fonctionnement même à peu près satisfaisant du complexe agro-industriel exige des ressources, notamment pour la fourniture massive d'engrais minéraux. Là aussi, le manque de devises occasionne de sérieux problèmes. Le président de l'Agroprom, N. Olchanski, s'adresse au vice-président du Conseil S. Sitarian : « L'association nationale agrochimique Agrochim a des obligations prévues par le Plan selon les instructions du gouvernement de fournir à l'économie nationale des marchandises pour un montant de 486,4 millions de roubles. Au 29 octobre, sur les 261,7 millions de roubles de produits chimiques livrés, 117,2 millions ont été payés et les retards de paiement des sociétés étrangères dépassent six à neuf mois[525]. »

Pour ce qui est des livraisons de matériel agricole, il en est de même : « La production de tracteurs et de machines agricoles prend un retard sans précédent en raison du manque de matières premières et de pièces. [...] La décision prise de garantir au premier trimestre de 1991 des livraisons égales à celles du premier trimestre de 1990 ne suffit pas aux besoins des entreprises, auxquelles il manque, faute de devises, l'équivalent de 156 millions de roubles de produits. [...] La situation engendrée par le manque de matières premières affecte tout le processus de production, elle suscite chez les ouvriers un fort mécontentement et des menaces de grèves[526]. »

Au mois d'avril 1991, le Conseil des ministres de l'URSS, dans un programme pour sortir l'économie de la crise, décrivait la situation ainsi : « Le problème essentiel en 1991 consiste à juguler le chaos et la dislocation de l'économie, à créer les conditions de stabilisation des processus de production et à normaliser les relations économiques. À ces fins, il est indispensable de liquider totalement les barrières administratives et économiques érigées artificiellement et qui empêchent d'approvisionner certaines régions et républiques, et de normaliser les rapports économiques entre les entreprises et les régions. Il est indispensable aussi de garantir la livraison des ressources essentielles, en premier lieu pour les besoins du complexe agro-industriel et pour la mise en fonctionnement de nouveaux moyens de production du secteur de transformation, de produire les biens de première nécessité et de maintenir le potentiel d'exportation du pays. Le Conseil des ministres, avec les organes législatifs et exécutifs, devra donc avoir pour objectif une politique des finances et du crédit stricte et de la lutte contre l'inflation, tout en libéralisant les prix de gros et de détail ; il veillera à stimuler l'activité économique[527]. »

## 9. Au bord de la cessation de paiements

Sur le plan des devises, la situation est de plus en plus critique. Selon le chef du service de politique socio-économique du CC du PCUS, dans son mémoire à l'un des membres du Politburo, au milieu de 1989, on est sur le point d'annoncer que le pays est en état de cessation de paiements. En 1990, le solde déficitaire de l'URSS s'élève à 17,1 milliards de dollars, tandis que les paiements courants sur la dette extérieure en 1991 atteignent 20,7 milliards de dollars[528].

Les dirigeants politiques occidentaux et leurs conseillers politiques étaient conscients que les problèmes structurels de l'économie soviétique ne pouvaient être résolus par l'attribution de bourses de recherche ou de crédits à long terme et à faible taux, et que, tant que le programme de stabilisation financière et de libéralisation de l'économie ne serait pas décidé, les aides serviraient juste à combler un puits sans fond dans le budget.

Le conseiller du président de l'URSS V. Zagladine informe le CC du PCUS fin juillet 1990 : « Sur le plan économique, le leitmotiv de pratiquement tous les visiteurs pourrait être formulé ainsi : "La crise s'aggrave, mais, apparemment, aucun plan concret n'existe pour sortir de la situation et si ce plan existe, pourquoi tarder à le réaliser[529] ? "»

En 1990, le G7 demande au FMI, à la Banque mondiale, à l'OCDE et à la Banque européenne de développement et de reconstruction d'analyser la situation de l'économie soviétique et de faire des recommandations pour la mise en place d'une aide financière efficace. Expliquer aux experts de ces organismes que les problèmes de l'URSS peuvent être résolus sans avoir mis en œuvre au préalable les mesures destinées à éliminer les déséquilibres macroéconomiques ne sert à rien. S'amorce alors un dialogue de sourds entre les dirigeants de l'URSS et les leaders occidentaux. La position soviétique peut être résumée ainsi : « Il nous faut de l'argent d'urgence, sinon nous courons à la catastrophe » et celle des Occidentaux : « Élaborez un programme d'action concret pour faire sortir le pays de la crise et alors nous pourrons aborder la question d'un soutien financier[530]. »

Les demandes d'aide des dirigeants soviétiques aux leaders de l'Occident se font pressantes. A. Tchernïaev, adjoint du président de l'URSS, consigne dans son journal : « Ce soir, j'ai commencé à écrire la lettre de Gorbatchev à Kohl. Il n'a pas voulu lui parler de sa demande par téléphone, mais c'est un SOS car, dans certaines régions du pays, on est au bord de la famine, le Kouzbass s'est mis en grève, partout le même mot d'ordre : "À bas le président !" Dans les grandes villes, les rayons des magasins sont totalement vides, totalement ! M.G. prie Kohl de l'aider d'urgence, de contraindre les banques à ouvrir un crédit, et aussi de faire une avance sous garantie du matériel que laissent nos militaires en quittant l'Allemagne[531]. »

Le mémoire de S. Sitarian à M. Gorbatchev reflète parfaitement le degré d'inquiétude de la direction soviétique et les demandes pressantes d'aide à l'Occident : « Les demandes soviétiques ont été transmises à la délégation de la RFA début 1991 pour des livraisons de première urgence, produits alimentaires, médicaments, biens de consommation. Nous souhaiterions que cette aide de l'Allemagne et des autres pays de la Communauté européenne soit à hauteur de 1,1 milliard de roubles de produits médicaux, 0,4 milliard de matériel technique médical, 0,2 milliard d'équipements, 0,5 milliard de biens de consommation courante. Nous avons proposé qu'une partie de cette aide soit gratuite et qu'une autre partie soit accordée à des conditions exceptionnelles, avec un remboursement différé jusqu'à 1995 en échange des exportations soviétiques habituelles. [...] Concrètement, nous avons convenu de livraisons gratuites de biens de consommation courante et de produits alimentaires pour 415 millions de marks puisés sur les réserves du gouvernement fédéral de la RFA et du sénat de Berlin-Ouest (pour Moscou)[532]. »

Le déficit de l'économie paralyse l'appareil économique et la politique extérieure. Le ministre des Relations économiques extérieures de l'URSS, K. Katouchev, écrit au Premier ministre de l'URSS V. Pavlov (avril 1991) : « La situation financière du ministère demeure critique [...] compte tenu de son insolvabilité, [...] Aeroflot suspend la vente des billets aux collaborateurs du ministère du Commerce extérieur pour de courtes missions relatives aux accords intergouvernementaux ; certaines administrations sont menacées de se voir couper le téléphone, l'électricité, l'eau et le chauffage [...]. Le ministère est dans l'impossibilité de payer sa dette, 600 000 roubles en devises, soit 1,8 million de roubles, aux représentations commerciales de l'URSS et de financer les missions à l'étranger pour les négociations sur les accords intergouvernementaux[533]. »

Dans ses négociations avec G. Bush et J. Major, M. Gorbatchev s'appuie sur l'argument selon lequel l'Occident, qui a su trouver 100 milliards de dollars pour résoudre la crise dans le golfe Persique fin 1990, ne peut pas ne pas se rendre compte de l'importance d'enrayer la crise en Union soviétique, en affectant une somme équivalente. Le chiffre de 100 milliards de roubles dans ses pourparlers avec les dirigeants des pays occidentaux est évoqué à plusieurs reprises[534].

Les leaders occidentaux sont prêts à venir en aide à Gorbatchev, pas tant par reconnaissance pour la limitation du risque militaire soviétique ou pour la libération de l'Europe orientale, mais parce que plusieurs d'entre eux, H. Kohl en tête, lui sont redevables. Comme le montrèrent les documents dévoilés depuis, les pouvoirs allemands étaient prêts à payer pour la réunification de l'Allemagne beaucoup plus qu'ils ne le firent en réalité[535]. Cependant, quand il s'agit de dizaines de milliards de dollars, ce n'est pas la reconnaissance qui est en jeu, mais autre chose. Personne n'a intérêt ni au chaos ni au développement de conflits interethniques dans une superpuissance en plein déclin, qui, de plus, dispose d'un stock énorme d'armes nucléaires. L'intervention de G. Bush à Kiev le 1er août 1991, dans laquelle il essaie de persuader les Ukrainiens de l'impossibilité de sortir de l'Union, montre que les leaders occidentaux voulaient préserver l'intégrité de l'URSS. Il déclare : « Il ne faut pas confondre liberté et indépendance. Les Américains n'aideront pas ceux qui feront un mauvais usage de leur liberté en troquant la tyrannie pour le despotisme local. De même, ils n'aideront pas ceux qui sont prêts à céder à un nationalisme suicidaire, fondé sur la haine ethnique[536]. »

Fin 1990, les autorités soviétiques s'adressent ouvertement à l'Occident en demandant des crédits répétés, mais aussi une aide humanitaire. Au mois de décembre 1990, le Parlement européen adopte la résolution d'octroyer une aide alimentaire et médicale à l'Union soviétique : « Compte tenu des appels insistants de l'Union soviétique à la Communauté européenne par le biais des médias et des canaux diplomatiques, pour une aide permettant de lutter contre la pénurie alimentaire et médicale [...] la commission est invitée à fournir dans les plus brefs délais une aide alimentaire à l'Union soviétique à partir des fonds actuellement disponibles. [...] Le souhait est formulé que la distribution de cette aide soit effectuée sous le contrôle d'une commission qui devra remettre un compte rendu au Parlement européen[537]. »

La direction des forces armées de l'URSS s'associe aux demandes d'aide d'urgence. Le vice-ministre de la Défense nationale, V. Arkhipov, envoie un courrier au président de la Commission centrale de distribution de l'aide humanitaire, L. Voronine (janvier 1991) : « Cher Lev Alexeïevitch, veuillez transmettre au ministère de la Défense nationale de l'URSS 8 millions de rations journalières des militaires de la Bundeswehr, aide humanitaire reçue d'Allemagne pour l'association nationale Prodintorg dans les ports de Leningrad, Tallinn et Klaïpeda, pour distribution aux militaires et aux membres de leurs familles. » Une lettre du ministère de la Défense est adressée au même destinataire, trois jours plus tard : « Cher Lev Alexeïevitch, veuillez considérer la possibilité de transmettre au ministère de la Défense 7 000 tonnes de pain longue conservation dans des boîtes de fer-blanc, sur l'aide humanitaire reçue[538]. »

Un journaliste s'entretient avec G. Iavlinski en avril 1991 :

« M. Leontiev : Maintenant Gerachtchenko et Orlov [ministre des Finances] ont enfin "réalisé" que nous frôlons la catastrophe financière.

G. Iavlinski : Très respectés camarades, chers amis, cela vous avait été dit dès le début, au mois d'août, et vous, vous affirmiez que ce n'était pas vrai. De quoi vous plaignez-vous maintenant ? Vous avez mis l'énorme déficit du budget, un quart de trillions environ, sur le compte des républiques, vous avez bricolé des faux pour cacher un déficit honteux. Et vous pensiez que cette plaisanterie allait marcher ! [...]

M. Leontiev : En fin de compte nous risquons d'arriver à un effondrement total du système financier...

G. Iavlinski : Eh bien, on peut même dire que nous y sommes[539]. »

En mai 1991, le ministre des Finances, V. Orlov, adresse au Conseil des ministres un rapport qui commence ainsi : « Le ministère des Finances constate la situation exceptionnelle qui s'est créée à la suite de la mise en circulation des fonds de stabilisation de l'économie au cours de l'année[540]. »

La débâcle du système financier continue parallèlement à celle de la consommation. L'imminence de la catastrophe devient de plus en plus évidente. En mai 1991, le président du soviet de Leningrad, A. Sobtchak, s'adresse au président du Conseil, V. Pavlov : « Cher Valentin Sergueïevitch, la dégradation de l'approvisionnement de la population de Leningrad en produits de base continue. Nos appels réitérés aux organes gouvernementaux de la RSFSR et de l'URSS, ainsi que nos contacts directs avec les dirigeants des républiques de l'Union, sont restés lettre morte[541]. »

Et au printemps 1991 : « À Iaroslavl, la population est heureuse de voir des files d'attente. Au bout de la queue, on peut espérer acheter quelque chose, mais il y a de moins en moins de queues, elles ont disparu depuis longtemps dans les magasins de produits manufacturés. Il y a deux semaines une nouvelle queue s'est mise en place, pour le pain. C'est maintenant la queue la plus longue, la plus méchante et la plus désespérée[542]. »

Un écolier soviétique écrit dans une lettre du 14 février 1991 : « La semaine dernière, j'ai fait une queue incroyable pour de la viande. Savez-vous combien de temps je suis resté debout dans cette file ? J'ai peur de vous le dire, 5 h 30 ! Avant, nous avions des queues (vous n'êtes pas sans le savoir), mais elles n'étaient pas aussi longues, et pas pour tout, à commencer par la viande en passant par les chaussures, et en terminant par les allumettes et le sel. À présent, nous faisons la queue pour le riz, le sucre, l'huile… La liste est sans fin… Avant, je ne pleurais jamais, mais à présent je pleure souvent. Nous vivons comme des animaux. Vous seriez choqués de voir les gens dans ces queues terribles, ils sont affamés et fous. Tous les pays nous aident. Nous avons demandé de l'aide et nous l'avons acceptée. Nous avons oublié ce mot très beau, la fierté. Et j'ai honte pour mon pays. » De tels traumatismes survenus dans l'enfance laissent des traces. J'ai du mal à croire que l'auteur de ces lignes rêve aujourd'hui de restaurer la grandeur de l'empire.

La situation de l'industrie pétrolière et des finances continue à empirer. V. Orlov écrit au Conseil des ministres de l'URSS : « Afin de stabiliser le fonctionnement des industries pétrolière et gazière, les taux d'imposition ont été réduits de 40 à 10 % sur l'exportation du pétrole, à 5 % sur l'exportation du gaz, les sommes sont affectées au fonds de stabilisation des industries […]. De fait, les investissements complémentaires dans les industries du pétrole et du gaz s'élèvent à 15 milliards de roubles (7,7 milliards dans l'industrie pétrolière et 7,3 dans l'industrie gazière), dont 2,1 milliards au moyen de la réduction de l'impôt sur le chiffre d'affaires et 12,9 milliards au moyen de la réduction de l'impôt sur les bénéfices à l'exportation. En conséquence, le déficit de la balance financière de l'État augmentera de 65,3 milliards de roubles dont 29,6 milliards sur le budget de l'Union. De plus, les mesures pour l'augmentation des salaires, d'une part, et les sommes affectées pour régler les problèmes des entreprises de l'industrie charbonnière, d'autre part, demanderont en 1991 une enveloppe supplémentaire de 5 milliards de roubles sur le budget de l'Union [...]. De janvier à mars, le budget de l'Union enregistrera 19,9 milliards de roubles de recettes au lieu des 55 milliards escomptés. Les dépenses pour la période s'élèvent à 47 milliards contre 60,9 prévus par le Plan. Les dépenses ont dépassé les recettes de 27,1 milliards de roubles. Le retard relatif aux prévisions du Plan est particulièrement important en ce qui concerne les recettes des exportations qui sont de 4,4 milliards de roubles au lieu des 17 prévus. Au premier trimestre, le prix du pétrole est à 60 roubles la tonne, alors qu'il était fixé à 105, et les recettes fiscales sur les exportations baissent. La Vnechekonombank a utilisé 2,5 milliards de roubles qui devaient être affectés au budget sur les crédits bancaires et commerciaux, pour amortir la dette sur les importations de 1990 en devises[543]. »

Le gouvernement cherche à trouver une issue en proposant un ensemble de mesures susceptibles de stabiliser la situation. Le vice-ministre de l'Économie, V. Dourassov, s'adresse ainsi au Conseil des ministres de l'URSS : « Dans ces conditions extraordinaires, il est indispensable d'adopter de nouvelles mesures. Il y a deux propositions pour sortir de la situation actuelle. La première est une démarche de rigueur et implique en premier lieu de limiter les revenus de la population en réduisant les dépenses budgétaires liées aux programmes sociaux. [...] Afin de ramener le déficit cumulé du système budgétaire au niveau prévu pour l'année courante (compte tenu de l'évolution des prix, approximativement 100 milliards de roubles), il faut suspendre la réalisation des programmes sociaux pour un montant de 30 à 35 milliards de roubles. Il faut ensuite bloquer les salaires dans toutes les sphères à partir du 1er juillet. Cela permettrait de limiter l'augmentation des revenus de la population d'à peu près 100 milliards de roubles. Il faudrait, de plus, réduire au maximum les dépenses liées aux investissements. Cette proposition est envisageable sur le plan théorique, mais, dans les conditions sociopolitiques actuelles, il est peu probable qu'elle soit réalisable. L'autre proposition semble plus réaliste. Elle consiste à accepter l'inéluctabilité des processus inflationnistes et à en tirer parti pour une stabilisation macroéconomique qui protégera de l'inflation la seule part de la population qui a des revenus fixes. Il ne faut pas perdre de vue que, pour la population ouvrière, la perte due à la hausse des prix devra être compensée par une augmentation de la production. Cette deuxième variante implique la libération, dès le mois de juillet, de tous les prix, afin que, dès le début de 1992, seuls les prix d'un nombre limité de produits alimentaires et de matières premières restent fixes et régulables[544]. »

Les risques politiques interdisent la deuxième voie. D'après un témoignage sur les grèves du printemps 1991 dans les régions minières, « dans les rues, on voit des piquets de grève et des patrouilles, des gars costauds en chemises blanches. Partout règne l'ordre, aucune délinquance. Les officiels ont déserté leurs postes, laissant la place à ceux qu'ils n'autorisaient pas, la veille encore, à franchir le seuil de leurs bureaux. Kirovsk, Sniejnoïe, Chakhtersk, Thorez, Donetsk… Ce n'était pas la grève, c'était la révolution[545]… ».

Certains membres du gouvernement se rendaient compte du risque inévitable que faisait courir le refus de prendre des mesures nécessaires, mais impopulaires. V. Bakatine, dans une conversation avec M. Nenachev : « Si l'on essaie de définir l'état d'esprit de nos dirigeants au printemps 1990, je ne peux le désigner autrement que par le mot "lâcheté". Tant Gorbatchev que Ryjkov avaient peur du passage à l'économie de marché, par ignorance et parce qu'ils ne comprenaient pas que c'était inéluctable et que l'immobilisme était dangereux, car il amplifiait les processus de déstabilisation de l'économie et d'opposition entre le Centre et les républiques[546]. »

Les dirigeants soviétiques sont de nouveau confrontés au même choix que dans les années 1985-1986. Mais la situation a empiré, le pays a une dette extérieure ingérable, les réserves de devises s'évaporent, la consommation est sinistrée, la stabilité politique ébranlée, une vague de conflits interethniques a déferlé sur le pays. Pendant ce temps, les dirigeants soviétiques, incapables de gérer la situation et d'adopter les mesures appropriées, continuent à discuter d'un programme de réformes irréalistes, soit au plan économique soit au plan politique, qui restent sans effet sur le redressement du pays.

## CHAPITRE 7

# EN ROUTE POUR LA FAILLITE DE L'ÉTAT

*« Il ne te reste qu'une demi-heure à vivre. »*
Shakespeare

## 1. La crise monétaire de 1991

L'inévitable finit toujours par arriver. Vers le milieu de 1990, l'URSS, qui a épuisé ses réserves monétaires et ne peut faire appel à des crédits extérieurs, en est réduite à diminuer drastiquement les importations. En 1991, leur volume est passé de 82,1 milliards à 44,7 milliards de roubles convertibles. Le tableau 7.1 présente les variations des principales importations au premier semestre 1991.

Tab. 7.1 : Variation en % du volume des importations de l'URSS pour les biens les plus importants aux 1er et 2e trimestres 1991, par rapport aux périodes correspondantes en 1990

| Groupe de biens | 1er trimestre 1991 | 2e trimestre 1991 |
|---|---|---|
| Métaux ferreux | - 67,6 | - 68,3 |
| Céréales | - 44,4 | - 10,4 |

Source : *Fonctionnement de l'économie nationale du pays*, Moscou, Goskomizdat, 1991.

Le rôle de la crise monétaire dans les problèmes croissants de l'économie a été bien compris par les pouvoirs économiques, comme le montre l'intervention du Premier ministre, V. Pavlov, à la séance du présidium du Soviet suprême le 19 février 1991 : « Le manque de devises ne nous a pas permis de régler la question des importations. Le Conseil des ministres a pris la décision d'importer des matières premières le 30 janvier seulement, c'est pourquoi, sans livraison de matières premières, dès le mois de janvier, l'industrie légère a dû suspendre sa production. Le 30 janvier, nous avons pris la décision d'acheter des matières premières pour 2,2 milliards de roubles dont 1,7 milliard en devises fortes. Vous voyez à quel point notre industrie légère dépend des fournisseurs étrangers et vous savez bien qu'elle n'est pas à même de générer de telles sommes. Nous sommes aussi en train de rembourser notre dette de 1990, sinon personne ne signera le moindre contrat ni ne fera la moindre livraison. Au 15 février, notre dette atteignait 326 millions de roubles convertibles. Les livraisons ont repris pour la laine et les composants de l'industrie chimique. La signature des contrats sur les matières premières est en passe d'aboutir, pour un montant de plus de 400 millions de roubles, et au titre des crédits octroyés, pour 250 millions de roubles supplémentaires. Compte tenu des problèmes que nous avons connus, la rupture d'approvisionnement persiste[547]. »

En réalité, la situation est bien plus mauvaise que ne l'imagine le gouvernement. En avril, le Gosplan rapporte au gouvernement que la situation monétaire du pays s'est dégradée tant par rapport aux prévisions du plan de l'Union que par rapport à celui des républiques de l'Union. Le plan national de 1991 prévoyait 19 milliards de roubles de recettes (dont 9,9 milliards convertibles), destinées au fonds monétaire de l'Union et des républiques. Le décret du président de l'URSS du 2 novembre 1990 prévoyait d'affecter 9,7 milliards au remboursement de la dette extérieure. Au premier trimestre 1991, le paiement des importations sur le fonds monétaire de l'Union et des républiques n'est que de 1,7 milliard de roubles, les maigres recettes du fonds monétaire de l'Union et des républiques sont expliquées par l'« extrême insuffisance des livraisons soviétiques à l'étranger[548] ».

La Banque centrale de l'URSS perd le contrôle de la circulation monétaire, les pouvoirs financiers et monétaires des républiques ignorent ses instructions. Le président de la Gosbank, V. Gerachtchenko, alerte le président M. Gorbatchev (avril 1991) : « Plusieurs républiques, Lituanie, Lettonie, Estonie, ont essayé de mettre en circulation leur propre monnaie [...]. Les actes législatifs et les actions pratiques de certaines républiques empêchent le versement de fonds au budget de l'Union. Le ministère des Finances de l'URSS voit ses recettes restreintes et ses emprunts limités à la seule Gosbank de l'URSS. Cela engendrera une situation telle que nous ne pourrons plus financer l'approvisionnement de l'armée et de la flotte ni l'entretien des structures de gestion de l'Union. De même, les versements aux fonds de retraite de l'URSS étant bloqués, le paiement des retraites aux travailleurs est menacé. Cette situation va entraîner une explosion incontrôlée du crédit et des émissions bancaires et le début d'une spirale inflationniste qui aura des conséquences fatales tant pour l'économie du pays que pour celle de chacune des républiques. Les tentatives de négociation de la Gosbank de l'URSS avec les banques centrales des républiques pour mettre en place une politique monétaire commune n'ont pas abouti [...]. Malgré les mises en garde des spécialistes soviétiques et étrangers, les organismes du pouvoir et de gestion des républiques n'évaluent pas les conséquences catastrophiques que pourrait avoir le séparatisme monétaire. [...] Il ne faut pas perdre de vue que démanteler le système monétaire est chose facile[549]. » Inquiet, il informe le président du Soviet suprême de l'URSS, A. Loukianov, que les lois de la RSFSR, de la république de Biélorussie, de la République ouzbek et d'autres républiques permettent aux banques centrales de ces républiques d'effectuer elles-mêmes l'émission de monnaie[550]. Plus loin, il écrit : « Une des causes de la situation actuelle dans l'économie est le préjudice causé au système bancaire du pays, basé sur une même unité monétaire – le rouble –, par les républiques de l'Union qui ne respectent pas les lois sur la Banque d'État et sur les activités bancaires. Si l'on n'intervient pas, nous assisterons à une inflation galopante, mais aussi à l'éclatement des liens économiques sur le marché unique de l'Union et à la faillite de l'économie[551]. »

À la fin du printemps et au début de l'été, le ton devient encore plus tragique. Le vice-président du Conseil, S. Sitarian, et le ministre des Relations économiques internationales, K. Katouchev, s'adressent au Premier ministre, V. Pavlov (mai 1991) : « En raison de la réduction de moitié par rapport à l'année dernière des exportations centralisées, il nous manque les moyens nécessaires pour financer les importations. Les exportations de pétrole, naguère principale source de revenu, ont été réduites de moitié, passant de 124 millions de tonnes en 1990 à 61 millions de tonnes en 1991. Les livraisons de pétrole aux pays satellites ont été réduites d'à peu près trois fois (de 60 à 19 millions de tonnes en 1991). [...] Et l'endettement global de l'URSS envers les pays de l'Europe de l'Est (ex-RDA incluse, mais sans la Pologne, avec laquelle aucun accord n'a été trouvé) est de 6,1 milliards de roubles au 1er janvier 1990, et de 14,5 milliards au début de 1991. Quant à la Pologne, au 1er janvier 1990, notre actif se montait à 5,2 milliards de roubles pour arriver, au 1er janvier 1991 à un déficit de 1,3 milliard de roubles. Si aucune mesure n'est prise, vers la fin de l'année, l'endettement envers tous ces pays pourrait atteindre 18,6 milliards de roubles (si nous réglons les comptes avec la Pologne). [...] Alors que l'endettement de l'URSS ne cesse d'augmenter, les pays de l'Europe de l'Est exigent, en 1991, le remboursement d'une partie de la dette (au moins 1,2 milliard de roubles) ainsi que le rétablissement d'un équilibre entre les exportations et les importations et la redéfinition des accords commerciaux (le déficit total des moyens centralisés pour ces pays est d'environ 3,5 milliards de roubles). [...] Les retards de paiement et d'ouverture des lettres de crédit par la Vnechekonombank pour les biens importés a créé un problème majeur. Cette année, nous n'avons toujours pas payé 300 millions de roubles de marchandises déjà livrées par les pays de l'Est. De même, des lettres de crédit d'un montant de 600 millions de roubles n'ont pas été ouvertes pour des produits touchés par la pénurie (médicaments, biens de consommation courante, pièces de rechange) qui ont été commandés et sont prêts à l'expédition[552]. »

La baisse catastrophique de la production de pétrole, dont le prix est maintenu très bas, le tarissement des ressources de devises, le manque de crédits commerciaux concourent à faire chuter drastiquement les importations. Le vice-ministre de l'Économie, V. Dourassov, écrit dans un mémoire au Conseil des ministres (juin 1991) : « La chute considérable des prix du pétrole par rapport aux prévisions a fait baisser les recettes sur sa vente en devises de près de 2,1 milliards de roubles. [...] Afin d'assurer l'équilibre matériel et technique de la production cette année, il a été décidé de réduire considérablement l'exportation des produits potentiellement compétitifs sur les marchés internationaux. Les ressources qui échappent à l'exportation et qui sont consacrées à la consommation intérieure sont supérieures à 2,8 milliards de roubles. [...] Cependant, compte tenu du manque de devises, le volume des achats atteindra, dans le meilleur des cas, 73 % du volume prévu. Les importations, même pour ce volume, ne seront effectuées qu'à condition que le niveau des exportations de l'URSS soit maintenu et que les crédits négociés avec les milieux financiers des pays occidentaux soient réalisés dans leur totalité[553]. »

Dès le 1er trimestre 1991, les paiements avec les pays du Comecon se font en devises fortes. Par rapport à 1990, le volume des échanges de l'URSS avec la Bulgarie a diminué de moitié, de 1,7 fois avec la Hongrie, de 1,3 fois avec la Pologne, de 1,6 fois avec la Roumanie et de 1,3 fois, avec la Tchécoslovaquie[554].

On rappelle de plus en plus souvent et de plus en plus fermement aux dirigeants soviétiques leurs dettes. A. Katchanov, dans un mémoire au président de la Commission de l'économie extérieure du Conseil des ministres, S. Sitarian : « Le ministère des Relations économiques extérieures a reçu du ministre du Commerce des États-Unis Mosbacher, un courrier relatif aux arriérés des organismes soviétiques sur les contrats conclus avec les entreprises américaines et qui s'élèvent, au 20 décembre 1990, à près de 117 millions de dollars (dont 17,2 pour les organismes du ministère des Relations économiques soviétiques)[555]. » Le président de l'Association commerciale soviéto-japonaise, T. Sito, écrit dans une lettre au président de l'Alliance scientifique et industrielle de l'URSS, A. Volski : « L'Association commerciale soviéto-japonaise vous envoie ses meilleures salutations ainsi qu'un relevé détaillé des dettes des groupements soviétiques de commerce extérieur envers les sociétés membres de notre association[556]. »

## 2. Le problème des céréales

L'arrêté n° 451 du 7 mai 1990 du Conseil des ministres de l'URSS, en fixant de nouveaux prix nationaux sur les céréales, avait entraîné une augmentation des dépenses du budget national de 9 milliards de roubles par an. Le Gosplan proposa alors au gouvernement d'augmenter de trois fois le prix du pain et des produits panifiés et de 2,9 fois les prix du gruau[557]. Ce ne fut pas fait pour des raisons politiques.

En 1991 (comme en 1918 et en 1928), le problème des céréales prend une dimension cruciale pour les pouvoirs soviétiques. V. Pavlov, président du Conseil, à la séance du présidium du Soviet suprême le 19 janvier 1991 : « En 1990, nous avons eu une récolte record de 237 millions de tonnes et, en même temps, les stocks de l'État (66,8 millions de tonnes) étaient de 18 millions de tonnes inférieurs à la commande d'État et de 28 millions à ceux de 1978, pour le même volume de récolte. À la question : "Mais où sont donc passées les céréales ?" la réponse est simple : chez les producteurs ! Et c'est l'État qui est censé approvisionner la population. Nous payons les pots cassés de la période transitoire, l'absence de discipline dans les livraisons. Actuellement, les céréales se sont transformées en devises et elles sont utilisées comme moyen de pression et de trafic. Le gouvernement a pris la décision de réquisitionner partout où ce serait possible les moyens matériels et techniques, notamment les véhicules, nécessaires à l'agriculture. Les gens sont mécontents, ils manquent de véhicules... malgré cela nous avons décidé de donner à l'agriculture tout ce qu'elle requiert (dans trois républiques essentiellement : la Russie, le Kazakhstan et l'Ukraine) de façon à recevoir des céréales en contrepartie. Nous devrions recevoir 3 millions de tonnes. La question du respect des engagements et de la discipline de livraisons demeure, il faut trouver une solution car le pays ne peut pas continuer à vivre avec, dans certaines villes, deux ou trois jours de réserves de pain[558]. »

Les achats des céréales en RSFSR à partir de la récolte de l'année 1990 ont été de 33,9 millions de tonnes, soit 72 % de ce qui était prévu par le Plan[559].

Mémoire de V. Akoulinine, responsable du secteur agro-industriel du Conseil des ministres de l'URSS au président du Conseil, V. Pavlov (avril 1991) : « Une situation d'urgence risque de se créer pour l'approvisionnement de la population en produits panifiés et en fourrage pour l'élevage. Les besoins sont de 8 millions de tonnes de céréales alimentaires et fourragères par mois. Au 1er mars, il reste, selon les estimations des spécialistes, sans compter les semences, environ 13 millions de tonnes, dont presque la moitié se trouve au Kazakhstan. Ce qui signifie que les réserves de céréales (sauf au Kazakhstan, où les stocks devraient suffire jusqu'à la prochaine récolte) seront épuisées vers la fin du mois de mars. La situation des stocks de farine est déjà plutôt dramatique. Les réserves de farine à Moscou, dans les régions d'Ivanovo, Toula, Nijni-Novgorod, Tioumen, Sverdlovsk, Tchita, de la Kamtchatka, etc., peuvent couvrir les besoins de dix jours seulement. Ce ne sont pas les importations de céréales qui peuvent régler le problème du pain. De janvier à mars, on a importé 3,7 millions de tonnes sur les 12,4 prévues. Les demandes officielles répétées des dirigeants pour l'expédition de céréales de la république du Kazakhstan et pour l'accélération des importations n'ont eu aucun résultat. [...] Compte tenu de la situation, les mesures suivantes s'imposent : premièrement, envoyer en mission au Kazakhstan un groupe de spécialistes pour résoudre sur place les problèmes d'expédition des céréales [...] ; deuxièmement, exiger des services d'économie extérieure et des organismes de transport de garantir chaque mois la livraison de 5,5 à 6 millions de tonnes de céréales d'importation. Troisièmement, attirer encore une fois l'attention des républiques sur la nécessité d'acquérir les excédents de la récolte de 1990 (disponibles dans les exploitations agricoles jusqu'à présent sur les 3 millions de tonnes prévues, à peine 100 000 tonnes ont été achetées)[560]. »

Dans un courrier de février 1991 au président du Conseil de l'URSS, N. Pavlov, le président du Conseil de l'Ukraine, demande en février et mars 1,2 million de tonnes de blé alimentaire et la livraison de 2,4 millions de tonnes de céréales fourragères sur le fonds de l'Union[561].

Polozkov, premier secrétaire du Parti communiste, exprime ses inquiétudes dans un courrier adressé au président Gorbatchev et au Premier ministre, V. Pavlov (mars 1991) : « Dans la fédération de Russie, plus que partout ailleurs, la situation relative au ravitaillement de la population en farine, gruau et autres produits panifiés, et aux aliments combinés pour le bétail est extrêmement grave, ce que confirment les dirigeants du ministère des Produits céréaliers de la RSFSR. Au premier semestre, il manque près de 18 millions de tonnes de céréales, à peu près la moitié des besoins de la Russie. Dans 27 régions, la situation est catastrophique, il n'est pas impossible que l'on soit obligé dans les semaines qui viennent d'interrompre la fabrication de farine et de pain, ainsi que l'approvisionnement en aliments combinés des productions avicoles et des grands élevages[562]. »

Polozkov, opposant notoire de M. Gorbatchev sur la question de la nécessité de réformer le système politique et économique du pays, ne noircissait pas le tableau, comme le confirment d'autres documents. Le premier vice-ministre des Produits de panification de la RSFSR, A. Koudelia, note à l'attention du vice-Premier ministre, F. Senko (mars 1991) : « Le problème est que, dans la fédération de Russie, nous nous trouvons dans une situation critique pour l'approvisionnement en céréales à partir des ressources de l'État, pour la production de farine destinée à la production de pain et de gruau, ainsi que des aliments combinés pour l'aviculture et l'élevage à grande échelle. Cela est dû, pour l'essentiel, tout d'abord au mauvais fonctionnement du système d'achat des céréales par l'État et à la hausse brutale des équipements. Les kolkhozes et les sovkhozes ont vendu à l'État 33,9 millions de tonnes de céréales alors que la commande de l'État était de 47 millions de tonnes, et la récolte de presque 127 millions de tonnes. Le reste a échappé au contrôle de l'État, est resté dans les exploitations ou a été vendu directement par l'intermédiaire des coopératives. Ensuite, la décision du Conseil des ministres de l'URSS sur les importations de céréales n'a pas été prise à temps. Ainsi, si au premier trimestre de l'année dernière les importations étaient de 7,4 millions de tonnes, on en prévoit cette année seulement 2,2 millions. Il en résulte que, vers le 1er avril, sans les semences, on aura 4,4 millions de tonnes de céréales (contre 11,7 l'année dernière), alors que le besoin mensuel est d'environ 5 millions de tonnes. [...] Étant donné que la Commission d'État du Conseil des ministres de l'URSS pour les achats et l'alimentation attend la livraison en RSFSR de 2 millions de tonnes de céréales importées (soit plus de 50 % du volume pour l'URSS), 0,2 million de tonnes du Kazakhstan, 0,4 million de tonnes du Canada, acquis sous la garantie du Conseil des ministres de la RSFSR, les entreprises devraient disposer en avril de 5,5 millions de tonnes de céréales. Mais il est aussi indispensable de constituer une réserve minimale, à Moscou, Leningrad et dans d'autres grands centres industriels, d'au moins 5,7 millions de tonnes. Or, au 1er mai, elle n'est que de 0,5 million de tonnes. Au mois de mars, faute de matière première, les moulins des régions de Iaroslavl, de Nijni-Novgorod, d'Ivanovo, de Vladimir ont été réduits au chômage technique, tout comme les entreprises de production d'aliments combinés pour le bétail dans presque toutes les régions et les républiques autonomes... »

Le désordre est aggravé par les décisions arbitraires des directions des organismes nationaux, régionaux et des républiques, sur les volumes établis et les destinataires : bien que les céréales manquent pour la farine, on les affecte à la production d'aliments pour le bétail. L'auteur du mémoire poursuit : « Si des mesures extraordinaires ne sont pas prises pour l'importation de céréales et la livraison du Kazakhstan (il faut 1 million de tonnes en plus des 2,6 millions de tonnes prévues), il y aura des ruptures massives d'approvisionnement. Il semble que l'importation centralisée de céréales en mai soit de beaucoup inférieure à celle d'avril et qu'elle ne pourra permettre l'approvisionnement de la population. Le ministère des Produits céréaliers de la RSFSR a alerté à maintes reprises les dirigeants mais aucune mesure de fond n'a été prise pour remédier à la situation. Cher Fedor Petrovitch ! Dans les conditions actuelles, nous vous prions de régler au plus vite la question du financement des importations des produits céréaliers en RSFSR d'avril à juin, pour au moins 4 millions de tonnes par mois, et de faire procéder à des livraisons du Kazakhstan (conformément à l'accord intergouvernemental), d'au moins 800 000 tonnes par mois[563]. » Le tableau 7.2 illustre la situation du ravitaillement de la population en céréales et de l'économie nationale au premier semestre.

Tab. 7.2 : Calcul des céréales au premier semestre 1991
(en millions de tonnes)

| | Selon le bilan de la Commission d'État | Conseil des ministres de la RSFSR |
|---|---|---|
| **Consommation** | | |
| Fabrication de farine | 12,3 | 12,3 |
| Fabrication de gruau | 2,2 | 2,2 |
| Produits transformés | 2,1 | 2,1 |
| Aliments combinés et fourrage | | |
| Stocks du Conseil des ministres de la RSFSR | 5,3 | 9,2 |
| Consommateurs de l'Union | 1,1 | 1,1 |
| Céréales destinées aux échanges | 5,5 | 5,5 |
| Semences sélectionnées | 0,5 | 0,5 |
| Exportation | 0,1 | 0,1 |
| Pertes et profits | 0,6 | 0,6 |
| Stock reporté à nouveau au 01.07.91 | 4,5 | 4,5 |
| **Total consommation et reports** | 34,2 | 38,1 |
| **Ressources** | | |
| Stock à la date du 01.01.91 | 18,9 | 18,9 |
| Importations : | | |
| sur décisions du Conseil des ministres de la RSFSR (janvier-mars) | 2,2 | 2,2 |
| sur décisions du Conseil des ministres de la RSFSR (du Canada en janvier-juin) | | 4 |
| du Kazakhstan (janvier-mars) | 0,7 | 0,7 |
| Autres provenances | 0,5 | 0,5 |
| **Total** | 22,3 | 26,3 |
| Livraisons indispensables (avril-juin) | 11,9 | 11,8 |
| Soit en moyenne par mois | 4 | 4 |

Source : Archives nationales.

La gravité de la situation, évidente pour des professionnels de l'agriculture, a de plus en plus de répercussions sur la vie quotidienne. Le ministre du Commerce, K. Terekh, écrit au Premier ministre V. Pavlov : « Actuellement, en raison des stocks limités, la farine n'est plus vendue au détail en RSFSR (sauf à Moscou) ni en Ukraine. Dans les autres républiques, la distribution se fait sur cartes de rationnement, comme pour le gruau (sauf à Moscou)[564]. »

D'après des documents du CC du PCUS, « pendant les quatre mois d'hiver, la production laitière a diminué de près de 2,3 millions de tonnes, de 10 % dans la fédération de Russie et dans la république de Biélorussie, de 11 à 13 % en Lituanie, Azerbaïdjan et Moldavie, de 5 % en Lettonie et Estonie, de 21 à 24 % en Géorgie et Arménie. La production et les achats des produits de l'élevage ont considérablement baissé dans les républiques autonomes de Komi, Bachkirie, Mordovie, Touva, et dans diverses régions de la RSFSR : Volgograd, Pskov, Riazan, Iaroslavl [...]. Au seul mois de janvier, en raison de la mauvaise qualité de l'alimentation animale, il manquait pour les livraisons dans les régions subventionnées et les centres industriels 53 000 tonnes de viande, 130 000 tonnes de lait et de produits laitiers. L'approvisionnement des kolkhozes et des sovkhozes a diminué, celui des gros complexes d'élevage de volailles, de porcs et de bœufs est parfois interrompu. Les animaux en pâtissent et cela compromet pour de nombreuses années l'accroissement du cheptel. La surface de culture des blés d'automne, 5 millions d'hectares, n'a jamais été aussi limitée depuis vingt ans [...]. Dans un certain nombre de districts on manque de semence [...], le matériel est en mauvais état, ce qui est un autre sérieux motif d'inquiétude. 400 000 tracteurs, 254 000 camions, 332 000 moissonneuses-batteuses et autres machines sont inutilisables, faute d'entretien et de pièces de rechange que les entreprises d'État n'ont pas livrées[565] ».

Le président du comité d'État pour l'achat des matières premières alimentaires écrit au gouvernement (mai 1991) : « Les réserves de produits céréaliers sont excessivement limitées. Au 21 mai 1991, le stock de farine est de 1,5 million de tonnes, soit seulement quinze jours des besoins du pays[566]. »

Le secrétaire du CC du PCUS, O. Chenine, qui participera plus tard au coup d'État du mois d'août, a, lui, d'autres préoccupations... Le 21 mai, il exige de M. Gorbatchev que l'on affecte aux imprimeries du Parti 81,5 millions de roubles convertibles pour l'achat d'équipements et de matériel, 7 millions au CC du PCUS et aux branches locales du Parti pour du matériel de bureau, il demande l'attribution d'urgence de 2 500 voitures pour le CC et les organismes du Parti. Enfin, il pose la question du dédommagement par l'État des fonctionnaires du parti en compensation de la hausse des prix de détail et des services. Alors que l'on s'approche de la faillite à grands pas, le secrétaire du CC du PCUS écrit : « La question de l'accès des responsables et des membres des organismes des CC des PC de la RSFSR aux établissements médicaux du Conseil des ministres de l'URSS n'est toujours pas réglée[567]. » Voilà un exemple frappant de « discernement » et de sens de l'« égalité sociale » de notre passé socialiste. Les représentants du pouvoir, qui jusque-là avaient des cantines et des magasins fermés au public, commencent à prendre conscience du quotidien de millions de personnes qui souffrent de la situation économique.

L'adjoint du président Gorbatchev, A. Tchernïaev, note le 31 mars 1991 : « Hier, réunion du Conseil de sécurité. Problème de ravitaillement... plus concrètement, en ce moment, de pain. Il en manque 6 millions de tonnes pour atteindre la norme moyenne. À Moscou et dans les grandes villes, ce sont les mêmes queues qu'il y a deux ans pour le saucisson. Si l'on n'arrive pas à en trouver quelque part, on peut s'attendre à une famine en juin. Parmi toutes les républiques, seuls le Kazakhstan et l'Ukraine (à peine) arrivent à subvenir à leurs besoins. L'abondance de céréales, c'était un mythe ! On raclait les fonds de tiroirs pour trouver des devises et des crédits pour les importer. Mais nous ne sommes déjà plus solvables et personne ne nous donnera de crédits. (En rentrant du Japon, M. Gorbatchev a promis de faire une halte sur l'île de Cheju-do pour discuter avec le président de la Corée du Sud d'un crédit de 3 milliards.) Il y a encore un espoir : l'Arabie Saoudite. Il semble que le Koweït refuse, bien que Faysal ait promis une contrepartie à notre appui contre l'Irak [...]. J'ai rendu visite à N.N., elle est toujours malade. Elle m'a demandé de lui procurer du pain. Nous avons fait, avec Mikhaïl Mikhaïlovitch, le tour de Moscou : les boulangeries sont soit fermées, soit dramatiquement vides. On n'a jamais dû voir ça à Moscou, même pendant les pires années de privation[568]. »

## 3. Les prix s'emballent

À cette époque, ni la classe politique ni la société n'ont besoin d'être convaincues que seules des mesures urgentes et audacieuses permettraient au pays de surmonter la crise profonde dans laquelle il se trouvait[569]. À la fin de l'hiver 1991, le dernier gouvernement soviétique se décide à effectuer ce dont il était impossible même de parler quelques années plus tôt : une importante hausse des prix sur les principaux biens de consommation. Cette hausse, décidée par décret du président de l'URSS du 19 mars 1991, laissait penser que les nouveaux prix et tarifs entreraient en vigueur à partir du 2 avril 1991[570]. Alors que le gouvernement proposait une hausse de 60 % sur les prix de détail, elle fut de 90 % (tab. 7.3)[571].

Tab. 7.3 : Prix de détail (en roubles par kg)

| PRODUIT | Avril 1990 | Mars 1991 | Avril 1991 |
|---|---|---|---|
| Viande bovine de 1ʳᵉ catégorie (avec os) | 1,97 | 3,35 | 7,90 |
| Volaille (poules et poulets) | 3,03 | 3,52 | 5,85 |
| Steaks hachés de veau (la dizaine) | 1,15 | 1,28 | 4,03 |
| *Pelmeni** à la viande | 1,38 | 1,53 | 4,40 |
| Saucisson 1ʳᵉ catégorie | 2,79 | 3,26 | 8,90 |
| Saucisses qualité supérieure | 2,40 | 2,82 | 7,34 |
| Saucisson semi-fumé qualité supérieure | 6,23 | 8,43 | 19,12 |

Source : Extrait du mémoire de V. Kiritchenko (président du Goskomstat) au Conseil des ministres, « Sur l'évolution des prix », 23 mai 1991, Archives nationales.

Cette mesure fut accueillie d'abord plutôt calmement dans la majorité des régions, sans troubles importants comme on le craignait. Confrontée à une situation extraordinaire, la société doit accepter l'inévitable. Mais, dès que l'augmentation entra en vigueur, la population comprit ce que les professionnels savaient déjà : les mesures de rigueur ne suffisent pas à redresser la situation, encore faut-il qu'elle soient efficaces. En quelques mois, les aides versées à la population pour compenser la hausse des prix, l'accroissement du déséquilibre budgétaire, les problèmes monétaires persistants conduisirent à une pénurie des biens de consommation, même dans les régions où la situation s'était améliorée[572]. Selon les sondages, fin avril 1991, la plupart des personnes interrogées estimaient qu'il n'était pas plus facile de se procurer des biens et des denrées après la hausse des prix. Quasiment personne ne croyait que la réforme des prix permettrait de régler le problème de pénurie[573].

La hausse des prix n'eut pas de répercussion positive sur le marché, mais elle apporta des problèmes plus complexes encore. Le vice-directeur du département du CC du PCUS des relations avec les organismes sociopolitiques, I. Zaramenski écrit, le 15 avril 1991, au CC du PCUS : « La hausse des prix a considérablement aggravé la situation sociopolitique. Aux mineurs en grève se joignent les collectifs de travailleurs d'autres secteurs et d'autres républiques. La situation en Biélorussie est devenue très difficile. S'il y a un mois encore, la plupart des collectifs de travailleurs se montraient réticents aux grèves des mineurs, ces derniers jours, le soutien à leur action s'affirme un peu partout. Sur l'exemple des événements en Biélorussie, il est évident que, sous l'influence des forces de l'opposition, les exigences économiques des travailleurs évoluent vers des exigences politiques et une méfiance à l'égard des organismes centraux et le PCUS[574]. »

Les indemnités compensatoires à la population éliminent toute possibilité de redresser la situation financière, les problèmes budgétaires continuent



---

* Raviolis (*N.d.T.*).

de s'aggraver. Les sommes versées pour les compensations, la hausse des salaires des secteurs non productifs, les aides aux organismes budgétaires, au total 240 milliards de roubles, correspondent pratiquement au volume des nouveaux prix. L'impôt sur le chiffre d'affaires étant presque totalement absorbé par les budgets locaux, le budget de l'Union n'a pas de nouvelles recettes. L'économie faite sur les dotations pour la différence des prix des denrées était infime. L'essentiel des dotations se fait aux frais des républiques et des organismes locaux. L'Union avait cependant encore une obligation de paiement de compensations des augmentations aux militaires et aux fonctionnaires rémunérés sur les fonds de l'Union ainsi qu'aux institutions et aux organismes d'État[575].

Au milieu de l'été 1991, malgré des prix exorbitants, la pénurie est presque totale. A. Vlassov note à l'attention du CC du PCUS sur la conduite de la réforme des prix de détail et ses conséquences socio-économiques : « La situation s'aggrave, les rayons des magasins se garnissent très lentement. Dans la plupart des régions, l'approvisionnement ne s'améliore presque pas, le rationnement continue. La pénurie suscite une demande effrénée et la spéculation ne diminue pas. La situation actuelle du marché dépend totalement du manque de produits. L'introduction de nouveaux prix de gros et de détail, sans mesures efficaces pour l'accompagner, n'a aucun effet stimulant sur la production des biens de consommation en chute au premier trimestre de l'année et qui atteint 8 % en avril-mai. La production des produits alimentaires a baissé de 10 % et celle des produits de l'industrie légère de 12 %[576]. »

Les prix du marché kolkhozien dépassent les prix de détail fixés par l'État de presque six fois[577]. La part du marché noir dans le volume des achats de biens non alimentaires est de 30,9 %, celle des produits alimentaires de 10,9 %, celles des services de 25,7 %[578].

Le moral de la population, qui s'attend à de nouvelles difficultés, est au plus bas, comme le montre cet article des *Izvestia* en mai 1991 : « Le boom des potagers est aujourd'hui général. Les gens ont compris qu'ils ne pouvaient compter que sur eux-mêmes. Le soir, après le travail ou les jours de congé, armés de pelles et de râteaux, ils vont travailler sur leurs lopins. Bien sûr, ce n'est pas une solution au problème de ravitaillement, mais plutôt la possibilité de faire face à de possibles pénuries[579]. »

## 4. Argent et destin de l'empire

La crise monétaire, l'effondrement des recettes de l'État, la croissance du déficit budgétaire conduisent à des émissions de monnaie, qui, en 1991, atteignent un volume sans précédent durant les dernières décennies.

Tab. 7.4 : Émission de monnaie de 1988 à 1991, en milliards de roubles

|  | 1988 | 1989 | 1990 | 1991 |
|---|---|---|---|---|
| **Avril** | 4,13 | 3,63 | 2,60 | 4,77 |
| **Mai** | - 0,93 | - 1,55 | 0,22 | 5,50 |
| **Juin** | 3,40 | 3,48 | 2,62 | 18,74 |
| **Juillet** | 3,76 | 2,18 | 2,93 | 19,87 |
| **Août** | - 2,06 | - 0,20 | 5,76 | 17,13 |

Source : Archives nationales.

La crise politique et le démantèlement du pouvoir de l'Union rendent les possibilités de crédits pratiquement nulles. Même les pays qui, jusque-là, déclaraient être disposés à une renégociation des dettes de l'Union soviétique auprès de leurs sociétés montrent au milieu de 1991 de plus en plus de méfiance. Le 26 juin 1991, le ministre des Relations économiques extérieures, K. Katouchev, déclare au Premier ministre, V. Pavlov, à propos du crédit grec : « Conformément à la directive du gouvernement de l'URSS (17 860 du 5 juin 1991), des négociations ont commencé avec les Grecs, le 24 juin, sur les conditions d'obtention d'un crédit. La partie grecque est, en gros, prête à nous octroyer un crédit pour l'achat de diverses marchandises et pour couvrir nos arriérés, mais elle exprime son inquiétude sur notre incapacité ces derniers mois à réduire la dette actuelle. Cela influe visiblement sur sa position. Ainsi, si, à la fin de l'année dernière, la Grèce avait exprimé son intention de nous octroyer un soutien financier, nous avons eu les plus grandes difficultés à convenir d'une date pour des négociations officielles, qui ont été reportées à la fin du mois de juin du fait des Grecs[580]. »

La direction soviétique cherche à recevoir même de petits crédits sur une base politique : 500 millions de dollars de la Corée du Sud pour rétablissement des relations diplomatiques, 200 millions de dollars du Koweït pour la position adoptée pendant la guerre du Golfe en 1989-1990. Elle a même osé prendre, sans l'accord des clients, 6 milliards de dollars de capitaux des organismes et des citoyens soviétiques, conservés à la Vnechekonombank[581].

Néanmoins, le pays manque cruellement de devises. Le vice-ministre de l'Économie, V. Dourassov, écrit au Conseil des ministres : « La brusque diminution des devises pour l'importation de matières premières a conduit, de janvier à mai, à une baisse de production de l'industrie légère de 12 % par rapport à la période correspondante de l'année dernière. [...] La pénurie des biens de consommation courante s'est aggravée. [...] Cette baisse de production est due, globalement, à deux facteurs : la rupture de l'approvisionnement en matières premières, matériaux et composants, et le manque de devises pour les importer [...]. La production de viande et de produits de charcuterie de première catégorie a diminué de 13 % – 10 % pour le saucisson et les saucisses, 14 % pour le beurre, 9 % pour les produits laitiers. Dans le commerce, aucune amélioration sensible n'est prévue d'ici à la fin de l'année[582]. »

Parmi les documents de l'époque reflétant la crise grandissante se trouvent des extraits de comptes rendus de séance du Politburo du CC du PCUS « Augmentation de la quantité d'or et de diamants destinés à la vente contre devises. Approbation du projet d'ordonnance afférente du Conseil des ministres[583] », « Mise à disposition du Gossnab de l'URSS des biens matériels sur les réserves de l'État pour leur vente en devises en 1990. Approbation du projet d'ordonnance afférente du Conseil des ministres de l'URSS[584] ». En 1985, les réserves d'or de l'URSS étaient de 719,5 tonnes. Fin 1991, elles ne sont plus que de 290 tonnes[585].

La Banque des activités économiques extérieures, la Vnechekonombank, n'ayant pu respecter les délais de paiement, les cargos soviétiques sont arraisonnés dans les ports étrangers pour non-paiement des marchandises et des services portuaires. Les mesures à prendre au sujet des spécialistes soviétiques qui se trouvent à l'étranger alimentent la correspondance, on ne peut ni payer leurs salaires ni financer leur rapatriement.

La direction du Parti commence à se rendre compte que l'URSS n'est plus capable d'aider financièrement les partis communistes étrangers. Le 5 juin 1991, le deuxième secrétaire du CC du PCUS s'adresse en ces termes au président du Conseil des ministres, V. Pavlov : « Le président du Parti communiste de Finlande, Y. Khakanen, nous a contactés en raison de la situation matérielle très difficile du Parti, due au fait que la Vnechekonombank a cessé ses paiements au consortium Print Yukhtiet, contrôlé par nos amis [...]. Sans paiement des arriérés dans les jours qui viennent, ce sera la faillite non seulement du consortium, mais aussi du Parti communiste finlandais, de ses amis et des dirigeants du Parti qui se sont portés caution sur leurs biens personnels. Les banques exigent un paiement immédiat et refusent toute nouvelle garantie[586]. »

L'ultime espoir de stabilisation de la situation est la conférence du G7 qui a lieu pendant l'été 1991 et à laquelle M. Gorbatchev demande à être invité. E. Primakov, arrivé à Londres avant lui, évoque, dans une intervention à la télévision britannique, les risques de chaos liés à une débâcle de l'Union soviétique si l'Occident ne lui accorde pas d'aide économique[587]. Les leaders occidentaux ne peuvent pas refuser d'inviter M. Gorbatchev, mais ils ne sont pas prêts pour autant à lui promettre de l'argent. Compte tenu du mode de délibération du G7 et du fait que cet organisme ne prend pas de décisions, mais se contente généralement de définir une approche générale des questions, le leader soviétique, même s'il avait présenté un programme de mesures drastiques et réalistes pour sortir de la crise, aurait difficilement pu obtenir à temps une aide financière suffisante pour éviter la faillite de l'URSS. La question n'est même pas abordée. Les dirigeants soviétiques n'avaient toujours pas décidé ce qu'ils feraient pour stabiliser la situation économique si une aide financière leur était accordée et, dans ces conditions, toute discussion sérieuse était impossible à Londres.

Fin 1990, la contradiction entre l'impossibilité de conserver l'intégrité de l'empire sans avoir recours à la force, d'une part, et de l'autre, l'impossibilité d'obtenir une aide de l'Occident à la moindre tentative de recours à la force est évidente. C'est précisément ce qui explique les brusques revirements politiques des dirigeants soviétiques.

Les partisans de l'indépendance des républiques baltes remportent des victoires écrasantes aux élections aux Soviets suprêmes, le 25 février 1990 en Lituanie, le 18 mars en Lettonie et en Estonie. En février 1990, lors d'une série de référendums sur l'indépendance, 90 % des Lituaniens, 77 % des Lettons et 90 % des Estoniens se prononcent en faveur de l'indépendance. L'une des caractéristiques des républiques baltes est qu'une partie considérable des ressortissants russes soutient le processus d'indépendance[588].

Au printemps 1990, la Lituanie, la Lettonie et l'Estonie proclament leur souveraineté, exprimant clairement leur aspiration au statut d'États indépendants. Leur exemple est suivi par la Moldavie, l'Ukraine, la Biélorussie et la Russie. À la fin de l'été 1990, la majorité de l'Union refuse la Constitution. L'opinion publique est pleinement consciente de l'ampleur de la crise constitutionnelle et de la situation du président de l'URSS, qui ne peut ni reconnaître le nouveau statut des républiques ni l'abolir[589].

Le 13 avril 1990, M. Gorbatchev et N. Ryjkov adressent aux dirigeants lituaniens un ultimatum dans lequel ils demandent la révocation d'un certain nombre de lois adoptées par le Soviet suprême de Lituanie sous peine de sanctions économiques. Le 18 avril commence un blocus économique partiel de la Lituanie[590]. Le moratoire sur le pétrole et les produits dérivés décidé par les dirigeants soviétiques ainsi que les demandes des dirigeants occidentaux à l'administration lituanienne d'établir un compromis avec Moscou obligent le gouvernement lituanien à entamer des pourparlers au début de l'été 1990 et à remettre provisoirement l'application des mesures liées à l'indépendance de la Lituanie. Les pourparlers se montrent stériles.

Au cours de l'été 1990, M. Gorbatchev conclut une alliance politique avec B. Eltsine sur la base d'un accord pour l'élargissement substantiel des droits et des pouvoirs des républiques de l'Union et l'adoption d'une politique économique contre la crise. De fait, ce programme propose, d'une part, le passage en douceur du pays vers une confédération souple, sans définir clairement les procédures de prise des décisions cruciales et, d'autre part, des mesures anti-inflationnistes qui consistent essentiellement à réduire les dépenses budgétaires de défense nationale et les investissements de l'État. Le programme « 500 jours » prévoit, au quatrième trimestre 1990, la réduction de 20 % des investissements, 50 à 70 % des dépenses militaires (achats de matériel) et des dépenses internationales (l'aide et les crédits aux autres pays) ainsi que la réduction de 10 à 15 % des dépenses sur les postes budgétaires déficitaires[591]. Ces mesures auraient pu être réalisées en 1985-1986. En 1990, les problèmes budgétaires et monétaires sont tels qu'elles ne suffiront pas. De plus, elles sont inacceptables pour les cadres dirigeants du pays, les forces armées, le KGB.

Les dirigeants s'engagent dans de longues discussions, dans lesquelles les manœuvres militaires qui se déroulent autour de Moscou sont un argument de poids. Gorbatchev recule, on essaie encore de trouver un accord avec ceux qui croient à la possibilité d'une solution par la force. Les nouveaux alliés du président qui contrôlent l'armée et la police font des tentatives pour rétablir le contrôle politique en s'appuyant sur la force[592].

En 1987-1988, parmi les pays baltes, la Lettonie est le leader du mouvement pour la renaissance nationale et l'indépendance. En 1988-1989, c'est l'Estonie, et en 1990, la Lituanie. Indépendamment des différences tactiques, les républiques baltes ont la même volonté d'indépendance et de réintégration dans l'Europe. L'aspiration à l'indépendance était soutenue par une grande partie de la population russophone. En 1990, les tentatives de M. Gorbatchev de persuader l'élite lituanienne de la nécessité de rester au sein de l'URSS étaient vouées à l'échec. Un seul argument aurait pu aider à maintenir l'intégrité de l'empire : l'usage de la force qui avait permis à l'Union soviétique d'exister pendant des décennies.

Le thème est abordé à la séance du Politburo au printemps 1990. Aucune décision définitive n'est prise. Alors que l'attention de l'Occident est centrée sur la guerre du Golfe et non sur l'URSS, une partie de la classe politique soviétique essaie de convaincre que la solution du recours à la force pour résoudre le problème balte est possible. Le procureur général de l'URSS, N. Troubine, déclare fin janvier 1991 : « Tant que l'opposition continuera dans les pays baltes et qu'il y aura, de fait, deux milices, deux ministères publics, la solution constitutionnelle des problèmes sera impossible[593]. »

Les journaux soviétiques décrivent ainsi les événements de Lituanie au mois de janvier 1991 : « Le 7 janvier, les troupes de débarquement furent lancées en Lituanie. Le 8 janvier, elles sont passées à l'action. Selon le commentateur du programme des actualités télévisées "Vremya" (le temps), "ils ont pris le contrôle par les armes de l'immeuble de la presse et de quelques autres sites de la ville". Il y a eu des blessés. Toutes les communications avec la Lituanie ont été coupées. L'aéroport a été fermé, les trains sont arrêtés [...]. Le même jour, le 7 janvier, le maréchal Iazov a décidé de faire appel aux troupes parachutées pour garantir l'appel sous les drapeaux des jeunes conscrits. Les parachutistes sont redéployés en Lettonie et en Estonie, il y a aussi des rumeurs de déplacement de troupes dans d'autres régions (la Moldavie, la Géorgie, l'Arménie, l'Asie centrale). [...] Le 11 janvier, le président de la Télévision et de la Radio d'État, Leonid Kravtchenko, interrompt la diffusion de plusieurs chaînes d'information, notamment la grosse agence indépendante Interfax, dont de nombreux journalistes occidentaux établis à Moscou utilisaient les services[594]. »

Le directeur du département de la politique nationale du CC du PCUS, V. Mikhaïlov, informe la direction du CC du PCUS des événements survenus en Lituanie : « Selon les informations des cadres responsables du CC du PCUS (les camarades Kaziouline et Oudovitchenko) qui se trouvent en Lituanie, le 11 janvier à Vilnius, les parachutistes ont pris le contrôle des immeubles de la presse et de DOSAAF (société d'assistance à l'armée, à l'aviation et à la flotte), qui abritait le département de la sécurité de la région, et à Kaunas, l'immeuble de l'École des officiers. Ces opérations se sont déroulées sans gros affrontements. [...] À 17 heures (heure locale), au CC du PC de Lituanie lors d'une conférence de presse, le directeur du service idéologique, le camarade J. Jermolavicius, nous a informé de la création, au sein de la république, du comité de salut national de Lituanie. Ce comité assume les pleins pouvoirs. Il se trouve sur le territoire de l'usine des instruments de mesure de la radio, dont le directeur est le camarade O. Bourdenko. Le comité a décidé de lancer un appel au peuple lituanien et un ultimatum au Soviet suprême de la RSS lituanienne, dans lequel il exige une réponse immédiate à l'appel du président de l'URSS[595]. »

A. Tchernïaev (conseiller du président Gorbatchev) raconte par la suite à l'ambassadeur de Grande-Bretagne en URSS, R. Braithwaite, que la décision avait été prise sans l'accord de Gorbatchev sur ordre du commandant des armées de terre de l'URSS, le général Varennikov[596].

Les actions des forces de l'URSS rencontrent une puissante résistance. Les parlements de Russie, d'Ukraine, de Biélorussie, du Kazakhstan, ainsi que les Soviets des villes de Moscou et de Leningrad, désapprouvent l'action menée en Lituanie. Les comités de grève du bassin houiller du Kouzbass exigent la démission du président de l'URSS et la dissolution du Congrès des députés du peuple. Malgré la crise du Koweït, les pays occidentaux adressent des protestations vigoureuses aux dirigeants soviétiques. C'est Gorbatchev qui a le mieux défini la situation, devant le Parlement de l'Union, par ces mots : « Ça sent le roussi[597]. »

Le ton adopté par les capitales occidentales envers Moscou est devenu carrément froid. Les problèmes financiers et monétaires ne sont pas résolus et l'obtention de crédits de l'Occident est urgente. Les dirigeants soviétiques reculent, ils se renvoient mutuellement la responsabilité et tous tombent d'accord pour désigner le commandant de la garnison de Vilnius. Youri Chtchekotchikhine rapporte les propos sur les événements de Vilnius : « Le ministre de l'Intérieur de l'URSS Boris Pougo n'a pas pu expliquer ce qu'était ce tout-puissant "comité de salut national" capable de faire sortir dans les rues de Vilnius des chars, tandis que l'explication du ministre de la Défense nationale D. Iazov a suscité la stupeur. Il a invoqué le fait que, n'étant pas présent sur les lieux, il n'était pas au courant de tous les détails et c'est pourquoi il n'a pas pu donner l'ordre de donner l'assaut. Mais il a donné sa propre version de la tragédie de Vilnius. Elle se résume par ces mots : "Lorsque les membres du 'comité du salut national', roués de coups dans la rue près du Parlement, se présentèrent au chef de la garnison de Vilnius, le général en fut tellement impressionné qu'il a immédiatement donné l'ordre de prendre le contrôle du centre de télécommunication qui diffusait en permanence des 'émissions antisoviétiques'. Ce que le général Iazov voulait expliquer, c'est que la tragédie était due à la fragilité émotionnelle d'un seul général ! [...] Et si la tragédie de Vilnius n'était due qu'aux actes d'un seul général, alors on pourrait parler de la rébellion individuelle d'un seul officier, qui aurait dû être, selon les lois de toute société civilisée, puni de la peine capitale...[598]" »

Durant cette période, un des frères d'armes du président, son conseiller, A. Tchernïaev, lui écrit pour lui donner sa vision de la situation (en janvier 1991) : « Cette fois-ci, le choix se présente ainsi : ou bien vous déclarez clairement que vous ne tolérerez pas la sécession d'un seul pouce de l'Union soviétique et vous emploierez tous les expédients, y compris les chars, pour ne pas l'admettre, ou bien vous admettez qu'un événement a échappé au contrôle du Centre, que vous désapprouvez ceux qui ont employé la force et massacré des gens et que vous les traduirez devant la justice. Dans le premier cas, ça signifie que vous enterrez tout ce qui a été fait et dit par vous pendant ce quinquennat. Avouez que ni vous-même ni le pays n'étiez prêts à un tournant aussi radical sur la voie de la civilisation et qu'il faudra conduire les affaires et continuer à vous comporter envers les gens comme auparavant. Dans le deuxième cas, la situation pourrait être redressée, au nom de la poursuite du processus de perestroïka. Mais quelque chose d'irréversible est déjà advenu[599]. »

L'opposition au gouvernement de l'Union devient active au sein de la direction russe et dans le mouvement ouvrier. Au printemps 1991, un événement important a lieu : les grèves des mineurs qui répondent à une motivation politique (avant tout la démission des dirigeants de l'Union). Les pertes de la grève s'élèvent à 3,7 millions de journées de travail et la production de charbon diminue de 15 millions de tonnes[600].

La décision de M. Gorbatchev, prise sous la pression de l'Occident, de prendre ses distances vis-à-vis des actions de force du mois de janvier 1991 en Lituanie signifie, de fait, que l'indépendance des pays baltes était un fait accompli. Mais ce ne fut pas un choix personnel, la liberté de manœuvre des pouvoirs de l'Union étant sévèrement contrainte par la catastrophe financière et monétaire imminente.

Au printemps 1991, Gorbatchev commence à se rendre compte qu'il est impossible de préserver l'intégrité de l'empire. Le changement politique survenu entre mars et juillet 1991, qui transforme de façon radicale l'organisation étatique de l'URSS, le confirme. Lors des pourparlers à Novo-Ogarevo, le 30 juillet 1991, Gorbatchev fait aux dirigeants des républiques une concession clé, qui met un point final à l'histoire de l'URSS comme État unique : il accepte l'idée d'un système fiscal qui rend le pouvoir de l'Union totalement dépendant des républiques dans la question cruciale de financement des dépenses de l'État. En substance, c'est une décision de dissolution de l'empire qui porte l'espoir de le voir évoluer vers une confédération souple.

## CHAPITRE 8

# LE KRACH

*« Comment j'ai survécu*
*Seuls toi et moi le saurons. »*
K. Simonov

## 1. Économie politique d'un coup d'État raté

Le 17 juin 1991, Mikhaïl Gorbatchev signa un projet de traité, « De l'union des États souverains », qu'il adressa le lendemain au Soviet suprême d'URSS et aux Soviets suprêmes des républiques. Après avoir été sensiblement amendée, une ultime version de ce projet fut débattue à Novo-Ogarevo le 23 juin. Les 29 et 30 juin, lors d'une rencontre entre Gorbatchev, Eltsine et Nazarbaïev*, il fut décidé de le faire ratifier le 20 août par les dirigeants des autres républiques de l'Union.

À la veille de la signature du traité, qui devait légaliser une dissolution paisible et ordonnée de l'Empire soviétique, le vice-président de l'URSS**, le ministre de la Défense***, le responsable du KGB****, le chef du complexe militaro-industriel et le commandant en chef des troupes terrestres, soutenus par le président du Soviet suprême, prirent une décision que, selon eux, le président Gorbatchev n'avait pas prise du fait de sa faiblesse de caractère : recourir à la force, restaurer le contrôle politique et sauvegarder le pouvoir central. Durant trois jours, il apparut que le problème n'était pas tant Gorbatchev que le changement intervenu dans le pays.

Du 19 au 21 août 1991, ce que les autorités redoutaient depuis des décennies arriva : l'armée refusa de tirer sur le peuple. Trois jours suffirent pour que le système politique et social de cette superpuissance, dont les fondements relevaient de la capacité à utiliser la force contre son propre peuple, cessât d'exister.

Beaucoup de gens se souviennent de ce putsch avorté comme d'un spectacle de vaudeville. Ses organisateurs avaient pourtant des problèmes

---

*   Président du Kazakhstan, *N.d.T.*
**   Guennadi Ianaïev, *N.d.T.*
***   Dmitri Iazov, *N.d.T.*
****   Vladimir Krioutchkov, *N.d.T.*

complexes à résoudre : trouver, dans cette société urbanisée et développée, des officiers prêts à donner l'ordre d'écraser leurs compatriotes avec des chars, et des soldats prêts à exécuter ces ordres. Les officiers, instruits par l'expérience de la fin des années 1980, savaient bien qu'eux-mêmes devraient répondre de tout et ils ont tout fait pour ne pas avoir à assumer l'ordre final. Qui plus est, les putschistes n'étaient pas issus de la révolution de 1917 ou de la guerre civile et avaient vécu sous un régime qui était stable depuis plusieurs décennies. Pas étonnant qu'ils aient essayé de rejeter sur d'autres la responsabilité du recours à la force. Le « comité d'État pour l'état d'urgence » (CEEU, nom des putschistes) était incapable de prendre des décisions pouvant conduire éventuellement à une effusion de sang et ils comptaient pour cela sur les organes du ministère de l'Intérieur, du KGB et du ministère de la Défense. Les mémoires de l'ancien président du KGB de l'URSS Vladimir Krioutchkov sont très éclairants à ce sujet[601].

L'assaut de la Maison blanche (siège du gouvernement) était prévu pour la nuit du 21 août. Des instructions furent données par Krioutchkov en personne à 9 heures du matin le 20 août. Ce devait être une opération conjointe de l'armée, du KGB et du ministère de l'Intérieur, sous le nom de code « GROM » (« tonnerre »). Cette instruction avait été discutée au sein de l'état-major jusque dans l'après-midi du 20 août. Les généraux déclarèrent que, du point de vue militaire, la prise de la Maison blanche ne posait aucun problème. Mais que, néanmoins, il y aurait inévitablement des pertes parmi la population civile. L'opération qui devait initialement débuter à 1 heure du matin fut reportée à 3 heures, et elle ne se déroula pas comme prévu. La principale raison de ce changement de programme fut le refus des putschistes de prendre sur eux la responsabilité d'une effusion de sang massive. L'armée attendait que le KGB agisse et le KGB attendait que ce soit l'armée, tandis que les troupes du ministère de l'Intérieur se reposaient sur les deux autres. À la nuit tombante, on apprit que l'unité « Alfa » du KGB refusait de participer à l'assaut, les divisions du ministère de l'Intérieur – Toulski et Dzerjinski – ne bougèrent pas, et la brigade « Teply Stan » fut introuvable[602].

Chakhnazarov écrit : « Si les chars qui étaient entrés dans Moscou avaient ouvert le feu sur les barricades et s'ils avaient été soutenus par l'aviation, tout se serait terminé très vite. Les républiques auraient également été soumises, si l'on en juge par leur réaction prudente, visiblement destinée à gagner du temps pour voir la tournure que prenaient les événements dans la capitale de l'Union. Et s'il y avait eu des rebelles appelant à la résistance, on les aurait tout de suite matés[603] ».

Ce n'est pas si simple. À Petrograd, en février 1917, il y avait eu des chefs pour donner l'ordre de tirer sur les manifestants. En août 1917, le commandant en chef de l'armée russe, le général Kornilov, avait été sur le point de donner cet ordre, mais cela n'avait pas suffi à sauver le régime. Dans ces situations, il faut non seulement que de tels ordres soient donnés, mais aussi que les unités soient prêtes à les exécuter et que d'autres soient prêtes à passer du côté des opposants au régime en place.

Ces trois jours du mois d'août 1991 ont montré que Gorbatchev n'avait pas recouru à la force pour sauver le régime non seulement parce qu'il ne le voulait pas, mais également parce qu'il n'aurait pas pu le faire, même s'il l'avait voulu. L'observateur politique Maxime Sokolov, tout de suite après l'échec du putsch, en décrit ainsi la suite : « Les deux derniers jours à Moscou furent des jours de funérailles : le putsch s'avéra une stupidité parce que le peuple, lui, cessa d'être stupide [...]. Pour la première fois depuis soixante-treize ans les citoyens purent contraindre l'État, armé jusqu'aux dents, à capituler – fait sans précédent en URSS. L'inertie de la peur qui gouvernait la vie publique céda la place à l'inertie du courage... Et si, dans d'autres pays, un putsch est normalement l'entreprise d'une douzaine de malfaiteurs, que l'on met ensuite en prison, pour continuer après à vivre comme avant, le putsch du mois d'août est un événement inédit. Pratiquement tous les dirigeants de l'Union furent conduits en prison en vertu de divers articles du code pénal : les "structures de force" (le sommet de l'armée, du ministère de l'Intérieur, et du KGB), le pouvoir exécutif (le Conseil des ministres), le pouvoir législatif (Loukianov et ses comparses) et la tête du Parti (la crème du PCUS). Et lorsque tout le sommet de l'État, composé soit de délinquants soit de leurs complices, essuie une défaite cinglante de la part du peuple, un tel État ne peut pas tenir. Toute la direction de l'État tombe dans le néant politique, et du vide politique surgit un autre État. C'est ce qui arriva, et cela ne s'arrêta pas là.[604] »

La situation économique en août 1991 était tellement bloquée que, quelle que soit l'évolution des événements, peu importait qu'il se jouât tel ou tel scénario. Même si les putschistes avaient triomphé, cela n'aurait rien changé à la situation économique. Au début du mois d'août, Gorbatchev avait signé un décret pour des mesures immédiates d'augmentation de la production des biens et des services à la population. Ce décret enjoignait au comité monétaire de l'Union et des républiques, au ministère de l'Économie et des Prévisions de l'URSS, au ministère des Relations économiques extérieures, conjointement avec la Banque des relations économiques internationales, d'affecter en priorité les moyens de financement en devises aux achats de médicaments, matières premières, matériaux et composants indispensables à la production de biens de consommation[605].

Si l'on compare les consignes strictes de ce décret avec la correspondance intergouvernementale ci-dessous, on comprend à quel point sa tonalité était éloignée de la réalité.

Dans son rapport (juin 1991) au président du Conseil des ministres de l'URSS, V. Pavlov, le président du conseil d'administration de la Gosbank, V. Gerachtchenko, écrit : « Par décision du gouvernement, depuis 1959, il a été demandé à la Gosbank de l'URSS de compenser le différentiel des prix des matières premières agricoles et d'autres produits entre prix d'achat et prix de vente, par le biais des comptes spéciaux de régulation des différences de prix et de l'imputer au budget. Le montant de l'endettement des budgets s'est accru d'une année sur l'autre, ce qui s'est fait sentir de façon négative sur la circulation monétaire du pays. Depuis début 1991, le ministère des Finances a rejeté la compensation de la différence des prix, en grande partie, sur les budgets des républiques... Cela étant, dans les conditions de la transition vers l'économie de marché et de la hausse incontrôlée des prix, les banques sont obligées de régler les différences, qui croissent constamment sur les matières premières agricoles et les autres produits. Ainsi, au premier trimestre 1991, pour combler les différences de prix ont été demandés des crédits d'un montant de 29,2 milliards de roubles – pour le seul mois d'avril, 5,9 milliards de roubles. Compte tenu des paiements effectués l'année précédente, les arriérés du budget à l'égard des banques sont passés de 61,6 milliards de roubles à 96,7 milliards de roubles pour les quatre premiers mois de l'année. Pour cette raison et également du fait de l'augmentation de la dette de l'État, les fonds réservés aux prêts de la Gosbank ont été totalement crédités pour la couverture des dépenses budgétaires. Si l'on continuait cette pratique d'engagement des ressources des banques pour la couverture de la compensation des différences de prix, la seule solution serait de faire des émissions supplémentaires de bons du Trésor et d'argent liquide. Étant donné qu'aucune décision n'est prise sur cette question et que cela conduit à des émissions incontrôlées de bons et d'argent liquide, nous estimons nécessaire de supprimer sur-le-champ ledit ordre de compensation de la différence de prix puisqu'il agit comme un agent déstabilisateur de l'économie, favorisant les processus inflationnistes incontrôlés[606]. »

Le premier vice-président du Conseil des ministres de l'URSS, V. Chtcherbakov, rapporte au Soviet de la fédération (Chambre haute) de l'URSS (le 16 août 1991, à trois jours de la tentative de coup d'État) : « Le pays s'enfonce à grands pas dans une crise financière profonde et une désorganisation de la circulation monétaire. Ces facteurs provoquent actuellement une aggravation de la situation économique, socio-psychologique et politique dans le pays... Pour diverses raisons, liées tout d'abord à l'absence de prise de décisions impopulaires, à la crainte de certains dirigeants devant le renforcement du gouvernement central, au bas niveau de coordination des mesures organisationnelles et économiques entre les divers niveaux du pouvoir exécutif, etc. À vrai dire, les possibilités de mettre en œuvre un programme anticrise diminuent de jour en jour. Les mesures essentielles de stabilisation de la situation financière devaient être réalisées au 1er juillet. Pourtant, les innombrables concertations et atermoiements ont déjà fait perdre deux mois. Pendant cette période, et encore avec un retard patent, on s'est contenté de stabiliser le fonctionnement d'une partie de la production des biens de consommation courante... Il faut se rendre compte que, dans deux, trois ou quatre mois, la normalisation de la situation exigera des mesures tout autres, tandis que le programme anticrise pourra être jeté à la poubelle... On assiste à une situation paradoxale. D'une part, le système budgétaire accuse un déficit qui se monte à presque 310-320 milliards de roubles, tandis que, de l'autre, les entreprises y ajoutent encore quelque 250 milliards de roubles [...]. Il s'ensuit donc que le système budgétaire devient un des facteurs essentiels de création de puissants processus inflationnistes... À notre avis, si l'on obtenait le consentement des républiques, on pourrait, par décret du président de l'URSS, décider de geler immédiatement (disons, à partir du 1er septembre) tous les programmes nationaux et républicains à caractère social, non encore financés à la date du 1er août, en stipulant la prolongation de cette mesure au moins pour le premier semestre de 1992... Dans une deuxième étape (après le 1er décembre 1991), on passerait à des prix de préférence libres, incluant un nouveau mécanisme de formation des fonds salariaux... Il faut souligner que ces approches ne permettent pas de résoudre le problème de l'équilibre financier dans son ensemble, mais reportent seulement sa solution au-delà de l'année 1991... Ces mesures permettent de ne pas aggraver la situation, mais sans avoir d'influence sur les causes réelles du déséquilibre financier[607]. » Les réserves monétaires de l'URSS à cette période étaient totalement épuisées[608].

D'après les rapports analytiques du Soviet suprême de l'URSS à l'été 1991, « dans le domaine des règlements internationaux, la situation de l'URSS s'est considérablement dégradée. Les encaissements provenant des exportations en devises fortes ont diminué, tandis que les besoins en importations se sont accrus, ainsi que le déficit de la balance des paiements. Les ressources en devises fortes sont épuisées. Il y a des arriérés considérables sur les contrats commerciaux. La dette extérieure du pays a atteint un niveau critique. La réputation de L'Union soviétique sur les marchés financiers internationaux s'est dégradée... Dans le domaine de la politique monétaire le problème à régler en priorité devrait être le relèvement de la solvabilité du pays[609]... ».

« La fin de l'année 1989 a été marquée par des irrégularités de paiement pour les importations soviétiques, les délais de paiement sur les contrats atteignant parfois plusieurs mois. Fin 1990, les paiements non réglés ont atteint la somme de 2,9 milliards de roubles. Cette situation a mis en doute la réputation jadis irréprochable de l'Union soviétique sur les marchés mondiaux des capitaux.

Pour la première fois dans l'histoire de l'État soviétique, les dettes (par exemple, les lettres de change des organismes de commerce extérieur du ministère des Relations économiques) ont été moins bien cotées, les places financières considérant l'Union soviétique comme un débiteur peu fiable. Tout comme au début des années 1980, quand l'URSS avait subi une crise de confiance identique sur les marchés des capitaux internationaux, la panique parmi les créanciers a entraîné une réduction brutale des conditions d'obtention de crédits à court terme. Dans les années 1980, le volume total des dettes extérieures de l'URSS avait augmenté de plus de deux fois, passant de 15 milliards de roubles en 1981 à 32,2 milliards de roubles début 1991. Les avoirs soviétiques en devises fortes, placés dans les banques étrangères, atteignaient 3,7 milliards de roubles et l'endettement net de l'URSS se montait donc à 28,5 milliards de roubles. Pour 1991, les paiements de remboursement de la dette extérieure de l'URSS, y compris les intérêts se montent à 10 milliards de roubles. La concentration de paiements, en 1991, a créé une tension supplémentaire de la balance de paiements du pays et a provoqué l'adoption d'un mode spécial de répartition des recettes d'exportation[610]. »

On était à quelques semaines seulement de la faillite et de la cessation de paiement des dettes extérieures, et ce, malgré l'arrêt total des règlements sur les importations. Il n'était naturellement pas question d'obtenir de gros crédits étrangers en cas de réussite du putsch du CEEU. Le nouveau pouvoir aurait à prendre des décisions sur la réduction des achats de denrées et la diminution du cheptel de bétail et de diverses importations de denrées ainsi que sur les arrêts d'usines en raison d'un manque de composants d'importation.

O. Baklanov, un des organisateurs du CEEU, dirigeant du complexe militaro-industriel, avait écrit en janvier 1991 à Gorbatchev : « L'économie nationale peut être actuellement considérée comme étant en crise [...]. De plus, le pays est de plus en plus dépendant des importations en provenance des pays capitalistes. Selon les estimations du Gossnab de l'URSS, en 1991, on manque de matières premières pour assurer le fonctionnement de l'économie nationale, à hauteur de 9 milliards de roubles, matières premières qui étaient jusque-là achetées à l'étranger [...]. En 1990, les achats de biens sont devenus difficiles du fait de l'endettement du pays auprès des firmes étrangères en ce qui concerne les matières premières, les matériaux, les denrées et les produits manufacturés. En raison du manque de matières premières, dès la fin 1990 on a assisté à une diminution de la fabrication de nombreux produits, y compris des biens de consommation courante, tandis qu'au premier trimestre 1991 on s'attend à l'arrêt d'ateliers et d'entreprises. Rien que dans l'industrie légère on envisage la fermeture de plus de 400 usines (soit le tiers), ce qui va provoquer le chômage de près d'un million de travailleurs. La situation risque encore de s'aggraver en cas d'arrêt des usines ZIL, Rostselmash, de l'usine de chaussures en caoutchouc de Tchernovitsy, des usines de Tcheboksary Contour, de l'usine de tracteurs de l'Altaï, du complexe industriel minier d'enrichissement Vostotchny de la région de Dniepropetrovsk, de l'usine moscovite Stankolit, et de beaucoup d'autres entreprises[611]. »

Les organisateurs du putsch étaient parfaitement conscients de tout cela. O. Latsis cite les dossiers du KGB pendant la période précédant le putsch : « Le programme des travaux publics de 1991 a été totalement déséquilibré. Selon les estimations prévisionnelles, la mise en exploitation des immobilisations en 1991 se réduira, par rapport à l'année dernière, de 30 à 35 %, la mise en service des logements le sera de 20 à 22 % et celle des autres bâtiments de la sphère sociale de 15 à 70 %. Pour assurer le fonctionnement des entreprises d'aviation, selon le plan du ministère de l'Aviation civile, il est indispensable de fournir 1,938 million de tonnes de kérosène ainsi que 53 000 tonnes de carburant pour l'aviation. Vers la fin du mois d'août, il a été livré à peine 1,5 million de tonnes de kérosène et 28 000 tonnes de carburant pour l'aviation, c'est-à-dire un peu plus de la moitié. La réduction du cheptel dans les fermes des kolkhozes, des sovkhozes et des autres entreprises agroalimentaires s'aggrave. [...] L'industrie énergétique est en difficulté. L'usure des équipements de certaines centrales thermoélectriques atteint 70 %. Le système de distribution de chaleur et d'électricité des villes fonctionne à la limite des possibilités techniques. Les réserves de charbon et de fuel ne constituent plus que 50 % des quantités normales. Les consommateurs éprouvent de grosses difficultés : les fournitures de produits laitiers et de viande en ville n'atteignent pas plus de 80 % du niveau de l'année passée. Les fournitures de denrées aux villes ne sont assurées qu'à 60-70 % et les réserves ne sont que de quinze jours. 30 % de la population n'a pas pu utiliser ses tickets de rationnement de sucre, de beurre laitier et de charcuterie pour les mois de juin, juillet et août. Le ravitaillement en produits céréaliers est inquiétant pour l'alimentation de la population, les normes quotidiennes de pain sont fixées à 250 grammes par personne (rapport de N. Savenkov, chef de la direction du KGB responsable de la sécurité économique)[612]. »

Le déficit budgétaire au troisième trimestre 1991 tendait vers les 30 % du PIB[613]. Ce qui voulait dire que, pour les consommateurs, la situation serait catastrophique.

De tout cela devrait répondre un régime impopulaire et illégitime. Et si on tient compte de ce qui se passerait dans ce contexte dans les pays baltes, en Géorgie, en Arménie ou en Ukraine, il ne serait pas difficile de prévoir le sort du régime.

V. Medvedev, l'un des collaborateurs de Gorbatchev, confia pendant les événements du mois d'août à l'un des conjurés du coup d'État, V. Boldine : « La variante de Pinochet, avec une généreuse aide étrangère, ne passera pas ; au contraire, les désordres intérieurs et l'arrêt inévitable de l'aide économique étrangère amèneront sous peu l'économie à la catastrophe. Le coup d'État non seulement n'affaiblira pas les tendances centrifuges dans l'Union, mais au contraire suscitera un effondrement inévitable de l'Union, car les républiques ne voudront plus vivre sous un tel pouvoir[614]. »

Le président du Conseil des ministres de l'URSS, V. Pavlov, qui connaissait mieux que les autres conjurés la situation monétaire et financière du pays, prit, le soir du 18 août, une telle quantité d'alcool qu'il succomba à une forte crise d'hypertension. On ne sait pas à quoi avait alors pensé le chef du dernier gouvernement soviétique. Je n'exclus pas qu'il ait parfaitement compris que les bases politiques et économiques vouaient le coup d'État à l'échec[615].

## 2. L'agonie politique

Après les événements des 19 au 21 août 1991, la chute de l'empire n'était plus seulement inévitable, elle se produisit dans les faits. Restait à savoir quelle serait l'ampleur des implications économiques et politiques de cet effondrement pour la population.

Bien sûr, les autorités soviétiques pouvaient se référer au référendum du 17 mars sur le maintien de l'URSS[616], démontrer à qui voudrait l'entendre que le référendum ukrainien du 1er décembre – auquel avaient participé 84 % des habitants de la république, dont 90,3 % devaient se prononcer pour l'indépendance de cette république soviétique, deuxième par la superficie – était en contradiction avec les lois de l'Union. Cela n'avait désormais rien de commun avec le processus politique réel. Lorsque s'effondrent les empires, leur sort ne se décide pas lors de plébiscites. À deux semaines du scrutin du 17 mars, M. Sokolov remarquait justement : « Du point de vue du droit, un référendum incorrect ne peut avoir d'incidences juridiques, tandis que du point de vue pratique, il ne donnerait à Gorbatchev pas même un seul régiment loyal [...]. Il y a des facteurs plus valables : l'irritation de la population, la sûreté des troupes[617]... »

La première conséquence de l'échec du putsch fut la démonstration de l'incapacité des pouvoirs centraux à employer la force pour s'assurer le contrôle du territoire. Vers la fin du mois d'août 1991, il était notoire que pas un seul char, pas une seule compagnie ne se déplacerait sur ordre de la direction de l'Union afin de défendre les pouvoirs en place et d'assurer l'ordre public[618].

Rien d'étonnant pour un empire en train de s'effondrer. L'expérience de l'Autriche-Hongrie et de la Yougoslavie démontre de manière probante à quelles difficultés sont confrontés les organismes étatiques lorsque la légitimité du pouvoir central est discréditée et que la loyauté des officiers et des soldats se déchire entre les nouvelles entités nationales dont ils sont issus et le pouvoir central. En général, le résultat est toujours le même : les militaires perdent la capacité de faire quoi que ce soit.

Ni les pouvoirs centraux ni ceux des républiques n'étaient à même de contrôler les forces armées. Les événements du mois de novembre 1991 en Tchétchénie le démontrent. La tentative des pouvoirs russes d'y faire entrer des troupes et d'y assurer un régime d'urgence échoua, entre autres, parce que les pouvoirs centraux étaient prêts à donner aux militaires le prétexte de ne rien faire. Lorsqu'un État perd non seulement le monopole de la force, mais aussi la faculté d'en faire usage, il cesse d'être à proprement parler un État.

Après les événements du mois d'août, il s'ensuit une série de déclarations d'indépendance, adoptées par les pouvoirs de plusieurs républiques. Pour arrêter cela, l'Union n'a ni forces ni autorité. Ce qui se passe démontre *urbi et orbi* que l'Union soviétique ne contrôle plus son territoire et ne peut donc, du point de vue du droit international, être considérée comme une entité reconnue.

Dans les pays baltes et en Ukraine, les pouvoirs de l'Union ne contrôlent plus la situation aux frontières douanières et nationales de l'URSS. Il n'existe pas, d'ailleurs, de frontières qui soient aménagées et régularisées entre les républiques[619]. En réalité, cela veut dire que l'Union soviétique constitue un État sans frontières. Le 5 septembre, le Congrès des députés du peuple s'est auto-dissous, mettant, de ce fait, un point final à plus de soixante-dix ans d'existence de l'URSS. C'est de cette manière, du moins, que ces décisions ont été vues par les médias[620].

Les thèses de la coopération économique préparées au début du mois d'octobre par les dirigeants de certaines républiques dans le cadre du traité de coopération économique étaient plutôt floues. À l'article 16, il fut décidé de maintenir le rouble en tant que monnaie unique, et l'introduction par les États membres de la communauté de monnaies nationales y fut envisagée. Le problème de la monnaie est une question clé pour chaque État. On décida d'y revenir plus tard par un accord spécial. Il fut créé une Union des banques fonctionnant sur le principe du système de réserve, mais il n'était pas stipulé comment elle devrait prendre ses décisions. En conséquence, le problème essentiel de chaque État, celui du budget, était ainsi laissé en suspens. Il est indiqué dans le document : « Le budget de la communauté économique sera constitué par les versements de sommes fixes venant de ses membres. Le montant et la manière de déterminer ces versements seront fixés par un accord spécial des membres de la communauté économique. » Difficile de s'y retrouver.

L'Ukraine, la république la plus importante de l'Union soviétique après la Russie, avait adopté une position prudente lors des événements des 19 au 21 août 1991. Le président du Soviet suprême de la république d'Ukraine avait refusé de condamner les actions des putchistes jusqu'au 21, quand l'échec de la tentative du coup d'État était devenu patent. Et c'est justement cela qui l'incita, ainsi que toute la direction du Parti communiste ukrainien, à adopter l'idée d'une indépendance de l'Ukraine comme un choix sans alternative. Dans le cas contraire, le Parti communiste et ses dirigeants perdaient toute chance de survie politique. C'est ainsi que, le 24 août, le Soviet suprême d'Ukraine entérina, presque à l'unanimité, son indépendance[621].

Le 8 novembre 1991, le président du Soviet suprême d'Ukraine, Leonid Kravtchouk, annonça : « Le traité économique en tant qu'accord ne peut être considéré que comme un principe de base, ni plus ni moins. Nous n'accepterons pas que soient créés des organismes centraux quelconques. Nous ne ratifierions pas le traité si jamais il devait cacher des organismes centraux. Bref, il ne devra pas y avoir de Centre en tant que tel, rien que des organismes de coordination, qui seront créés par les États entrant dans un processus contractuel[622]. »

## 3. La désagrégation politique : conséquences économiques

Avant même le putsch d'août 1991, au premier semestre de la même année, la Russie n'avait pu recevoir, venant des autres républiques, que 22 % des fournitures prévues de sucre, 30 % de thé, 19 % de gruau, 22 % de savon. Toutes les républiques, la Russie exceptée, avaient créé des douanes à leurs frontières, afin de limiter la sortie de marchandises, notamment vers la Russie. Les douanes fonctionnaient suivant le principe unipolaire : il n'était pas permis d'exporter des biens en Russie et permis d'en importer. Début 1991, l'Ukraine et l'Estonie décidèrent de faire imprimer leurs propres billets de banque au Canada et en Suède. Dans un premier temps, l'Ukraine voulait mettre en circulation des coupons comme monnaie provisoire[623].

L'ancien vice-président du gouvernement d'URSS, L. Abalkine, relate : « Au début du mois d'octobre 1991, me trouvant aux États-Unis, j'ai rencontré M. Greenspan, directeur de la Réserve fédérale des États-Unis, un financier des plus expérimentés. Nous nous connaissons depuis longtemps et parlons pratiquement le même langage. Il me demanda : "Comprenez-vous qu'il ne reste que quelques semaines avant la faillite ?" Je lui répondis que, selon nos estimations, ce délai était de deux mois. À vrai dire, nos points de vue ne différaient guère, qu'il s'agisse de quelques semaines ou de deux mois, c'était pratiquement la même chose[624]. » G. Chakhnazarov note sur la réunion du Conseil d'État du 16 octobre 1991 : « À la réunion du Conseil d'État, Grigori Iavlinski fait son rapport. Il cite des chiffres : la diminution de la production en 1991 atteint 15 %, pour 1992 on s'attend à 23-25 % [...]. L'arrêt de la production et la multiplication des prix de deux à trois fois vont créer une situation sans issue[625]. »

Les possibilités déjà plutôt minces des organismes du pouvoir du pays de contrôler les recettes fiscales sont réduites à néant au début de l'automne 1991. Il est vrai que le gouvernement de l'Union ne perçoit que de faibles sommes de la part de certaines républiques. Il n'est plus question d'impôts, mais plutôt de cadeaux. D'ailleurs leurs montants sont incompatibles avec les besoins du budget de l'Union. Le financement des dépenses nationales est presque totalement assuré par les crédits de la Gosbank.

Les organismes de l'Union perdent aussi le monopole des affaires monétaires et ne contrôlent plus la création de la monnaie scripturale bancaire par les banques centrales des républiques, devenant seulement des acteurs parmi d'autres de la croissance de l'offre monétaire. Dans une lettre au président Gorbatchev datée du 9 août 1991, le président du conseil d'administration de la Gosbank de l'URSS, V. Gerachtchenko écrit : « Pour de bonnes conditions d'emploi d'une monnaie commune il est impossible de supporter les actions destructives de ces républiques, qui profitent de leur droit d'exécuter une politique autonome. En effet, la faculté d'émettre de la monnaie prévue par le traité ne porte que sur la fonction technique de mise en circulation des billets de banque et de monnaie. L'émission réelle de monnaie, celle qui détermine les processus inflationnistes, sera effectuée par les républiques lors de l'exécution par les banques des opérations de crédit[626]. »

Pour l'auteur de ces lignes, la situation à l'automne 1991 se présentait ainsi : « Au moment où le V$^e$ Congrès, après avoir accordé au président des pouvoirs supplémentaires, ouvrit la voie à l'approfondissement des réformes, les six années précédentes d'indécisions, d'hésitations et de compromis avaient déjà engendré un véritable chaos socio-économique... Tous se rendaient bien compte que le temps était venu de payer pour des années d'irresponsabilité financière, d'insolvabilité de la Gosbank, pour les ressources gaspillées du pays, les finances ruinées, les rayons vides des magasins, pour toutes les promesses démagogiques qu'on avait semées à tout vent ces dernières années... L'automne 1991, c'est déjà la chute brutale de la production, c'est la sidérurgie qui s'arrête, présageant l'arrêt de toute l'industrie des machines-outils et du bâtiment. L'automne 1991 est marqué par un abattement profond de la population, le pessimisme et l'attente de la faim et du froid. Dans cette situation complexe, tous ceux qui continueraient à se perdre en discussions interminables et vaines sur les moyens d'atteindre l'économie de marché et de stabiliser l'économie ou à attendre l'apparition de la concurrence et la formation de la propriété privée perdraient leur temps et ne verraient que la paralysie de la production, la chute de la démocratie russe et même celle de l'État[627]. »

Les matériaux d'archives, auxquels j'ai eu plus tard accès, indiquent que l'appréciation de la situation à cette époque en Russie était exacte. Voici quelques extraits des documents : « Étant donné que les stocks des biens sont déterminés dans les commerces en début de journée et qu'une grande partie de ces biens est vendue tout de suite, on peut en déduire que le rouble aujourd'hui n'a pas de caution marchande. [...] Le déséquilibre marchand de l'économie, dû à la situation décrite ci-dessus, s'aggrave du fait de l'énorme volume de la demande insatisfaite de la population, demande qui s'est accumulée pendant des années, pour atteindre, selon le Goskomstat de l'URSS, 233 milliards de roubles. [...] Le déficit budgétaire total dans la zone de circulation du rouble se monte à presque 300 milliards de roubles. Une telle somme représente une catastrophe pour les finances et la circulation monétaire et elle ne laisse aucune chance de redressement sérieux de la situation avant la fin de l'année... Les crédits accordés par le Gosbank aux budgets des républiques et de l'Union ont augmenté, entre 1986 et 1991, passant de 141 à 581 milliards de roubles et, si l'on tient compte des emprunts, à 644 milliards de roubles en 1991... À l'heure actuelle, les dépôts de la population dans les caisses d'épargne sont répartis entre les républiques et représentent des ressources bancaires. Le montant total des dépôts de la population, qui a atteint, compte tenu de l'indexation, plus de 600 milliards de roubles, a été utilisé pour former la dette intérieure de l'État[628]. »

« L'aggravation de la conjoncture de l'économie et surtout la diminution des recettes dues aux activités économiques extérieures ont influencé l'exécution du budget national. Rien que pendant les neuf premiers mois de 1991, du fait de la diminution des volumes et des variations des prix sur le marché international, les recettes du budget de l'Union ont diminué de 15,1 milliards de roubles, celles dues aux revenus sur les importations ont diminué de 9,2 milliards et celles sur les opérations de crédit et autres ont diminué de 14,8 milliards. Au total, sur neuf mois, le budget de l'Union a encaissé 80,2 milliards, soit 96,9 milliards de moins que les montants prévus pour cette période selon le budget corrigé. Le déficit global des ressources financières du budget et du fonds national de stabilisation de l'économie pour 1991 est estimé à 204,6 milliards de roubles, dont 90,4 pour le quatrième trimestre[629]. »

Le déficit du budget de l'URSS en 1991, compte tenu du fonds de stabilisation de l'économie, atteignit 156 milliards de roubles. Le déficit du budget consolidé des États qui faisaient partie de l'URSS en 1991 se montait à 197 milliards de roubles, compte tenu du déficit du fonds de stabilisation, et à 296 milliards de roubles, compte tenu des dépenses pour le soutien des prix de la production agricole, à la charge de la Banque centrale[630].

La crise budgétaire provoque le dérèglement de la circulation monétaire. La direction de la Banque d'État de l'URSS considère la situation comme catastrophique. Voici un extrait de la note du président de la banque d'État de l'URSS V. Gerachtchenko au Conseil d'État de l'URSS (octobre 1991) : « On constate une hausse incontrôlée des revenus de la population, qui, pendant les neuf premiers mois de 1991, a été de 63 % par rapport à la même période de 1990... Au troisième trimestre de 1991, elle a pratiquement doublé. Au mois d'octobre, ce processus continue. Durant la première moitié du mois d'octobre 1991, l'accroissement des revenus, par rapport à la même période de 1990, a été multiplié par 2,2... Le marché de la consommation se caractérise par une pénurie de pratiquement tous les biens et la demande non satisfaite de biens et services croît, tandis que la spéculation s'accentue... Les efforts de la Banque d'État de l'URSS pour réguler la masse monétaire en circulation ne donnent pas de résultats valables, étant donné que le système bancaire est de fait isolé puisque les banques nationales des républiques ne se plient plus aux consignes de la Gosbank de l'URSS et conduisent leur propre politique, laquelle est contraire aux intérêts de stabilité du rouble[631]. »

Le développement des événements dans le domaine de la circulation monétaire, des revenus nominaux de la population et du marché de la consommation est illustré dans les tableaux suivants.

**Tab. 8.1** : Corrélation des épargnes de la population avec l'existence de stocks de distribution dans le commerce et l'industrie (à la fin de l'année)

| Année | 1970 | 1980 | 1985 | 1990 | Au 1er sept. 1991 |
|---|---|---|---|---|---|
| **Disponibilités financières de la population (dépôts, liquides, titres), en milliards de roubles** | 73 | 228 | 320 | 568 | 854 |
| **Disponibilités financières de la population, en pourcentable du PIB** | 19,3 | 36,8 | 41,2 | 55,4 | 69,5 |
| **Stocks de marchandise pour 1 rouble de ressources financières de la population, en roubles** | 0,62 | 0,29 | 0,30 | 0,13 | 0,14 |

Source : Archives nationales. Estimations de la part du PIB selon les données de 1970-1989, Sinelnikov S., *La Crise budgétaire en Russie*, Moscou, Evrasia, 1995. Pour les années 1990-1991, reconstruction du PIB selon les données du comité des statistiques de la CEI.

La population du pays se rend très bien compte de la situation critique. D'après un mémoire du Centre national des sondages à la direction de l'URSS, « le comportement des consommateurs de toutes les couches de la population se caractérise : par le caractère spéculatif de la demande, le refus de garder de l'argent, la création de stocks (de denrées, d'objets d'habillement, de biens d'usage ménager, etc.). Selon les sondages du mois d'août, un tiers des gens en moyenne aspire à acheter des biens rares, qu'ils soient nécessaires ou non, et la moitié des personnes interrogées était prête à les payer au-dessus de leur valeur. La défiance à l'égard de l'argent et la tendance à s'en débarrasser se manifeste non seulement lors de l'achat de marchandises destinées à être stockées (ce que l'on est tenté de faire pour les biens rares), mais aussi dans la formation de stratégies d'épargne caractéristiques d'une économie de crise. 38 % des personnes interrogées préfèrent acquérir des objets en métaux précieux, tandis que 33 % privilégient l'achat de devises convertibles. Les épargnants n'ont plus confiance dans le gouvernement et délaissent les formes officielles d'épargne (caisses d'épargne, obligations et autres titres officiels)[632]. »

**Tab. 8.2** : Accroissement des revenus de la population, années 1985-1991

| Année | Accroissement des revenus de la population, en milliards de roubles | Accroissement des revenus de la population par rapport à l'année précédente, en % |
|---|---|---|
| **1985** | 14,0 | |
| **1986** | 15,1 | 3,5 |
| **1987** | 17,3 | 3,8 |
| **1988** | 41,5 | 8,4 |
| **1989** | 64,5 | 11,6 |
| **1990** | 94,0 | 14,4 |
| **1991 (estimation)** | 570-590 | 517,0 |

Source : Archives nationales ; estimations selon les données des recueils statistiques *Économie nationale de l'URSS*, op. cit.

La stabilisation de la circulation monétaire est impossible sans une réduction radicale du déficit budgétaire et la normalisation de la situation actuelle dans le domaine des finances de l'État. La crise dans ce domaine continue néanmoins à s'accentuer. Le président de la Chambre de contrôle de l'URSS, A. Orlov, rapporte au président du comité économique intergouvernemental de l'URSS, I. Silaïev (novembre 1991) : « Le déficit budgétaire et la dette nationale des neuf premiers mois de 1991 ont largement dépassé les indices fixés par le Soviet suprême de l'URSS pour la fin 1991. Le niveau limite du déficit du budget national de l'année 1991 a été fixé à 26,7 milliards de roubles. Effectivement, le déficit du budget national, selon la comptabilité du ministère des Finances de l'URSS à la date de contrôle du 1ᵉʳ octobre 1991, a atteint 84,5 milliards de roubles, soit 3,2 fois le niveau prévu par la loi. Le niveau limite de la dette nationale intérieure, à la date du 1ᵉʳ janvier 1992, a été fixé à 567,6 milliards de roubles. En fait, la dette nationale intérieure est passée de 566,1 milliards de roubles à la date du 1ᵉʳ janvier 1991 à 890 au 1ᵉʳ octobre 1991 [...]. Selon les estimations, la dette nationale devrait dépasser les 1 000 milliards de roubles à la fin de l'année. [...] L'adoption par le Soviet suprême de l'URSS d'un budget 1991, irréel pour le volet recettes, a été la cause principale du déclenchement de la crise financière et budgétaire ainsi que de celle du système de crédit de l'URSS... La cause économique principale de la crise du budget de l'URSS est la baisse des recettes, tant par rapport aux années précédentes que par rapport au plan voté pour 1991. Ce manque de recettes vient d'une baisse des rentrées de l'impôt sur le revenu des citoyens et de l'impôt sur le chiffre d'affaires des coopératives [...]. L'Ukraine ne cotisait plus aux programmes nationaux de l'Union. Quant aux républiques baltes, elles affectaient aux budgets de leurs républiques toutes les recettes de leurs territoires. [...] L'impôt sur les ventes était une source peu fiable de recettes pour le budget national. Pour les neuf premiers mois de 1991, les recettes furent de 6,5 milliards de roubles de recettes, alors que le Plan en prévoyait 26,8 [...]. Selon les estimations du ministère des Finances de l'URSS, au lieu des 86,3 milliards de roubles de recettes résultant des activités économiques extérieures, seulement 34,8 (20,6 sur neuf mois), c'est-à-dire 40 % du Plan pour l'année 1991, iront dans les caisses de l'État. [...] Le pays subit de grandes pertes dans les activités internationales, du fait de l'arrêt des contrats sur les produits destinés à l'exportation. En effet, les contingents annuels concernant le charbon, le coke métallurgique, la fonte, les laminés, l'ammoniaque, le ciment, le bois de sciage, la cellulose et les camions ne sont réalisés qu'à hauteur de 13 à 35 %, tandis que, pour le pétrole, le minerai de fer, le cuivre, le bois d'ouvrage, le carton, les tracteurs et les voitures légères, ils le sont de 37 à 66 %. Par rapport à la même période de l'année précédente, de janvier à septembre 1991, l'exportation du charbon a chuté de 18 millions de tonnes, celle du pétrole brut de 48 millions de tonnes, celle du gaz naturel de 1 milliard de mètres cubes, celle des fibres de coton de 144 000 tonnes, etc. La réduction du volume des exportations, sur fond de croissance des paiements, a provoqué une réduction sensible des achats en provenance des pays capitalistes (de 36,6 %) [...]. Pour des raisons politiques, les recettes ont souffert de la suspension par les débiteurs étrangers des remboursements de crédits (Irak, Algérie, Libye, Syrie), à hauteur de 9,1 milliards de roubles[633]. »

V. Gerachtchenko et I. Moskovski informent I. Silaïev d'un télégramme de la Riyad Bank selon lequel la situation en URSS la force à suspendre *sine die* l'octroi de la deuxième et de la troisième tranches de son crédit (au total, 500 millions de dollars US)[634].

Le degré de préoccupation de la communauté internationale concernant la situation financière de l'URSS ressort du rapport du vice-président du conseil d'administration de la Vnechekonombank de l'URSS, E. Poletaïev, au dirigeant du comité de gestion opérationnelle de l'économie nationale de l'URSS, I. Silaïev : « Dans le cadre de la décision du président des États-Unis d'Amérique, en date du mois d'août, sur l'accélération de l'octroi à l'URSS de garanties dans le cadre du programme du ministère de l'Agriculture des États-Unis, nous vous informons que la Vnesheconmbank de l'URSS, *via* son bureau de New York, a eu des pourparlers avec un certain nombre de banques américaines. Aucune de ces banques ne manifeste la volonté de participer à l'octroi de crédits à l'URSS. Cette position des banques américaines s'explique par le refus d'assumer un risque du fait de l'instabilité et du flou de la situation économique et politique de l'URSS, alors que ne sont garantis que 98 % du montant du crédit. Une variante proposée par les banques américaines et les sociétés exportatrices consiste à garantir 100 % du montant du crédit[635]. » Les 2 % de risque qui pourraient être perdus en cas d'évolution imprévue des événements en URSS représentaient pour les banquiers américains, à l'époque, une somme excessive.

À l'automne 1991, le directeur de l'Institut d'économie de l'Académie des sciences de l'URSS, L. Abalkine, notait : « On nous accorde un délai de deux mois, après quoi ce sera l'effondrement de l'économie, le collapsus. Cela est confirmé à partir d'autres sources. On peut discuter du degré de véracité de ce pronostic dans ses détails [...]. Tout au long de l'année 1991, mois après mois, un semestre après l'autre, la chute s'est accentuée. L'analyse des données rappelle un plan incliné conduisant au gouffre [...]. Tout le long de l'année 1991, j'ai fait les mêmes estimations : en janvier, en avril, en septembre et enfin en novembre. Et, chaque fois, analysant le développement des événements, je faisais des estimations de plus en plus sombres. [...] À l'automne 1991, de nouveaux éléments se profilèrent dans la détermination de la crise, de sa caractéristique de longue durée. Certaines tendances se renforcèrent, montrant un approfondissement manifeste de la crise[636]. »

La gravité de la situation de l'économie du pays à la fin de l'automne 1991 a été parfaitement comprise par les autorités soviétiques. Dans son rapport « Sur le budget extraordinaire du 4ᵉ trimestre 1991 » daté du 19 novembre 1991, I. Silaïev confie au président Gorbatchev : « Je ne vous cite que quelques chiffres, afin de vous expliquer la situation critique des finances et de la circulation monétaire. Si l'on tient compte du déficit du fonds national de stabilisation de l'économie, qui se monte actuellement à 51,3 milliards de roubles, le déficit conjugué atteindrait 204,6 milliards de roubles. Les déficits des budgets des républiques se sont tous accrus par rapport aux prévisions. Quelles sont donc les causes de l'accroissement du déficit ? La cause essentielle est la réduction drastique des recettes du budget national de l'Union. Pendant les neuf premiers mois de 1991, le budget a accusé un manque de 97 milliards de roubles, ce qui, en rythme annuel, donne 147 milliards de roubles. Les recettes du budget ne se monteront donc qu'à 47 % du montant prévu. Nous tous, tant le pouvoir exécutif que le pouvoir législatif, avions apporté notre écot à la réduction des revenus. Je veux dire par là la suppression de l'impôt sur les ventes, la réduction du taux de l'impôt sur les bénéfices de 45 à 35 % et la mise en place de réductions d'impôt. Ces décisions avaient été prises tant par le Centre qu'au niveau des républiques. Pour l'année, le déficit de paiement de l'Ukraine se montera à 8,8 milliards de roubles. Cette république a cessé de contribuer au budget de l'Union depuis le mois de juillet. La Géorgie et les pays baltes ont totalement arrêté leurs règlements au budget national... Il a fallu, en outre, reporter sur le budget central les dépenses du fonds commun de soutien social à la population. Lors de la préparation de la réforme des prix de détail, il était question de constituer ce fonds à partir des versements des républiques. Néanmoins, toutes les républiques qui devaient transférer des ressources à ce fonds ont refusé de le faire... Et enfin, étant donné la hausse des prix, il a fallu augmenter les dépenses de la Défense de 12 milliards de roubles. De cette façon, le déficit conjugué du budget national et du fonds de stabilisation, rien que pour les neuf premiers mois, se monte à 114,2 milliards de roubles. L'émission de monnaie pendant les dix mois de l'année a déjà atteint 82,6 milliards de roubles, dont 53,3 pour la république de Russie, 6,1 pour l'Ukraine, 4,4 pour l'Ouzbékistan et 5,6 milliards pour le Kazakhstan. Pour l'année, le montant de la monnaie en circulation aura augmenté de 110 à 140 milliards de roubles[637]. »

Il devint évident pour les pouvoirs centraux qu'il serait impossible de venir à bout des problèmes de plus en plus graves liés à l'effondrement des finances nationales, de la circulation monétaire et du marché de la consommation, sans libérer les prix.

Le président de la Chambre de contrôle, A. Orlov, rapporte au président du comité économique des républiques, I. Silaïev (fin octobre 1991) : « Le déficit énorme du budget national et des fonds extra-budgétaires a été comblé principalement par les fonds empruntés par la Gosbank à hauteur de 68 milliards de roubles, ainsi que par l'émission de monnaie (40 milliards de roubles), qui a aussi un caractère de crédit. Toutes ces ressources de crédit ne sont pas ratifiées par le Soviet suprême de l'URSS et, de ce fait, placent le président de l'URSS en situation délicate... Selon nos estimations, le déficit budgétaire pourrait être réduit au quatrième trimestre de 15-16 % sans affecter le fonctionnement des entreprises de la

Défense ni provoquer de panique dans l'armée. Il faut adopter le financement du budget en tenant compte des dépenses réelles effectuées aux trois premiers trimestres, ne pas affecter les postes non pourvus de l'armée (750 000 hommes), annuler les manœuvres prévues. Il faut aussi réduire l'appareil central du ministère de la Défense nationale et des armées, les circonscriptions militaires, la production d'armements obsolètes, mettre à la retraite un tiers des généraux et des officiers des grades supérieurs, réformer les troupes qui s'occupent du service des datchas et des chasses, les troupes d'infanterie marine et de la défense des côtes et les troupes de la protection civile... Dans le but de trouver des ressources supplémentaires, il faut [...] accélérer le passage à la libération des prix[638]. »

L'émission de monnaie atteint des proportions sans précédent dans l'histoire monétaire de la Russie si l'on exclut l'hyper-inflation des années 1921-1922. « Pendant les neuf premiers mois de 1991 l'émission de monnaie atteignit 70,3 milliards de roubles, dépassant le total des émissions des cinq années précédentes (65,6 milliards de roubles). L'augmentation de l'épargne de la population en dépôts et titres atteignit 58 milliards de roubles en huit mois, et augmenta, par rapport aux mois de janvier à août 1990, de 31,8 milliards de roubles, soit 2,2 fois. L'épargne de la population est, en quelque sorte, forcée, car elle ne peut pas dépenser son argent faute de marchandises et de services. Si aucune mesure urgente n'était prise pour augmenter la production de biens de consommation et le volume des services et également pour mettre un terme au gaspillage des entreprises, la masse monétaire de la population pourrait augmenter de 250 à 280 milliards de roubles, dont 100 à 110 en argent liquide. La masse monétaire en circulation passerait de 136 milliards de roubles au 1er janvier 1991 à 240-250 milliards de roubles à la fin de l'année. [...] La Gosbank n'envisage pas d'émettre de la monnaie pour combler le déficit du budget national. À cette date près de 60 % des ressources ont été utilisées pour couvrir les dépenses à caractère budgétaire ; continuer une telle pratique est lourde de conséquences pour l'économie[639]. » L'état du budget national (budget de l'Union) en 1991 se présentait de la façon suivante pour la direction du ministère des Finances de l'URSS (tab. 8.3).

**Tab. 8.3. Projet de budget de l'URSS pour 1991**

| | Valeur estimée du plan 1991, en milliards de roubles | Projection pour 1991, en milliards de roubles |
|---|---|---|
| **Recettes totales** | 250,1 | 112,1 |
| **Dépenses totales** | 276,8 | 256,7 |
| **Déficit** | **26,7** | **144,6** |

Source : rapport de V. Raïevski (vice-ministre des Finances de l'URSS) au comité de planification opérationnelle de l'économie nationale de l'URSS, 12 septembre 1991, Archives nationales.

Silaïev annonce à Gorbatchev : « Dans certaines branches de l'économie sous la compétence de l'URSS, la situation est extrêmement grave du fait de l'ampleur de la dette. Cela dit, je crois indispensable, pour pouvoir financer les dépenses les plus pressantes, d'obtenir un crédit supplémentaire de la Gosbank de l'URSS pour le budget de l'Union au mois d'octobre, d'un montant de 20 milliards de roubles, et de prolonger jusqu'au 31 décembre 1991 le crédit de 5 milliards, qui a été accordé conformément à l'arrêté du Soviet suprême de l'URSS en date du 27 mai courant[640]. »

Extrait du rapport du vice-ministre des Finances de l'URSS, Raïevski, au comité de gestion opérationnelle de l'économie nationale de l'URSS : « Les besoins de crédit venant de la Gosbank de l'URSS pour financer le budget sont d'environ 30 milliards de roubles au mois d'octobre de l'année courante[641]. »

Vers le mois de novembre 1991, la débâcle des finances et de la circulation monétaire soviétiques est un fait accompli, largement commenté dans la presse. Dans un article, publié à l'automne 1991, G. Iavlinski déclare : « On constate un accroissement gigantesque de la masse monétaire, qui est passée en neuf mois de 989 milliards de roubles à 1,7 billion, et on s'attend au chiffre de 2 billions à la fin de l'année. Les causes en sont l'énorme déficit tant du budget de l'Union que des budgets nationaux ainsi que l'expansion accélérée des crédits et la "libéralisation" des revenus. Cela a fait perdre au rouble toutes ses fonctions. C'est pourquoi les rapports économiques ou se désorganisent, ou sont remplacés progressivement par le troc, tandis que le rouble perd de sa valeur sur le marché intérieur. Le taux de change du rouble a chuté à 100 roubles le dollar US dans les transactions de gré à gré. [...] Les exportations sur dix mois se sont réduites de 31 %, le déficit en devises fortes a provoqué une réduction brutale des importations (de 43 %), notamment de matières premières et d'équipements dans l'industrie légère et les produits de consommation courante. En fin de compte, c'est la population qui en pâtit. La consommation des biens matériels et des services sur les neuf mois (c'est-à-dire avant l'inflation galopante), s'est réduite de 17 %, tandis que les revenus disponibles des familles ont diminué par rapport à la même période l'année dernière dans toutes les républiques sans exception[642]. »

Dans les premiers jours du mois de décembre, la Gosbank fait savoir aux dirigeants des organes des pouvoirs de l'Union qu'elle a suspendu le paiement des dépenses de l'État sur l'ensemble du territoire. Cela concerne les salaires, les bourses, certaines retraites et allocations, les prestations en espèces des militaires, le financement des programmes nationaux[643].

Le contrôle administratif sur les prix permet encore de contenir l'inflation, les prix grimpent mais à une cadence sensiblement inférieure à l'offre monétaire. La base financière de l'hyperinflation est cependant constituée. Le président de la Gosbank de l'URSS relate au Conseil des chefs d'État membres de la communauté économique : « L'émission de liquidités pendant les onze premiers mois de l'année se monte à 102,4 milliards de roubles, soit quatre fois plus que l'année précédente. Il en résulte que, dans la poche des gens ainsi que dans les différentes formes d'épargne, de janvier à novembre 1991, il s'est encore accumulé 225 milliards de roubles, ce qui représente 167 milliards de plus que pendant la même période de 1990. L'augmentation de l'épargne sous forme de liquidités dans la population, de janvier à novembre 1991, se monte à 98,6 milliards de roubles (à comparer aux 24,1 milliards de la même période en 1990)[644]. »

À la fin de 1991, l'un des problèmes majeurs dans le domaine de la circulation monétaire est l'incapacité du Gosznak (Imprimerie nationale) d'imprimer assez de billets de banque pour satisfaire les besoins de la Gosbank. V. Gerachtchenko confie à Gorbatchev (novembre 1991) : « Le volume physique des échanges de marchandises de détail de janvier à septembre 1991 s'est réduit de 12 % par rapport à la même période de 1990, tandis que les prix ont été multipliés par 1,7. Le marché consommateur se caractérise par la pénurie de pratiquement toutes les marchandises, par la demande insatisfaite des biens et services et par le développement de la spéculation. Il en résulte que, pour la période de janvier à octobre 1991, 159,3 milliards supplémentaires se sont accumulés dans le bas de laine des gens et dans les caisses d'épargne. Pour la même période, les restes de liquidités dans la population se sont accrus de 81,5 milliards de roubles contre 20,3 pour la même période en 1990. En conséquence, le décalage entre les revenus et les dépenses des ménages augmente de mois en mois… Gosznak est incapable d'assurer les nouvelles commandes de la Gosbank et ses imprimeries sont débordées même en travaillant en trois x huit… La quantité de liquidités en circulation devrait atteindre, à la fin 1991, 270 milliards de roubles, l'accroissement annuel s'établissant à 110-140 milliards… La masse monétaire est passée de janvier à octobre 1991 de 989 milliards de roubles à 1 661,2, soit une augmentation de 70,2 % […]. Plus de la moitié de la masse monétaire en circulation vise à couvrir la dette intérieure de l'État et les dépenses budgétaires. La dette de l'État envers les banques se monte, au 1ᵉʳ octobre, à 843,7 milliards de roubles (+ 325,1 par rapport au 1ᵉʳ janvier 1991, c'est-à-dire une hausse de 62,7 %) […]. Une des causes principales de la détérioration en matière de circulation monétaire en 1991 provient des déficits croissants des budgets des républiques et du Centre estimés à 300 milliards de roubles. On dirait que les républiques rivalisent en ce qui concerne leur déficit budgétaire, tout en demandant toujours plus de liquidités. Les efforts de la Gosbank de l'URSS pour réguler la circulation monétaire ne donnent aucun résultat valable, car les systèmes bancaires de chaque république sont de fait isolés et les banques nationales, dans certains cas, ne se plient pas aux recommandations de la Gosbank de l'URSS et réalisent leurs propres politiques, contraires aux objectifs de stabilisation de l'unité monétaire commune[645]. »

A. Tchernïaev, vice-président de l'URSS, écrit dans son journal : « La Gosbank a suspendu tous les paiements : à l'armée, aux fonctionnaires, à nous, les pauvres hères. Nous voilà sans nos appointements[646]. »

À la question posée par le Centre de sondages de l'opinion publique (VTsIOM) en novembre 1991, « À votre avis, traversons-nous actuellement les temps les plus difficiles, ou bien sont-ils derrière ou devant nous ? », 69 % des sondés ont répondu : « Devant nous », et 21 % : « Actuellement ». Le VtsIOM, en automne 1991, met en garde les autorités contre l'éventualité d'actes de protestation sociale de grande ampleur et les risques de perte de contrôle de la situation du pays du fait de la « panique latente » qui règne dans la société et pourrait se transformer en une véritable explosion sociale[647].

Le 29 août 1991, le ministère des Relations économiques extérieures de l'URSS avait informé le président du comité de gestion opérationnelle que la banque de l'économie extérieure (Vnechekonombank) avait suspendu les garanties sur les obligations de crédit de l'URSS concernant les céréales d'importation, ce qui aurait pu conduire à l'arrêt du ravitaillement céréalier du pays[648].

Dans sa conversation avec l'ambassadeur de Grande-Bretagne en URSS, fin août 1991, voici comment Mikhaïl Gorbatchev décrit la situation financière et monétaire de l'Union soviétique : les paiements sur les créances négociables à court terme pour les quatre prochains mois représentent 17 milliards de dollars. Les exportations pour cette période sont estimées à 7,5 milliards, on pourrait mobiliser encore 2 milliards de dollars sur des lignes de crédit. Le déséquilibre entre les besoins et les possibilités se chiffre donc à 7,5 milliards de dollars. Il demande à l'Occident d'accorder 2 milliards de nouveaux crédits qu'il serait indispensable de verser pendant plusieurs semaines, ainsi que la restructuration de la dette soviétique, en soulignant que l'Union soviétique a besoin d'une aide immédiate en fourniture de denrées et de médicaments. Lors de cette conversation, Gorbatchev a mentionné à nouveau les 100 milliards de dollars que l'Occident avait dépensé pour la guerre du Golfe. L'ambassadeur R. Braithwaite a promis de rendre compte de cette conversation à sa hiérarchie, mais, comme il l'écrit, sans grand espoir de succès[649].

La réserve d'or de la Gosbank en 1937 se montait à 374,6 tonnes. Après cette date, son approvisionnement fut arrêté, tandis qu'elle-même était affectée au ministère des Finances (Narkomfin). Depuis la fin des années 1930, les informations touchant le montant des réserves étaient déclarées secrètes. Le président du conseil d'administration de la Gosbank,

V. Gerachtchenko, dans son rapport du 15 novembre 1991 au président Gorbatchev déclarait : « Au mois d'octobre, il a été annoncé que les réserves d'or officielles se montaient seulement à 240 tonnes. Ce niveau déclaré des réserves officielles de l'or, qui représentent un des indices les plus importants de solvabilité du pays, selon l'avis des professionnels, ne correspond aucunement au statut de grande puissance et d'important producteur d'or. Cette information suscita un certain embarras parmi les professionnels du marché de l'or qui estimaient auparavant les réserves d'or soviétiques à 1 000-1 300 tonnes[650]. »

Dans ce contexte de difficultés monétaires croissantes de l'Union soviétique, les banques soviétiques établies à l'étranger sont entraînées dans la crise. Dans son rapport, A. Boutine, directeur par intérim de la Moskovski Narodny Bank (Mosnarbank), écrit au gouvernement de la fédération de Russie : « La Mosnarbank a commencé à avoir des difficultés pour trouver des financements au milieu des années 1990. Notre banque a également été contrainte de créer de grosses réserves d'assurances face à l'endettement des pays anciennement socialistes (Bulgarie, Hongrie, Yougoslavie). À la même époque, elle a été mise sous contrôle de la Banque d'Angleterre [...]. En 1991, la situation de la banque a considérablement empiré. Le retrait des dépôts a d'abord atteint 40 %, puis 75 %. La vente d'actifs n'a pas permis de résoudre ce problème ni en volume ni dans les délais[651]. »

Fin 1991, la faillite du système bancaire soviétique à l'étranger représente une menace évidente et quasiment inéluctable. Les représentants des banques commerciales de l'URSS à l'étranger adressèrent à B. Eltsine le rapport suivant (décembre 1991) : « Le réseau des banques commerciales à l'étranger inclut les banques en Autriche (Donau-bank), en Grande-Bretagne (Moskovski Narodny Bank, fondée en 1915), en Allemagne (Ost-West Handelsbank), au Luxembourg (East-West United Bank) et en France (la Banque commerciale de l'Europe du Nord, Eurobank, fondée en 1921). Ces banques commerciales ont des succursales à Singapour et à Berlin, un certain nombre de sociétés affiliées de leasing, consulting et commerce, ainsi que d'autres sociétés spécialisées, tant sur le territoire de la Russie qu'à l'étranger. La balance consolidée de ces banques se monte à 9,7 milliards de dollars US [...]. Il y a toujours un risque de saisie par les créanciers de la Vnechekonombank de l'URSS des sommes que cette banque a placées dans les banques étrangères, y compris dans nos banques à l'étranger. Pour toutes ces raisons et aussi du fait de l'insuffisance des ressources de plusieurs banques à l'étranger qui s'est amplifiée en raison des impayés de l'URSS, on peut s'attendre à la faillite officielle de ces banques. [...] La faillite des banques entraînerait à coup sûr la faillite d'une chaîne d'autres organismes étrangers en liaison avec ces banques, compliquerait le fonctionnement des compagnies maritimes et de l'Aeroflot et provoquerait la perte des avoirs personnels de nos concitoyens, qui avaient ouvert des comptes en banque. Les capitaux des banques seraient irrémédiablement perdus[652]. »

Tchernïaev, vice-président de Gorbatchev, raconte : « Iavlinski m'informe que, le 4 novembre, la Vnechekonombank a déposé son bilan. La banque n'a plus de fonds pour payer le séjour à l'étranger de nos ambassades, de nos représentations commerciales et des autres représentations – pas moyen de rentrer... M.G. me charge de m'adresser à John Major, le coordinateur des Sept : "Cher John ! Au secours !"[653] »

Le vice-président du conseil d'administration de la Vnechekonombank de l'URSS rapporte au comité de gestion opérationnelle de l'économie nationale de l'URSS en novembre 1991 : « Comme il a été rapporté au comité économique interrépubliques, les liquidités en devises fortes ont été totalement épuisées et les recettes courantes en devises fortes provenant des exportations ne couvrent pas les obligations de la dette extérieure du pays[654]. »

Déjà en 1990 et au début 1991, le contrôle d'État de l'Union sur les flux de marchandises était peu efficace. Les sanctions contre ceux qui faisaient échouer l'exécution des directives de l'État étaient de moins en moins efficaces. Après les événements du mois d'août 1991, l'aptitude des ministères des républiques et des services centraux à imposer aux entreprises les volumes de production puis leur distribution est devenue quasiment nulle. Quand la crainte des autorités disparaît, le système administratif de régulation des flux des marchandises cesse d'agir. Une des premières et angoissantes conséquences de l'échec du putsch a été la chute brutale des achats centralisés de céréales dans la fédération de Russie la semaine suivante.

L'effondrement du système de gestion des flux de biens conduit à la chute des recettes des exportations. Le vice-ministre de l'Économie et des Prévisions de l'URSS, V. Dourassov, écrit au chef adjoint du comité de gestion opérationnelle de l'économie nationale de l'URSS, Iou. Loujkov, le 28 novembre 1991 : « Selon les bilans des neuf premiers mois de 1991, il n'a pas été livré pour l'exportation, contrairement à ce qui avait été prévu, des produits métallurgiques, du bois de sciage, des produits pétroliers, du ciment, des engrais minéraux, du charbon ainsi que d'autres biens pour une somme d'environ 4 milliards de roubles, ce qui a créé une situation critique pour les échéances de la Vnechekonombank de l'URSS[655]. »

Le 15 novembre 1991, le maire de Saint-Pétersbourg, Anatoli Sobtchak, décrit ainsi la situation du ravitaillement de la ville, dans un rapport à I. Silaïev, président du comité économique interrépubliques : « Étant donné la réduction brutale des livraisons de produits laitiers et de charcuterie provenant des républiques souveraines de la RSFSR, la situation est devenue critique pour le ravitaillement de la population en produits alimentaires, lesquels sont rationnés et, ce qui est plus inquiétant, pour le réseau d'alimentation collective aux cantines. Les réserves de charcuterie ne représentent que trois à quatre jours de consommation. Les prévisions de ravitaillement pour décembre et début 1992 ne permettent pas d'espérer un approvisionnement stable de la ville. Cette situation pourrait entraîner une situation sociopolitique grave[656]. »

La situation concernant les céréales devient de plus en plus tendue. Le premier vice-président du comité de l'URSS pour les achats de denrées alimentaires, V. Akoulinine, déclare le 6 septembre 1991 au président du comité de gestion opérationnelle, I. Silaïev, et à son adjoint Iou. Loujkov : « En vue de stimuler le stockage de produits céréaliers et de graines pour les cultures oléagineuses, on a prorogé en 1991 la pratique de l'achat direct aux exploitations en devises fortes. Mais les moyens pour effectuer ces achats n'ont pas été prévus[657]. » Le même Akoulinine précise au comité de gestion opérationnelle de l'économie nationale, le 27 septembre 1991 : « Très cher Ivan Stepanovitch ! Le Comité d'État à la production vous avait naguère informé de la situation critique de la livraison de blé aux minoteries... À l'heure actuelle, le ravitaillement en produits céréaliers risque d'empirer sensiblement, étant donné l'insuffisance des arrivages de céréales importées [...]. Cela dit, nous vous prions de charger le ministère de l'Économie de l'URSS, le ministère des Relations économiques extérieures de l'URSS et la Vnechekonombank de l'URSS de faire livrer au pays, au titre des crédits accordés pour les mois de septembre et octobre, 1,2 million de tonnes de blé, de trouver sans délai des devises fortes pour les achats à l'étranger et de livrer au pays, au plus tard au 1er novembre 1991, au moins 1 million de tonnes de blé[658]. »

Le comité de gestion opérationnelle de l'économie nationale de l'URSS adopte le 31 août 1991 une résolution concernant « les mesures urgentes de ravitaillement de la population ». À ceux qui connaissent l'histoire économique de l'URSS au xxe siècle, cette résolution doit rappeler les réalités des années 1915-1921. En voici des extraits : « Considérer comme inadmissible le fait que dans certaines localités on refuse de vendre des céréales à l'État, alors qu'il y en a une quantité plus que suffisante [...]. Instaurer provisoirement un règlement en rapport avec les recommandations du comité de gestion opérationnelle de l'économie nationale de l'URSS, visant à livrer des produits céréaliers et des denrées aux consommateurs de l'Union ainsi qu'aux régions du Grand Nord. La question du règlement sera reconsidérée lors de l'élaboration et de la signature de l'accord économique sur l'équilibre des livraisons de denrées en 1992. »

Après lecture de ce texte, il est évident que ses signataires ne sont pas sûrs de pouvoir arrêter et fusiller des centaines de milliers de personnes, comme cela se faisait dans les années 1918-1921 à l'époque des réquisitions de denrées agricoles. Mais, sans volonté ferme, de telles décisions restent lettre morte. C'est pour cela que dans les arrêtés on trouve des précisions de ce genre : « À l'adresse du ministère des Relations économiques extérieures de l'URSS et du comité national de l'URSS sur les achats de denrées, avec l'accord des camarades I. Loujkov et G. Koulik, prendre des mesures urgentes pour acheter en septembre-décembre 1991, à l'étranger, des denrées et des matières premières pour réaliser une production conforme aux objectifs fixés pour l'année. À l'adresse de la Vnechekonombank de l'URSS, ouvrir à temps les lettres de crédit et assurer le paiement immédiat des achats en question, frais de transport inclus [...]. Charger Loujkov, Koulik et Moskovski, avec la participation des ministères intéressés et des autres organismes de gestion de l'État, d'engager immédiatement des négociations avec les banques étrangères, en vue de l'octroi de crédits pour les achats des céréales, du sucre, des huiles végétales et autres[659]. »

Les difficultés croissantes de ravitaillement créent une situation politique explosive. Le rapport du vice-ministre de l'Intérieur, V. Tourbine, au président du comité économique intergouvernemental, I. Silaïev, le 8 novembre 1991, présente ainsi la situation : « Selon le ministère de l'Intérieur de l'URSS, le ravitaillement de la population en produits céréaliers et autres denrées de première nécessité, dans certaines régions du pays, reste complexe [...]. Il se forme des files d'attente à l'entrée des magasins où les citoyens critiquent vertement les dirigeants locaux et centraux et certains en appellent même à mener des actions de protestation[660]. »

Dans une note préparée pour la réunion du Conseil d'État auprès du président de la RSFSR à l'automne 1991, on peut lire : « La question du ravitaillement de la population en produits céréaliers pourrait créer une situation critique dans le pays. Une faible récolte de céréales et l'impossibilité d'augmenter rapidement les importations de céréales, aggravées par le refus des exploitations agricoles d'assurer les commandes de l'État en céréales, pourraient effectivement mettre le pays et la république au bord de la famine. Dans les conditions actuelles, les moyens de l'administration ne pourront pas produire un effet tangible. La seule issue raisonnable pour sortir de cette situation serait d'autoriser les exploitations agricoles à vendre librement leurs céréales au prix du marché dans la perspective de libérer les prix de détail sur ces produits. Sans passage à la liberté des prix, en liaison avec la privatisation accélérée du secteur agricole et du commerce, la production sera privée des stimuli nécessaires, ce qui aura pour effet d'aggraver encore la situation dans les années 1992-1993[661]. » Mais, comme l'indique l'institut de sondages VTsIOM : « Les dirigeants de la Russie abordent le processus de libération des prix dans un contexte social exacerbé, caractérisé par le rejet des prix libres par une grande partie de la population, par la méfiance envers toute mesure de protection sociale et de soutien au niveau de vie, par un marché de consommation exsangue, par l'attente de la famine et par le mécontentement croissant au sein de couches très larges de la population[662]. »

En décembre 1991, le problème essentiel n'est plus de mobiliser les devises en vue d'acheter des denrées, mais de payer les armateurs des bateaux qui les acheminent en Russie. À cette époque, la Vnechekonombank de l'URSS reçoit l'ordre d'utiliser 80 % des recettes hebdomadaires en devises fortes pour payer les armateurs soviétiques et étrangers[663]. « Étant donné la situation critique des paiements des produits céréaliers et leur livraison, il faut prendre en considération le fait que la Vnechekonombank de l'URSS a suspendu, à partir du 19 décembre, toutes les opérations concernant les fonds en devises des entreprises et des organisations, les comptes des banques commerciales, non liées au paiement des importations de céréales en provenance des États-Unis et du Canada, et aussi certains paiements de vivres et médicaments commandés par lettres de crédit ouvertes avec la caution du gouvernement de la RSFSR, au titre des réserves monétaires de la RSFSR[664]. »

Un des grands thèmes abordés au cours des négociations entre les pays créanciers occidentaux et les organismes de l'Union soviétique, ainsi que les administrations des républiques qui se sont proclamées indépendantes en 1991, est la question de savoir qui va répondre des dettes soviétiques. Cela veut dire que les créanciers ont déjà rayé l'URSS de la liste des responsables des conventions financières et que ce qui leur importe, c'est d'assurer la reprise juridique des obligations, prises antérieurement par l'URSS et par les nouveaux États, de fait indépendants. Les informations sur la dette intérieure et extérieure de l'URSS à la fin de son existence sont indiquées dans les tableaux 8.4 et 8.5.

**Tab. 8.4** : Dette extérieure de l'ex-URSS en devises fortes au 1er janvier 1992, en milliards de dollars

| **Au total (1-7)** | **83,4** |
|---|---|
| Dont : | |
| 1. Crédits appelés ou garantis par le gouvernement de l'URSS, la Gosbank de l'URSS, la Vnechekonombank de l'URSS | 70,5 |
| Dont : | |
| a) Principal de la dette | 57,1 |
| b) Intérêts sur tous les crédits | 13,4 |
| 2. Obligations sur lettres de crédit à l'importation, ouvertes avant le 31.12.91 | 2,7 |
| 3. Lettres de crédit à l'importation ouvertes au titre des crédits à moyen terme bancaires | 2,3 |
| 4. Lettres de crédit confirmées des pays tiers (principal et intérêts) | 1,2 |
| 5. Paiements à l'importation en retard | 4,2 |
| 6. Crédits appelés directement par diverses entreprises et organismes habilités (estimation) | 2,4 |
| 7. Endettement à l'égard des organismes de transport étrangers pour les acheminements antérieurs (estimation) | 0,1 |
| En plus : | |
| Lend-lease | 0,8 |
| Endettement vers les pays ex-socialistes (solde) | 33,7 |
| Endettement selon les comptes de troc au clearing (abstraction faite des lettres de crédit ouvertes à l'importation) | 5,9 |

Note : de cette façon, les engagements de prêts n'entrant pas dans la dette soviétique officielle en devises convertibles, mais inclus par la direction de la Vnechekonombank dans les endettements du pays se montaient à 40,4 milliards de dollars, tandis que le même organisme estimait l'endettement soviétique à 123,8 milliards de dollars. Le tableau original contient un plus grand nombre de subdivisions, mais pour apprécier la situation de la dette soviétique extérieure elles n'ont pas vraiment d'importance.

Source : rapport de Iou. Ponomarev au premier suppléant adjoint du président du gouvernement de la fédération de Russie, V. Bogdanov, « Documents sur la dette extérieure au 1er janvier 1992 », 15 mai 1992, archives personnelles d'E. Gaïdar.

Tab. 8.5 : Dette intérieure de la Vnechekonombank à l'égard des personnes morales et physiques en devises convertibles (au 1er janvier 1992), en millions de dollars US

| | Personnes morales | | Personnes physiques |
| --- | --- | --- | --- |
| | Total | dont les correspondants des banques commerciales et de la Vnechekonombank | |
| Russie | 8 856,3 | 2 036,6 | 433,8 |
| Ukraine | 462,1 | 421,1 | 45,8 |
| Belarus | 220,1 | 194,6 | 10,6 |
| Ouzbékistan | 53,6 | 46,1 | 2,5 |
| Kazakhstan | 68,2 | 31,5 | 0,9 |
| Géorgie* | 36,1 | 11,8 | 0,9 |
| Azerbaïdjan | 49,0 | 30,4 | 0,5 |
| Lituanie | 68,9 | 61,8 | 9,6 |
| Moldavie | 16,0 | 15,3 | - |
| Lettonie | 39,0 | 15,0 | 0,9 |
| Kirghizstan | 3,2 | - | - |
| Tadjikistan | 3,8 | 1,0 | - |
| Arménie | 33,3 | 31,6 | 3,2 |
| Turkménie | 150,8 | 146,0 | - |
| Estonie | 19,6 | - | - |
| TOTAL | 10 079,7 | 3 042,8 | 508,7 |

Données au 1er décembre 1991.

Source : rapport de Iou. Ponomarev à V. Bogdanov, « Documents sur la dette extérieure au 1er janvier 1992 », *op. cit.*

## 4. Un divorce civilisé

L'effondrement de l'URSS ne signifiait pas qu'à sa place on allait instaurer un système de relations ordonnées entre ses différentes républiques. Les frontières entre les États ayant proclamé leur indépendance étaient floues, historiquement contestables, portant en germe la menace de conflits et d'effusions de sang. L'incertitude sur la question des frontières constituait l'obstacle le plus important sur la voie de l'établissement d'une démocratie stable après l'effondrement d'un empire autoritaire[665].

Les nouveaux États se heurtent à des problèmes complexes dans leurs relations avec les organes de pouvoir au niveau fédéral. Ils sont particulièrement aigus quand il est question des communautés nationales et des ethnies autonomes. Personne ne sait quelles lois seront appliquées sur leurs territoires. Les autorités sont incapables d'assurer ne serait-ce qu'un minimum d'ordre public. À l'automne 1991, il n'est déjà plus question d'envisager de garder un État unique, mais plutôt de savoir comment sortir du chaos politique et économique et d'éviter des guerres civiles de grande envergure[666]. Si l'on prend en compte le fait que le potentiel nucléaire soviétique est alors réparti sur les territoires de quatre États (Russie, Ukraine, Biélorussie, Kazakhstan), le sort de la civilisation est en jeu.

Au XX<sup>e</sup> siècle, avant même l'Union soviétique, trois empires formés de différents territoires se sont effondrés : l'Autriche-Hongrie, l'Empire ottoman et la Russie. Presque en même temps que l'Union soviétique, la Yougoslavie s'est démantelée. Dans trois cas sur quatre, l'effondrement des empires a entraîné des guerres longues et sanglantes. Dans un cas, celui de l'Autriche-Hongrie, une longue suite de conflits armés, liés à l'établissement de nouvelles frontières, ne fut arrêtée que par les troupes de l'Entente. Après l'effondrement des empires ottoman et russe, et aussi yougoslave, des guerres civiles s'ensuivirent. L'expérience historique ne portait pas à espérer que l'éclatement de l'Union soviétique puisse se passer sans effusion de sang.

Si l'on avait demandé aux analystes, en 1989, lequel des deux pays socialistes pluriethniques, la Yougoslavie ou l'URSS, avait le plus de risques de connaître une guerre civile lors de son effondrement, ils auraient parié majoritairement sur l'URSS, arguant que la Yougoslavie était plus proche que n'importe quel autre pays d'Europe de l'Est de l'adhésion à l'Union européenne, qu'elle jouissait d'un système politique plutôt libéral selon les standards des pays socialistes et qu'elle avait une économie de marché ouverte. L'histoire en a décidé autrement.

Pour les intellectuels de gauche ayant passé toute leur vie dans des sociétés démocratiques et stables, il est difficile de comprendre l'évolution des processus qui se déroulent sur fond de crise et d'effondrement d'un régime totalitaire. Leur vision particulière de l'image du monde peut être illustrée par les passages du livre d'Emmanuel Todd, connu pour son antiaméricanisme, *Après l'empire*.

Il y évoque, sur trois pages, la libéralisation brutale et incohérente de l'économie de la Russie dans les années 1990-1997. Il insiste sur le fait que les autorités soviétiques, puis russes, ont liquidé l'un des régimes totalitaires les plus durs de l'histoire de l'humanité, sans toutefois recourir à la violence et ont accepté non seulement que leurs voisins d'Europe orientale deviennent indépendants, mais que les pays baltes, les républiques du Caucase ainsi que l'Ukraine, la Biélorussie et les républiques d'Asie centrale soient également libres. Toujours selon E. Todd, les autorités soviétiques ont fait valoir que la présence de très importantes minorités ethniques dans les nouveaux États ne pouvait pas constituer un obstacle à leur indépendance[667]. Il est difficile pour l'auteur de comprendre que la dissolution pacifique de l'empire et la libération de l'économie sont liées. En revanche, ceux qui ont participé à l'élaboration des grandes décisions politiques et économiques de cette période ont facilement pris conscience que l'absence de prétentions territoriales, l'hésitation à recourir à la force pour réquisitionner les produits agricoles dans les villages et assurer ainsi la libéralisation immédiate de l'économie et l'introduction des mécanismes de marché étaient des choses complémentaires.

Pourquoi une guerre civile a-t-elle éclaté en Yougoslavie et non sur le territoire de l'ex-URSS ? À cette question personne ne peut apporter de réponses précises. Cela concerne aussi les principaux décisionnaires. On peut seulement avancer diverses hypothèses. Je me permets d'avancer la mienne. Des facteurs subjectifs ont joué, comme la différence des priorités personnelles de Boris Eltsine et de Slobodan Milosevic et de leurs biographies politiques. Milosevic, leader des communistes serbes, a misé, lors de l'effondrement de l'idéologie précédente, sur le nationalisme radical serbe pour se maintenir au pouvoir. Quant à Eltsine, pour l'opinion publique, il était l'« ange déchu » qui avait souffert pour le peuple, et il pouvait miser sur le discrédit du régime communiste.

J'ai l'impression que le fait de la présence dans l'ex-URSS d'un arsenal d'armes nucléaires a joué un rôle. À la fin de 1991, un cinquième des ogives de la force de frappe stratégique terrestre était concentré en Ukraine. Le nombre total des missiles y était sensiblement supérieur à celui de la France et de l'Angleterre réunies.

Les chiffres (tab. 8.6) concernant le déploiement de l'armement sur le territoire de l'ex-URSS ne sont pas tout à fait fiables. C'est encore une preuve de la situation dangereuse dans laquelle se trouvait le pays fin 1991. Les spécialistes de l'histoire de l'héritage nucléaire de l'URSS présentent les chiffres suivants, qui ne sont pas toujours cohérents.

**Tab. 8.6** : Répartition des ogives stratégiques offensives dans les républiques

| République | Type d'arme stratégique offensive | Quantité | |
|---|---|---|---|
| | | **Porteurs** | **Projectiles** |
| **RSFSR** | MBI | 1 064 | 4 278 |
| | SMAMB/MBSM | 62/940 | 2 804 |
| | BL | 101 | 367 |
| **Ukraine** | MBI | 176 | 1 240 |
| | BL | 21 | 168 |
| **Kazakhstan** | MBI | 104 | 1 040 |
| | BL | 40 | 320 |
| **Biélorussie** | MBI | 54 | 54 |

Note :
ASO – Armes stratégiques offensives     MBI – Missiles balistiques intercontinentaux
BL – Bombardiers lourds     MBSM – Missiles balistiques des sous-marins
SMAMB – Sous-marins atomiques à missiles balistiques

Source : Pikaïev A., Savelïev A., « La puissance nucléaire de l'URSS sur terre, sur mer et dans l'air », *Nezavissimaïa Gazeta*, n° 137, 12 novembre 1991.

Le problème des armements nucléaires stratégiques n'était pas le plus grave, car ils étaient efficacement contrôlés depuis Moscou. Les experts militaires soviétiques, consultés par le gouvernement de Russie, estimaient qu'il faudrait plusieurs années aux nouveaux États indépendants pour pouvoir s'en servir correctement. Le problème des ogives nucléaires tactiques était, lui, autrement plus complexe. Car la décision de mettre en œuvre certaines de ces ogives relevait de la compétence des commandants des circonscriptions militaires[668]. Plus précisément, ces commandants pouvaient, de leur propre chef, déclencher des ogives et des mines nucléaires, mais c'est Moscou qui contrôlait l'emploi des fusées tactiques[669]. Même cela, dans les conditions d'effondrement de l'empire, était considéré comme une menace pour la civilisation. Quant aux risques de conflits armés entre les États nucléaires post-soviétiques, ceux qui participaient aux processus de prises de décisions en étaient pleinement conscients.

Le risque que le développement des événements dans l'espace post-soviétique se déroule selon le scénario yougoslave était réel. Le 26 août 1991, le porte-parole de la présidence de la fédération de Russie, P. Vochtchanov, menaçait les républiques (sauf la Lituanie, la Lettonie et l'Estonie) qui ne signeraient pas le traité de l'Union d'une possible révision de leurs frontières avec la Russie. Cette déclaration faisait implicitement référence à des prétentions de Moscou sur le nord du Kazakhstan, la Crimée et une partie de la rive gauche du Dniepr. Les déclarations de P. Vochtchanov provoquèrent une réaction extrêmement négative parmi les dirigeants du Kazakhstan et de l'Ukraine, qui les prirent pour du chantage. Les 27 et 28 août 1991, le maire de Moscou, G. Popov, fit part à l'Ukraine de revendications territoriales encore plus grandes, qui s'étendaient non seulement à la Crimée et à une partie de la rive gauche du Dniepr, mais aussi à la région administrative d'Odessa et à la Transnistrie[670].

À l'automne 1991, les dirigeants de Russie n'envisageaient pas, en cas de litiges territoriaux, de recourir aux armes nucléaires contre les autres républiques. Mais ce ne sont pas tant les faits qui importent que la perception qu'on en a. D'après le journal *Nezavissimaïa Gazeta* du 24 octobre 1991, « même un journal démocratique comme *Moskovskie Novosti* a publié en première page une information recueillie dans les couloirs auprès des dirigeants russes sur la possibilité d'une attaque nucléaire préventive contre l'Ukraine. Lorsque nous étions à Moscou, j'en avais parlé à Gorbatchev et à Eltsine. Gorbatchev m'avait dit : "Tu sais, Kostia, moins tu liras les journaux, mieux tu te porteras." Tandis qu'Eltsine m'a dit qu'il en avait discuté avec les militaires et qu'il n'y avait pas de moyens techniques de le faire. Aucune de ces réponses n'était satisfaisante ni pour moi ni pour les Ukrainiens[671] ».

Les dirigeants américains, qui avaient une vague idée ce qui se passait dans l'empire qui avait été leur ennemi pendant des décennies, étaient, à mon avis, perspicaces sur un point. Ils prenaient en compte le risque qu'aurait impliqué l'emploi incontrôlé des armes nucléaires sur le territoire de la superpuissance agonisante.

À l'automne 1991, ce problème occupait une place clé dans les propositions de George Bush. L'Administration américaine mit en œuvre un plan de réduction des armes nucléaires tactiques terrestres et maritimes. Ce plan devait permettre de réduire sensiblement l'héritage nucléaire de l'URSS auquel pouvaient prétendre les républiques. Comme il arrive souvent dans l'histoire, cette proposition forte et novatrice était déjà en retard sur l'évolution réelle des événements. L'Union soviétique n'était déjà plus à même de mener des projets d'une telle ampleur.

La correspondance interne des gouvernements russe et soviétique de la fin 1991 montre que la question de récupérer les armements nucléaires, en premier lieu tactiques, des autres républiques occupait une place importante. L'un des problèmes clés concernait les capacités de stockage des armes nucléaires tactiques venant des autres républiques, capacités déjà épuisées après l'évacuation des pays baltes et de Transcaucasie. Compte tenu de la faiblesse du pouvoir central, on évoquait le risque que des groupes organisés s'entendent pour résister à leur évacuation. C'est pourquoi il était envisagé de faire sortir les armements nucléaires sous prétexte d'appliquer les accords de désarmement[672].

Les armes nucléaires, qui fixaient les marges de manœuvre pendant la guerre froide, se sont avérées être aussi un facteur de dissuasion pendant la désagrégation de l'URSS. Les dirigeants des États ayant acquis leur indépendance ont fait preuve d'assez de maturité politique pour comprendre que quand on commence à parler de frontières, même conditionnelles et injustes, on parle de guerre. Les accords conclus en Biélorussie le 8 décembre et confirmés le 21 décembre à Alma-Ata ont ouvert la voie à la signature de l'accord sur les forces stratégiques (30 décembre 1991). Cet accord stipulait les engagements des pays signataires d'œuvrer à la liquidation des armes nucléaires en Ukraine, en Biélorussie et au Kazakhstan. Il était prévu qu'au 1er juillet 1992 ces républiques assureraient le transfert des armements nucléaires tactiques, sous contrôle conjoint, puisque les parties ne voyaient aucun obstacle au déplacement de ces armes nucléaires depuis les territoires des républiques de Biélorussie, du Kazakhstan et de l'Ukraine vers le territoire de la fédération de Russie[673].

Les armes nucléaires tactiques stockées en Ukraine furent transférées en Russie le 6 mai 1992. Quant aux armes stratégiques, l'Ukraine était prête à les remettre à la Russie contre compensations et garanties de la part des États-Unis et de la Russie. Un accord en ce sens fut signé le 14 janvier

1992 à Moscou. Le 3 février, le Parlement ukrainien le ratifiait. Transfert de cet armement de l'Ukraine en Russie et destruction des rampes de lancement furent achevés le 1er juin 1996.

Le 2 juillet 1992, le Parlement du Kazakhstan prit la décision de ratifier le traité SNV-1 (armes offensives stratégiques) et, le 13 décembre 1993, le Kazakhstan se rallia au traité de non-prolifération des armements nucléaires en qualité d'État non nucléaire. Durant cette période, les ogives nucléaires furent transférées en Russie et les rampes de lancement qui étaient sur le territoire du Kazakhstan furent dynamitées[674].

L'évacuation des armements nucléaires de la république de Biélorussie commença en 1992 et, à la fin de l'année, la plupart des armes nucléaires était transférée. Le 4 février 1993, le Soviet suprême de Biélorussie ratifia le traité SNV-1. Officiellement, l'évacuation des ogives nucléaires de Biélorussie vers la Russie fut achevée le 23 novembre 1996. Si l'on met en parallèle cette date avec celle du référendum qui allait changer la situation politique en Biélorussie, à l'automne 1996, et légitimer la mainmise d'Alexandre Loukachenko sur le pouvoir, on comprend d'autant mieux l'histoire de l'espace post-soviétique[675].

Le 26 décembre 1991, après l'abdication de M. Gorbatchev, l'indépendance des anciennes républiques de l'Union soviétique devint un fait non seulement politique, mais aussi juridique[676]. Mais l'éclatement de l'empire ne changeait rien aux problèmes de l'Union soviétique au début de l'automne 1991 : forces armées incontrôlables[677], incapacité des autorités à assurer l'ordre public, absence de réserves monétaires, frontières non aménagées et contestables, paralysie des rouages administratifs et économiques en l'absence d'économie de marché. Il incombait désormais aux organismes des nouveaux États de gérer ces problèmes. J'ai décrit à maintes reprises leurs stratégies pour constituer des institutions politico-économiques nationales, leur façon de gérer les problèmes du ravitaillement, de la stabilisation financière, de lutter contre la menace de famine, de conduire les réformes vers l'économie de marché et je n'y reviendrai pas[678].

Ayant une connaissance approfondie, pas seulement livresque, de ce qui s'est passé, et grâce aux documents d'archives, je peux affirmer que s'il est une leçon à tirer des dernières années d'existence de l'URSS, c'est que des constructions politico-économiques apparemment solides, mais excessivement rigides et incapables de s'adapter aux défis du monde contemporain, ne peuvent que s'effondrer sous l'influence de circonstances difficiles à anticiper.

Il y a, dans une chanson anglaise traduite en russe par le poète Marchak, ce couplet célèbre : « Faute de clou, le fer à cheval est tombé. Comme le cheval boitait, le commandant est tombé. Puis la cavalerie a été battue et l'armée mise en déroute ! L'ennemi est entré dans la ville sans même faire de prisonniers. Tout ça parce que le forgeron n'avait pas pu mettre de clou au fer à cheval. » Ainsi, la chute des cours du pétrole au milieu des années 1980 a été le prétexte de la grave crise économique qui a provoqué l'effondrement d'une superpuissance. Cet événement, malgré son importance, est sans commune mesure avec ce qu'il a provoqué. L'évolution des événements sur le marché du pétrole fut pour l'économie soviétique le prétexte, mais non la cause, de son effondrement.

Staline, qui avait choisi un modèle d'industrialisation opposé à celui de Boukharine, avait jeté les bases d'un système politico-économique dans lequel apparurent à la longue de profondes fissures, à l'origine d'un risque d'effondrement face à des actions extérieures relativement modestes. Le développement des événements en URSS dans les dernières années de son existence montre combien il est important de bien évaluer les risques à long terme lors de l'élaboration de la politique économique, de prendre des décisions pour plusieurs décennies. Faute de quoi, les générations futures devront répondre des erreurs commises aujourd'hui.

# POSTFACE

Au milieu des années 1980, l'URSS fut confrontée à une grave crise de la balance des paiements et du système financier. Celle-ci a évolué vers une crise économique généralisée, qui à son tour a provoqué une chute brutale de la production et du niveau de vie, une déstabilisation politique et, pour finir, l'effondrement inévitable du régime politique et de l'empire soviétique.

Héritière de l'URSS, la Russie a créé, à la fin des années 1990, un système économique radicalement nouveau et ouvert. Ce système comprenait un ensemble d'institutions qui, bien qu'encore jeunes et imparfaites, fonctionnaient : la propriété privée, la monnaie convertible, le système bancaire, le système de régulation des marchés de titres et des monopoles naturels. Il a vu la naissance d'une élite administrative et d'un nombre significatif de managers expérimentés qui avaient acquis un ensemble de connaissances et de savoir-faire sur l'économie de marché et qui étaient aptes à y développer une action. Tout cela a permis de sortir de la récession, d'amorcer une croissance économique, de garantir une augmentation constante du niveau de vie et des progrès structurels de l'économie et aussi de stabiliser les finances et le commerce extérieur.

Les progrès structurels intervenus dans les années 1992-1998 auraient pu être réalisés par les dirigeants soviétiques si, face à la crise, ils avaient adopté, dès les années 1986-1987, des mesures de stabilisation financière et monétaire. Les investissements ont été brusquement réduits, ainsi que les dépenses militaires et les importations de céréales, tandis que les exportations de matières premières et de ressources énergétiques augmentaient et que leur consommation diminuait au niveau national. La diminution des importations de matériaux et de composants en provenance des pays occidentaux, l'effondrement du système des relations économiques de l'URSS avec les pays du Comecon ont été à l'origine de la chute de la production. Par ailleurs, l'adaptation forcée à la nouvelle situation financière et monétaire fut la cause d'une baisse importante du niveau de vie de la population. Les ressources en devises, épuisées dès la fin 1991, se reconstituèrent peu à peu et le déficit de la balance des paiements en devises fortes disparut. Fin 1999 et début 2000, le pays parvenait à retrouver sa réputation d'emprunteur fiable.

Si de telles mesures avaient été prises par le pouvoir soviétique, les volumes de production et le niveau de vie auraient pu être stabilisés plus rapidement. Mais l'administration soviétique était incapable de faire l'essentiel : transformer le système socialiste de planification et de gestion centralisées de l'économie en un système de marché capitaliste. Les résultats ne pouvaient être qu'éphémères. Les choses ont fait que la Russie et les pays post-socialistes, contraints de réaliser simultanément la stabilisation financière et monétaire et des réformes structurelles, ont tout de même réussi sur ce chemin difficile à construire l'ossature d'une économie de marché.

Dans ces années-là, la démocratie était jeune et balbutiante, parfois populiste, elle était marquée par une certaine irresponsabilité politique et la corruption, mais il y avait dans le pays un système de contrepoids. Cela permettait d'espérer qu'une fois les conséquences les plus lourdes de l'expérience socialiste surmontées, le pays aurait élaboré les prémices d'un développement stable sur les bases de la démocratie et de l'économie de marché. Il est vrai que les conflits interethniques, en premier lieu dans le Caucase, sont apparus comme un sérieux défi pour la sécurité du pays et la stabilité du système politique. Néanmoins, le système de relations fédératives existant permettait de penser que la souplesse de la structure de l'État suffirait à assurer la stabilité dans l'organisation de la vie et des processus politiques de cet énorme pays ethniquement hétérogène.

Des éléments dynamiques de construction d'un système économique et politique garants de stabilité étaient en place et l'on pouvait espérer que, confronté à un défi imprévu, ce système serait capable de répondre par des changements adéquats et non par un effondrement catastrophique.

Dans les années 2000-2003, des réformes économiques ont été mises en œuvre, dans l'ensemble efficaces, qui permirent d'améliorer la qualité du système fiscal et financier, de rendre plus transparentes et intelligibles les bases financières des relations fédératives, de renforcer le droit de propriété sur la terre, d'adopter une législation du travail conforme aux réalités de l'économie de marché et d'élargir les bases de la croissance économique. Beaucoup pensaient que les problèmes les plus sérieux sur la voie du développement stable de la démocratie russe et de l'économie de marché avaient été réglés. Je confesse que l'auteur de ces lignes en fait partie.

Dans les années 2000-2002, il y avait en Russie un Parlement loyal envers le président et le gouvernement, mais relativement indépendant, qui avait son mot à dire et de l'influence sur le processus de prise de décisions. Pour faire voter les projets de lois par la Douma et le Conseil de la fédération, le gouvernement devait, en accord avec les députés, les examiner, chercher des compromis et trouver des solutions. Travailler avec un tel Parlement n'est pas toujours facile car il n'est pas là pour valider les décisions prises par le pouvoir exécutif. L'expérience le montre, c'est une entité qui contribue à faire progresser l'administration de l'État. Un Parlement responsable et indépendant empêche d'élaborer et d'adopter des décisions en secret, sans consulter la société et des spécialistes qui ne sont pas subordonnés à l'administration par des rapports hiérarchiques.

Lorsque le Parlement se transforme en instrument d'approbation des actes et des intentions du pouvoir exécutif, la qualité des décisions en pâtit. Un appareil bureaucratique, aussi efficace soit-il, peut, s'il n'est pas confronté à la critique systématique de professionnels, commettre des erreurs parfois même grossières.

Au début des années 2000, il existait en Russie une presse relativement indépendante. Naturellement, ce n'étaient pas toujours des considérations éthiques ou les intérêts de la société qui la guidaient et elle était souvent instrumentalisée par les clans oligarchiques. Mais, compte tenu du nombre de ces clans, la société pouvait trouver l'information auprès de sources diverses et tirer ses propres conclusions sur ce qui se passait dans le pays. Lorsque la plus grande partie de la presse se trouve, de manière directe ou indirecte, sous le contrôle du pouvoir, c'est encore un des instruments de contrôle de la société qui se trouve bloqué.

Il y a quelques années, il y avait en Russie des associations influentes d'entrepreneurs, comme l'Union des industriels et des entrepreneurs de Russie (UIER). Leurs avis étaient pris en compte lors de l'élaboration des grandes décisions politico-économiques, ce qui était utile au pays puisque l'ensemble des industriels avait intérêt à attirer les investisseurs en Russie. Cela augmentait la capitalisation des sociétés et accroissait l'accès aux crédits. Les grandes entreprises russes ont fait beaucoup pour améliorer la législation et la politique économique. Mais, à partir de 2003, l'UIER s'est transformée en organisme purement décoratif.

De nombreux dirigeants des instances régionales qui étaient aux commandes à la fin du XX<sup>e</sup> siècle n'étaient ni très compétents ni très honnêtes (pas tous naturellement). Les habitants des régions commençaient pourtant à se rendre compte que, lorsqu'ils élisaient le gouverneur, ce n'était pas pour choisir leur *délégué de village*, mais celui de qui dépendraient leur vie quotidienne, la qualité de l'éducation de leurs enfants, la santé de leurs parents, le système de chauffage urbain et la collecte des déchets. Cette prise de conscience ne vient qu'avec le temps. Dans les démocraties développées, cela a pris des décennies et c'est dans ce sens qu'on allait en Russie à la fin des années 1990 et au début des années 2000. La décision en 2004 de nommer les gouverneurs à Moscou a transféré de nouveau vers le pouvoir central la responsabilité des problèmes régionaux et permet aux autorités locales et aux cadres régionaux de se référer au pouvoir central et d'expliquer à la population qu'ils n'ont aucune prise sur les problèmes locaux.

Des mesures qui, séparément, ne sont pas tragiques mais qui menacent cependant le fonctionnement de la démocratie russe ont été prises : la suppression des élections dans les circonscriptions à mandat unique qui permettaient à des personnalités politiques de s'exprimer lors des discussions des problèmes nationaux ou encore une mesure inhabituelle pour les démocraties développées, l'introduction d'un seuil de 7 %, qui limite l'accès de nombreuses formations politiques au Parlement, alors qu'elles reflètent l'opinion de millions de citoyens. Ces mesures ont posé les jalons d'un système que l'on peut qualifier de démocratie fermée (dirigée) ou d'autoritarisme modéré. Évidemment, ce système d'organisation du pouvoir a peu de chose à voir avec le régime totalitaire et rigide de l'Union soviétique, mais on peut cependant y voir des signes de faiblesse et d'instabilité caractéristiques de l'autoritarisme.

De telles structures politiques restent stables jusqu'au jour où elles se trouvent confrontées à une crise, notamment économique, qui ne requiert pas la soumission mais le soutien de la société. C'est précisément dans ces moments-là qu'il devient difficile d'obtenir de la société ce soutien. Cela limite considérablement la marge de manœuvre du pouvoir et du pays au moment même où elle est cruciale. Le pouvoir soviétique de la deuxième moitié des années 1980 en a fait l'amère expérience, et malheureusement, il n'a pas été le seul à en payer les conséquences.

Le recul de la démocratie et du fédéralisme se fait sentir sur l'évolution des relations interethniques. Je n'irai pas jusqu'à qualifier de démocratique le système étatique de nombreuses républiques nationales de Russie, au tournant des années 1990-2000. Toutefois, c'étaient des pouvoirs formés par les élites locales, capables de contrôler les relations interethniques dans les républiques et qui avaient une influence sur la société locale. Les tentatives pour les remplacer par des marionnettes nommées depuis Moscou ont eu pour effet que les institutions de ces républiques ont été incapables de diriger quoi que ce soit, le processus réel de prise de décisions passant au-dessus. Et, là où les représentants de l'élite locale restent au pouvoir, ils peuvent facilement rejeter la responsabilité des problèmes sur Moscou. La nomination des présidents des républiques autonomes par le pouvoir central donne de sérieux atouts aux nationalistes et leur permet de prouver que Moscou considère les citoyens des républiques autonomes non pas comme des citoyens à part entière, mais comme des sujets soumis. On ne peut imaginer meilleur cadeau aux séparatistes.

Dans le domaine de la politique économique, les organismes du pouvoir de la Russie ont tiré la leçon de ce qui s'était passé avec l'économie soviétique, comme permet de le constater la politique budgétaire et monétaire responsable qui a été menée dans les années 2000-2004 dans un contexte de prix élevés du pétrole et de recettes budgétaires relativement importantes mais instables.

La politique budgétaire a été conservatrice et a assuré au budget des profits qui ont permis de réduire les dépenses de la dette extérieure héritée de l'Union soviétique. Ayant constitué un fonds de stabilisation, formé selon des règles strictes, le gouvernement et le Parlement russes ont fait preuve de responsabilité politique et ont démontré ainsi une capacité, inhabituelle dans l'histoire nationale, à tirer les leçons des erreurs de leurs prédécesseurs.

Dans les années 2000-2004, le prix du pétrole étant moyen, le budget de la Russie aurait pu fonctionner sans dépenses excessives ni déséquilibres sensibles et on aurait même pu garantir la stabilité avec des prix anormalement bas comme dans les années 1986-1990 et 1998-1999. Garder le cap d'une ligne financière responsable est compliqué, l'expérience mondiale est riche d'exemples.

Dans un contexte de prix du pétrole anormalement élevés, les commentaires sont inévitables sur la politique de l'administration russe, qui s'approprie le fonds de stabilisation constitué par des titres de pays dont les devises sont des monnaies de réserve. Seul un homme politique russe paresseux n'aurait pas participé à la compétition consistant à trouver des idées populaires et originales pour utiliser les ressources accumulées dans le fonds de stabilisation. Néanmoins, si l'on compare le fonds de stabilisation de la Russie, qui, au 1er janvier 2006, se montait seulement à 5,7 % du PIB, au fonds national pétrolier de la Norvège, obligée comme la Russie de résoudre le problème de la « malédiction pétrolière » (il était au 1er octobre 2005 de 70,1 % du PIB), il devient évident que les commentaires sur l'importance anormale du fonds de stabilisation de notre pays sont pour le moins excessifs. Un autre thème très répandu est l'abondance des réserves d'or et de devises convertibles du pays (au 1er janvier 2006, 24,2 % du PIB). Les réflexions selon lesquelles seuls les ennemis de la patrie sont capables d'accumuler, dans de telles proportions, des actifs étrangers sont monnaie courante dans le milieu politico-économique. Pendant ce temps, la Chine, dont on a vanté pendant quinze ans la politique économique auprès des dirigeants de Russie, a des réserves monétaires qui se montaient début 2006 à 36,3 % du PIB.

À partir de 2005, il devint évident que la capacité du gouvernement à poursuivre une politique permettant de minimiser les risques de crise financière et monétaire, à laquelle est confronté un pays quand les prix du pétrole chutent, était de plus en plus limitée. Comme cela a été mentionné au chapitre 3, il est possible d'expliquer à la population que l'État n'est plus capable de financer tel ou tel besoin réel. Mais il est plus difficile de faire comprendre cette incapacité quand il y a de l'argent et d'expliquer que, en cas d'événements imprévus, l'économie du pays serait trop vulnérable et que cela pourrait déboucher sur une crise économique grave, dont le prix serait sans commune mesure avec les gains à court terme.

Pour l'instant, les mesures prises par le gouvernement pour augmenter les dépenses budgétaires financées à partir des recettes pétrolières supplémentaires demeurent restreintes. Calculé sur la base de 2006, l'accroissement des dépenses budgétaires par rapport à 2004 se monte à environ 3,5 % du PIB. Mais, étant donné la modicité du fonds de stabilisation, ces sommes réduisent la stabilité du système financier du pays. L'économie de la Russie, comme naguère celle de l'URSS, commence à dépendre du maintien des prix du pétrole à un niveau historiquement anormal.

Les scénarios effectués par l'Institut d'économie de la période de transition montrent que, si le prix du pétrole (Brent) baissait jusqu'à 25 dollars vers 2009, les revenus du budget fédéral par rapport à 2005 diminueraient d'environ 9 %. La croissance du PIB se transformerait alors en baisse et le déficit du budget fédéral serait égal à 7 % du PIB. Le volume des disponibilités financières du fonds de stabilisation serait égal à zéro. Le montant des réserves de change par rapport à 2005 diminuerait de presque 80 milliards de dollars et l'inflation atteindrait 40 %[679].

Évidemment, il ne s'agit pas de prévisions mais bien de scénarios. À l'Institut d'économie de la période de transition, nous avons envisagé des scénarios basés sur des prix ultra-élevés du pétrole, ainsi que des scénarios de stabilité. Mais, comme il a été montré plus haut, dans les pays dépendant de la conjoncture du marché des ressources naturelles, il est indispensable, lors de l'élaboration de la politique économique, d'évaluer sérieusement les risques du développement difficilement prévisible du marché pétrolier.

Des prévisions réalistes montrent qu'étant donné les réserves accumulées dans le fonds de stabilisation, la Russie ne devrait pas connaître, dans les années 2006-2008, de crise financière grave, même en cas d'évolution défavorable des événements. Les menaces sont liées à un ralentissement sensible de la croissance économique. Cependant, si l'on prend en compte les risques à long terme, il convient de réfléchir au-delà de la perspective économico-politique à deux ou trois ans. En prenant aujourd'hui des décisions économiques, en définissant un cadre budgétaire, nous déterminons les cadres dans lesquels devront évoluer les organismes du pouvoir de la Russie dans les dix à quinze années qui viennent. La sécurité que nous donnaient au début des années 1980 les prix élevés du pétrole a permis aux dirigeants soviétiques de maintenir la stabilité politique sans faire grand-chose. Les conséquences des problèmes de la fin des années 1970 se sont manifestées ultérieurement, mais à une échelle difficilement imaginable. C'est aux dirigeants des États nés sur les ruines de l'empire effondré que la tâche de réguler ces risques est incombée. Nous devons faire tout notre possible pour que la Russie ne reproduise pas le sort de l'URSS.

À l'heure actuelle, les risques de déstabilisation de la situation en Russie sont bien inférieurs à ceux qui existaient en URSS au début des années 1980. Nous avons qualifié ce régime politique d'autoritarisme modéré. Il recèle encore bon nombre d'éléments de liberté et de souplesse et cela permet d'espérer. En Russie, la part des Russes est bien supérieure à celle qui existait en Union soviétique. Cela laisse penser que la régulation des relations interethniques est possible. En Russie, l'économie de marché qui existe est beaucoup plus souple que sous le socialisme, et elle est capable de s'adapter plus aisément aux variations de la conjoncture économique mondiale. Sa logique ne prétend pas que toute la responsabilité des changements de la vie économique incombe aux pouvoirs actuels. Cela ne signifie pas pour autant que les risques de perdre la capacité d'adaptation ont disparu, car le pays dépend de plus en plus de l'évolution de paramètres qui échappent au contrôle des dirigeants. Dans cette situation, la prudence et une appréciation appropriée des risques auxquels le pays pourrait être confronté sont les éléments incontournables d'une politique responsable.

# GLOSSAIRE

CC : Comité central

Gosbank : Banque centrale soviétique

Goskomstat : Comité d'État aux statistiques

Goskomtsen : Comité d'État chargé des prix

Gosplan : Comité d'État au plan (organe central de planification)

Gossnab : Comité d'État à l'approvisionnement

Gosstroï : Comité d'État à la construction

Kraïkom : Comité territorial du Parti

Obkom : Comité régional du Parti

PCUS : Parti communiste de l'Union soviétique

Politburo : Bureau politique

RSFSR : République socialiste soviétique fédérative de Russie

Sberbank : Caisse d'épargne

Vnechekonombank : Banque pour le développement et les activités économiques extérieures

VTsIOM : Centre national d'étude de l'opinion publique

# NOTES

## Introduction

**1.** L'attitude des dirigeants soviétiques envers leurs satellites de l'Europe orientale est illustrée par le fait que, lors des pourparlers qui se sont tenus après l'invasion de la Tchécoslovaquie en 1968, Leonid Brejnev accusa Alexandre Dubček, secrétaire du Parti communiste tchécoslovaque arrêté par les Soviétiques, de ne pas avoir demandé l'aval de Moscou avant de présenter ses rapports. Selon les informations des pouvoirs tchèques, près de 30 % du personnel du ministère de l'Intérieur de la Tchécoslovaquie travaillait pour le KGB (cf. Dawisha K., *The Kremlin and the Prague Spring*, Berkeley, Los Angeles, Londres, University of California Press, 1984, p. 6, 53).

**2.** Cf. *Komsomolskaïa Pravda*, 19 janvier 2004.

**3.** Prokhanov A., *Monsieur Hexogène*, Moscou, Ad Marginem Press, 2002, p. 426.

**4.** Douguine A., *Notions de géopolitique*, Moscou, Arc-centre, 2000, p. 195.

**5.** Cf., par ex., Strayer R., *Why Did the Soviet Union Collapse ? Understanding Historical Change*, New York, Londres, M. E Sharpe Inc, 1998. De son côté, I. Iakovenko, politologue russe réputé, écrit : « Depuis l'époque d'Ivan le Terrible, le royaume moscovite existait en tant qu'empire. D'abord, l'idée de l'empire inspirait l'élite de la Moscovie, qui créa la "puissance" (*derjava*). Ensuite, durant quatre siècles, la communauté russe créait un empire, y vivait, profitait de ses bienfaits et en supportait la charge. La conscience de l'empire entra dans la chair de la société, pénétra tous les niveaux de la culture, laissa son empreinte dans la psychologie des masses. En lui-même, l'empire n'est ni bon ni mauvais. C'est simplement une des formes particulières d'intégration d'énormes espaces qui correspond à un stade donné de développement historique. En ce qui concerne nos espaces, à l'époque historique actuelle, la forme impériale est caduque. Mais cette constatation n'est qu'une appréciation analytique sèche. Pour les gens plus traditionalistes, qui se sont formés dans le cadre de l'existence impériale, l'empire représente tout un cosmos, tout un mode de vie et d'appréhension de l'univers. C'est ce monde-là qu'ils ont dans la peau et ils n'en acceptent aucun autre. L'homme traditionnel est enclin à percevoir ce qui est stable comme éternel et inamovible. D'autant plus que l'idéologie officielle affirmait en permanence l'éternité de l'URSS. Sous cette optique, l'effondrement de l'empire est un hasard, une suite d'événements irréguliers, le résultat d'un complot de forces hostiles, qui ont trouvé une cinquième colonne au sein de "notre" société. » Cf. Iakovenko I., « L'Ukraine et la Russie : sujets de corrélation », *Vestnik Evropy*, 2005, T. XVI, p. 64.

**6.** Message du président de la fédération de Russie, Vladimir Poutine, à l'Assemblée fédérale de la fédération de Russie, le 25 avril 2005. Cf. http://president.kremlin. ru/text/appears/2005/04/87049.shtml

**7.** Von Hagen M., « Writing the History of Russia as Empire : The Perspective of Federalism », *Kazan, Moscow, St Petersburg : Multiple faces of the Russian Empire*, Moscou, 1997, p. 393.

**8.** Arnold G., *Britain Since 1945 : Choice, Conflict and Change*, Londres, Blandford, 1989, p. 419.

**9.** Broszat M., *Hitler and the Collapse of Weimar Germany*, New York, BERG, 1987, p. 45.

**10.** *Ibid.*

**11.** Ces matériaux ont été publiés par l'historien allemand F. Fischer au cours des années 1960 seulement. Dans les années 1920, le gouvernement socio-démocrate alloua des ressources financières substantielles afin de diffuser la thèse de l'innocence de l'Allemagne quant au début de la Première Guerre mondiale (cf. Dehmer S., *Weimar Germany : Democracy on Trial*, New York, Macdonald and C., 1972, p. 52).

**12.** Sur le fait que l'effondrement rapide et inopiné de l'empire se perçoive comme une catastrophe, mais une catastrophe surmontable, cf. Podvintsev B., « Adaptation de la conscience post-impériale : facteurs favorables », *POLIS*, n° 3 (62), 2001, p. 25-33.

**13.** Sur le risque que fait courir le nationalisme radical, engendré par le syndrome post-impérial, sur la stabilité des institutions démocratiques, cf. Gerschenkron A., *Bread and Democracy in Germany*, Los Angeles, University of California Press, 1943. Sur le lien de la politique post-impériale et les tendances autoritaires dans la Russie actuelle, cf. « Domination du syndrome post-impérial », sténogramme de la discussion du 21 avril 2005 dans le cadre du projet « Après l'empire » de la fondation « Mission libérale », http://www.liberal.ru/sitan.asp?Num=549

**14.** Iakovenko I., « L'Ukraine et la Russie : Sujets de comparaisons », *Vestnik Evropy*, T. XVI, 2005, p. 65-66.

**15.** Pour plus de détails, voir au chapitre 8.

**16.** Au mois de mai 1926, le président P. Hindenburg publia un édit, conformément auquel au-dessus des représentances allemandes à l'étranger doivent flotter deux bannières – celle de la république et celle de l'empire.

**17.** Delmer S., *Weimar Germany : Democracy on Trial*. Sur l'influence de l'hyperinflation allemande dans les années 1922-1923 sur la désorganisation de la classe moyenne, cf. Weisbrod B., « The Crisis of Bourgeois Society in Interwar Germany », *in* Bessel R. (dir.), *Fascist Italy and Nazi Germany. Comparisons and Contrasts*, Cambridge, Cambridge University Press, 1972, p. 30.

**18.** Brustein W., *The Logic of Evil : the Social Origins of the Nazi Party, 1925-1933*, New Haven, Yale University Press, 1996.

**19.** Une partie substantielle de la société russe perçoit la fédération de Russie comme une formation provisoire, intermédiaire, vouée à s'agrandir ou à s'effondrer avec le temps. Seuls 28,4 % des Russes interrogés par les sociologues estiment que « la Russie devrait rester un État indépendant, sans s'unir à qui que ce soit ». Cf. Solozobov Iou., « La Russie dans la période post-impériale : l'expérience post-coloniale de la Grande-Bretagne est-elle applicable à la Russie ? », http://www.ukpolitics.ru/rus/members/9/09.doc

**20.** Goudkov L., « La mémoire de la guerre et l'identité de masse des Russes », *Neprikosnovenny zapas*, n° 40-41, 2005, p. 46-57.

## Chapitre 1

**21.** Brice J., *Le Saint Empire romain*, Moscou, Mamontov et Cie, 1891, p. 71.

**22.** Sur le maintien du prestige du titre d'empereur, auquel est lié le pouvoir suprême aux yeux des rois barbares de Belgique, d'Espagne, d'Afrique et d'Italie, cf. Diehl C., *Histoire de l'Empire byzantin*, Moscou, Izdatelstvo inostrannoï literatury, 1948, p. 36.

**23.** Barraclough G., *The Mediaeval Empire. Idea and Reality. Historical Association*, George Phillip & Son, 1950, p. 9-11.

**24.** Elliott J.H., *Spain and Its World, 1500-1700. Selected Essays*, New Haven, Londres, Yale University Press, 1989, p. 9.

**25.** Cullen L.M., *A History of Japan, 1582-1941*, Cambridge University Press, 2003, p. 178-182 ; Ihsanoglu E. (dir.), *History of the Ottoman State, Society & Civilisation*, Istanbul, IRCICA, vol. 1, 2001, p. 73-76, 80 ; *Les Relations internationales en Extrême-Orient*, Moscou, Mysl, 1973, livre 1, p. 58-62.

**26.** Gopal R., *British Rule in India : an Assessment*, Londres, Asia Publishing House, 1963, p. 17-19.

**27.** Palm Datt R., *La Crise de la Bretagne et de l'Empire britannique*, Moscou, Izdatelstvo inostrannoï literatury, 1954.

**28.** La statistique historique n'est pas suffisamment précise pour permettre une appréciation précise. Le résultat que fournissent les calculs, basés sur les données d'A. Maddison, donne le chiffre de 22,6 % (cf. Maddison A., *The World Economy. Historical Statistics*, Paris, OCDE, 2003). Il serait plus réaliste de parler de 20 à 25 %.

**29.** Gerschenkron A., *Economic Backwardness in Historical Perspective*, Cambridge, Massachusetts, The Belknap Press of Harvard University Press, 1962.

**30.** Gaïdar E., *Le Temps long. La Russie dans le monde : essais d'histoire économique*, Moscou, Dielo, 2005, p. 36-46.

**31.** Sur l'incapacité de l'élite politique anglaise à trouver un moyen d'adaptation au monde, dans lequel la Grande-Bretagne n'est plus une puissance dominante, comme prémisses à la succession des guerres mondiales du xxᵉ siècle, cf. Gamble A., *Britain in Decline. Economic policy, Political Strategy and the British State*, Boston, Beacon Press, 1931.

**32.** Sur l'influence de la défaite de la Russie dans la guerre avec le Japon (1904-1905), cf. Rawlinson H.G., *The British Achievement in India*, Londres, Édimbourg, Glasgow, William Hodge & Company Limited, 1948.

**33.** Aron R., *France Steadfast and Changing : The Fourth to the Fifth Republic*, Cambridge, Harvard University Press, 1960.

**34.** Palm Datt R., *La Crise de la Bretagne et de l'Empire britannique, op. cit.*, p. 31.

**35.** Sur l'incompatibilité des structures de l'empire et des organismes démocratiques, cf. Tilly C., *How Empires End. After Empire, Multiethnic societies and Nation Building. The Soviet Union and Russia, Ottoman and Habsburg Empires*, New York, Londres, Boulder, 1997, p. 3.

**36.** Glaise-Horstenau E.V., *The Collapse of the Austro-Hungarian Empire*, Londres, Toronto, J.M. Dent and Sons. Ltd, New York, E.P. Dutton and C°. Inc., 1930.

**37.** Sogrine V., *Histoire politique de la Russie contemporaine 1985-1994, de Gorbatchev à Eltsine*, Moscou, Progress-Akademia, 1994, p. 101.

**38.** Aron R., *France Steadfast and Changing, op. cit.*

**39.** Morris-Jones W.H., Austin D. (dir.), « Decolonisation and After : The British and French Experience », *Studies in Commonwealth Politics and History*, n° 7, Londres, Frank Cass, 1980, p. 121 ; Goldsworthy D., *Colonial Issues in British Politics 1945-1961*, Oxford, At the Clarendon Press, 1971.

**40.** Goldsworthy D., *Colonial Issues in British Politics 1945-1961, op. cit.*

**41.** Les dettes accumulées par l'Angleterre auprès des États-Unis au cours de la Seconde Guerre mondiale ont fourni aux autorités américaines des leviers permettant d'influer sur la politique de l'Angleterre envers ses colonies (cf. Goldsworthy D., *Colonial Issues in British Politics 1945-1961, op. cit.*).

**42.** Rady D.L., *Fascism and Resistance in Portugal: Communists, Liberals and Military Dissidents in the Opposition to Salazar, 1941-1974*, Manchester, Manchester University Press, 1988; Porch O., *The Portuguese Armed Forces and the Revolution*, Londres, Stanford, Groom Helm, Hoover Institution Press, 1977; Bruce N., *Portugal. The Last Empire*, Londres, David & Charles, 1975.

**43.** Leontiev K., *L'Orient, la Russie et les Slaves. Recueil d'articles*, Moscou, 1885, t. 1. p. 106.

**44.** Morris-Jones W.H., Austin D. (dir.), « Decolonisation and After; The British and French Experience », *op. cit.*

**45.** Rawlinson H.G., *The British Achievement in India, op. cit.*, p. 189. En vertu de la nouvelle loi, le nombre des membres élus au Conseil législatif de l'empire atteignait la moitié; dans les conseils législatifs auprès des gouverneurs des provinces, on élisait la plupart des membres.

**46.** Churchill W., *Memories « The Second World War »*, Londres, 1952, vol. 5, p. 88.

**47.** Goldsworthy D., *Colonial Issues in British Politics 1945-1961, op. cit.*

**48.** Arnold G., *Britain Since 1945: Choice, Conflict and Change*, Londres, Blandford, 1989.

**49.** Morris-Jones W.H., Austin D. (dir.), « Decolonisation and After : The British and French Experience », *op. cit.*, p. 23.

**50.** On ne peut parler de dissolution sans douleur de l'Empire britannique qu'en la comparant à d'autres choix politiques comparables. Le syndrome post-impérial a influencé la politique extérieure des autorités anglaises durant toutes les années 1950-1960. Pendant longtemps, il n'a pas permis de déterminer la politique du pays quant à l'intégration européenne.

**51.** Ferreira H.G., Marshall M.W., *Portugal's Revolution : Ten Years on*. Cambridge, Cambridge University Press, 1986.

**52.** Tcherkassov P.P., *La Dissolution de l'Empire colonial français*, Moscou, Naouka, 1985.

**53.** Le fait que l'Angleterre, après la Seconde Guerre mondiale, conformément à la tradition nationale, abrogea le système du service militaire obligatoire fut un des facteurs essentiels qui expliquent la facilité relative et l'absence d'effusion de sang de la dissolution de l'Empire britannique. Dans les années 1950, il devint clair pour les autorités anglaises que le maintien de l'empire par la force exigerait pour le moins de rétablir le service militaire obligatoire, ce qui était exclu pour des motifs politiques.

**54.** Talbott J., *The War Without a Name. France in Algeria, 1954-1962*, New York, Alfred A. Knopf, 1980, p. 39.

**55.** *Ibid.*

**56.** Talhott J., *The War Without a Name. France in Algeria, 1954-1962, op. cit.*, p. 202.

**57.** Williams P.M., *Wars, Plots and Scandals in Postwar France*, Cambridge, Cambridge University Press, 1970, p. 151.

**58.** Sur les causes de la spécificité du développement ethnique de l'Autriche-Hongrie et l'impossibilité d'y répéter la voie tracée par l'Angleterre et la France, cf. Jaszi O., *The Dissolution of the Habsburg Monarchy*, Chicago, The University of Chicago Press, 1961.

**59.** Herder J.G., *Idées et philosophies de l'histoire de l'humanité*, Moscou, Naouka, 1977, p. 226-250.

**60.** Solsten E. (dir.), *Portugal : A Country Study*, Washington D.C., Federal Research Division, Library of Congress, 1994, p. 137.

**61.** Glaise-Horstenau E V., *The Collapse of the Austro-Hungarian Empire*, *op. cit.*, p. 270.

**62.** Starodoubrovskaïa I.V., Maou V.A., *Les Grandes Révolutions : de Cromwell à Poutine*, Moscou, Vagrius, 2001, p. 25-29.

**63.** M. Kroch, qui a étudié les mouvements nationaux dans les pays européens au XIXe siècle, souligne que tous passent par trois étapes : la recherche et l'instruction ; le renouveau patriotique, lorsque les groupes de renaissance nationale voient leur mission dans la propagation de la prise de conscience nationale ; la troisième étape est la montée du mouvement national de masse (cf. Hroch M., *Social Pieconditions oi National Revival in Europe. A Comparative Analysis of the Social Composition of Patriotic Groups Among the Smaller European Nations*, Cambridge, Cambridge University Press, 1985, p. 23).

**64.** Rubinstein E.I., *La Débâcle de la monarchie austro-hongroise*, Moscou, Académie des sciences, 1963.

**65.** Jaszi O., *The Dissolution of the Habsburg Monarchy*, *op. cit.*, p. 7, 11.

**66.** Vichnevski A., *La Faucille et le rouble : la modernisation conservatrice en URSS.* Moscou, OGI, 1998, p. 331.

**67.** Brewbaker W.R., « La situation post-impériale et la désunion des peuples dans une perspective historique comparative », http://www.hrights.ru/text/b3/Chapter2.htm

**68.** Robinson R.D., *The First Turkish Republic. A Case Study in National Development*, Cambridge, Massachusetts, Harvard University Press, 1963.

**69.** Dostoïevski F.M., *Journaux d'un écrivain*, année 1881, chapitre III, « Geok-Tepe, qu'est-ce que l'Asie ? » (œuvres complètes en 30 vol., Mysl, 1984, vol. 27, p. 26-28.

**70.** Quant au rôle du facteur national dans la révolution et la guerre civile en Russie, voir *La Russie au XXe siècle. Les réformes et la révolution*, T. 1, Sevostianov G. (rééd.), Moscou, Naouka, 2002.

**71.** Besançon A., *L'Empire russe et la domination soviétique. Le concept d'empire*, Paris, PUF, 1980, p. 367-368.

**72.** Bauer O., *La Question nationale et la sociale-démocratie*, Serp, St-Pétersbourg, 1909.

**73.** Serbin R., *Lénine et la question ukrainienne en 1914 : le discours « séparatiste » de Zurich*, Pluriel, 1981, n° 25, p. 83-84.

**74.** « Tout comme l'idée communiste, l'idée nationaliste jouissait d'un puissant potentiel politique et mobilisateur. Elle rassemblait toujours autour d'elle des masses de gens qui ne pouvaient s'adapter aux changements, qui éprouvaient de la nostalgie pour le passé, l'isolement ethnique, qui voulaient jouir de privilèges sans concurrence, etc. Elle donnait de la précision à leurs humeurs vagues, attisait leur mécontentement, les consolidait par des châteaux en Espagne chimériques. Tout cela transformait le nationalisme en une force idéologique et politique sérieuse pour les groupes sociaux qui luttaient en faveur d'une meilleure répartition des richesses et du pouvoir. Et il était difficile pour eux de ne pas succomber à la tentation de se rallier à elle », cf. Vichnevski A., *La Faucille et le rouble*, *op. cit*, p. 317.

**75.** Brewbaker W.R., *La Situation post-impériale et la désunion des peuples dans une perspective historique comparative*, *op. cit.*

**76.** La Yougoslavie n'est pas un pays étranger pour moi. J'y ai passé pas mal d'années. En automne de l'année 1994, à Pale, en pleine guerre de Bosnie, j'ai discuté plusieurs heures avec le futur Premier ministre de Serbie Z. Djindjic, qui fut plus tard tué par les terroristes, en essayant de persuader le dirigeant des Serbes bosniaques Radovan Karadzic de la nécessité d'atteindre un compromis précisément quand les succès militaires étaient du côté serbe, que le prix du refus des concessions mutuelles serait élevé. J'étais aussi à Belgrade en 1999, durant les bombardements, essayant de négocier des conditions de cessez-le-feu. Je peux me représenter le développement ultérieur des événements liés à la tragédie yougoslave. Mais cet ouvrage n'est pas un livre de mémoires, c'est une tentative d'orientation dans le mécanisme de création et d'effondrement des empires, de formation du syndrome post-impérial. C'est pourquoi, lorsque je traite des problèmes liés à l'effondrement de la Yougoslavie et de la guerre sanglante qui suivit, je préfère écrire sans me référer à mes propres souvenirs.

**77.** Lechtchilovskaïa I.I., « Les racines historiques du conflit Yougoslave », *Voprosy Istorii*, 1994, n° 5, p. 40-46.

**78.** Romanenko S.A., *Yougoslavie : histoire de la création, de la crise, de l'effondrement, de la formation des États indépendants*, Moscou, 2000, p. 57-59.

**79.** Gouskova E.,. *Histoire de la crise yougoslave (1990-2000)*, Moscou, Soloviev, 2001, p. 53-54.

**80.** Woodward S.L., *Balkan Tragedy. Chaos and Dissolution After the Cold War*, Washington, The Brookings Institution, 1995, p. 45.

**81.** Ward B., « The Firm in Illiria : Market syndicalism », *American Economic Review*, 1958, vol. 48, n° 4, p. 266-289 ; Ward B., *The Socialist Economy : A Study of Organizational Alternatives*. New York, Random House, 1967.

**82.** Woodward S.L., *Balkan Tragedy. Chaos and Dissolution after the Cold War, op. cit.*, p. 129.

**83.** Kovacevic S., Daji P., *Hronologija jugoslovenske krize 1942-1993*, Belgrade, IES, 1994, p. 284.

**84.** Cf., par exemple, Bennett C., *Yugoslavia's Bloody Collapse : Causes, Course and Consequences*, New York, New York University Press, 1995 ; Denitch B., *Ethnic Nationalism. The Tragic Death of Yugoslavia*, Minneapolis, Londres, University of Minnesota Press, 1996 ; Gligorov V., *Why do Countries Break up ? The Case of Yugoslavia*. Uppsala, Uppsala University, 1994 ; Oherscha W.T., « The Fall of Yugoslavia », *Journal of the Budapest University of Economic Sciences*, 1992, vol. XVIII (3).

**85.** J. Tito destitua en 1971 la quasi-totalité de la direction du Parti communiste croate quand elle commença à exploiter activement l'idée du nationalisme.

**86.** Sur le sujet de l'influence de l'absence de traditions démocratiques, de l'héritage du passé autoritariste sur l'évolution du nationalisme radical dans les républiques yougoslaves, cf. Yanitch D., « Crise de l'autodétermination nationale et collisions ethniques dans la société post-communiste », Conflits sociaux dans les sociétés en voie de transformation. Matériaux de la conférence internationale, Moscou, 15-17 mai 1996.

**87.** Mihailovic K., Krestic V., *Mémorandum de l'Académie des sciences de Serbie (Memorandum SANU : Odgovori na kritike)*, Belgrade, Académie des sciences de Serbie, 1995, p. 150.

**88.** Les élections de 2005 en Irak sont un exemple des problèmes de ce type. Tant parmi les chiites que parmi les sunnites ou les Kurdes, il y avait bon nombre de mouvements politiques ayant des programmes radicalement différents. Néanmoins, les élections prirent la forme d'un recensement qui indiqua qui était majoritaire dans la population. Elles furent ignorées par les Irakiens sunnites, qui se savaient minoritaires. Le problème, c'est qu'un recensement ne résout en rien l'intensité des conflits interethniques.

**89.** Meier V., *Yugoslavia ; A History of its Demise*, Londres, New York, Routledge, 1995.

**90.** Dornbusch R., Edwards S., *The Macroeconomics of Populism in Latin America*, Chicago, The University of Chicago Press, 1991.

## Chapitre 2

**91.** Les monarchies constitutionnelles sont celles où le chef d'État remplit les fonctions cérémoniales, tandis que les questions politiques importantes, comme la formation du pouvoir exécutif, les finances, la législation, sont sous contrôle du Parlement. Ce sont, dans le fond, des régimes démocratiques.

**92.** On considère comme agraire le type d'organisation sociale apparu après la révolution néolithique, l'acquisition et la propagation dans le monde des pratiques de l'agriculture et de l'élevage. C'est ce type de société qui prédominait durant des millénaires. Il existait jusqu'au XX$^e$ siècle, début de la croissance économique contemporaine. Voir aussi : Gaïdar E., *Le Temps long. La Russie dans le monde : essais d'histoire économique, op. cit.*, p. 127-170.

**93.** Olson M., *Power and Prosperity. Outgrowing Communist and Capitalist Dictatorships*, New York, Basic Books, 2000.

**94.** Gaïdar E., *Le Temps long, op. cit.*, chapitre 7.

**95.** Sur l'interdépendance des changements politiques dus à la croissance économique contemporaine, à la mobilisation sociale et à l'érosion des fondements traditionnels de la légitimité du régime, voir : Deutsch K.W., « Social Mobilization and Political Development », *American Political Science Review*, septembre 1961, vol. 55, p. 494-495 ; Eisenstadt S.N. (dir.), *Comparative Social Problems*, New York, Free Press of Glecoe, Inc., 1964 ; Lipset S.M., *Political Man. Garden City*, New York, Doubleday & Company, Inc., 1960.

**96.** T. Paine écrivait que, si la monarchie humiliait les gens, le droit héréditaire était une offense directe. Tous les gens sont égaux par naissance. Personne n'a le droit de chercher des avantages par rapport aux autres grâce à sa naissance. Certains peuvent prétendre à l'estime des contemporains. Il n'en découle pas que leurs successeurs soient dignes de cet honneur (cf. Paine T., *Common Sense and Other Political Writings*, New York, Londres, Putnam, 1783).

**97.** J'utilise la définition bien connue de la démocratie comme un régime politique sous lequel les dirigeants du pays sont choisis au cours d'élections ouvertes à la concurrence. De ce point de vue, la démocratie est un système politique ne garantissant pas au parti au pouvoir la victoire aux élections suivantes (cf. Przeworski A. *et al.*, *Democracy and Development. Political Institutions and Well-Being in the World, 1950-1990*, Cambridge, Cambridge University Press, 2000).

**98.** Sont appelés « régimes autoritaires » ceux sous lesquels le pouvoir ne passe à un nouveau dirigeant ni selon les règles définies et reconnues par la société, ni en vertu de la succession héréditaire ou des procédures démocratiques, mais par la loi du plus fort. Ni les droits politiques ou civiques ni les libertés n'y sont respectés.

**99.** En 1973 en Grèce, en 1974 au Portugal, au milieu des années 1970 en Espagne.

**100.** L'acte parlementaire anglais de 1624 stipulait : « Celui qui n'a pas de propriété n'est pas libre » (voir : Hill C., *The Century of Revolution. 1603-1714*, New York, Londres, W.W. Norton & Company, 1982, p. 38).

**101.**  Huntington S.P., *The Third Wave. Democratization in the Twentieth Century*, Norman, Londres, University of Oklahoma Press, 1993, p. 16-18.

**102.**  Sur l'héritage des institutions moyenâgeuses de l'Europe et la formation de la conception de société libre, voir : Moore B. Jr., *Social Origins of Dictatorship and Democracy*, Boston, Beacon Press, 1967, p. 415.

**103.**  De Schweinitz K. Jr., « Industrialization, Labor Controls and Democracy », *Economic Development and Cultural Change*, 1959, vol. 7(4), p. 385-404.

**104.**  Le premier dialogue connu à notre époque et documenté par Thucydide qui parle de la stabilité des régimes fondées sur la violence et non légitimes aux yeux du peuple est une discussion entre les habitants de Milo et d'Athènes (voir : Thucydide, *Histoire*. Moscou, Ladomir, AST, 1999, p. 344-349 [en français : *Histoire de la guerre du Péloponnèse*, Paris, Robert Laffont, « Bouquins »]).

**105.**  N. Machiavel dans son œuvre *Le Prince* écrivait : « Le pouvoir tombé entre les mains comme tout ce qui dans la nature apparaît et grandit trop vite est privé de racines et de branches. C'est pourquoi il est abattu au moindre coup de vent » (voir : Machiavel N., *Œuvres choisies*, Moscou, Ripol-Classique, 1999, p. 385 [en français : *Œuvres complètes*, Paris, Gallimard, « Bibliothèque de la Pléiade », 1974]).

**106.**  Rousseau J.-J., *Du contrat social*.

**107.**  Les travaux classiques sur le mécanisme de fonctionnement des régimes autoritaires appartiennent à J. Linz (voir : Linz J., « An Authoritarian Regime : Spain », in Allardt E., Lettunen Y. (dir.), *Cleavages, Ideologies and Party Systems: Contributions to Comparative Political Sociology. Transactions of the Westermarck Society*, 1964, vol. 10, p. 292-343 ; voir aussi : Eisenstadt S.N. *Modernization: Protest and Change*, New Jersey, Prentice-Hall, Inc., Englewood Cliffs, 1966, p. 69).

**108.**  La durée moyenne de l'existence des régimes autoritaires ayant expiré vers les années 1990 était de 9,3 ans (voir : Przeworski A. *et. al.*, *Democracy and Development. Political Institutions and Well-Being in the World, 1950-1990, op. cit.*, p. 50).

**109.**  Vacs A.C., « Authoritarian Breakdown and Redemocratization in Argentina », in Malloy J.M., Seligson M.A. (dir.), *Authoritarians and Democrats, Regime Transition in Latin America*, Pittsburgh, University of Pittsburgh Press, 1987, p. 15-42.

**110.**  Un bon exemple d'un gouvernement qui doute de son droit d'être à la tête du pays et prépare son retrait, c'est le régime militaire du Brésil venu au pouvoir après le coup d'État en 1964 (voir : Baretta S.R.D., Markoff J., « Brazil's Abertura, A Transition from What to What ? », *in* Malloy J.M., Seligson M.A. (dir.), *Authoritarians and Democrats. Regime Transition in Latin America, ibid.*).

**111.**  Olson M., *Power and Prosperity. Outgrowing Communist and Capitalist Dictatorships*, New York, Basic Books, 2000, p. 21.

**112.**  Burke E., *Reflections on the Revolution in France*. Chicago, Regnery, 1955, p. 92.

**113.**  Gaïdar E., *Le Temps long. La Russie dans le monde : essais sur l'histoire économique, op. cit.*, chapitre 15.

**114.**  On considère comme totalitaires les régimes tendant à prendre sous leur contrôle toutes les branches de la vie d'une société. Sur les traits spécifiques des régimes totalitaires, cf., par exemple, Minxin Pei, *From Reform to Revolution: the Demise of Communism in China and the Soviet Union*, Cambridge, Harvard University Press, 1994.

**115.**  Cline H.F., *The United States and Mexico*, Cambridge, Harvard University Press, 1963, p. 52 ; Parker H.B., *A History of Mexico*, Boston, Houghton Mifflin, 1950, p. 308.

**116.** Larine A.G., *Deux présidents ou le chemin de Taiwan vers la démocratie*, Moscou, Akademia, 2000, p. 139.

**117.** Medhurst K., « Spain's Evolutionary Pathway From Dictatorship to Democracy », *in* Pridham G. (dir.), *The New Mediterranean Democracies : Regime Transition in Spain, Greece and Portugal*, Londres, Frank Cass, 1984, p. 30-31.

**118.** Courtois S., Werth N. *et al.*, *Le Livre noir du communisme. Crimes, terreur, répression*. Moscou, 1999, p. 433 [en français : éd. Robert Laffont, 1997].

**119.** Lors des désordres estudiantins en Iran, à la question : « Allons-nous utiliser les armes contre eux ? », il a été répondu par l'un des officiers de la garde du shah : « Non, nous ne pouvons pas. Car ce sont nos enfants. » (Voir : *New York Times*, 4 décembre 1961, cité d'après : Huntungton S.P., *Political Order in Changing Societies*, New Haven, Londres, Yale University Press, 1968, p. 211.) On pourrait se demander si le régime du shah était toujours autoritaire. Il revêtait la forme d'une monarchie traditionnelle. Mais il faut se rappeler que les Pahlavi n'étaient pas les héritiers de la famille impériale iranienne.

**120.** « Creeping Revolt. Cuba », *Time*, 7 janvier 1957.

**121.** Phillips R.H., « Cuba Says Rebels Number Only 50 », *New York Times*, 2 mars 1957 ; Matthews H.L., « Castro Rebels Gain in Face of Offensive by the Cuban Army », *New York Times*, 9 juin 1957 ; « Cuban Rebels. Andrew St. George Interview With Fidel Castro », *Look*, 4 février 1958 ; Phillips R.H., « Castro's Power at Peak on Eve of Cuban Vote », *New York Times*, 2 novembre 1958 ; « Batista's Drive to Crush Rebels Called Failure », *New York Times*, 2 juillet 1958 ; « Into the Third Year. Cuba », *Time*, 1er décembre 1958.

**122.** Guevara Che, *Épisodes de la guerre révolutionnaire*, Moscou, Éditions militaires du ministère de la Défense de l'URSS, 1974, p. 210-217 [en français : La Havane, éd. Guairas, 1967].

**123.** Matthews H.L., « Rebel Strength Gaining in Cuba, but Batista has the Upper Hand », *New York Times*, 25 février 1957 ; Huberman L., Sweezy P.M., *Cuba: Anatomy of a Revolution*, New York, Monthly Review Press, 1960, p. 59-60.

**124.** Sullivan W.H., *Mission to Iran*, New York, W.W. Norton, 1981, p. 156.

**125.** Przeworski A. *et al.*, *Democracy and Development. Political Institutions and Well-Being in the World, 1950-1990, op. cit.*

**126.** De Long J.B., « International Financial Crises in the 1990s: The Analytics », novembre 2001, http://www.j-bradford-delong.net/ ; Dornbusch R., « A Primer on Emerging Market Crises », *NBER Working Paper*, n° 8326, 2001 ; Goldstein M., « IMF Structural Programs », paper prepared for the NBER Conference on Economic and Financial Crises in Emerging Market Economies, Woodstock, Vermont, 19-21 octobre 2000.

**127.** Amuzegar J., *Managing the Oil Wealth: OPEC's Windfalls and Pitfalls*, Londres, New York, I.B.Tauris, 1999.

**128.** Benedict R., Anderson O.G. (dir.), *Violence and the State in Suharto's Indonesia New York: Southeast Asia Program Publications*, Cornell University, 2001 ; Hal Hill, « Indonesia: The Strange and Sudden Death of a Tiger Economy », *Oxford Development Studies*, 2000, vol. 28 (2), p. 117-139.

**129.** Binnendijk H. (dir.), *Authoritarian Regimes in Transition*, Washington, Foreign Service Institute of the US Department of State, 1987.

**130.** Plusieurs personnes ayant travaillé dans les organismes du pouvoir de Cuba après la révolution et ayant émigré plus tard m'ont raconté avoir pris cette décision quand elles ont compris que F. Castro s'intéressait peu au sort de Cuba. Dans son programme minimum, c'était un moyen de commencer la révolution antiaméricaine en Amérique latine, dans son programme maximum, un instrument d'anéantissement des États-Unis.

**131.** W. Lippman écrit justement : « Pour l'homme, il n y a rien de plus important que de vivre dans une société organisée, c'est bien si cette société est auto-organisée, c'est merveilleux si cette société est bien organisée, mais le plus important est qu'elle soit organisée » (voir : Lippman W., *New York Herald Tribune*, 10 décembre 1963). Le dernier numéro de la revue fondée par N. Karamzine et M. Stassoulevitch, *Vestnik Evropy* de janvier-avril 1918, prouve de toute évidence que l'intelligentsia libérale russe ne comprenait pas que la chute du régime imparfait et corrompu pouvait déclencher la destruction des institutions gouvernementales, le chaos dans l'économie et dans la société, ce qui rendait impossible la vie quotidienne, imparfaite mais normale (Nolde B., « Questions de vie intérieure », *Vestnik Evropy*, Petrograd, janvier-avril 1918, p. 374-396).

**132.** Weber M., *Politik als Beruf*, Munich, 1919.

**133.** Sur les difficultés de la stabilisation des régimes démocratiques après la chute de l'autoritarisme, O'Dormell G., Schmitter P.C., Whitehead L. (dir.), *Transitions from Authoritarian Rule: Tentative Conclusions About Uncertain Democracies*, Baltimore, The Johns Hopkins University Press, 1986.

**134.** Maravall J., *The Transition to Democracy in Spain*, Londres, Canberra; New York, Croom Helm, St.Martin's Press, 1982 ; Gilmour D., *The Transformation of Spain: From Franco Constitutional Monarchy*, Londres, Quartet Books, 1985.

**135.** O'Donnell G., Schmitter P. (dir.), *Transitions from Authoritarian Rule: Tentative Conclusions about Uncertain Democracies, op. cit.*, p. 41.

## Chapitre 3

**136.** Elliot J.H., *Imperial Spain 1469-1716*, Londres, Edward Arnold Publishers LTD, 1965, p. 174.

**137.** Martin D. Aspilcueta, économiste lié à l'université de Salamanque, est apparemment le premier en Europe à remarquer la dépendance entre l'augmentation du niveau des prix et l'importation d'or et d'argent américains (cf. Grice-Hutchiman M., *The School of Salamanca. Readings in Spanish Monetary Theory, 1544-1605*, Oxford, Clarendon Press, 1952, p. 91-96). J. Hamilton est l'auteur d'une œuvre classique consacrée au rôle du flux de l'or américain dans l'économie (Hamilton E.J., *American Treasure and the Price Revolution in Spain, 1501-1650*. Cambridge: Harvard University Press, 1934). Sa théorie a été maintes fois critiquée, ce qui arrive souvent sur les questions compliquées de l'histoire économique (voir, par exemple, Nadal J.O., « La Revolucion de los Precios Espanoles en el Siglo XVI », *Hispania*, 1959, vol. XIX, p. 503-529). Les recherches suivantes ont révélé que le changement révolutionnaire des prix au XVIe et au début du XVIIe siècle n'était pas seulement le résultat des importations d'or et d'argent des Amériques. À partir des années 1460-1470, le Portugal effectue de grandes exportations d'or du Soudan vers l'Europe. Le volume total des exportations entre 1470 et 1500 s'élève à 17 tonnes (voir : Wilks I. Wangara, « Akan and the Portuguese in the Fifteenth and Sixteenth Centuries », Wilks I. (dir.), *Forests of Gold: Essays on the Akan and the Kingdom of Asanie*, Athens, Ohio, 1993, p. 1-39). La mise en exploitation des mines d'argent au sud de l'Allemagne à la fin du XVe siècle a aussi joué son rôle en agrandissant l'offre d'argent en Europe (voir : Munro J., « The Monetary Origins of the "Price Revolution": South German Silver Mining, Merchant-Banking, and

Venetian Commerce, 1470-1540 », Department of Economics and University of Toronto, Working Paper, juin 1999, n° 8 ; Outkwaite R.B., *Inflation in Tudor and Early Stuart England. Studies in Economic and Social History Series*, Londres, Macmillan, 1969 ; Burke P. (dir.), *Economy and Society in Early Modern Europe: Essays from Annales*, Londres, Routledge & Kegan Paul, 1972). John Nef estimait la production d'argent dans le sud de l'Allemagne, en Autriche, en Bohême, en Slovaquie, en Hongrie en 1526-1535 à 80-90 tonnes par an (cf. Nef J., « Silver Production in Central Europe, 1450-1618 », *Journal of Political Economy*, 1941, vol. 49, p. 575-591). Toutes ces informations font partie d'une discussion économique et politique passionnante mais ne peuvent dissimuler l'essentiel : la relation évidente entre la croissance des prix en Europe aux XVI-XVIIᵉ siècles et la hausse de l'offre en métaux précieux (voir : Grice-Hutchinson M., *The School of Salamanca: Readings in Spanish Monetary Theory, 1544-1605*, Oxford, Clarendon Press, 1952, p. 95).

**138.** Sur le rôle de l'État dans la maîtrise des prix, de la pénurie de denrées et de la stimulation des importations pour l'économie nationale : May B., « Expérience de l'Empire espagnol, ou Pièges de la richesse naturelle », in *La Russie dans la politique globalisée*, 2005, n° 1, p. 12.

**139.** Gonzalez de Cellorigo M., « *Memorial de la política necesaria y útil* restauración a la república de España », Valladolid, 1600, *in* Grice-Hutchinson M. (dir.), *The School of Salamanca: Readings in Spanish Monetary History 1544-1605, op. cit.*

**140.** Ramirez A., *Epistolario de Justo Lipsio y los españoles*, Madrid, Castalia, D.L., 1966, p. 374. Cité d'après : Elliott J.H, *Spain and Its World, 1500-1700. Selected Essays*, New Haven, Londres, Yale University Press, 1989, p. 25.

**141.** Davies R.T. *The Golden Century of Spain, 1501-1621*, Londres, Macmillan & Co Ltd, 1954, p. 263-264.

**142.** Elliot J.H., *Imperial Spain 1469-1716*, Londres, Edward Arnold Publishers LTD, 1965.

**143.** Kennedy P., *The Rise and Fall of the Great Powers. Economic Change and Military Conflict From 1500 to 2000*, New York, Random House, 1987, p. 55.

**144.** Un exemple caractéristique est le supplice en 1621 de Rodrigo de Calderon, haï en Espagne (voir : Elliott J.H., Imperial Spain, 1469-1716, *op. cit.*).

**145.** Elliott J.H, *Spain and Its World, 1500-1700. Selected Essays, op. cit.*

**146.** Trevor-Roper H., *The Crisis of the Seventeenth Century*, New York, Liberty Fund, 1967, p. 51.

**147.** *World Development Indicators 2000*, Washington, DC, World Bank, 2000.

**148.** Pour une définition des pays riches en ressources, voir : Sachs J.D., Warner A.M., « Economic Convergence and Economic Policy », *NBER Working Paper*, n° 5039, 1995 ; Wood A., Berge K., « Exporting Manufactures: Human Resources, Natural Resources and Trade Policy », *Journal of Development Studies*, 1997, vol. 34(1), p. 35-59 ; Gylfason T., Herbertsson T.T., Zoega G., « A Mixed Blessing: Natural Resources and Economic Growth », *Macroeconomic Dynamics*, 1999, vol. 3, p. 204-225 ; Syrquin M., Chenery H.B., « Patterns of Development, 1950 to 1983 », *World Bank Discussion Paper*, n° 41, Washington, World Bank, 1989.

**149.** Sur les problèmes rencontrés par les pays riches en ressources en quête d'assurer un développement économique durable, voir : Gelb A.H., *Windfall Gains: Blessing or Curse ?*, New York, Oxford University Press, 1988 ; Sachs J.D.. Warner A.M., « Natural Resource Abundance and Economic Growth », *NBER Working Paper*, n° 5398, 1995 ; Sachs J.D., Warner A.M., « The Big Push, Natural Resource Booms and Growth », *Journal of Development Economics*, 1999, vol. 59, p. 43-76 ; Gylfason T., Herbertsson T.T., Zoega G., « A Mixed Blessing : Natural Resources and Economic Growth », *op. cit.*, p. 204-225 ; Ranis G., « The Political Economy of Development Policy Change », *in* Meier G.M. (dir.), *Politics and Policy Making in Developing Countries : Perspectives on the New Political Economy*, San Francisco, ICS Press, 1991 ; Lal D., Myint H. *The Political Economy of Poverty, Equity and Growth*, Oxford, Clarendon Press, 1996.

**150.** Sala-i-Martin X, Subramanian A., « Addressing the Natural Resource Curse : An Illustration From Nigeria », *NBER Working Paper*, n° 9804, juin 2003, p. 4.

**151.** D'habitude, les revenus que les pays riches en ressources naturelles perçoivent des impôts indépendants de la répartition de la rente sont inférieurs aux bénéfices des pays de même niveau de développement mais pauvres en ressources (sur la corrélation entre le niveau bas des impôts et la richesse en ressources naturelles, voir : Karl T.L. *The Paradox of Plenty : Oil Booms and Petro-States*, Berkeley, University of California Press, 1997). Au milieu des années 1980 en Arabie Saoudite, principal producteur de pétrole, plus de 90 % des bénéfices du budget provenaient de l'extraction et de l'exportation du pétrole (voir : *Kingdom of Saudi Arabia : Achievements of the Development Plans 1970-1986*, Riyadh, Ministry of Planning Press, 1986). P. Soutela a remarqué que la richesse naturelle de la Norvège au Moyen Âge, le poisson, était difficile à concentrer dans le secteur gouvernemental (voir : Soutela P., « Le mot doux de compétitivité », *in* Helantera A., Ollus S.E., *Pourquoi la Russie ne ressemble pas à la Finlande. Analyse comparative de la compétitivité*, Moscou, IEPP, 2004).

**152.** North D.C., *Institutions, Institutional Change and Economic Performance*, Cambridge, Cambridge University Press, 1990. La compagnie pétrolière de l'Indonésie qui finançait les forces militaires nationales à l'aide de transactions occultes illustre la manière d'agir des sociétés d'extraction dans les pays sans institutions démocratiques traditionnelles (voir : McDonald H., *Suharto's Indonesia*, Honolulu, University of Hawaii Press, 1981).

**153.** Sur l'influence de la richesse en ressources naturelles dans la performance des instituts nationaux et sur le rythme ralenti du développement des pays riches en matières premières : Sala-i-Martin X., Subramanian A., « Addressing the Natural Resource Curse : An Illustration From Nigeria », *NBER Working Paper, op. cit.* ; Mehlum H., Moene K., Torvik R., « Institutions and the Resource Curse. 2005 », http://www.svt.ntnu.no/iso/Ragnar.Torvik/world-economy7.pdf ; Bulte E.H., Damania R, Deacon R.T., « Resource Abundance, Poverty and Development. World Development 2005 », http://www.econ.ucsb.edu/papers/wp21-O3.pdf

**154.** Saltykov-Chtchedrine M.E., *Œuvres complètes en 10 volumes*, Moscou, Pravda, 1988, vol. 7, « À l'étranger », p. 19.

**155.** Leamer E.E., Maul H., Rodriguez S., Schott P.K., « Does Natural Resource Abundance Increase Latin American Income Inequality ? », *Journal of Development Economics*, 1999, vol. 59(1), p. 3-42.

**156.** Williamson J.G., « Growth, Distribution and Demography : Some Lessons From History », *Explorations in Economic History*, 1998, n° 34(3), p. 241-271.

**157.** Krueger A., *Foreign Trade Regimes and Economic Development : Liberalization Attempts and Consequences*, New York, Columbia University Press, 1978. Sur le rôle de la lutte pour la répartition de la rente, pour le renforcement de la corruption dans les pays riches en ressources minières, voir aussi : Tornell A., Lane P., « Voracity and Growth », *American Economic Review*, 1999, vol. 89, p. 22-46 ; Mauro P., « Corruption and Growth », in *Quarterly Journal of Economics*, 1995, vol. 90,

p. 681-712 ; Leite C., Weidmann M., « Does Mother Nature Corrupt ? Natural Resources, Corruption and Economic Growth », *IMF Working Paper*, 99-85, 1999.

**158.** Collier P., Hoffler A., *Greed and Grievance in African Civil Wars*, Londres, Oxford University Press, 2004.

**159.** Gylfason T., « Natural Resources, Education and Economic Development », *European Economic Review*, 2001, vol. 45, p. 851.

**160.** Maou V., « Leçons de l'empire espagnol ou pièges de l'abondance naturelle », *La Russie dans la politique globalisée*, 2005, n° 1.

**161.** Sachs J., Warner A.M., « Natural Resource Abundance and Economic Growth », Mayer J., Chambers B., Farooq A. (dir.), *Development Policies in Natural Resource Economies*, Cheltenham-Northampton, Edward Elgar, 1999, p. 26.

**162.** Corden M, Neary J.P., « Booming Sector and Dutch Disease Economics: A Survey », *Economic Journal*, décembre 1982, vol. 92, p. 826-844 ; Kamas L., « Dutch Disease Economics and the Colombian Export Boom », *World Development*, septembre 1986 ; Davies G.A., « Learning to Love the Dutch Disease : Evidence From the Mineral Economies », *World Development*, 1995, vol. 23(10), p. 1765-1779 ; Gylfason T., « Lessons From the Dutch Disease : Causes, Treatment and Cures », *Working Paper Series*, n° 01/06, août 2001 ; Krugman P., « The Narrow Moving Band, the Dutch Disease and the Competitive Consequences of MRS. Thatcher: Notes on Trade in the Presence of Scale Economies », *Journal of Development Economics*, 1987, vol. 27, p. 41-55 ; Moiseev A., « Analysis of Influence of the "Dutch Disease" and Taxation on Economic Welfare, *Working Paper BSP*, 1999 ; Struthers J.J. « Nigerian Oil and Exchange Rates: Indicators of "Dutch Disease" », *Development and Change*, 1990, vol. 21(2), p. 309-341 ; Jazayeri A., *Economic Adjustment in Oil-Based Economies*, Aldershoi, Avebury, 1988.

**163.** Pour la Russie le problème se pose de manière plus grave. À la différence des pays arabes du golfe Persique, notre pays est industrialisé. Mais l'industrie de traitement ne peut pas se positionner comme très compétitive. Cela explique les parallèles avec la « maladie hollandaise » pour la Russie (voir : Kadotchnikov P., Sinelnikov-Mourylev S., Tchetverikov S., *Remplacement des importations dans la fédération de Russie en 1998-2002*, Moscou, IEPT, 2003).

**164.** Gylfason T., Herbertsson T.T., Zoega G.A., « Mixed Blessing: Natural Resources and Economic Growth », *op. cit.*, p. 204-225 ; Gylfason T., « Natural Resources, Education and Economic Development », paper presented at the 15th Annual Congress of the European Economic Association, Bolzano, août-septembre 2000.

**165.** Gylfason T., « Natural Resources and Economic Growth: A Nordic Perspective on the Dutch Disease », *WIDER Working Papers*, n° 167, octobre 1999.

**166.** Prebisch R., « Commercial Policy in the Underdeveloped Countries », *American Economic Review*, 1949, vol. 49, p. 251-273 ; Prebisch R., « International Trade and Payments in an Era of Coexistence : Commercial Policy in Underdeveloped Countries », *American Economic Review*, mai 1959, vol. 49, issue 2, papers and proceedings of the 71st annual meeting of the American Economic Association, p. 251-273 ; Economic Survey of Latin America and the Caribbean. Economic Commission for Latin America aid the Caribbean, New York, United Nations, 1968 ; *La mano de obra y el desarrollo económico de América Latina en los últimos años*, Economic Commission for Latin America, New York, United Nations, 1964.

**167.** Cashin P., McDermott C.J., Scott A., « The Long-Ran Behavior of Commodity Prices: Small Trends and Big Variability », *IMF Working Paper*, 2001.

**168.** Samuelson P.A., « Lessons From the Current Economic Expansion », *The American Economic Review*, 1974, vol. 64(2), p. 75-76.

**169.** Skeet I., *OPEC : Twenty-Five Years of Prices and Politics*, Cambridge, Cambridge University Press, 1988, p. 195. Sur les particularités des industries d'extraction dans une conjoncture défavorable : Bowling E.T., Hilton F.G., « Oil in the 1980s: An OECD Perspective » ; Shojai S., Katz B.S. (dir.), *The Oil Market in the 1980s: A Decade of Decline*. New York, Praeger, 1992, p. 77. Sur la corrélation des dépenses dans les conditions de limitation de la production, l'exemple de l'extraction du cuivre : Mikesell R.F., *The World Copper Industry. Structure and Economic Analysis*, Baltimore, Londres, Resources for the Future by The Johns Hopkins University Press, 1957.

**170.** Pritchett L., « Patterns of Economic Growth : Hills, Plateaus, Mountains, and Plains », *Policy Research Working Paper Series*, n° 1947, 1998 ; Mabro R., « OPEC Behavior 1960-1998: A Review of the Literature », *Journal of Energy Literature*, juin 1998, vol. 4(1), p. 3-27.

**171.** Brunner A.D., « El Nino and World Primary Commodity Prices : Warm Water or Hot Air ? », *IMF Working Paper*, 2000, p. 3.

**172.** Backus D.K., Crucini M.J., « Oil Prices and the Terms of Trade », *NBER Working Paper*, 6697, août 1998, p. 24.

**173.** Hamilton J.D., « What Is an Oil Shock ? », *NBER Working Paper*, n° 7755, 2000.

**174.** Falcoff M., *Moderne Chile 1970-1989 : A Critical History*, New Brunswick, Londres, Transaction Publishers, 1989.

**175.** Skeet I., *OPEC, Twenty-Five Years of Prices and Politics, op. cit.*, p. 157-158.

**176.** Kanovsky E., « Economic Implications for the Region and World Oil Market », *in* Karsh E. (dir.), *The Iran-Iraq War : Impact and Implications*, Londres, MacMillan Press, 1989, p. 241.

**177.** Jadresic E., Zahler R., « Chile's Rapid Growth in the 1990s: Good Policies, Good Luck or Political Change ? », *IMF Working Paper*, WP 00/153, 2000.

**178.** Rodrik D., « Why do More Open Economies Have Bigger Governments ? », *The Journal of Political Economy*, 1998, vol. 106(5), p. 997-1032 ; Daniel J.A., « Hedging Government Oil Price Risk », *IMF Working Paper*, 2001, *Washington Post*, 27 mars 1991.

**179.** De Santis R.A., « Crude Oil Price Fluctuations and Saudi Arabian Behaviour », *Kiel Working Paper*, n° 1014, octobre 2000, p. 6.

**180.** Yergin D., *The Prize. The Epic Quest for Oil, Money, and Power*, New York, Simon and Schuster, 1992.

**181.** Amuzegar J., *Managing the Oil Wealth : OPEC's Windfalls and Pitfalls*, Londres, New York, I.B. Tauris Publishers, 2001, p. 24.

**182.** *Ibid.*, p. 25.

**183.** Skeet I., *OPEC : Twenty-Five Years of Prices and Politics, op. cit.* ; Anderssian R.N., *Le Pétrole et les pays arabes en 1973-1983. Analyse économique et sociale*, Moscou, Naouka, 1990, p. 80.

**184.** Penrose E., « Oil and the International Economy: Multinational Aspects,1900-1973 », *in* Ferrier R.W., Fursenko A. (dir.), *Oil in the World Economy*, Londres, New York, Routledge, 1989, p. 14.

**185.** Amuzegar J., *Managing the Oil Wealth : OPEC's Windfalls and Pitfalls, op. cit.*, p. 28.

**186.** Dès 1869, les prix moyens de pétrole pour plusieurs années étaient de 18,59 dollars au prix de 2004 (au prix de 2000, 18,43 dollars) par baril. En 1958, le prix était de 16 dollars le baril (en dollars de 2004), en 1970, il était de moins de 13 dollars (au prix de 2000, 15 et 12 dollars) par baril (voir : « Oil Price History and Analysis », 2004, http://www.wtrg.com/prices.htm).

**187.** Yergin D., *The Prize. The Epic Quest for Oil, Money, and Power, op. cit.*, p. 567.

**188.** Darmstadter J., Landsberg H.H., « The Economic Background », *in* Vernon R. (dir.), *The Oil Crisis*, New York, Norton, 1976, p. 31.

**189.** Skeet I., *OPEC : Twenty-Five Years of Prices and Politics, op. cit.*, p. 86.

**190.** Rybczynski T.M., Ray G.F., « Historical Background to the World Energy Crisis », *in* Rybczynski T.M. (dir.), *The Economics of ihe Oil Crisis*, Londres, The Macmillan Press, Trade Policy Research Centre, 1976, p. 2.

**191.** Barsky R.B., Lutz K., « Do we Really Know That Oil Caused the Great Stagflation ? A Monetary Alternative », *NBER Working Paper*, n° 8389, juillet 2001, p. 5, 14.

**192.** Sobel LA. (dir.), *Energy Crisis*, vol. 1, « 1969-1973 », New York, Facts on File, Inc., 1974, p. 199-206.

**193.** Kanovsky E., « Economic Implications for the Region and World Oil Market », *in* Karsh E. (dir.), *The Iran-Iraq War: Impact and Implications, op. cit.*, p. 231.

**194.** Terry Lynn Karl, *The Paradox of Plenty : Oil Booms and Petro-States, op. cit.*

**195.** Anderssian R.N., *Le Pétrole et les pays arabes en 1973-1983, op. cit.*, p. 124-130.

**196.** Dowling E.T., Hilton F.G., « Oil in the 1980s : An OECD Perspective », *in* Shojai S., Katz B.S. (dir.), *The Oil Market in the 1980s*, op. cit., p. 74.

**197.** Yousaf Hasan J.M., « OPEC Strategies for the Monopoly Oil Profits », *in* Shojai S., Katz B.S. (dir.). *The Oil Market in the 1980s, op. cit.*, p. 37 ; Wickham P., « Volatility of Oil Prices », *IMF Working Paper*, 1996.

**198.** Se-Hark Park. « Falling Oil Prices and Exchange Rate Fluctuation », *in* Shojai S., Katz B.S. (dir.), *The Oil Market in the 1980s, op. cit.*, p. 6.

**199.** Skeet I., *OPEC : Twenty-Five Years of Prices and Politics, op. cit.*, p. 207-208.

**200.** Shojai S., Katz B.S. (dir.), *The Oil Market in the 1980s, op. cit.*, p. XIII.

**201.** Terry Lynn Karl, *The Paradox of Plenty : Oil Booms and Petro-States, op. cit.*, p. 32.

**202.** Amuzegar J., *Managing the Oil Wealth: OPEC's Windfalls and Pitfalls, op. cit.*, p. 13.

**203.** En 1970, les réserves pétrolières au Mexique étaient estimées à 4 milliards de barils, en 1982 à 57 milliards (voir : Dowling E.T., Hilton F.G., « Oil in the 1980s: An OECD Perspective », *in* Shojai S., Katz B.S. (dir.), *The Oil Market in the 1980s : A Decade of Decline, op. cit.*, p. 76). Sur l'agrandissement rapide du volume des réserves de pétrole en 1976-1980 : Bolio F.J.P., « Petroleum and Political Change in Mexico », *Latin America Perspectives*, n° 32, 1982, vol. 9(1), p. 65-78.

**204.** Everhart S., Duval-Hernandez R., « Management of Oil Windfalls in Mexico. Historical Experience and Policy Options for the Future », *Policy Research Working Paper*, n° 2592, avril 2001, p. 2.

**205.** Looney R.E. (dir.), *Economic Policymaking in Mexico : Factors Underlying the 1982 Crisis*, Durham, Duke University Press, 1985, p. 40.

**206.** Guzman O., « PEMEX's Finances », *in* Guzman O., Gutierrez R., *Energy Policy in Mexico*, Boulder, Westview Press, 1988.

**207.** Tornell A., Lane P., « Are Windfalls a Curse ? A Non-Representative Agent Model of the Current Account and Fiscal Policy », *NBER Working Paper*, n° 4839, 1994. Sur l'interdépendance entre la rente des ressources, le régime de la démocratie fermée et le niveau de corruption au Mexique, voir : Davies E.G. « The Mexican Experience », Shajai S., Katz B.S. (dir.), *The Oil Market in the 1980s, op. cit.*, p. 45.

**208.** Chislett W.G., « The Causes of Mexico's Financial Crisis and the Lessons to be Learned », Philip (dir.), *Politics in Mexico*, Sydney, Croom Helm, 2001, p. 1, 3.

**209.** Looney R.E., *Economic Policymaking in Mexico. Factors Underlying the 1982 Crisis, op. cit.*, p. 49.

**210.** Auty R.M., « Large Resource-Abundant Countries Squander their Size Advantage : Mexico and Argentina », *in* Auty R.M. (dir.), *Resource Abundance and Economic Development*, Oxford, Oxford University Press, 2004, p. 208-223 ; Gelb A.H. *et al., Oil Windfalls: Blessing or Curse ?*, New York, Oxford University Press, 1988.

**211.** Everhart S., Duval-Hernandez R., « Management of Oil Windfalls in Mexico. Historical Experience and Policy Options for the Future », *Policy Research Working Paper* n° 2592, avril 2001, p. 5.

**212.** Calcul d'après World Development Indicators online database, The World Bank (http://devdata:worldbank:org/dataonline/).

**213.** Hausmann R., « Venezuela's Growth Implosion : A Neo-Classical Story ? », *Harvard University. Working Paper*, août 2001, p. 1-11.

**214.** Terry L.K., *The Paradox of Plenty, op. cit.*, p. 179.

**215.** Daniel J.A., « Hedging Government Oil Price Risk », *IMF Working Paper*, 2001.

**216.** Sur les motifs de création des fonds de stabilisation dans les pays riches en ressources minières, voir : Arrau P., Claessens S., « Commodity Stabilization Funds », *IMF Working Paper*, WPS 835, janvier 1992.

**217.** Fasano V., « Review of the Experience With Oil Stabilization and Savings Funds in Selected Countries », *IMF Working Paper*, WP/00/112, 2000, p. 3.

**218.** Sur les problèmes liés à la création des fonds de stabilisation, voir : Daniel J.A., « Hedging Government Oil Price Risk », *IMF Working Paper*, 2001, p. 12.

**219.** Montenegro S., « Macroeconomic Risk Management in Nigeria: Dealing with External Shocks », *Macroeconomic Risk Management - Issue and Options*, Report n° 11983, Western Africa Department, Washington DC, World Bank, 1994.

**220.** Terry L.K., *The Paradox of Plenty, op. cit.*, p. 160.

**221.** Gylfason T., « Natural Resources and Economic Growth : A Nordic Perspective on the Dutch Disease », paper presented for UNU/WIDER research project on Resource Abundance and Economic Development : Improving the Performance of Resource-Rich Countries, 1999, p. 33. http://www. hi.is/~gylfason/pdf/unuwider13.pdf.

## Chapitre 4

**222.** Kozlov V.A., *Les Désordres de masse en URSS à l'époque de Khrouchtchev et Brejnev (1953-1982)*, Novossibirsk, Sibirski Khronograf, 1988, p. 8.

**223.** *Présidium du CC du PCUS. 1954-1964*, v. 1, notes des séances de travail (sténogrammes). Arrêtés. Rédacteur en chef A.A. Fursenko. Moscou, Rosspen, 2004, p. 702.

**224.** Andropov (président du KGB) au Comité central du PCUS. Note analytique « Du caractère et des raisons des manifestations négatives de la part des élèves et des étudiants », 12 décembre 1976, n° 2798-A. http://www.2nt1.com/qrchives/pdfs/ideolg/ct37b76.pdf. Ici et plus loin, nous citons les chiffres du livre de V. Boukovski, qui ne sont pas disponibles actuellement dans les archives russes. Dans nos citations, nous faisons confiance à l'auteur. Je me permets d'utiliser ces informations parce que la réputation de l'auteur qui les a publiées ne laisse pas de doute quant à leur authenticité.

**225**. Note d'Andropov pour le CC du PCUS, n° 3461-A, du 21 décembre 1970. Analyse des éditions *samizdat* sur cinq ans. Voir : Archives nationales de l'histoire russe.

**226**. Andropov au CC du PCUS, « Discours des chefs des partis communistes français et italien sur les droits de l'homme en URSS », n° 3213-A, 29 décembre 1975. http://www.2nt1.com/archive/pdfs/dis70/kgb75-9.pdf

**227**. Extrait de l'intervention du secrétaire général du CC du PCUS L. Brejnev au plénum du CC du PCUS, le 15 décembre 1969 : « Le but principal du développement à long terme de notre économie est d'atteindre la hausse rapide (de 2 à 2,5 fois) de la productivité des ressources humaines et des équipements disponibles, ainsi que de l'augmentation de nos réserves. Il n'y a pas d'autre solution. » Cf. Archives nationales d'histoire contemporaine.

**228**. Arrêté du CC du PCUS et du Conseil des ministres, 4 octobre 1965, « Du perfectionnement du planning et du renforcement des stimuli économiques de la production industrielle », décisions du Parti et du gouvernement dans le domaine des questions économiques. Moscou, Politizdat,1968, t. 5, p. 658-685.

**229**. Ermakov E., « Regard dans le passé et dans le futur », *Pravda*, 8 janvier 1988.

**230**. Koudrov V.M., *L'Économie soviétique*, Moscou, Naouka, 2003, p. 19.

**231**. Gaïdar E., Latsis O., « Les dépenses sont-elles garanties par les ressources ? », *Kommunist*, 1988, n° 17, p. 26-30. Dans ce chapitre et les suivants, je me sers de mes articles publiés dans la revue *Kommunist* comme source d'information. Suite à la décision des chefs du Parti, le département central des statistiques de l'URSS et plus tard le Goskomstat de l'URSS étaient chargés de vérifier toutes les statistiques publiées dans la revue *Kommunist*. C'est pourquoi le *Kommunist* de ces années-là présente des données sur la vie du pays aussi réalistes que les publications officielles.

**232**. Rapport de M. Gorbatchev « Le plan quinquennal du développement économique et social de l'URSS pour 1986-1990 et les objectifs des organisations du Parti pour sa réalisation », 16 mai 1986. Décisions du Parti et du gouvernement concernant les questions économiques, Moscou, Politizdat, 1988, vol. 16, p. II, 323-324.

**233**. Sténogramme de la séance de travail du plénum du CC du PCUS, le 23 décembre 1963. Voir : Présidium du CC du PCUS. 1954-1964. Brouillons des notes des séances de travail (sténogrammes). Arrêtés. vol. 1, p. 794.

**234**. Arrêté du CC du PCUS du 23 octobre 1984, « Du programme de mise en valeur des terres à long terme, de l'augmentation de l'efficacité de l'utilisation des terres mises en valeur pour la croissance durable des réserves nationales de l'alimentation » (exposé). Décisions du Parti et du gouvernement concernant les questions économiques, vol. 15, p. II, 113.

**235**. « En 1986-1988, plus de 1 million d'hectares ont été mis en valeur annuellement. Les investissements dans ce domaine étaient de 8 milliards de roubles. Cependant, la plupart des terres irriguées étaient situées dans des régions arides, c'est pourquoi chaque année presque 1 million d'hectares n'étaient pas irrigués et étaient utilisés comme réserve. D'autre part, l'entretien insuffisant des systèmes d'arrosage ou des arrosages trop abondants provoquent la formation de marais : aujourd'hui, 1 hectare sur 5 des terres irrigables est salé. De grandes surfaces irrigables sont déduites du traitement. En 1986-1988, dans le pays, environ 2 millions d'hectares ont été déduits de traitement pour cette raison (cf. Direction générale de planification du développement social et économique du complexe agraire. Développement social et économique du Gosagroprom de l'URSS en 1988 et pendant les trois années du 12ᵉ quinquennat, 20 janvier 1989, Archives nationales russes d'économie).

**236.** Latsis O., *Que nous est-il arrivé, que nous arrivera-t-il ?*, Moscou, Evrasia, 1995, p. 37.

**237.** « De l'annulation des dépenses faites au cours des travaux de recherche en vue de détourner partiellement des fleuves du Nord et de Sibérie », 17 novembre 1988, Archives nationales de la fédération de Russie.

**238.** Le symbole du 4,4 dichlorodiphényltrichloroéthane.

**239.** Fechbakh M., Frendli A., *Écocide en URSS. Santé et nature menacées*, Moscou, 1992 ; Pidjakov A.J., Politique écologique de l'URSS des années 1970 au début des années 1990, éd. de l'université d'économie et des finances de Saint-Pétersbourg, 1994 ; Fedorov L.A., Iablokov A.V., *Pesticides : The Chemical Weapon that Kills Life (The USSR's Tragic Experience)*, Sofia, Moscou, Pensoft, 2004 ; Ianchine F.L., Meloua F.I., *Leçons des erreurs écologiques*, Moscou, Mysl, 1991.

**240.** Archives nationales russes d'histoire contemporaine. Cité d'après présidium du CC du PCUS. 1954-1964. Brouillons des notes des séances de travail (sténogrammes). Arrêtés, vol. 1, éd. 2, p. 160.

**241.** Zaïgraev G.G., « Pourquoi la campagne contre l'alcoolisme n'a-t-elle pas eu de succès ? », *Vestnik Akademii Nauk*, 1991, n° 8, p. 30-34.

**242.** Intervention du secrétaire général du CC du PCUS L. Brejnev lors du plénum du CC du PCUS le 15 décembre 1969. Archives nationales russes d'histoire contemporaine.

**243.** Levine B.M., Levine M.B., « Lutte contre l'alcoolisme en URSS : succès, problèmes, difficultés. Efficacité de la lutte contre l'alcool : aspects sociologiques », conférence internationale à Bakou, 1-3 novembre 1988, Moscou, Institut de sociologie de l'Académie des sciences de l'URSS, 1988, p. 3.

**244.** Baïbakov N. K., *Quarante Ans au gouvernement*, Moscou, Respoublika, 1993, p. 123-124.

**245.** Sur la relation entre la fin de la terreur et la baisse de l'efficacité du système économique et politique soviétique, voir : Dallin A., « Causes of the Collapse of the USSR », *Post-Soviet Affairs*, 1992, vol. 8(4), p. 282-283.

**246.** V. Naïchoul utilise ce terme dans un manuscrit inédit. Plus tard, il est utilisé dans des œuvres économiques consacrées aux réalités du socialisme. Voir : Aven P.O., Chironine V.M., « Réforme du mécanisme économique, réalité des modifications à faire », *Actualités du département de Sibérie de l'Académie des sciences de l'URSS*, série « Économie et sociologie appliquées », vol. 3, 1987, n° 13.

**247.** Gaïdar E., *Réformes économiques et structures hiérarchiques*, Moscou, Naouka, 1990, p. 44.

**248.** Sur les relations de marchandage dans l'économie soviétique des années 1930, voir : Gregory P.R. (dir.), *Behind the Façade of Stalin's Command Economy*, Stanford, Hoover Institution Press, 2001.

**249.** Sur l'hypothèse selon laquelle les travailleurs peuvent choisir parmi des entreprises concurrentes, voir : Voronine L.A., « De l'organisation du travail pour l'amélioration de la direction de l'économie », 23 février 1984, Archives nationales de la fédération de Russie.

**250.** Easterly W., Fisher S., « The Soviet Economic Decline », *The World Bank Economic Review*, 1995, vol. 9(3), p. 341-372.

**251.** Les soviétologues ont noté qu'à partir des années 1950, le rythme moyen annuel de la croissance du PIB perdait un point tous les dix ans (de 6 % dans les années 1950 à 4 % dans les années 1970). Voir : Whitehouse F.G., Kazmer D.R., « Output Trends : Prospects and Problem », *in* H.Hunter (dir.), *The Future of the Soviet Economy : 1978-1985*, Boulder, Westview Press, 1978.

**252**. Medvedev V.A., *L'Équipe de Gorbatchev vue de l'intérieur*, Moscou, Bylina, 1994, p. 6-7.

**253**. L'académicien E. Tchassov, personnellement responsable de la santé des dirigeants soviétiques, directeur du 4ᵉ département du ministère de la Santé écrivit : « À la fin, le pays est resté sans dirigeants [...]. Faut-il chercher bien loin les causes de la crise si c'est A.N. Kirilenko qui a été choisi pour occuper le troisième poste du Parti, un homme gentil et agréable mais qui, selon nos diagnostics, souffrait d'une atrophie du cerveau dont nous avions prévenu les chefs du CC du PCUS. [...] À partir du XXVᵉ congrès du Parti, je constatai l'incapacité de Brejnev à remplir le rôle de numéro un du pays, ce qui a amené finalement à la crise du Parti et du pays [...]. Durant les 6-7 dernières années de sa vie, nous avons plusieurs fois informé le Politburo de son état de sa santé. On peut en trouver des preuves, je pense, dans les archives. Mais le calme d'Andropov était bien fondé : aucune information ne suscitait de réaction, aucun membre du Politburo n'était intéressé par ces signaux », voir : Tchassov E., *Santé et pouvoir. Mémoires du « médecin de Kremlin »*, Moscou, Novosti, 1992, p. 117, 144, 149.

**254**. Kornaï J., *Économie du déficit*, Moscou, Ekonomika, 1990.

**255**. Marx K., « Le 18 brumaire de Louis Bonaparte », *in* Marx K., Engels F., *Œuvres*, éd. 2, Moscou, Gospolitizdat, 1961, vol. 16, p. 377.

**256**. Sur le rôle du développement agraire dans les pays d'avant-garde de la croissance économique contemporaine, sur les prémices de l'industrialisation, voir : Johnson D.G., « Role of Agriculture in Economic Development Revisited », *Agricultural Economics*, 1993, vol. 8, p. 421-434.

**257**. Johnson D.G., « Agricultural Performance and Potential in the Planned Economies : Historical Perspective », Office of Agricultural Economic Research, *The University of Chicago Paper* n° 97(1), 21 mars 1997, p. 3-4.

**258**. Khrouchtchev N.S., *Construction du communisme en URSS et croissance économique de l'agriculture. Discours et documents en 5 volumes*, Moscou, Gospolitizdat, 1962, vol. 1, p. 155.

**259**. Rapport de N.S. Khrouchtchev au présidium du CC du PCUS le 22 janvier 1954. Voir : Khrouchtchev N.S., *Construction du communisme en URSS et croissance économique de l'agriculture. Discours et documents, op. cit.*, vol. 1, p. 85-86.

**260**. Zelenine I.E., « Premier programme soviétique de défrichement massif (fin des années 1920-1930) », *Histoire nationale*, 1996, n° 2, p. 55, 65.

**261**. Khrouchtchev N.S., *Construction du communisme en URSS et croissance économique de l'agriculture, op. cit.*, vol. 2, p. 506-507 ; vol. 3, p. 7, 347, 351.

**262**. *Agriculture de l'URSS. Bulletin statistique*, Moscou, Finances et statistiques, 1988 ; Économie de l'URSS en 1979.

**263**. Sur l'augmentation spectaculaire des financements pour l'agriculture en Union soviétique entre 1960 et 1980, voir : Johnson D.G., « Agriculture », *in* Cracraft J. (dir.), *The Soviet Union Today : An Interpretive Guide*, Chicago, University Chicago Press, 1983, p. 195-207. En 1966-1970, les investissements pour l'agriculture ont augmenté de 62 % par rapport au quinquennat de 1961-1965. Voir : Hanson P., *The Rise and Fall of the Soviet Economy*, Londres, Longman, 2003, p. 112.

**264**. Zelenine I.E., « La politique agraire de N.S. Khrouchtchev et l'agriculture nationale », *Histoire du pays*, 2000, p. 84.

**265.** Johnson D.G., « Agricultural Performance and Potential in the Planned Economies: Historical Perspective », *op. cit.*, p. 5.

**266.** Gaïdar E., Latsis O., « Nos dépenses sont-elles bien assurées ? », *Kommunist*, 1988, n° 17, p. 26-30.

**267.** Chakhnazarov G., *Avec les dirigeants et sans eux*, Moscou, Vagrius, 2001, p. 109-110.

**268.** Latsis O., « Servage ou la nature des prix », *Izvestia*, 7 mai 1971.

**269.** Discours du secrétaire général du CC du PCUS, L.I. Brejnev, au plénum du CC du PCUS le 15 décembre 1969. Archives nationales russes d'histoire contemporaine.

**270.** Vers la fin des années 1980, le taux des subventions pour soutenir les prix de détail des denrées agricoles était de 10-12 % du PIB. Voir : *Food and Agricultural Policy Reforms in the Former USSR : An Agenda for the Transition*, Washington, World Bank, 1992.

**271.** « Au tournant des années 1950-1960, le gouvernement se retrouva dans un cercle vicieux. Il était impossible de résoudre les problèmes économiques sans provoquer des réactions négatives de la population, sans jeter les bases de possibles oppositions, sans susciter des comparaisons peu flatteuses pour les autorités entre les objectifs déclarés (édification du communisme, etc.) et la triste réalité. Le déséquilibre entre les salaires et les prix, résultant, entre autres, de concessions faites aux travailleurs dans la deuxième moitié des années 1950, accentuait l'éternel problème du déficit. Les prix des aliments restant bas et les salaires augmentant, le déficit devint catastrophique et provoqua le mécontentement. » Voir : Kozlov V.A., *Désordres de masse en URSS sous Khrouchtchev et Brejnev, op. cit.*, p. 231.

**272.** Présidium du CC du PCUS, 1954-1964. Brouillons des notes des séances de travail (sténogrammes). Arrêtés, vol. 1, éd. 2 (réd. A.A. Fursenko), p. 176-177.

**273.** De l'entretien de G. Sokolnikov avec Nikolaï Boukharine le 11 juin 1928. Boukharine déclare : « La politique de Staline conduit à la guerre civile. Il aura à verser le sang pour écraser l'insurrection. » Anastas Mikoïan dit au plénum du CC et du CC du PC (bolchevik) les 16-23 avril 1929 : « La cause directe de la chute de Boukharine sur la question paysanne en 1925 fut la révolte géorgienne. Boukharine a perçu cette révolte comme le deuxième signal national de Kronstadt. » Voir : *Comment la NEP a été détruite*, sténogrammes des plénums du CC du PC (bolchevik) de l'Union soviétique, 1928-1929, en 5 volumes, Iakovlev A.N. (rééd.), Moscou, 2000, vol. 4, p. 241 et 563.

**274.** Matukha I. (Département central des statistiques de l'URSS) au CC du PCUS, « Sur les résultats de l'étude des budgets pour les neuf mois de 1962 et sur l'influence de la hausse du prix de détail de viande, de la charcuterie et du beurre au budget familial », 21 décembre 1962, Archives nationales russes d'histoire contemporaine.

**275.** Mandel D., « Novotcherkassk les 1-3 juin 1962. Grève et fusillade », *Rossiïa*, 1998, n° 11-12, p. 160 ; Mardar I., *Chronique d'un assassinat secret. Novotcherkassk*, Press-Service, 1992.

**276.** Archives présidentielles de la fédération de Russie. Cité d'après : « La tragédie de Novotcherkassk, 1962 », archives historiques, 1993, n° 4, p. 170.

**277.** Sur les problèmes dus à la politique de stabilisation des prix des produits de consommation courante auxquels a été confronté le gouvernement soviétique à partir de Khrouchtchev, voir : Millar J.R., « An Economic Overview », *in* Cracraft J. (dir.), *The Soviet Union Today : An Interpretive Guide, op. cit.*, p. 173-186.

**278.** En 1961-1985, la masse monétaire (agrégat M2) augmentait de 10 % par an environ. Au début des années 1960, la croissance du PIB nominal était en retard sur le rythme d'augmentation de la masse monétaire de 1,5 fois environ, dans la deuxième moitié des années 1960 et surtout dans les années 1970 de deux fois environ, dans la deuxième moitié des années 1980 de trois fois. Il y avait une saturation de l'économie par l'argent qui se manifestait par l'augmentation de la masse monétaire M2. Si, en 1961, l'agrégat M2 constituait 22,8 % du PIB, en 1970, c'était 29,5 %, en 1980, 44,2 %, et en 1984, 52,6 %. Vers 1980, les prix sur le marché kolkhozien dépassaient de 2,57 fois ceux des magasins. Voir : Illarionov A., « Tentatives d'appliquer la politique de stabilisation financière en URSS et en Russie », 1995, www.budjetrf.ru. Le marché kolkhozien ne représentait qu'un secteur limité du marché national de la consommation. L'augmentation de l'offre monétaire dans d'autres secteurs avait pour résultat l'aggravation du déficit.

**279.** Voronov A., « Des problèmes de la lutte contre le déficit et des méthodes de régulation sur le marché de consommation », *Problèmes économiques*, 1990, n° 1, p. 26-32.

**280.** Sur la prise de conscience par le gouvernement soviétique de la nécessité de profonds changements du système de formation des prix et sur leur incapacité de faire quoi que ce soit dans le domaine des prix de la consommation courante, voir : Krioutchkov V.A., *Affaire personnelle*, Moscou, Olympe AST, 1996, p. 1, 271-272.

**281.** Gostev B.I. (ministre des Finances de l'URSS), Korolev M.A. (président du Goskomstat de l'URSS), Pavlov V.S. (président du Goskomtsen) au Conseil des ministres de l'URSS, « De l'évolution des prix de détail des aliments et des articles industriels », 4 novembre 1988, Archives nationales de la fédération de Russie.

**282.** Chokhin A., Gouzanova A., Liberman L., « Les prix vus par les yeux des gens simples », *Literatournaïa Gazeta*, n° 37, 14 septembre 1988, p. 11.

**283.** Supplément à l'art. 9c de l'ordre n° 250 de Tchernenko au CC du PCUS, « Des lettres de travailleurs concernant les questions de l'approvisionnement en pain et autres produits de boulangerie », 17 février 1981, Archives nationales d'histoire contemporaine.

**284.** Du protocole n° 28a. Séances de travail du 9 (et 12) juillet 1956 consacrées à la situation en Pologne : « Livrer tous les articles y compris le jute et la laine. S'ils veulent de l'or, il faut leur en donner. » Voir : Archives nationales d'histoire contemporaine. Cité d'après : Présidium du CC du PCUS. 1954-1964, brouillons des notes des séances de travail (sténogrammes), arrêtés, vol. 1, éd. 2, p. 148.

**285.** Présidium du CC du PCUS, 1954-1964, notes des séances de travail (sténogrammes), arrêtés, vol. 1, éd. 2, p. 778.

**286.** Pikhoïa R.G., *L'Union soviétique : histoire du pouvoir 1945-1991*, Moscou, RAGS, 1998, p. 370. Les problèmes de la diminution de la réserve d'or sont discutés au cours du présidium du CC du PCUS dès 1956. Voir : Présidium du CC du PCUS, 1954-1964, notes des séances de travail (sténogrammes), arrêtés, vol. 1, éd. 2, p. 118.

**287.** Présidium du CC du PCUS, 1954-1964, notes des séances de travail (sténogrammes), arrêtés, vol. 1, éd. 2, p. 769.

**288.** Pikhoïa R.G., *L'Union soviétique : histoire du pouvoir 1945-1991, op. cit.*, p. 370.

**289.** « Importation de céréales : anciens et nouveaux problèmes », 1989, archives personnelles d'E. Gaïdar.

**290.** Chadwick M., Long D., Nissanke M., *Soviet Oil Exports : Trade Adjustments, Refining Constraints and Market Behaviour*, Oxford, Oxford Institute for Energy Studies, 1987, p. 91, 95, 105, 107.

**291.** Vladimir Krioutchkov a écrit : « Les États-Unis peuvent se passer de nous en toute tranquillité, tandis que notre damnée dépendance à leur blé a fait de nous, l'Union soviétique, leur otage. » Voir : Krioutchkov V., *Affaire personnelle, op. cit.*, p. 2 et 95.

**292.** Mouravlenko V.P., Faïne J.B. *et al.*, *Pétrole sibérien*, Moscou, Nedra, 1973, p. 13.

**293.** Slavkina M.V., *Triomphe et tragédie : création du complexe de pétrole et de gaz en URSS en 1960-1980*, Moscou, Naouka, 2002, p. 45,70.

**294.** Selon le témoignage de N. Eronine : « Il pouvait jeter à la face d'un fonctionnaire haut placé : "Vous êtes un aventurier, où est-ce que vous menez le pays ? Vous ne pensez pas aux conséquences !" » Voir : « À l'occasion des 85 ans de V.D. Chachine », documents de la conférence de fête, Moscou, 22 juin 2001, Moscou, 2002, p. 38-39.

**295.** Interview de V.I. Gaïfer. Cité d'après Slavkina M.V., *Triomphe et tragédie : création du complexe pétrolier et de gaz en URSS en 1960-1980, op. cit.*, p. 143.

**296.** Koudrov V.M., *Rétrospective de l'économie soviétique*, Moscou, Naouka, 2003, p. 31.

**297.** En 1977, la CIA a publié un document où la chute de la production pétrolière soviétique était prédite pour les années 1980. Voir : « The International Energy Situation : Outlook to 1985 », Central Intelligence Agency, avril 1977 ; « Prospects for Soviet Oil Production », Central Intelligence Agency, Washington, D.C., avril 1977.

**298.** Sur l'importance des revenus pétroliers pour régler la contradiction principale de l'économie soviétique (demande croissante de vivres de la part de la population des villes et crise chronique de l'agriculture) : Millar J.R., « An Economic Overview », *in* Cracraft J. (dir.), *The Soviet Union Today : An Interpretive Guide*, *op. cit.*, p. 173-186.

**299.** Kossyguine au Politburo, le 17 mars 1979 : « Nous sommes tous d'accord sur ce qu'il faut faire pour ne pas perdre l'Afghanistan. » Mais le 18 mars, après s'être entretenu avec Nournoukhamed Taraki, qui insistait sur la nécessité d'envoyer dans le pays des soldats russes, on a changé d'avis. A. Gromyko déclara : « Il faudrait éviter l'envoi de nos soldats en Afghanistan. Leur armée n'est pas fiable. Donc, c'est la nôtre, en Afghanistan, qui sera traitée en agresseur. Contre qui va-t-elle intervenir ? Elle va intervenir contre le peuple afghan en premier lieu et va tirer sur lui. » Andropov : « Je pense que nous ne devons pas décider de l'envoi de nos forces. Le faire, c'est se battre contre le peuple, écraser des gens, tirer sur eux. Nous serions considérés comme un agresseur, nous ne devons pas le faire. » Voir : Archives nationales russes d'histoire contemporaine. Malgré tout, le Politburo, présidé par L. Brejnev, a décidé, en décembre 1979, l'envoi en Afghanistan de 4 divisions et de 4 brigades de 150 000 soldats en tout et, finalement, la liquidation d'Idi Amin. Voir : Boukovski V., *Jugement à Moscou*, Paris, Moscou, Rousskaïa Mysl,, 1996 (http://www.belousenko.com/wr_Bukovsky.htm). Sur décision du Politburo du 8 janvier 1980, leur nombre a été augmenté de 50 000 soldats. Voir : arrêté du CC du PCUS et du Conseil des ministres de l'URSS du 2 janvier 1980, « Sur l'augmentation des forces armées de l'URSS », www.2nt1.com/archive/pdfs/afgh/177-80-2.pdf. L'envoi de forces armées en Afghanistan coûtera cher au régime soviétique : des soldats et des officiers tués, le malheur des familles, des invalides d'une guerre étrangère aux problèmes de la société, tout cela a contribué à la perte de la légitimité du régime. Du point de vue économique, les dépenses ont été impressionnantes. Extrait de la note au CC : « Afin de compenser les pertes des forces armées afghanes et assurer leur combativité contre les attaques de l'opposition [...], nous proposons en 1989 à l'Afghanistan des livraisons supplémentaires de produits spécialisés pour la somme de 990 millions de roubles environ. » « En complément des articles livrés en 1989 pour la somme de 2,6 milliards de roubles, le gouvernement soviétique a trouvé la possibilité de livrer à l'Afghanistan des articles supplémentaires pour la somme de 0,99 milliard de roubles... » (extrait du protocole de la réunion du Politburo du 22 juillet 1989 et Archives nationales russes d'histoire contemporaine). Extrait de la note d'E. Chevarnadzé et V. Krioutchkov (11 août 1989) : « La stratégie du renforcement de la vitalité du régime actuel suppose un large soutien au gouvernement et au président de l'Afghanistan, y compris dans le domaine matériel... Il faudra prévoir une aide alimentaire, surtout du blé, pour approvisionner nos amis afghans, les forces armées et la population de Kaboul » (extrait du protocole de la réunion du Politburo du CC du PCUS, 16 août 1989).

**300.** « Selon les appréciations de la Chase Manhattan Bank, le déficit de balance des paiements des pays communistes est passé de 5 milliards de dollars en 1974 à 12 milliards cette année. La moitié de cette somme vient de l'Union soviétique. [...] Selon les appréciations de la Chase Manhattan Bank, cette année, l'URSS a vendu de l'or pour 1 milliard de dollars. Plus encore, ses actifs en devises dans les banques occidentales ont diminué de 2 milliards de dollars. » La même note précise que les banques américaines sont réticentes à octroyer des crédits aux pays socialistes (lettre de R. Nazarkine, PDG de la BICE, à M.A. Lessetchko, 25 décembre 1975, Archives nationales de la fédération de Russie).

**301.** Les risques dus à la corrélation entre les importations de céréales, le matériel des industries de transformation et la conjoncture du marché du pétrole étaient clairs pour les experts au milieu des années 1980. Voir : Chadwick M., Long D., Nissanke M., *Soviet Oil Exports : Trade Adjustments, Refining Constraints and Market Behaviour*, Oxford, Oxford Institute for Energy Studies, 1987.

**302.** Baïbakov N.K., *Quarante Ans au gouvernement*, Moscou, Respublika, 1973, p. 129-134. « Puisque le schéma traditionnel ne suffisait plus, on était obligé d'inventer de nouvelles mesures "modernes" : les comptes d'épargne de la population dans les caisses d'épargnes et les fonds des entreprises ont subi des prélèvements partiels pour financer les dépenses du budget. » Voir : *ibid.*, p. 134.

**303.** Grossman G., « Roots of Gorbatchev's Problems : Privat Income and Outlay in the Late 1970s », *Gorbatchev's Economic Plans. Study Papers Joint Economic Committee*, US Congress, vol. 1, Washington, 23 novembre 1987, p. 213-229.

**304.** Sur la répartition des subventions de l'URSS aux partis communistes étrangers : protocole n° 8 de la réunion du Politburo du CC du 24 juin 1966 ; protocole n° 73 de la réunion du Politburo du CC du 4 mars 1968 ; extrait du protocole n° 230 de la réunion du Politburo du CC du 29 décembre 1980 (Archives nationales russes d'histoire contemporaine). Sur la demande du Parti socialiste du Japon : extrait du protocole n° 37 de la réunion du secrétariat du CC du PCUS du 31 octobre 1967, p. 37, 46, http:/www.2nt1.com/archive/pdfs/non6comm/ct037-67.pdf (Archives nationales russes d'histoire contemporaine).

**305.** Extrait du protocole n° 225 § 84 du secrétariat du CC du 26 août 1980 (Archives nationales russes d'histoire contemporaine).

**306.** Note d'A. Tchernïaev (directeur adjoint du département des affaires internationales du CC du PCUS) au CC du PCUS, 12 décembre 1980 (Archives nationales russes d'histoire contemporaine).

**307.** Extrait du protocole n° 94 de la réunion du Politburo du CC du PCUS du 18 janvier 1983, n° 94/52 (Archives nationales russes d'histoire contemporaine).

**308.** Extrait du protocole de la réunion du Politburo du CC du PCUS du

30 novembre 1987. Question du département international du CC du PCUS (Archives nationales russes d'histoire contemporaine).

**309.** Information pour les partis frères, 7 mars 1982. Information sur la visite officielle de la délégation du Parti et du gouvernement de la Pologne avec W. Jaruzelski les 1er et 2 mars 1982 a été présenté par Tomasz Mianowicz, http://www.2ntl.com/archive/pdfs/poland/pol-gdr82.pdf ; arrêté du secrétariat du CC du PCUS n° 231/5 du 4 octobre 1980 « Des mesures supplémentaires pour l'organisation de la propagande et de la contre propagande en raison de la situation en Pologne » ; arrêté du secrétariat du CC du PCUS n° 242/61 du 22 décembre 1980 « Des mesures supplémentaires de contrôle de la diffusion des la presse polonaise en URSS » (Archives nationales russes d'histoire contemporaine).

**310.** Ces chiffres tirés des bulletins statistiques « Économie nationale de l'URSS » ne sont pas fiables, les statistiques officielles soviétiques dans ce domaine délicat pouvant être délibérément corrigées. Mais ces chiffres donnent une image générale et confirment un essor rapide des exportations pétrolières.

**311.** Note d'Andropov (président du KGB) au secrétaire général du CC du PCUS L. Brejnev. Rencontre secrète du président du KGB au Liban avec W. Haddad. 23. avril 1974, n° 1071-A/OB.. Dans une autre lettre à Brejnev consacrée à l'approvisionnement en armes du Front national de la libération de la Palestine, W. Haddad est nommé par Andropov homme de confiance des services secrets du KGB (note d'Andropov à Brejnev, « De la remise à Haddad d'un lot d'armements de production étrangère et de munitions », 16 mai 1975, n° 1218-A/OB. http://www.2ntl.com/archive/pdfs/terr-wd/plo65a.pdf)

**312.** Schweizer P., *Victory: The Reagan Administration's Secret Strategy that Hastened the Collapse of the Soviet Union*, New York, Atlantic Monthly Press, 1994, p. 218.

**313.** « La solidarité internationale, en général, et l'amitié de l'Union soviétique, en particulier, sont des choses importantes, mais toutes les deux peuvent exister grâce à des livraisons de pétrole soviétique à un prix de 3 à 4 fois inférieur à celui du marché mondial. Je me souviens, par exemple, avoir entendu Nicolae Ceausescu reprocher pathétiquement à un responsable soviétique : « Pourquoi la Roumaine reçoit-elle seulement 5 à 6 millions de tonnes de pétrole soviétique par an, tandis que les autres pays en reçoivent 2 à 3 fois plus ? Peut-on parler d'internationalisme prolétarien dans ces conditions ! » Voir : Chakhnazarov G.S., *Avec les dirigeants et sans eux, op. cit.*, p. 119. Voir aussi : Campbell R.W., *Trends in the Soviet Oil and Gas Industry*, Baltimore Londres, The Johns Hopkins University Press, 1976, p. 80-81.

**314.** Schweizer P., *Victory: The Reagan Administration's Secret Strategy that Hastened the Collapse of the Soviet Union*, op. cit., p. XXVI, 6-12, 23-32 ; Strayer R., *Why Did the Soviet Union Collapse? Understanding Historical Change, op. cit.*, 1998, p. 127. Sur l'accord entre les États-Unis et l'Arabie Saoudite pour réduire le prix du pétrole, voir : Treml V.G., Ellman M., « Debate : Why Did the Soviet Economic System Collapse ? », *Radio Free Europe. Radio Liberty Research report*, 1993, vol. 2(23), p. 53-58.

**315.** Sur la situation financière et des devises des pays socialistes (en 1988), n° 4013 du 24 février 1988, Archives nationales russes d'économie.

**316.** A. Alexandrov (président de l'Académie des sciences de l'URSS) au président du Conseil des ministres de l'URSS, Nikolaï Tikhonov. Revue *État de l'économie des pays capitalistes et situation du marché du pétrole, du gaz, et de l'or au 4e trimestre de 1983, 2e trimestre de 1984, 4e trimestre 1984, 4e trimestre 1985, 1er trimestre 1986.* Voir : Archives nationales de la fédération de Russie.

**317.** Rowen H., « Central Intelligence Briefing on the Soviet Economy », *in* Hoffmann E., Laird R., *The Soviet Policy in the Modern Era*, New York, Aldine Publishing, 1984, p. 417.

**318.** Buck T., Cole J., *Modern Soviet Economic performance*, Oxford, Basil Blackwell, 1987 ; Millar J.R., « An Economic Overview », *in* Cracraft J. (dir.), *The Soviet Union Today : An Interpretive Guide, op. cit.*, p. 173-186. De même, sur la stabilité politique au début des années 1980, voir : Boffa J., *Histoire de l'Union soviétique*, vol. 2, « De la Grande Guerre patriotique (1941-1945) jusqu'à la position de deuxième superpuissance. Staline et Khrouchtchev. 1941-1964 », Moscou, Relations internationales, 1994, p. 538-542.

**319.** Shtromas A., Kaplan M.A. (dir.), *The Soviet Union and the Challenge of the Future*, vol. 1 « Stasis and Change », New York, Paragon House Publishers, 1988.

**320.** Grossman G., « The Soviet Economy in Mid-1991 : An Overview », *in* Breslauer G.W. (dir.), *Dilemmas of Transition : In the Soviet Union and Eastern Europe*, Berkeley, University of California at Berkeley International and Area Studies, 1991, p. 65.

**321.** Sur les idées des soviétologues expliquant la chute de l'URSS par les décisions subjectives des leaders soviétiques après 1980 : Harrison M., *Coercion, Compliance, and the Collapse of the Soviet Command Economy*, Department of Economics University of Warwick, 2001 ; Kontorovitch V., *The Economic Fallacy, The National Interest*, 1993, vol. 31, p. 44 ; Pryce-Jones D., *The War that Never Was : The Fall of the Soviet Empire 1985-1991*, Londres, Weidenfeld & Nicolson, 1995 ; White S., *Gorbachev and After*, Cambridge, Cambridge University Press, 1991. Pour quelques opinions russes sur le sujet, voir *De la catastrophe à la renaissance : causes et conséquences de la destruction de l'URSS*, Ossadtchi I.P. (rééd.), Moscou, Bylina, 1999, p. 7.

**322.** Sur les idées liant la chute de l'URSS et la politique élaborée et mise en œuvre par l'administration Reagan, voir Schweitzer P., *Victory : The Reagan Administration's Secret Strategy that Hastened the Collapse of the Soviet Union, op. cit.*, p. 198.

**323.** V.M. Koudrov évalue l'aide aux pays socialistes à 20 milliards de dollars par an. N. Ryjkov donne les mêmes chiffres pour la période 1986-1989. D'après les chercheurs étrangers, la seule assistance à Cuba coûtait à l'Union soviétique 6 à 7 milliards de dollars par an. Voir : Koudrov V.M., *Rétrospective de l'économie soviétique, op. cit.*, p. 59 ; Ryjkov N.I., *Dix Ans de grands bouleversements*, Association « Kniga, prosvechtchenie, miloserdie », 1995, p. 232. Il faut avouer que ces estimations en dollars du soutien soviétique sont plus que discutables. Cette aide comprenait en grande partie des livraisons d'armements et de technologie soviétiques. Il était impossible de les vendre contre des devises convertibles.

**324.** Chlykov V., « Qu'est-ce qui a perdu l'Union soviétique ? L'état-major et l'économie », *Bulletin militaire.* 2002, n° 9, p. 192.

**325.** Sur la corrélation entre les dépenses et le ralentissement de la croissance économique, cf. Dallin A., « Causes of the Collapse of the USSR », *Post-Soviet Affairs*, 1992, vol. 8(4), p. 294-296.

**326.** Sur l'absence d'informations concernant la croissance des rythmes des dépenses militaires au débuts des années 1980 : Blacker C.D., *Hostage to Revolution*, Council on Foreign Relations Press, 1993, p. 28 ; Maddock R.T., *The Political Economy of Soviet Defense Spending*, Basingstoke, Macmillan Press, 1988, p. 88-90 ; Hanson P., *The Rise and Fall of the Soviet Economy*, Londres, Longman, 2000 ; Kaufman R.F., *Soviet Defense Trends: A Staff Study (Unknown Binding)*, The Committee, 1983.

**327.** Odom W.E., *The Collapse of the Soviet Military*, New Haven, Londres, Yale University Press, 1998, p. 105.

**328.** Les arguments en faveur de l'hypothèse selon laquelle il est nécessaire de produire plus d'équipements militaires au risque de ne pas avoir le temps d'augmenter la production en cas de guerre figurent dans le livre de Vassili Sokolovski, un spécialiste militaire respecté et reconnu. Voir : Sokolovski V., *Stratégie militaire*, Moscou, Voenizdat, 1968, p. 387-388. Le général-colonel A. Danilevitch, ex-chef adjoint de l'état-major général, témoigne : « En ce qui concerne les armements ordinaires, nous en avions beaucoup plus. En 1991, nous avions 63 900 tanks (sans compter les tanks des alliés), 66 900 pièces d'artillerie, 76 500 engins balistiques, 12 200 avions et hélicoptères, 437 grands navires de guerre. Nous avions 6 fois plus de tanks que l'OTAN. » Voir : Chlykov V., « Qu'est-ce qui a perdu l'Union soviétique ? Les services secrets américains et les dépenses militaires soviétiques », *Bulletin militaire*, 2001, n° 8, p. 21.

**329.** *Ibid.*

**330.** Voir la lettre de Iou. Ivanov (PDG de la Banque du commerce extérieur de l'URSS, Vnechtorgbank) au camarade N.V. Talyzine (président de la commission du présidium du Conseil des ministres de l'URSS pour les questions du Comecon). Renseignements sur les opérations de devises et de crédits de la Bulgarie, de Cuba, de la Tchécoslovaquie avec les pays et les banques capitalistes, ainsi que d'autres questions discutées dans la Banque du commerce extérieur de l'URSS, 28 avril 1984, Archives nationales.

**331.** Au moment de la mort de Staline, l'âge moyen des membres du Politburo était de 55 ans. En 1980, il était supérieur à 70 ans. Voir : Boffa G., *De l'URSS à la Russie. Histoire d'une crise inachevée*, Moscou, Relations internationales, 1966, p. 110.

## Chapitre 5

**332.** D'après les données du ministère de l'Agriculture de la fédération de Russie.

**333.** Ryjkov N.I., *Dix Ans de grands bouleversements, op. cit.*, p. 229.

**334.** Serov V., « Les changements pour le pire », *L'Industrie socialiste*, 28 février 1989.

**335.** Sur le lien entre la politique et la personnalité de M. Gorbatchev, voir : Zamiatine L., *Gorby et Maggy. Souvenirs de l'ambassadeur sur deux personnalités politiques célèbres, Mikhaïl Gorbatchev et Margaret Thatcher*, Moscou, Complexe industriel et publicitaire VINITI, 1995, p. 115 ; Nenachev M., *Le Dernier Gouvernement soviétique : personnalités, témoignages, dialogues*, Moscou, SA « Krom », 1993.

**336.** Vachtchenko G.I. (ministre du Commerce de l'URSS) au Conseil des ministres de l'URSS. Exécution du plan de développement du commerce du 11ᵉ quinquenat, 24 janvier 1986, Archives nationales.

**337.** Kosmarski V.L., Khakhoulina L.A., Chpilko S.P., *L'Opinion publique et le passage à l'économie de marché. Rapport scientifique*, Moscou, CNEOP, 1991, p. 17.

**338.** Mesures pour assainir l'économie, étapes de la réforme économique et démarches pour l'élaboration du 13ᵉ plan quinquennal, cf. *Rapport du gouvernement de l'URSS au IIᵉ Congrès des députés du peuple de l'URSS*, Moscou, Izvestia, 1989, p. 16.

  

**339.** Garetovsky N.V. (PDG de la Gosbank ) au Conseil des ministres de l'URSS. Revue de la situation financière des pays socialistes (au début de 1989), 13 juillet 1989, Archives nationales.

**340.** Intervention du président du gouvernement N. Ryjkov au plénum du CC du PCUS les 27 et 28 janvier 1987. Rapport sténographié du plénum du CC du PCUS. Archives nationales russes d'histoire contemporaine.

**341.** Pavlov V.S., *Du budget national de l'URSS pour 1990 et de l'exécution du budget national de l'URSS pour 1988*, Moscou, Finances et statistiques, 1990, p. 9, 15.

**342.** Département des devises et finances de la Gosbank de l'URSS au Conseil des ministres de l'URSS. Revue de la situation financières des pays socialistes, 24 février 1988, Archives nationales d'économie.

**343.** Garetovski N.V. (PDG de la Gosbank de l'URSS) au Conseil des ministres de l'URSS. Revue de la situation financière des pays socialistes (début 1989), 13 juillet 1989, cf. Archives nationales ; sur les réserves d'or au 1er janvier 1986 (587 tonnes), voir : Ryjkov N.I., *Dix Ans de grands bouleversements, op. cit.*, p. 240.

**344.** Rapport de la Gosbank, « Situation financière et monétaire des pays socialistes (mi-1988) », 18 décembre 1988, Archives nationales d'économie.

**345.** Plénum du CC du PCUS, 5-7 février 1990, plate-forme du CC du PCUS pour le XXVIIIe Congrès du Parti, Archives nationales russes d'histoire contemporaine.

**346.** La Gosbank au département de planification et de coordination de l'activité bancaire, « Documents pour le rapport sur la situation sociale et économique du pays », 2 janvier 1990, Archives nationales d'économie.

**347.** Serov V.M. (président du Gosstroï) au Conseil des ministres de l'URSS, « Mesures pour réduire les stocks de matériel importé non monté », 7 mai 1990, Archives nationales.

**348.** Lettre du président de la direction de la Banque du commerce extérieur, Iou.S. Moskovski, au président de la Commission de l'économie internationale d'État du Conseil des ministres de l'URSS, S.A. Sitarian, et au vice-président du Gosplan de l'URSS, J.P. Khomenko, 22 novembre 1989, « Construction en URSS des complexes de gaz et de pétrole par des entreprises communes », archives personnelles d'E. Gaïdar.

**349.** Le style des débats du gouvernement soviétique sur les questions financières au milieu des années 1980 est parfaitement illustré dans les propos du ministre des Finances de l'URSS, V. Garbouzov, lors de l'ouverture de la discussion du budget en 1985 (début de la crise) : « C'est avec un profond sentiment de satisfaction que notre peuple et tous les progressistes du monde ont appris la nouvelle de l'attribution de l'ordre de Lénine et de la troisième médaille d'or "Faucille et marteau" au camarade K.O. Tchernenko. (Applaudissements.) Éminent homme politique léniniste, Konstantin Oustinovitch Tchernenko travaille avec dévouement à la tête du Parti et de l'État. Son apport personnel à l'élaboration et la réalisation de la politique léniniste du PCUS est inestimable. Cette politique est soutenue sans réserve par tous les travailleurs de l'Union soviétique... » Cf. Garbouzov V.F., *Budget national de l'URSS pour 1985 et réalisation du budget en 1983*, Moscou, Politizdat, 1984, p. 4.

**350.** Gorbatchev M.S., *La Vie et les réformes*, Moscou, Novosti, 1995, Livre 1er, p. 234.

**351.** Krioutchkov V.A. *Affaire personnelle, op. cit.*, p. 1 et 42.

**352.** Présidium du CC du PCUS. 1954-1964. Brouillons des notes du compte rendu des séances de travail (sténogrammes), arrêtés, v. 1, p. 151.

**353**. Tchernev A.D., *229 dirigeants du Kremlin (Politburo, Orgburo, secrétariat du CC du Parti communiste) en personnes et en chiffres*, Moscou, rédaction de la revue *Patrie*, centre scientifique « Roussika », 1996.

**354**. Extrait de l'intervention de N. Tikhonov, président du Conseil des ministres de l'URSS, à la séance de travail du Politburo du CC du PCUS, le 11 mars 1985 : « Ces derniers temps nous avons beaucoup travaillé avec Mikhaïl Sergueevitch Gorbatchev. Nous étions surtout très liés au cours du travail de la Commission pour l'amélioration du mécanisme économique. Qu'est-ce que je peux dire de Mikhaïl Sergueevitch ? Il est très sociable, on peut discuter avec lui au plus haut niveau. Il est le premier des secrétaires du CC qui connaisse bien l'économie. Vous comprenez pourquoi cela est très important. » Voir : séance de travail du Politburo du CC le 11 mars 1985. Note de travail. Archives nationales d'histoire contemporaine.

**355**. Sténogramme de la séance de travail du plénum du CC du PCUS le 29 juin 1990, Archives nationales d'histoire contemporaine.

**356**. Ryjkov N.I., *Dix Ans de grands bouleversements, op. cit*, p. 41, 87.

**357**. A. Iakovlev écrit qu'en 1985 les chefs du Parti ne mettaient pas en doute la stabilité et le caractère progressiste du système socialiste. Voir : Iakovlev A.N., *Triste Destin : bolchévisme et réformes en Russie*, Iaroslavl, Verkhne-Voljskoïe, 1994, p. 213-239.

**358**. Sténogramme du plénum du CC du PCUS des 27 et 28 janvier 1987. Archives nationales d'histoire contemporaine.

**359**. Archives nationales d'histoire contemporaine.

**360**. Zotov M.S. (PDG de la Promstroïbank de l'URSS) au Conseil des ministres de l'URSS à B.E. Chtcherbina, « Des principaux problèmes des projets des plans du développement économique et social des industries énergétiques pour 1989 », 26 mai 1988, Archives nationales.

**361**. Extrait de l'interview de M. Gorbatchev à l'occasion du 20ᵉ anniversaire de la perestroïka : « Nous étions nuls dans le domaine financier. » Cf. Mouratov D., « De nouvelles passions autour de Gorbatchev », *Novaïa Gazeta*, 1ᵉʳ février 2005.

**362**. Baïbakov N.K., *Quarante Ans au gouvernement, op. cit.*, p. 161.

**363**. Ryjkov N.I., *Dix Ans de grands bouleversements, op. cit.*, p. 101.

**364**. Glouchkov N.T. (président de la Commission nationale des prix) au Conseil des ministres. « Réalisation de la décision du CC du PCUS et de l'arrêté du Conseil des ministres de l'URSS du 19 juillet 1986 », n° 847, 1ᵉʳ août 1986, Archives nationales.

**365**. Koudrov V.M., *Rétrospective de l'économie soviétique, op. cit.*, p. 102.

**366**. Terekh K.Z. (ministre du Commerce de l'URSS) au Conseil des ministres de l'URSS, « Information sur l'état du commerce de certaines denrées », 2 décembre 1987, Archives nationales.

**367**. *Ibid.*

**368**. Kossov V. (Direction générale de l'information auprès du Conseil des ministres) au président du Conseil des ministres N.I. Ryjkov, « Particularités du fonctionnement de l'économie au premier trimestre 1987 », avril 1987, Archives nationales.

**369**. Petrakov N., « Monetary Stabilization in Russia : What is to be Done ? », *Cato Journal*, 1993, vol. 12(3), p. 610-611. Selon S. Sinelnikov, le déficit du budget national de l'URSS était en 1988 et 1989 respectivement de 94,4 et 97,7 milliards de roubes, environ 10-11 % du PIB. Cf. Sinelnikov S.G., *Crise budgétaire en Russie : 1985-1995*, Moscou, Eurasie, 1995.

**370**. Pavlov V.S. (ministre des Finances de l'URSS) et Kiritchenko V.N. (président du Goskomstat de l'URSS) au Conseil des ministres de l'URSS. Information sur les mesures contre l'inflation, 5 décembre 1989, Archives nationales ; Ryjkov N. (président du Conseil des ministres), Maslioukov Iou. (président du Gosplan), Voronine L. (président du Gossnab) au CC du PCUS, « Proposition de mesures pour le développement et le renforcement d'une réforme économique radicale et pour éradiquer les erreurs commises », Archives nationales.

**371.** Voïloukov A.V. (chef du département de circulation de la monnaie de la Gosbank), « État de la circulation monétaire », Archives nationales d'économie.

**372.** Note du président du Conseil des ministres N. Ryjkov, du président du Gosplan Iou. Maslioukov, du président du Gossnab, L. Voronine, 17 juillet 1988, au CC du PCUS. Archives nationales.

**373.** Voïloukov A.V. (vice-président de la direction de la Gosbank de l'URSS) à V.G. Koutcherenko, « Politique nationale d'émission », 18 septembre 1990, Archives nationales d'économie.

**374.** O. Latsis décrit cet épisode : « Gaïdar et moi, nous avons rédigé une note détaillée pour Gorbatchev, en y joignant des publications récentes sur le sujet... Gorbatchev a trouvé cette note si intéressante qu'il l'a lue à haute voix à la réunion suivante du Politburo, alors que ce n'était pas à l'ordre du jour. Les débats ont duré deux heures, selon Ivan (Frolov), personne ne se souvenait d'une réunion où l'on avait discuté des finances et du budget. [...] Je voyais les maigres résultats de notre tentative d'ouvrir les yeux au gouvernement et à la société sur la réalité et j'étais indigné par le rôle du président du gouvernement Nikolaï Ryjkov et de Iouri Maslioukov, piliers du complexe militaro-industriel, qui sabotaient le travail du Politburo et menaient le pays à la faillite. Faute de temps pour y réfléchir, je n'ai pas trouvé la conclusion la plus évidente : la machine de l'État soviétique n'était plus capable de remplir ses fonctions de gouvernance. Même face à une catastrophe dont tout le Politburo, Gorbatchev en tête, était prévenu, notre *Titanic* ne pouvait plus éviter le choc avec l'iceberg. » Cf. Latsis O., *Un suicide minutieusement préparé*, Moscou, Institut d'études politiques, 2001, p. 195-197.

**375.** Tsareva M.A., « *Habitudes de consommation d'alcool en URSS et en Finlande »*, *efficacité de la réforme anti-alcool, aspects sociologiques*, conférence internationale à Bakou, 1-3 novembre 1988, Institut de sociologie de l'Académie des sciences de l'URSS, 1988, p. 16.

**376.** Sur certains résultats négatifs de la lutte contre l'ivrognerie et l'alcoolisme, voir : *Izvestia* du CC du PCUS. 1989, n° 1, p. 48-50.

**377.** Blacker C.D., *Hostage to Revolution. Council on Foreign Relations Press, op. cit.*, p. 57.

**378.** Gorbatchev M.S., *Des orientations principales de la politique intérieure et extérieure de l'URSS. Rapport au Congrès des députés du peuple de l'URSS, le 30 mai 1989*, Moscou, Politizdat, 1989, p. 8.

**379.** Sur les mesures d'assainissement financier et le renforcement de la circulation monétaire dans le pays en 1989-1990 et au cours du 13ᵉ quinquennat, *Izvestia* du CC du PCUS, 1989, n° 5, p. 14-16.

**380.** Mémoire de V. Dinkov (ministre de l'Industrie pétrolière) au Conseil des ministres de l'URSS, « Fournitures de pétrole à l'économie nationale en 1989 », 30 juin 1989, Archives nationales.

**381.** Mémoire de L. Filimonov au Conseil des ministres de l'URSS, « Commande de pétrole par l'État en 1989 », 16 août 1989, Archives nationales.

**382.** Medvedev V., *L'Équipe de Gorbatchev, op. cit.*, p. 87 et 103.

**383.** A. Voronov, « Problèmes de lutte contre la pénurie et méthodes de régulation du marché consommateur », *Voprosy Ekonomiki*, 1990, n° 1, p. 26-32.

**384.** Gosbank de l'URSS, « Documents pour l'exposé sur la situation socio-économique du pays », 2 janvier 1990, Archives nationales d'économie.

**385.** Lettres de la population relatives aux problèmes de mise en œuvre d'une réforme économique radicale, *Izvestia* du CC du PCUS, 1989, n° 8, p. 150.

**386.** Mémoire du service agraire du CC du Parti au CC du PCUS, « Sur le commerce des denrées dans la ville de Moscou », 10 juillet 1989, *Izvestia* du CC du PCUS, n° 9, 1989, p. 91.

**387.** *Importation de céréales : problèmes anciens et nouveaux*, 1989, p. 2.

**388.** Cheloudko M., « Compte rendu de l'exécution du plan de développement économique et social par le ministère des Produits céréaliers de l'URSS en1988 sur trois années du 12ᵉ quinquennat », 26 janvier 1989, Archives nationales d'économie.

**389.** Cheloudko M., « Compte rendu de l'exécution du plan de développement économique et social par le ministère des Produits céréaliers de l'URSS en1988 sur trois années du 12ᵉ quinquennat ».

**390.** Mémoire du ministre des Produits céréaliers de l'URSS, A. Boudyka, au premier adjoint du président du Conseil de l'URSS, V. Nikitine, 11 août 1989, n° 120-272, Archives nationales d'économie.

**391.** Mémoire de P. Kondrachev (vice-ministre du Commerce de l'URSS) au Conseil des ministres de l'URSS, « Situation actuelle quant à l'approvisionnement de la population en produits céréaliers au premier semestre 1989 », 13 janvier 1989, Archives nationales d'économie.

**392.** Mémoire de Y. Katchalovski (vice-président du Conseil des ministres de la République ukrainienne) au Conseil des ministres de l'URSS, « Complément des stocks manquant de farine et de gruau en République ukrainienne en 1989 », 23 janvier 1989, Archives nationales.

**393.** P.D. Kondrachev (vice-ministre du Commerce de l'URSS) au Conseil des ministres de l'URSS, « Augmentation des stocks de produits céréaliers au 3ᵉ trimestre 1989 », 13 juillet 1989, Archives nationales.

**394.** Mémoire de V. Kiritchenko (président du comité des statistiques de l'URSS) au Conseil des ministres de l'URSS, « Sur le déroulement de la production et de la distribution des biens de consommation courante de janvier à septembre 1989 », 10 octobre 1989, Archives nationales.

**395.** Compte rendu de la séance du présidium du Conseil des ministres de l'URSS, 11 octobre 1989, « Réalisation de la production prévue des biens de consommation courante », Archives nationales.

**396.** Cf. l'exposé du gouvernement de l'URSS au IIᵉ Congrès des députés du peuple de l'URSS, « Sur les mesures d'assainissement de l'économie, les étapes de la réforme économique et les approches de principe à l'élaboration du 13ᵉ plan quinquennal »,. Novembre 1989, p. 5.

**397.** N. Garetovski (président du CA de la Gosbank de l'URSS) au Conseil des ministres de l'URSS, « Aperçu de la situation monétaire et financière des pays socialistes début 1989 », 13 juillet 1989, Archives nationales.

**398.** Goldman M.I., *What Went Wrong With Perestroika ?*, New York, Londres, W.W. Norton & Company, 1992, p. 159-160.

**399.** Extrait de la note au CC du PCUS, « Propositions pour régler la question de l'endettement des pays en voie de développement (à l'exception des moins développés), suite à la position adoptée par M. Gorbatchev à l'ONU ». Cf. extrait du compte rendu de séance du Politburo du CC du PCUS, 23 août 1989, Archives nationales d'histoire contemporaine.

**400.** Mémoire de Iou. Borissov (vice-président de la Commission nationale des denrées et des achats) à S. Sitarian (vice-président du Conseil des ministres), « Paiements des denrées d'importation », 30 mai 1990, Archives nationales.

**401.** Mémoire de V. Bykov (ministre de l'Industrie médicale de l'URSS) à S. Sitarian (vice-président du Conseil des ministres), « Paiement des médicaments en devises convertibles », 11 avril 1990, Archives nationales.

**402.** Mémoire de Iou.M. Loujkov (adjoint du chef du Glavsnab du comité exécutif de la ville de Moscou) à S. Sitarian (vice-président du Conseil des ministres), « Sur l'approvisionnement du comité exécutif de la ville de Moscou en matières premières alimentaires en 1990 », 6 août 1990, Archives nationales.

**403.** Compte rendu des activités de la Caisse d'épargne (Sberbank) en 1989, Archives nationales d'économie.

**404.** V. Gerachtchenko au Soviet suprême de l'URSS, « Sur les résultats de la réalisation du plan au 1ᵉʳ trimestre de 1990 », 6 avril 1990, Archives nationales d'économie.

**405.** Iou. Moskovski (président du conseil d'administration de la Vnechekonombank) au président du Conseil des ministres de l'URSS, N. Ryjkov, « Lancement de l'emprunt obligataire sur le marché de la RFA », 22 mars 1989, Archives nationales.

**406.** Y. Moskovski (président du conseil d'administration de la Vnechekonombank de l'URSS) au président du Conseil des ministres de l'URSS, N. Ryjkov, « Octroi de crédits à l'Union soviétique », 8 août 1989, Archives nationales.

**407.** Séance de la commission du CC du PCUS sur les questions de politique internationale, 28 mars 1989. Réorganisation des relations économiques extérieures, *Izvestia* du CC du PCUS, n° 7, 1989, p. 38 et *sq*.

**408.** Mémoire d'A. Katchanov (vice-ministre des Relations économiques extérieures) au Conseil des ministres de l'URSS, « Sur le paiement des importations des produits de la métallurgie ferreuse et non ferreuse dans le cadre des limites fixées pour 1990 », 21 février 1990, Archives nationales.

**409.** Mémoire de K. Katouchev (ministre des Relations économiques extérieures de l'URSS) à S. Sitarian (président de la Commission des relations économiques extérieures du Conseil des ministres de l'URSS), « Sur les arriérés des organismes des relations économiques extérieures de l'URSS. Arriérés des AEE de l'URSS », 28 mai 1990, Archives nationales.

**410.** Mémoire de V. Vorontsov (vice-ministre des Relations économiques extérieures) à S. Sitarian. Arriérés (cf. *supra*), 14 septembre 1990, Archives nationales.

**411.** Iou. Moskovski (président du conseil d'administration de laVnechekonombank) à S. Sitarian (vice-président du Conseil des ministres), « Note sur le fonctionnement de laVnechekonombank de l'URSS sur l'appel de ressources financières fin 1989, début 1990 », 26 avril 1990, Archives nationales.

**412.** S. Sitarian (vice-Premier ministre) à N. Ryjkov (Premier ministre), le 3 mai 1990. Archives nationales.

**413.** Les banquiers se montrent prudents sur la question de l'octroi de crédits à l'URSS, *International Herald Tribune*, 5 juin 1990, Archives nationales.

**414.** Mémoire de Iou. Moskovski au Conseil des ministres de l'URSS, « Sur l'attitude des milieux d'affaires occidentaux sur l'octroi des fonds à l'Union soviétique », 14 juin 1990, Archives nationales.

**415.** Mémoire d'A. Katchanov (vice-ministre des Relations économiques extérieures) à L. Voronine (premier vice-président du Conseil des ministres), « Sur les possibilités d'acquisitions supplémentaires à l'étranger », 25 octobre 1990, Archives nationales.

**416.** S. Sitarian (vice-Premier ministre) à N. Ryjkov (Premier ministre), « Les déclarations de M. Gorbatchev sur la nécessité de prolonger l'endettement », 31 juillet 1990, Archives nationales.

**417.** Mémoire de V. Gerachtchenko (président du CA de la Gosbank) à S. Sitarian (vice-président du Conseil des ministres), « Les possibilités de faire appel à des financements à moyen terme sur une base intergouvernementale », 4 avril 1990, Archives nationales.

**418.** Extrait du mémorandum pour la conversation Chevardnadzé-Kohl, Archives nationales.

**419.** Iakovlev A., *Les Marécages de la mémoire. De Stolypine à Poutine*, Moscou, Vagrius, 2001, vol. 1, p. 372.

**420.** Réunion du Politburo du 25 septembre 1986, brouillon, « Sur les détenus politiques », Archives nationales russes d'histoire contemporaine.

**421.** Compte rendu du plénum du CC du PCUS, Archives nationales russes d'histoire contemporaine.

**422.** Archives nationales russes d'histoire contemporaine.

**423.** Medvedev V., *L'Équipe de Gorbatchev, op. cit.*, p. 42.

**424.** Les hésitations des dirigeants et des organismes responsables de la politique économique sur la question des réformes des prix en 1989, et leur réticence à prendre la responsabilité de cette grave décision, cf. Medvedev V., *L'Équipe de Gorbatchev, op. cit.*, p. 54-55. Les sondages du VTsIOM montrent que la population était favorable à l'instauration de la propriété privée et très hostile à la libération des prix. Elle ne comprenait pas que l'un n'allait pas sans l'autre, cf. sondage de l'opinion publique « Attitude envers le problème de la propriété », Moscou, VTsIOM, 1989 ; Chpilko S., Khakhoulina L. *et al.*, *Évaluation par la population de la situation socio-économique du pays (selon les résultats des sondages de 1991). Rapport scientifique*. Moscou, VTsIOM, 1991. Selon les sondages du VTsIOM, à la fin des années 1980, plus de la moitié de la population de l'URSS était persuadée de la nécessité de passer à une économie de marché, mais 58 % estimaient que le chômage était inacceptable quelle qu'en soit la raison. Cf. Kosmarski V., *Rapport express du VTsIOM. « Attitude de la population sur la réduction de l'emploi et le licenciement des salariés », 12 juillet 1989*, Moscou, VTsIOM, 1989, p. 8.

**425.** Loi de l'URSS du 19 novembre 1986 « Sur le travail indépendant », décisions du Parti et du gouvernement sur les questions économiques, Moscou, Politizdat, 1988, T. 16, partie 2, p. 489-499.

**426.** Plechakov L., « "Ne pas partager, mais gagner", interview de L. Abalkine », *Ogoniok*, n° 41, octobre 1989, p. 2.

**427.** Brouillons des comptes rendus des réunions du présidium du CC du PCUS de 1954 à 1964, règlements T. 1, p. 638-639.

**428.** Mémoire de V. Kossov à D. Voronine, « Sur le danger de la stagflation en 1990 », 20 décembre 1989, Archives nationales.

**429.** Problèmes créés par le développement de la coopération, cf. « Potentiel et "maux de la croissance" de la coopération », interview avec V. Mojine, premier vice-directeur du département socio-économique du CC du PCUS, *Polititcheskoïe Obrazovanie*, 1989, n° 16, p. 38-43. Sur le recours aux coopératives pour réaliser les produits, acquis aux entreprises étatiques à prix fixes, puis vendus aux prix du marché, cf. Krasnopivtsev A. (vice-président du comité d'État sur les prix de l'URSS), « Mesures de prévention des processus inflationnistes basées sur la limitation des prix », Archives nationales.

**430.** Glouchetski A., « Politique des coopératives : bilans, contradictions, propositions d'optimisation », *Ekonomitcheskie Naouki*, 1990, n° 6, p. 52-67.

**431.** Bases de la législation de l'URSS et des républiques de l'Union, n° 810-1 du 23 novembre 1989, « Sur le bail » (rédaction de la loi de l'URSS du 7 mars 1991, n° 2015-1). Le texte intial du document a été publié par *Vedomosti SND* et *VS CCCP*, 1989, n° 25, art. 481.

**432.** *Izvestia* du CC du PCUS, 1989, n°12, p. 20.

**433.** Mémoire de la Direction des banques commerciales et coopératives au conseil administratif de la Gosbank de l'URSS, « Activités des banques commerciales en 1990 », 7 mai 1991, Archives nationales d'économie.

**434.** Mémoire de V. Bakatine (ministre de l'Intérieur de l'URSS) au premier adjoint du président du Conseil des ministres Iou. Maslioukov, « Sur les tendances générales de l'évolution de la criminalité économique au premier semestre de 1990 et les prévisions sur les conséquences possibles du passage à l'économie de marché sur la criminalité », 13 juillet 1990, Archives nationales.

**435.** N. Ryjkov (président du Conseil des ministres), Iou. Maslioukov (président du Gosplan), L. Voronine (président du Gossnab) au CC du PCUS, « Propositions de mesures pour le développement et l'approfondissement des réformes économiques radicales et correction des erreurs dans leur réalisation », 17 juillet 1988, Archives nationales.

**436.** Ryjkov N., *Dix Ans de grands bouleversements, op. cit.*, p. 202.

**437.** « Le mouvement ouvrier dans le Kouzbass. Recueil de documents et matériaux », avril 1989-mars 1992, compilé par L. Lopatine, Kemerovo, Sovremennaya, otetchestvennaya kniga, 1993, p. 39-40, 68-71.

## Chapitre 6

**438.** Sténogramme de la réunion autour du président du Conseil des ministres de l'URSS, N. Ryjkov, sur la livraison à l'État du pétrole, du gaz et des produits pétroliers en 1991.

**439.** Mémoire du service socio-économique du CC du PCUS « Sur la grave incapacité à garantir le fonctionnement stable de l'économie nationale dans la période automne-hiver 1990-1991 », Archives nationales.

**440.** Katouchev K.F. (ministre des Relations économiques de l'URSS) au président du Conseil des ministres de l'URSS N. Ryjkov, « Exportation des produits pétroliers au 4ᵉ trimestre de 1990 », mémoire du 31 octobre 1990.

**441.** Extrait de la lettre de V. Kostiounine (vice-président du Gossnab), d'A. Troitski (vice-président du Gosplan) au vice-président du Conseil des ministres de l'URSS Ryabiev, sur l'approvisionnement de l'économie nationale et de la population en combustible et en énergie dans la période de l'automne-hiver 1991-1992, 23 mai 1991, Archives nationales.

**442.** Archives nationales.

**443.** Bobylev Iou., Chemiavski A., « The Economic Impact of the Crisis in Russian Oil Exploration and Production », *Oil and Gas Development in the Russian Federation*, Alexandrie, Legacy International, 1992, p. 63, 87.

**444.** Extrait du mémoire de L. Tchourilov (ministre de l'Industrie pétrolière et du Gaz) au président du Conseil V.S. Pavlov, « Rapport urgent sur les livraisons des ressources matérielles et techniques pour le ministère du Pétrole et du Gaz », du 12 juillet 1991, Archives nationales.

**445.** En mai 1991, Otto Latsis écrivait que l'évolution des événements en Pologne en 1981 présentait de fortes similitudes avec ce qui se passait au printemps 1991 en URSS : « Nous vivons actuellement à peu près comme en Pologne en 1981 [...]. La naissance et le déroulement de la crise économique en Pologne se répètent, avec les mêmes surinvestissements irresponsables, les mêmes "cadeaux" à la population sous forme de surconsommation (non que nous soyons rassasiés – certainement pas –, mais nous consommons plus que ce que le pays produit), le même déficit du budget national, l'accroissement de la dette extérieure et le poids du crédit, la même urgence de libérer les prix et le refus de cette urgence, les protestations furieuses des ouvriers. Derrière les discussions politiques, comme une ombre immense, se profile l'épidémie de grèves, ce mal qui épuise la Pologne depuis dix ans » (cf. Latsis O. « Sur la nature des prix », *Izvestia*, 7 mai 1991).

**446.** Dans son intervention à l'ONU au mois de décembre 1988, M. Gorbatchev déclare que les effectifs des forces armées de l'URSS seront réduits de 500 000 hommes, le nombre de chars de 10 000 et celui des avions de 820. Des mesures supplémentaires prévoient de réduire le nombre de chars de 15 000 et d'avions de 860. Cf. XXVIIIᵉ Congrès du PCUS du 2 au 13 juillet 1990. Compte rendu sténographié, Moscou, Politizdat, 1991, p. 210.

**447.** Selon le témoignage de l'ambassadeur des États-Unis en URSS Matlock, en novembre 1989, Gorbatchev donna à Bush l'assurance que les troupes soviétiques ne seraient pas employées pour le maintien des régimes existants en Europe de l'Est et qu'il était prêt à donner à l'Europe de l'Est la liberté de choisir son système politique et écononique. Cf. Matlock J.F., *Autopsy on an Empire : The American Ambassador's Account of the Soviet Union, op. cit.*

**448.** Blacker C.D., *Hostage to Revolution, op. cit.* (sur la relation des appels des dirigeants soviétiques pour l'attribution de crédits politiquement motivés) ; Bialer S., « The Death of Soviet Communism », *Foreign Affairs*, hiver 1991-1992 (sur les avantages financiers négligeables reçus pas l'URSS de l'Occident en contrepartie de la libération de l'Europe orientale).

**449.** Sur le manque d'empressement des dirigeants soviétiques à recourir aux forces armées pour garder le contrôle de la Pologne, et leur espoir de voir les dirigeants polonais le faire, cf. Boukovski V., *Jugement à Moscou, op. cit.* Sur la réticence de Souslov et d'Andropov à attaquer la Pologne, cf. Chakhnazarov G., *Avec les dirigeants et sans eux, op. cit.*

**450.** E. Chevarnadzé, A. Iakovlev, D. Iazov et V. Krioutchkov au CC du PCUS, « La situation en Pologne, variantes possibles d'évolution et perspectives des relations soviéto-polonaises », 20 septembre 1989, Archives nationales russes.

**451.** Hough J., *Democratization and Revolution in the USSR 1985-1991*, Washington, 1997 (sur l'incapacité de la direction soviétique à employer la force contre sa propre population et la population des pays vassaux lors du démantèlement de l'empire et du système soviétique).

**452.** Matlock J.F. *Autopsy on an Empire, op. cit.*, p. 231, 339.

**453.** *C'était ainsi : les répressions ethniques en URSS*, Aliev S. (rééd.), Moscou, Nisan, 1993, t. 1, p. 13.

**454.** Sur les problèmes interethniques accumulés depuis 1920 et leur potentiel explosif, cf. Vishnievski A.G., *La Faucille et le rouble, op. cit.*

**455.** M. Gorbatchev. *La Perestroïka, une nouvelle façon de penser pour notre pays et pour le monde entier*, Moscou, Politizdat, 1987, p. 118 [en français : *La Perestroïka, vues neuves sur notre pays et le monde*, Paris, Flammarion, 1987].

**456.** Présidium du CC du PCUS. 1954-1964, brouillons des notes, sténogrammes des décisions, T. 1, p. 929-930.

**457.** Amrekulov N., « Interethnic Conflicts and Resolution in Kazakhstan », *in* Sagdeev R.Z., Eisenhower S. (dir.), Douglas A.R., *Central Asia : Conflict, Resolution ans Change*, Chevy Chase Maryland, CPSS Press, 1995.

**458.** *Alma-Ata. Décembre 1986.* Alma-Ata, collège Aoudarma, Altyn Orda, 1991. p. 8.

**459.** Grinberg A.G., « Mécanisme économique des relations entre républiques et entre régions », *Économie et organisation de la production industrielle*, 1989 n° 9 ; Souslov V.I., *Mesure des effets des interactions interrégionales : modèles, méthodes, résultats*, Novossibirsk, 1991 ; Grinberg A., Souslov V., « Relations entre républiques à la veille de la débâcle de l'URSS », *Évolution et coopération interrégionales*, 1997, p. 19-25.

**460.** Extrait de la résolution du secrétariat du CC du PCUS, le 4 février 1991 « Sur les propositions relatives aux bases légales, organisationnelles et économiques de la régulation des migrations forcés », Archives nationales.

**461.** Kuzio T., Wilson A., *Ukraine: Perestroika to Independence*, New York, St. Martin's Press, 1994, p. 100.

**462.** Sur les problèmes relatifs à la composition multiethnique des forces armées soviétiques, cf. Alexiev A.R, Nurick R.C., *The Soviet Military Under Gorbachev. Report on a RAND Workshop*, RAND, février 1990, p. 21-22.

**463.** Sobtchak A., *Les Événements de Tbilissi ou le dimanche sanglant de 1989*, Moscou, 1993.

**464.** Les premiers troubles dans la vallée de Fergana éclatèrent le 23 mai 1989. Le 3 juin, ils prennent un caractère de masse. Dès le 4, plusieurs groupes nationalistes, armés de couteaux, de haches, de barres métalliques, attaquèrent les habitations des Turcs et les bâtiments administratifs où ils avaient trouvé refuge. Voici la description de l'un des témoins de ces événements : « Les incendies qui ravageaient les maisons, les villages, les quartiers entiers de Turcs meskhètes étaient visibles dans le ciel. Le centre de la région, Fergana, était couvert de sang. À Kokand, quelques rues étaient entièrement brûlées. » Cf. Ardaiev V., *Fergana : La répétition de la leçon apprise*, Moscou, 2005. Bilan des événements de Fergana : 103 tués, 1 011 blessés, 757 immeubles d'habitation et 27 immeubles municipaux brûlés et pillés. Cf. CC du PC d'Ouzbékistan : « Sur les événements tragiques dans la région de Fergana et la responsabilité des organismes d'État, des organismes municipaux et du Parti », *Izvestia* du CC de PCUS, n° 10, 1989. L'intervention armée des forces de l'intérieur pour faire cesser les troubles n'eut lieu que vers 20 heures le 4 juin. Le 5, les troupes comptaient 6 000 soldats. Cf. aussi Lourié M. et Stoudenikine P., *L'Odeur du feu et du chagrin. Fergana. Le funeste mois de juin 1989*, Moscou, Kniga, 1990.

**465.** Medvedev V., *L'Équipe de Gorbatchev, op. cit.*

**466.** Illech A., Roudnev V., « La milice, confrontée à une vague de criminalité qu'elle a du mal à endiguer, demande de l'aide », *Izvestia*, 5 avril 1991.

**467.** Arrêté du Congrès des députés du peuple du 9 août 1989 « Sur les lignes directrices de la politique intérieure et extérieure de l'URSS », *Pravda*, 25 juin 1989.

**468.** Arrêté du Soviet suprême de l'URSS n° 1897-1, 12 janvier 1991 « Prévisions du gouvernement de l'URSS pour le fonctionnement de l'économie du pays en 1991 et plan d'État pour l'année 1991 ».

**469.** Recueil des documents adoptés par les six premiers Congrès des députés du peuple de la fédération de Russie, Moscou, Respoublika,1992.

**470.** N. Ryjkov (président du Conseil des ministres), Iou. Maslioukov (président du Gosplan), L. Voronine (président du Gossnab) au CC du PCUS, « Propositions de mesures pour développer et approfondir la réforme économique radicale et contrer les effets indésirables qui sont apparus au cours de sa mise en œuvre », 17 juillet 1988.

**471.** Plénum du CC du PCUS, 5-7 février 1990, « Sur le projet de la plate-forme du CC du PCUS au XXVIIIe Congrès du PCUS », Archives nationales.

**472.** Début décembre 1988, le directeur de l'Institut d'économie de l'Académie des sciences de l'URSS, L. Abalkine, adresse un mémoire à la direction du pays, dans lequel il avertit que l'augmentation des prix de détail pourrait amener à une explosion sociale et propose donc de la différer de deux ou trois ans. Cf. Abalkine L., « Propositions de l'Institut d'économie de l'Académie des sciences de l'URSS pour l'amélioration de la réforme économique en cours dans le pays » 1ᵉʳ décembre 1988, Archives nationales. Dans l'exposé du gouvernement au IIᵉ Congrès des députés du peuple de l'URSS, en novembre 1989, l'idée de la nécessité de soumettre le problème de la réforme des prix de détail à la délibération nationale a été émise (cf. exposé du gouvernement de l'URSS au IIᵉ Congrès des députés du peuple de l'URSS, « Sur les mesures pour l'assainissement de l'économie, les étapes de la réforme économique et les approches de principe à l'élaboration du 13ᵉ plan quinquennal », Moscou, novembre 1989).

**473.** XXVIIIᵉ congrès du PCUS. 2-13 juillet 1990. Rapport sténographié, Moscou, 1991.

**474.** Ryjkov N., *Dix Ans de grands bouleversements, op. cit.*, p. 26.

**475.** *Ibid.*, p. 249, 424-425.

**476.** V.K. Sentchagov (président du comité des prix de l'État) au Premier ministre N.I. Ryjkov, « Sur la question de la formation des prix », 12 décembre 1990, Archives nationales.

**477.** Intervention du vice-président du Conseil des ministres L. Abalkine à la IVᵉ session du Soviet suprême de l'URSS, 26 novembre 1990, IX, p. 196 (rapport sténographié).

**478.** Programme gouvernemental de formation des structures et mécanismes de l'économie de marché régulée, Moscou, 1990.

**479.** Plénum du CC de l'URSS, 5-7 février 1990, « Sur le projet de plate-forme du CC du PCUS au XXVIIIᵉ Congrès du PCUS », Archives nationales.

**480.** Base de données de l'ONU FAOstat, 2005.

**481.** K.F. Katouchev (ministre des Relations économiques étrangères) à Sitarian (président de la commission d'État d'économie extérieure du Conseil des ministres), « Sur les paiements des céréales et des produits céréaliers », 13 avril 1990, Archives nationales.

**482.** V. Faline (chef du département international du CC du PCUS), extrait du compte rendu de séance n° 144 du 28 décembre 1988, Archives nationales.

**483.** S. Sitnine (mémoire du vice-ministre des Finances à la Commission d'économie extérieure du Conseil des ministres), « Sur la réduction des fonds alloués à l'assistance aux États étrangers », Archives nationales.

**484.** K.F. Katouchev (ministre des Relations économiques internationales) à L.A. Voronine (premier vice-président du Conseil de l'URSS), « Sur le paiement des arriérés des services du ministère des Relations économiques aux sociétés de la RFA », 11 octobre 1990.

**485.** V.V. Gerachtchenko et Iou.S. Moskovski au Premier ministre de l'URSS N.I. Ryjkov, « Sur le transfert à la Vnechekonombank de garanties de paiement des achats à l'importation », 1ᵉʳ octobre 1990, Archives nationales.

**486.** A.I. Katchanov (vice-ministre des Relations économiques extérieures), A.M. Belitchenko (vice-président de la Commission nationale du Conseil des ministres de l'URSS des denrées et des achats), L.A. Voronine (premier vice-président du Conseil de l'URSS), « Rapport urgent sur l'endettement de la Vnechekonombank », 28 novembre 1990.

**487.** Mémoire d'A. Krivenko (président de la société VVO « Prodintorg ») au Premier ministre de l'URSS, N.I. Ryjkov, « Arriérés de paiement de la société envers les sociétés étrangères », 15 août 1990, Archives nationales.

**488.** Mémoire de V.N. Vorontsov (vice-ministre des Relations économiques étrangèresà à S. Sitarian (cf. *supra*), « Sur les paiements des denrées importées », 6 août 1990, Archives nationales.

**489.** V.N. Vorontsov à S.A. Sitarian, « Sur les arriérés de paiement par la Vnechekonombank des commissions des groupements aux sociétés étrangères », 10 avril 1990, Archives nationales.

**490.** Intervention de Iou. Maslioukov à la IVᵉ Session du Soviet suprême de l'URSS le 26 novembre 1990. Sténogramme, Soviet suprême de l'URSS, IVᵉ Session, 1990, p. 187.

**491.** V. Gerachtchenko au président de la Commission de planification budgétaire et financière du Soviet suprême de l'URSS, V. Koutcherenko, 19 septembre 1990, « La circulation monétaire en 1990 », Archives nationales.

**492.** Mémoire du 26 novembre 1990, d'I. Pogossov (premier vice-président du Goskomstat de l'URSS) au Conseil des ministres de l'URSS, « Sur les efforts des entreprises et organismes pour satisfaire la demande en produits de consommation courante, de janvier à octobre 1990 », Archives nationales.

**493.** Ryjkov N., *Dix Ans de grands bouleversements, op. cit.*

**494.** Rapport du VTsIOM, « Comportement de la population face à la possibilité de passage accéléré à l'économie de marché », 22 mai 1990, Archives nationales.

**495.** Kosmarski B., Khakhoulina L., Chpilko S.. *L'Opinion publique sur le passage à l'économie de marché, op. cit.*

**496.** White S., *Gorbachev and After, op. cit.*, p. 239, 247.

**497.** Synthèse de l'allocution inaugurale au plénum du CC du PCUS du 8 octobre 1990 (18 octobre 1990 au plus tard), archives du fonds Gorbatchev, tiré du fonds de G. Chakhnazarov, n° 15368, p. 14.

**498.** Plechakov L., « "Et la suite ?" interview de G. Iavlinski », *Ogoniok*, n° 44, octobre 1990, p. 5.

**499.** Sténogramme de la réunion du Politburo du CC du PCUS du 16 novembre 1990, Archives nationales.

**500.** *Ibid.*

**501.** K. Terekh (ministre du Commerce de l'URSS) au Premier ministre N. Ryjkov, « Sur les ressources des biens de consommation courante au 1ᵉʳ trimestre de 1991 », 25 décembre 1990, Archives nationales.

**502.** N. Belov (premier vice-ministre du Goskomstat de l'URSS) au Premier ministre N. Ryjkov, « Sur les prix des biens de consommation courante » 7 août 1990, Archives nationales.

**503.** Note explicative du rapport comptable de la Caisse d'épargne (Sberbank) pour 1990. Archives nationales.

**504.** A. Voïloukov (vice-président de la direction de la Banque nationale [Gosbank]), « Sur le fonctionnement de la direction de la circulation monétaire en 1990 », 25 mars 1991, Archives nationales.

**505.** V. Kiritchenko (président du Goskomstat de l'URSS) au Premier ministre V. Pavlov, « Les chiffres de l'inflation et la demande non satisfaite de la population en 1990 », 23 janvier 1991, Archives nationales.

**506.** Mémoire de Iou. Loujkov (président du comité exécutif de Moscou) au Premier ministre V. Pavlov, « Situation de l'approvisionnement de la population de la ville de Moscou en biens de consommation », 26 février 1991, Archives nationales.

**507.** Le présidium du Soviet des députés du peuple de Nijni-Novgorod au président de l'URSS, M. Gorbatchev, décembre 1991, Archives nationales.

**508.** « Conflit socio-économique de Tioumen », *Moskovskie Novosti*, n° 13, 1ᵉʳ avril 1990.

**509.** Soviet suprême de l'URSS, « Déclaration au peuple soviétique sur l'augmentation des prix de détail », 12 juin 1990, Archives nationales.

**510.** Archives nationales d'histoire contemporaine.

**511.** « Sortir de l'impasse. Programme du gouvernement de la RSFSR de stabilisation de l'économie et de passage à l'économie de marché », *Komsomolskaïa Pravda*, 23 avril 1991.

**512.** N. Tretyakov (directeur général du groupement de commerce en gros de la viande, du beurre et des produits laitiers de la région administrative de Leningrad) au Premier ministre V.S. Pavlov, « Sur la situation extrêmement dure du ravitaillement de la population », 11 juin 1991, Archives nationales.

**513.** L'Institut de politique économique, qui donna plus tard naissance à l'Institut d'économie de la période de transition, fut fondé fin 1990. Ses fondateurs avaient pour objectif essentiel l'analyse et les prévisions du développement d'une crise sans précédent de l'économie soviétique ainsi que l'élaboration de recommandations pour la politique économique (l'auteur dirige l'Institut depuis sa création, *N.d.T.*).

**514.** *Économie de la Russie en 1991. Tendances et perspectives*, p. 38-40.

**515.** A. Vlassov, I. Skiba au CC du PCUS, « Renforcement de la lutte contre la criminalité économique », 18 mars 1991, Archives nationales.

**516.** Oukase du président de l'URSS du 10 janvier 1991 n° 1303 « Mesures urgentes pour améliorer la situation du marché des biens de consommation courante en 1991 ».

**517.** V. Kostiounine (vice-président du Gossnab de l'URSS), mémoire au vice-Premier ministre de l'URSS, V. Dogoujiev, « L'approvisionnement en produits pétroliers de l'économie nationale du pays en 1991 », 1ᵉʳ janvier 1991, Archives nationales.

**518.** K. Katouchev (ministre des Relations économiques extérieures), mémoire à N. Ryjkov (président du Conseil des ministres de l'URSS), « Sur l'exportation des produits pétroliers au 4ᵉ trimestre de 1990 », 31 octobre 1991, Archives nationales.

**519.** A. Katchanov (vice-directeur du commerce extérieur) à L. Voronine, « Sur la situation quant aux livraisons pour les exportations de diesel et de mazout en 1990 », 23 novembre 1990, Archives nationales.

**520.** Mémoire de R. Viakhirev (président par intérim du conseil d'administration du consortium national de Gazprom) à S. Sitarian (vice-président du Conseil des ministres), « Attribution de devises fortes pour l'année 1990 », 12 juin 1990, Archives nationales.

**521.** Intervention du Premier ministre V. Pavlov à la Vᵉ Session du Soviet suprême (rapport sténographié), Soviet suprême, 1991, p. 84.

**522.** Notes du CC du PCUS, 27 mai 1991, « Sur la situation critique de l'approvisionnement de la population et des organismes sanitaires en médicaments et en moyens médicaux », Archives nationales russes d'histoire contemporaine.

**523.** Intervention du Premier ministre V. Pavlov à la Vᵉ Session du Soviet suprême (rapport sténographié), Soviet suprême, 1991, p. 88.

**524.** M. Timochichine (premier vice-président de la Commission du Conseil des ministres pour le ravitaillement et les achats), « Rapport urgent. Sur l'approvisionnement en matières premières à base de beurre et d'huile en 1990 »,18 juin 1990, Archives nationales.

**525**. N. Olchanski (président de l'Agrochim) à S. Sitarian (président de la Commission d'État d'économie extérieure du Conseil des ministres de l'URSS), « Question des engagements selon le plan national », 31 octobre 1990, Archives nationales.

**526**. Extrait de l'appel du comité du Parti du ministère des Constructions mécaniques d'automobiles et agricoles de l'URSS au vice-secrétaire général du CC V. Ivachko, le 11 avril 1991, Archives nationales russes d'histoire contemporaine.

**527**. Programme d'action du Conseil des ministres de l'URSS sur la manière de sortir l'économie de la crise, projet, Moscou, avril 1991, p. 5-6, 15.

**528**. Le document n'a pas été retrouvé dans les documents accessibles des archives. Nous le citons tel qu'il a été publié dans la presse. La réputation des auteurs ne permet pas de douter de son authenticité : cf. Albats E. et Powell B., « La caisse noire du pays », *Kommersant*, n° 67, 12 avril 1999.

**529**. « Évaluation et perspectives d'évolution de la situation en URSS, quelques avis d'Europe de l'Ouest », archives du fonds Gorbatchev, fonds Tchernïaev, n° 8459.

**530**. Tchernïaev A., *1991, journal de l'adjoint du président de l'URSS*, Moscou, Terra, Respoublika, 1997, p. 125 ; Braithwaite R., *Across the Moscow River. The Worfd Turned Upside Down*, op. cit., p. 249 ; Matlock J.F., *Autopsy on an Empire*, op. cit., p. 510-511.

**531**. Tchernïaev A., *1991, journal de l'adjoint du président de l'URSS*, op. cit., p. 115 ; Matlock J.F., *Autopsy on an Empire*, op. cit., p. 531-532.

**532**. S. Sitarian au président M. Gorbatchev, « Les négociations avec le chef du service de politique étrangère de la chancellerie fédérale », H. Teltchik (les 27 et 28 février 1990, à Moscou), 7 décembre 1990, Archives nationales.

**533**. Mémoire de K. Katouchev (ministre des Relations économiques extérieures de l'URSS) au Premier ministre V. Pavlov, « Situation financière du ministère », 4 avril 1990, Archives nationales.

**534**. Braithwaite R., *Across the Moscow River*, op. cit., p. 206.

**535**. Zamiatine L., *Gorby et Maggy*, op. cit., p. 110.

**536**. Koval A., « Le 41ᵉ président des États-Unis George Bush de retour dans la capitale ukrainienne 13 ans plus tard », 21 mai 2004, www.ukrinter.com

**537**. Résolution « Sur l'attribution de l'aide alimentaire et médicale à l'Union soviétique » adoptée par le Parlement européen le 13 décembre 1990, Archives nationales.

**538**. Lettres de V. Arkhipov (vice-ministre de la Défense nationale) au président de la Commission centrale sur l'emploi de l'aide humanitaire, A.L. Voronine, « Sur la distribution de l'aide humanitaire », 16 et 19 janvier 1991, Archives nationales.

**539**. Leontiev M., « Je n'avais pas le droit de priver les gens d'espoir… », interview avec G Iavlinski, *Nezavissimaïa Gazeta*, 13 avril1991.

**540**. V. Orlov, mémoire au Conseil des ministres de l'URSS, « Problèmes de la formation des fonds non budgétaires dans la stabilisation de l'économie en 1991 », 27 mai 1991, Archives nationales.

**541**. A. Sobtchak (président du Soviet de Leningrad) au Premier ministre V. Pavlov, 16 mai 1991, Archives nationales.

**542**. Kolesnikov A., « Le premier tour de la valse des étiquettes. Comment on se préparait à Iaroslavl à la hausse des prix », *Moskovskie Novosti*, n° 14, 7 avril 1991, p. 6.

**543**. V. Orlov au Conseil des ministres de l'URSS, « Sur la mise en œuvre du budget et du fonds de stabilisation de l'économie en 1991 », 30 avril 1991, Archives nationales russes d'économie.

**544**. V. Dourassov (vice-ministre de l'Économie ) au Conseil des ministres de l'URSS, « Documents sur l'ensemble des mesures proposées pour la stabilisation de l'économie de l'URSS et prévisions de son développement en 1991 », 20 juin 1991, Archives nationales.
**545**. Bogouslavski S., « Déplacement des couches », *Literatournaïa Gazeta*, 20 mars 1991.
**546**. Nenachev M., .*Le Dernier Gouvernement de l'URSS, op. cit.*, p. 73.

## Chapitre 7

**547**. Intervention du Premier ministre, V. Pavlov, à la Vᵉ session du Soviet suprême. Discussions autour de l'exposé du Premier ministre sur les mesures visant la stabilisation du marché et la politique des prix à la consommation, 19 février 1991 (rapport sténographié), partie I.
**548**. Mémoire de L. Vid (vice-président du Gosplan) au Conseil des ministres, « Évaluation des diverses possibilités d'évolution de l'économie nationale en 1991 », 27 avril 1991, Archives nationales.
**549**. Mémoire de V. Gerachtchenko au président Gorbatchev, « Sur le système monétaire », 8 avril 1991, Archives nationales.
**550**. Mémoire de V. Gerachtchenko au président du Soviet suprême, A. Loukianov, « Sur le système bancaire », 4 avril 1991, Archives nationales.
**551**. Au président de l'URSS, M. Gorbatchev, « Sur la politique monétaire unie », 11 avril 1991.
**552**. Mémoire de S. Sitarian et de K. Katouchev au Premier ministre V. Pavlov, « Relations économiques extérieures en 1991 », 14 mai 1991, Archives nationales.
**553**. V. Dourassov (vice-ministre de l'Économie), mémoire au Conseil des ministres de l'URSS, « Sur l'ensemble des mesures réalisées et planifiées de stabilisation de l'économie de l'URSS et les prévisions de son évolution en 1991 », 20 juin 1991, Archives nationales.
**554**. Grinberg R., Legay C., « Les étapes de la désintégration : problèmes du commerce de l'URSS avec l'Europe de l'Est », *Nezavissimaïa Gazeta*, 25 mai 1995.
**555**. A. Katchanov (vice-ministre des Relations économiques extérieures de l'URSS) au président de la Commission nationale de l'économie extérieure du Conseil des ministres de l'URSS, S. Sitarian, au sujet du courrier du ministre du Commerce des États-Unis R. Mosbacher, « Sur les arriérés des organismes soviétiques sur les contrats conclus avec les entreprises des États-Unis », 27 décembre 1990, Archives nationales.
**556**. T. Sato (président de l'Association de commerce soviéto-japonaise) au président de l'Alliance scientifique et industrielle de l'URSS, A. Volski, « Sur les arriérés des associations soviétiques du commerce extérieur aux sociétés membres de l'Association de commerce soviético-japonaise », 13 février 1991, Archives nationales.
**557**. Mémoire de V. Dourassov (vice-président du Gosplan de l'URSS) au Conseil des ministres, « Propositions d'indexation des prix de détail du pain et des produits panifiés, coordination sur les nouveaux prix d'achat des céréales », 12 juin 1990, Archives nationales.
**558**. Intervention du Premier ministre de l'URSS V. Pavlov à la Vᵉ session du Soviet suprême de l'URSS, « Rapport sur les mesures visant la stabilisation du marché de la consommation et la mise en place d'une politique des prix », 19 février 1991 (sténographié).

**559**. Mémoire de M. Timochichine (président du comité d'État sur les achats des ressources alimentaires) à F. Senko (vice-Premier ministre de l'URSS), « Sur les livraisons alimentaires en 1991 », 15 avril 1991, Archives nationales.

**560**. Mémoire de V. Akoulinine (Service des branches agro-industrielles) à V. Pavlov, « Éventualité d'une situation d'urgence de l'approvisionnement de la population en produits panifiés et en fourrage », 18 mars 1991, Archives nationales.

**561**. V. Fokine (président du Conseil de la république d'Ukraine) à V. Pavlov (Premier ministre de l'URSS), « Sur l'approvisionnement de la république », 5 février 1991, Archives nationales.

**562**. I. Polozkov (premier secrétaire du CC du Parti communiste de la RSFSR) au président de l'URSS M. Gorbatchev, et au Premier ministre V. Pavlov, 21 mars 1991, Archives nationales.

**563**. A. Koudelia (premier vice-ministre du ministère des Produits céréaliers de la RSFSR) au Conseil des ministres de l'URSS, à F. Senko (vice-Premier ministre de l'URSS), 15 mars 1991, Archives nationales.

**564**. K. Terekh, ministre du Commerce, au Premier ministre V. Pavlov, « Sur l'augmentation des stocks de farine et de gruau en mai-juin 1991 », 5 mai 1991, Archives nationales.

**565**. Mémoire du département de la politique agraire du CC du PCUS au CC du PCUS, « Sur le renforcement des efforts des comités du Parti pour surmonter les obstacles de l'hivernage du bétail et de la préparation du printemps », 12 février 1991, Archives nationales d'histoire contemporaine.

**566**. M. Timochichine (président du comité d'État pour l'achat des matières premières alimentaires) à F. Senko, « Augmentation des stocks de farine et de gruau en mai-juin 1991 », 22 mai 1991, Archives nationales.

**567**. Mémoire d'O. Chenine (secrétaire du CC du PCUS) au secrétaire général du CC du PCUS M. Gorbatchev, « Problèmes de financement et d'approvisionnement matériel et technique », 21 mai 1991, Archives nationales.

**568**. Tchernïaev A., *Journal de l'adjoint du président de l'URSS, op. cit.*, 1997.

**569**. Extrait des documents de l'Institut de politique économique : « En 1991, on assista chez les dirigeants de l'URSS et de la Russie au renoncement graduel au populisme déclaré ou latent, consistant notamment à trouver des solutions à la crise sans baisse du niveau de vie. Au printemps, les dirigeants de l'Union, et en automne, ceux de la Russie, s'engagent sur la voie de mesures impopulaires auxquelles s'attend la population. [...] En 1991, les sondages le montrent, personne ne pense que le pays pourra sortir de la crise sans grands sacrifices sociaux. La population s'attend à une hausse imminente des prix et à une aggravation de la situation économique. En décembre, ce sont les deux tiers de la population de la Russie qui estiment que la sortie de la crise se fera au prix de la détérioration des conditions de vie. Les espoirs du "miracle économique" et de la "révolution des attentes" ne sont pas vraiment perceptibles dans la population. » Cf. *L'Économie de la Russie en 1991, Tendances et perspectives*, Moscou, Institut de politique économique, 1992, p. 13-14.

**570**. Décret du président de l'URSS du 19 mars 1991, n° 1666 « Sur la réforme des prix de détail et la protection sociale ».

**571**. Mémoire de V. Dourassov (vice-ministre de l'Économie) au Conseil des ministres, « Documents sur l'ensemble des mesures réalisées et planifiées de stabilisation de l'économie et prévisions sur son évolution en 1991 », 20 juin 1991, Archives nationales.

**572**. Le budget de l'année 1991 prévoyait un ensemble de mesures sans précédent dans le domaine social, pour un montant de 47 milliards de roubles... La réforme devait permettre de verser, en compensation de la hausse des prix, 266 milliards de roubles, soit 85 % des recettes globales de la hausse des prix : 311 milliards. En fait, en conséquence du changement de rapport entre les prix fixes et contractuels, de l'augmentation des services et des mesures prises hors du cadre de l'accord entre les républiques, la hausse des prix est estimée à quelque 450 milliards de roubles. Après le mois d'avril, tant le gouvernement de l'URSS que ceux des républiques de l'Union adoptèrent des mesures supplémentaires d'augmentation des compensations à la population, qui finirent pratiquement par atteindre le montant de la hausse des prix. La population fut aussi indemnisée de la perte sur les titres, à hauteur de 160 milliards, dont 40 pouvaient être utilisés dès 1991. Cf. V. Raïevski et V. Gribov au comité d'administration de l'économie nationale de l'URSS, « Mesures à prendre pour surmonter l'inflation et stabiliser la circulation monétaire », 27 septembre 1991, Archives nationales.

**573.** Kosmarski V., Khakhoulina L., Chpilko S., *L'Opinion publique sur le passage à l'économie du marché, op. cit.*

**574.** Mémoire d'I. Zaramenski (vice-directeur du département du CC du PCUS sur les rapports avec les organismes sociopolitiques) au CC du PCUS, « Mesures de stabilisation de la situation sociopolitique dans le pays », 15 avril 1991, Archives nationales.

**575.** V. Orlov (ministre des Finances) au Conseil des ministres, « Précisions sur les recettes et les dépenses du budget de l'Union en 1991, à la suite de la réforme des prix de détail et aux mesures de protection sociale », 12 mai 1991, Archives nationales.

**576.** Mémoire d'A. Vlassov (directeur du ministère de la Politique socio-économique du CC du PCUS) au CC du PCUS, « Déroulement de la réforme des prix de détail et ses conséquences sociopolitiques », 29 juin 1991, Archives nationales.

**577.** Illarionov A., « Tentatives de réalisation de la politique de stabilisation financière en URSS et en Russie », http://www.budgetrf.ru

**578.** Mémoire d'I. Pogossov (premier vice-président du Goskomstat) à V. Chtcherbakov, « Volume des échanges et prix sur le marché noir », 2 août 1991, Archives nationales.

**579.** Konovalov V., « Aurons-nous cet hiver assez de légumes et de pommes de terre ? », *Izvestia*, 31 mai 1991.

**580.** Mémoire de K. Katouchev au Premier ministre V. Pavlov, « Paiement des arriérés aux sociétés grecques », 26 juin 1991, Archives nationales.

**581.** Dont les capitaux de Gorbatchev lui-même, droits perçus pour l'édition de ses ouvrages à l'étranger, ce dont, paraît-il, il n'était pas au courant lui-même.

**582.** V. Dourassov, vice-ministre de l'Économie, au Conseil des ministres, « Mesures réalisées et prévues pour stabiliser l'économie de l'URSS et prévisions de son évolution en 1991 », 20 juin 1991, Archives nationales.

**583.** Extrait du compte rendu de séance du Politburo du CC du PCUS n° 187 du 10 mai 1990, Archives nationales.

**584.** Extrait du compte rendu de séance du Politburo du CC du PCUS n° 187 du 15 mai 1990, Archives nationales.

**585.** Gousseïnov E., « Comment les réserves d'or de la Russie ont fondu », *Izvestia*, 17 mai 1996.

**586.** V. Ivachko à V. Pavlov, « Paiement de notre dette à la société du Parti communiste finlandais », 5 juin 1991, Archives nationales.

**587.** Braithwaite R., *Across the Moscow River, op. cit.*, p. 299.

**588**. Blunden A., « Stalinism : Its Origins and Culture », *in* vol. IV, « The Collapse of Eastern Europe », http://home.mira.net/~andy/bs/bs4-1a.htm#3-9

**589**. Kisselev S., « Les pas du Commandeur », *Moskovskie Novosti*, n° 2, 13 janvier 1991 ; Guer E., « La Lituanie : un an d'indépendance au sein de l'URSS », *Moskovskie Novosti*, n° 12, 24 mars 1991.

**590**. Sokolov M., « La Lituanie : Cadeau de Pâques du président », *Kommersant*, n° 15, 23 avril 1990.

**591**. Iavlinski G. *et al.*, *Passage au marché*, Moscou, EPIcentre, 1990, p. 221.

**592**. Extrait de l'interview du ministre de l'Intérieur B. Pougo, à propos du massacre des douaniers lettons par des inconnus : « Il y a environ un mois, j'ai analysé les événements baltes et les mesures possibles pour liquider les formations armées illicites. Je suis arrivé à la conclusion qu'il y avait un problème dans les organismes douaniers locaux. Voici, par exemple, un aspect du problème : lors des saisies à la frontière de biens illicitement transportés hors du pays, les douaniers locaux affectent les biens confisqués non au budget de l'Union, comme le prescrit la loi, mais au budget de la république. Pourtant tous ces biens sont apportés d'un peu partout, parfois de lieux assez éloignés de la Baltique. » Le correspondant : « D'accord, mais la justice est faite par des méthodes barbares… » B. Pougo : « Je suis moi-même étonné et accablé par le tour qu'a pris la situation. Une fois le sang versé et l'affaire ainsi réglée, elle aura des conséquences encore plus lourdes. » Cf. Andreïev I., « Après les échauffourées à la frontière, interview de B. Pougo », *Izvestia*, n° 125, 27 mai 1991.

**593**. Andreïev I., Roudnev V., Mostovchtchikov S., « Selon des sources compétentes », *Izvestia*, n° 18, 21 janvier 1991.

**594**. Sokolov M., « Lituanie : Chevarnadzé nous avait pourtant prévenus… », *Kommersant*, n° 2, 14 janvier 1991.

**595**. V. Mikhaïlov (directeur du Bureau de la politique nationale du CC de l'URSS) au Comité central du PCUS, « Sur les événements en Lituanie », 11 janvier 1991, Archives nationales de Russie.

**596**. Rôle du général Varennikov dans les événements des pays baltes. Cf. Braithwaite R., *Across the Moscow River*, *op. cit.*, p. 206.

**597**. Sokolov M., « La crise lituanienne : à présent tout dépend de la Russie », *Kommersant*, n° 3, 21 janvier 1991.

**598**. Chtchekotchikhine Iou., « Une armée incontrôlable ? », *Literatournaïa Gazeta*, n° 2, 16 janvier 1991.

**599**. Mémoire d'A. Tchernïaev en date du 15 janvier 1991, archives de la Fondation Gorbatchev, n° 8780.

**600**. *Économie de la Russie en 1991. Tendances et perspectives*, *op. cit.*, p. 8.

## Chapitre 8

**601**. Krioutchkov V., *Affaire personnelle*, *op. cit.*, 2ᵉ partie.

**602**. Barsenkov A., Chadrine A., « La crise politique en URSS des 19 au 21 août 1991 », *Vestnik MGU*, série 8, 2001, n° 3 ; Medvedev V., « Août 1991 », *Svobodnaïa Mysl*, 1993, n° 12.

**603**. Extrait de Chakhnazarov G., *Avec les dirigeants et sans eux*, *op. cit.*

**604**. Sokolov M., « Dieu merci, la perestroïka est finie », *Kommersant*, n° 34, 26 août 1991.

**605.** Gorbatchev M., « Des mesures urgentes d'augmentation de la production de biens et de services pour la population », *Izvestia*, 5 août 1991.

**606.** Mémoire de V. Gerachtchenko au Premier ministre V. Pavlov, « Sur la différence des prix des produits agricoles et autres produits », 26 juin 1991, Archives nationales d'économie.

**607.** Rapport du premier vice-Premier ministre de l'URSS V. Chtcherbakov au Soviet de la fédération de l'URSS, « Sur les mesures urgentes de normalisation des finances et de circulation monétaire », 16 août 1991, n° 1157 ; Latsis O., « Le signal de détresse n'a été envoyé nulle part. Que craignait le gouvernement de l'URSS à trois jours de sa fin ? », *Izvestia*, 28 juin 1996.

**608.** G. Iavlinski et M. Zadornov estimaient ainsi la situation monétaire de l'URSS au mois de mai 1991 : « Au début de l'année 1990, l'URSS possédait encore des réserves de devises fortes – 15 milliards de dollars reposaient dans les banques étrangères. Vers la fin de l'année, elles étaient bel et bien entamées. Et, par contre, depuis novembre, le montant des arriérés vis-à-vis des partenaires étrangers pour le paiement de biens déjà livrés oscillait entre 3 et 5 milliards de dollars. » Cf. Iavlinski G., Zadornov M., « Le G7 : programme de retour organisé dans la grande économie », *Izvestia*, 20 mai 1991.

**609.** Projet d'arrêté du Soviet suprême de l'URSS « Sur les principaux axes de la politique monétaire nationale au 2ᵉ semestre 1991 », 8 mai 1991, Archives nationales d'économie.

**610.** V. Gerachtchenko au Premier ministre V. Pavlov, « Note pour un projet de grandes orientations de la politique de crédit pour le 2ᵉ semestre 1991 », 8 mai 1991, Archives nationales d'économie.

**611.** Note du département de politique socio-économique du CC du PCUS le 28 janvier 1991 adressée à M. Gorbatchev « Sur l'approvisionnement insuffisant de l'économie nationale en matières premières en 1991 », Archives nationales d'histoire contemporaine.

**612.** Latsis O., « Quand la crise a commencé. De quoi parle l'administration du KGB », *Izvestia*, n° 70, 15 avril 1993.

**613.** A. Illarionov estimait le déficit conjugué du budget de la Russie à 31,9 % du PIB. Les cadences moyennes mensuelles de croissance de la masse monétaire pour les mois de mai à décembre 1991 atteignirent 8,1 %, tandis que le rapport M2 au PIB sur huit mois augmenta jusqu'au niveau record de 76,5 %. Pour les mois de mai à décembre 1991, l'accroissement de la masse monétaire M2 constitua 60,7 % du PIB de la période de référence. Cf. Illarionov A., « Tentatives de réalisation de la politique de stabilisation financière en URSS et en Russie », 1995, www.budgetrf. ru. Selon les calculs de S. Alexachenko, les chiffres du déficit budgétaire d'après la méthodologie internationale se montaient à presque 34 % du PIB… La Banque mondiale estime la part du déficit du PIB en Russie (compte tenu des épargnes forcées) à 30,9 %.

**614.** Medvedev V., *L'Équipe de Gorbatchev, op. cit*, p. 195.

**615.** Extrait des mémoires du président du KGB V. Krioutchkov : « Pavlov m'a raconté en détail la situation économique, la crise profonde où le pays s'est embourbé, et ce qui nous attend à une plus grande échelle dans un avenir très proche. Il souligne qu'il n'est pas question de compter sur des crédits, car on ne nous les octroiera pas, étant donné que nous sommes insolvables. L'URSS n'a même pas les moyens de payer les intérêts des emprunts déjà reçus. » cf. Krioutchkov V., *Affaire personnelle, op. cit.*, 2ᵉ partie, p. 151. S'agissant de la crise d'hypertension du Premier ministre, liée à l'abus d'alcool, *ibid.*, p. 182.

**616.** La question posée au référendum était la suivante : « Jugez-vous opportun de maintenir l'URSS en tant que fédération rénovée des républiques souveraines et égales en droits, dans laquelle seraient totalement garantis les droits et les libertés des gens de quelque nationalité qu'ils soient ? » 76,4 % des personnes ayant pris part au scrutin répondirent « Oui ». Dans six des républiques de l'Union, le référendum n'eut pas lieu officiellement.

**617.** Sokolov M., « Référendum : passons outre, rien d'effrayant… », *Kommersant*, n° 9, 4 mars 1991.

**618.** Extrait des mémoires de Tchernïaev, adjoint du président Gorbatchev : « Le Soviet suprême de l'Ukraine a déclaré la subordination de toutes les forces armées stationnant sur son territoire et le transfert de tous leurs biens – c'est de la démence pure et simple ! » Cf. Tchernïaev A., *Journal de l'adjoint du président de l'URSS, op. cit.*, p. 235.

**619.** À l'automne 1991, M. Gorbatchev, qui cherchait des arguments en faveur d'un maintien de l'Union, parle ainsi, tout à fait raisonnablement, aux leaders des républiques : « Nous n'avons pas de frontières à l'intérieur du pays, nous n'avons que des frontières administratives. Personne ne peut imaginer de planter des bornes frontières. De plus, 70 % des frontières entre les républiques ont été décidées par les comités exécutifs des arrondissements, les soviets des villes et des villages… Est-ce qu'on va aussi se partager les forces armées ? » Néanmoins, comme il arrive souvent lors de l'effondrement des empires, de telles paroles ne convainquent personne. Cf. *L'Union aurait pu être conservée. Livre Blanc. Documents et faits sur la politique de M. Gorbatchev sur la réforme et le maintien des États polyethniques*, Veberg A. (réd.), Moscou, « Aprel-85 », 1995, p. 296.

**620.** Sokolov M., « L'Union des républiques effondrées libres… », *Kommersant*, n° 36, 9 septembre 1991.

**621.** Sur la position de L. Kravtchouk dans les premiers jours du coup d'État : Kuzio T., Wilson A., *Ukraine : Perestroika to Independence, op. cit*, p. 171-172.

**622.** *L'Union aurait pu être maintenue. Livre blanc, op. cit.*, p. 245.

**623.** Sur la politique économique des anciennes républiques de l'Union : 1991. Matériaux et mémoires, extraits des archives personnelles d'E. Gaïdar.

**624.** Abalkine L., *Vers le but via la crise. Un an après…*, Moscou, Loutch, 1992, p. 176.

**625.** Chakhnazarov G., *Avec les dirigeants et sans eux, op. cit.*, p. 482.

**626.** Mémoire de V. Gerachtchenko (président de la Gosbank de l'URSS) au président Gorbatchev, 9 août 1991, archives de la Fondation Gorbatchev, extrait du fonds Chakhnazarov, n° 10811, p. 27.

**627.** Le V^e Congrès des députés du peuple de la Fédération de Russie, 6-21 avril 1992 (rapport sténographié), Moscou, Respoublika, 1992.

**628.** Mémoire de V. Raïevski (vice-ministre des Finances de l'URSS) et de V. Gribov (vice-ministre de l'Économie et des Prévisions de l'URSS) au comité de la direction opérationnelle de l'économie nationale de l'URSS, « Sur les mesures d'élimination de l'inflation et de stabilisation de la circulation monétaire », Archives nationales.

**629.** Raïevski et Gribov, « Sur le budget extraordinaire et les fonds extrabudgétaires au 4^e trimestre 1991 », 23 octobre 1991, Archives nationales.

**630.** Sinelnikov S., *La Crise budgétaire en Russie*, Moscou, Eurasia, 1995.

**631.** Extrait de la note de V. Gerachtchenko au Conseil de l'État de l'URSS, « Sur la circulation monétaire en 1991 », 24 octobre 1991, Archives nationales.

**632.** Chpilko S., Khakhoulina L., Kouprianova Z., Bodrova V., Zoubova L., Kovaleva N., Krassilnikova M., Avdeenko T., *Estimation par la population de la* *situation socio-économique du pays (d'après les résultats des sondages sociologiques en 1991). Exposé scientifique*, Moscou, VTsIOM, 1991.

**633**. Mémoire d'A. Orlov (président de la Chambre de contrôle de l'URSS) au comité économique intergouvernemental (à I. Silaïev), « Matériaux du contrôle et d'analyse de la réalisation du budget national de l'URSS et des fonds extrabudgétaires sur 9 mois de 1991 », 22 novembre 1991, Archives nationales.

**634**. Mémoire de V. Gerachtchenko (président de la Gosbank), Iou. Moskovski (président du Conseil d'administration de la Vnechekonombank) à I. Silaïev (dirigeant du comité de gestion opérationnelle de l'économie nationale de l'URSS), « Information urgente. Sur l'emploi du crédit, octroyé par la Riyad Bank (Arabie Saoudite), 25 octobre 1991.

**635**. Rapport de Iou. Poletaïev (vice-président du conseil d'administration de la Vnechekonombank) au chef du comité de gestion opérationnelle de l'économie nationale de l'URSS, I. Silaïev, « Sur le financement des achats de céréales aux États-Unis sous caution du ministère de l'Agriculture des États-Unis », 11 septembre 1991, Archives nationales.

**636**. Abalkine L., « Vers le but, via la crise. Un an après... », *op. cit.*, p. 135, 157, 162-164.

**637**. Rapport d'I. Silaïev au président Gorbatchev concernant le budget extraordinaire du 4ᵉ trimestre de l'année 1991, en vue de l'examen de cette question au Soviet suprême de l'URSS, 19 octobre 1991, Archives nationales.

**638**. A. Orlov (président de la Chambre de contrôle) au président du comité économique des républiques, I. Silaïev, « Sur la situation budgétaire de l'Union, les mesures législatives de financement des dépenses, la réduction du déficit au 4ᵉ trimestre de 1991 et les principes de création d'un budget fédéral en 1992 », 1ᵉʳ octobre 1991, Archives nationales.

**639**. Rapport de V. Koulikov (premier vice-président de la Gosbank) au comité économique intergouvernemental (I. Silaïev), « Sur l'état de la circulation monétaire », 24 septembre 1991.

**640**. Extrait du rapport de I. Silaïev à M. Gorbatchev, 3 octobre 1991, Archives nationales.

**641**. Extrait du rapport de V. Raïevski (vice-ministre des Finances) au comité de gestion de l'économie nationale de l'URSS. Ajout au rapport du ministère des Finances de l'URSS daté du 3 octobre 1991, Archives nationales.

**642**. Iavlinski G. « Les rails ne vont pas plus loin, défense de s'arrêter », *Troud*, 27 novembre 1991.

**643**. Rapport de V. Gerachtchenko au comité économique interétatique, « Sur les dépenses du budget national (de l'Union) », 2 février 1991, Archives nationales d'économie.

**644**. Rapport de V. Gerachtchenko au Conseil des chefs d'État membres de la Communauté économique, « Sur la circulation monétaire », 9 décembre 1991.

**645**. Rapport de V. Gerachtchenko au président Gorbatchev, « Sur l'émission monétaire en 1991 », 13 novembre 1991, Archives nationales d'économie.

**646**. Tchernïaev A., *1991 : Journal de l'adjoint du président de l'URSS, op. cit.*, p. 280.

**647**. Chpilko S., Khakhoulina L., *et al.*, *Estimation par la population de la situation socio-économique du pays, op. cit.*

**648**. Rapport de V. Mangazeev (ministère des Relations économiques extérieures de l'URSS) au président du conseil de la RSFSR, au président de la gestion opérationnelle de l'économie nationale de l'URSS, I. Silaïev, « Sur les garanties financières des livraisons des céréales importées », 29 août 1991, Archives nationales.

**649.** Braithwaite R., *Across the Moscow River, op. cit.*, p. 249.

**650.** Rapport de V. Gerachtchenko au président Gorbatchev, « Sur les réserves d'or de la Gosbank de l'URSS », 15 novembre 1991, Archives nationales d'économie.

**651.** A. Boutine (directeur financier par intérim de la Mosnarbank), « Information pour les négociations avec la Banque d'Angleterre sur la question de maintenir la Moskovski Narodny Bank (Mosnarbank) à Londres », 23 janvier 1992, matériaux extraits des archives personnelles d'E. Gaïdar.

**652.** Rapport des dirigeants des banques commerciales au président de la RSFSR, B. Eltsine, « Sur les banques commerciales de Russie à l'étranger », 19 décembre 1991, Archives nationales d'économie.

**653.** Tchernïaev A., *1991, Journal de l'adjoint du président de l'URSS, op. cit.*, p. 260.

**654.** Rapport d'A. Nosko (vice-président du comité d'administration de la Vnechekonombank) au comité de gestion opérationnelle de l'économie nationale de l'URSS, « Sur l'épuisement des ressources en devises fortes », 26 novembre 1991, Archives nationales.

**655.** Rapport de V. Dourassov (vice-ministre de l'Économie et des Prévisions de l'URSS) au chef adjoint du comité de gestion opérationnelle de l'économie nationale Iou. Loujkov, « Sur les importations de denrées et de médicaments », 10 octobre 1991, Archives nationales.

**656.** Archives nationales d'économie.

**657.** Rapport de V. Akoulinine (premier vice-président du comité de l'URSS pour l'acquisition des denrées) à I. Silaïev (dirigeant du comité de gestion opérationnelle de l'économie nationale), « Sur l'acquisition de céréales payables en devises convertibles », 28 août 1991, Archives nationales.

**658.** *Ibid.*, « Sur les volumes d'entrée dans le pays et les acquisitions de soja ».

**659.** Arrêté du comité de gestion opérationnelle de l'économie nationale de l'URSS du 31 août 1991, n° 4 « Sur les mesures urgentes de ravitaillement de la population ».

**660.** V. Tourbine (vice-ministre de l'Intérieur) à I. Silaïev, « Sur le ravitaillement de la population en pain et autres denrées de première nécessité », 8 novembre 1991, Archives nationales.

**661.** Groupe de travail du Soviet de l'Union, « Sur les relations de la Russie et des autres républiques », 24 octobre 1991, archives personnelles d'E. Gaïdar.

**662.** Chpilko S., Khakhoulina L., *et al.*, *Estimation par la population de la situation socio-économique du pays, op. cit.*, p. 49.

**663.** Résolution du gouvernement de la RSFSR du 19 décembre 1991, n° 57 « Sur la situation sans précédent du ravitaillement de la population en produits céréaliers ».

**664.** Ordonnance du gouvernement de la RSFSR du 28 décembre 1991, n° 244 « Sur les mesures touchant le ravitaillement de la RSFSR en produits céréaliers ».

**665.** Rustow D.A. « Transitions to Democracy : Toward a Dynamic Model », *Comparative Poltics*, avril 1970, vol. 2 (3), p. 350-351 ; Linz J., Stepan A., *Problems of Democratic Transition and Consolidation. Southern Europe, South America, and Post-Communist Europe*, The Johns Hopkins University Press, 1996, p. 17.

**666.** Le rapport rédigé en octobre 1991 sur la situation dans le pays, intitulé « Stratégie de la Russie dans la période de transition », propose pour modèle la politique de la Grande-Bretagne, qui a su, entre 1940 et 1960, démanteler son empire sans grande effusion de sang, et s'adapter aux nouvelles réalités mondiales.

Cf. « Stratégie de la Russie dans la période de transition », octobre 1991, matériel extrait des archives personnelles d'E. Gaïdar.

**667.** E. Todd. *Après l'empire. Pax Americana, le début de la fin*, Moscou, Mejdounarodnyie Otnocheniïa, 2004, p. 173-176. [En français : *Après l'empire, Essais sur la décomposition du système américain*, Paris, Gallimard, 2002.]

**668.** Sur l'éventualité d'un recours aux armes nucléaires tactiques sur décision des commandants des circonscriptions militaires, cf. Sorokine K., « L'héritage stratégique de l'URSS », *Économie mondiale et relations internationales*, 1992, n° 2, p. 51-65.

**669.** Sur l'absence d'un contrôle efficace de Moscou sur les composants des armements nucléaires tactiques, surtout leurs modifications plus anciennes, cf. *Annuaire du SIPRI*, 2002, Moscou, Naouka, 2002, p. 572.

**670.** Sokolov M., « Le destin de l'Union : "N + O" ou "9 + 9" », *Kommersant*, n° 35, 2 septembre 1991.

**671.** Portnikov V., « Eltsine a discuté avec les militaires de la possibilité d'une attaque nucléaire sur l'Ukraine... », *Nezavissimaïa Gazeta*, 24 octobre 1991.

**672.** Rapport sur les activités de la Russie dans le domaine des constructions militaires, du désarmement et de l'espace ; le déménagement des armes nucléaires depuis les anciennes républiques de l'Union, 1991, documents des archives personnelles d'E. Gaïdar.

**673.** Accord sur les mesures conjointes à l'égard des armes nucléaires. Cf. Arrêté du Soviet suprême de la RSFSR, 12 décembre 1991, n° 2014-1 : « Sur la ratification de l'accord de la constitution de la Communauté des États indépendants ». Sur l'évacuation des armements nucléaires tactiques du 1er juillet 1992 pour leur démontage sous contrôle conjoint, cf. Davydov V., « L'effondrement de l'URSS et la non-prolifération des armements nucléaires », *États-Unis : économie, politique, idéologie*, 1992, n° 3 (267) ; Rogov S., « Point de revirement dans la confrontation nucléaire », *États-Unis : économie, politique, idéologie*, 1992, n° 1 (265). Sur la préoccupation des analystes occidentaux, allant jusqu'à la panique pure et simple, à propos des armements nucléaires tactiques russes en cas d'effondrement de l'Union soviétique, cf. Milhollin G., White D., « L'effondrement de la puissance nucléaire soviétique : un bien ou une menace ? », *Mejdunarodnaïa Jizn*, 1992, n° 1, p. 43-55.

**674.** *La Nature et les lois des relations internationales. Relations internationales actuelles*, Torkounov A. (réd.), Moscou, Rosspen, 2000.

**675.** Le 8 août 1996, Loukachenko proposa au Parlement d'organiser un référendum sur les modifications à apporter à la Constitution. Le tribunal constitutionnel estima qu'un référendum sur des questions aussi sérieuses ne pouvait avoir qu'un caractère consultatif. Les autorités biélorusses firent semblant de ne pas connaître la décision du tribunal suprême du pays. Le 15 novembre, le chef de l'État destitua le chef de la commission électorale centrale, Victor Gontchar. Le président du gouvernement russe, Victor Tchernomyrdine, le président de la Douma, Guennadi Seleznev, ainsi que le président du Soviet de la Fédération russe, Egor Stroïev, qui se rendaient en avion pour affaires dans une direction éloignée de la Biélorussie, changèrent soudain d'itinéraire et atterrirent, dans la nuit du 21 au 22 novembre 1996, dans la capitale biélorusse. Les dirigeants russes ont ainsi donné à l'élite et à la société biélorusses l'avertissement qu'ils ne soutiendraient aucune opposition au régime de Loukachenko. Ce dernier n'assista pas aux festivités qui eurent lieu le 27 novembre 1996 (après le référendum) pour l'évacuation du territoire de la Biélorussie de la dernière fusée stratégique russe. Cf. Cheremet P., Kalinkina S., *Le Président fortuit*, S-P.b. Limbus Press, 2004.

**676.** Le 25 décembre 1991, M. Gorbatchev signa le décret selon lequel il se démettait de ses pouvoirs de président de l'URSS. À 19 h 38 (heure de Moscou), le pavillon rouge de l'URSS qui flottait au-dessus du Kremlin fut abaissé et remplacé par le drapeau tricolore russe, aussitôt hissé à sa place.

**677.** En janvier 1992, un sondage auprès des participants à la réunion des officiers de l'ensemble de l'armée montra que 73 % des officiers estimaient que les militaires devaient avoir une voix prépondérante dans les problèmes liés à l'avenir des forces armées. Sur la situation incontrôlée dans les forces armées de l'URSS, sur la perte du contrôle des troupes par la direction de l'Union après le mois d'août 1991, cf. *La Russie d'aujourd'hui. Portrait politique documenté*, Koval B. (rééd.), fascicule II, 1991-1992 ; *Formation de la structure de l'État. L'armée et la politique. Les nouveaux partis. L'Église et la société*, Moscou, Mejdunarodnyie Otnocheniïa, 1993, p. 81.

**678.** La position de l'auteur et de ses partisans politiques – spécialistes de l'Institut d'économie de la période de transition – sur les questions cruciales de la période post-socialiste en Russie est exposée en détail dans les ouvrages suivants : Gaïdar E., *Jours de défaites et de victoires*, Moscou, Evrasia, 1997, t. 1 ; *L'Économie de la période de transition : essais sur la politique économique de la Russie post-communiste.1998-2002*, Moscou, Dielo, 2003.

## Postface

**679.** Les prévisions d'évolution des variables macroéconomiques et financières, ainsi que des indices du budget fédéral de la Fédération russe pour les années 2006-2010, sont basées sur un modèle économétrique de l'économie russe, élaboré par l'Institut d'économie de la période de transition. Le modèle, qui a servi de base à ces calculs, représente un système d'équations économétriques qui expriment les liens entre les variables macroéconomiques principales. À l'aide de ce système, l'évolution exogène de certaines variables étant prédéfinie, on peut obtenir une évaluation des autres indices. Chacune des équations permet d'avoir une idée du caractère et de la puissance d'influence des facteurs particuliers qui expliquent l'évolution de la variable étudiée.

conception
réalisation
mise en page
pca
44405 Rezé cedex

www.ingramcontent.com/pod-product-compliance
Lightning Source LLC
LaVergne TN
LVHW010520060726
842525LV00013B/2943